U0813783

全国高职高专规划教材·财经管理系列

江苏省高校立项精品教材
2006年江苏省一类精品课程配套教材

经济学基础教程

（第3版）

主　编　吴　冰

副主编　潘百翔　任丽萍　冯　瑞

主　审　顾建平

北京大学出版社
PEKING UNIVERSITY PRESS

内 容 简 介

作为高职高专财经类专业的基础课教材，本书从经济学的基础——资源的稀缺性切入，论述了资源配置及其机制、消费者行为理论、成本和收益、企业制度及目标、博弈论和信息经济学、市场失灵、货币与银行及金融市场的运行、宏观经济运行中的失业、通胀和货币紧缩，以及政府调控经济的财政政策和货币政策，开放经济中的国际贸易和国际金融基本知识。

本书既有微观经济主体行为研究，又有宏观经济运行规律的探索；既有经济静态描绘，又有经济动态分析；既有实证研究，又有规范分析。教材反映了最新的经济学内容，在微观经济学部分增加了信息不对称、企业理论、博弈论等内容；宏观经济学的体系与内容作了更新，和国外同类教材基本接轨。内容简明扼要，语言通俗易懂，文字活泼流畅，可读性强，每一章都提供了生动有趣的案例讨论和精美的多媒体课件。

本书既适宜作大专以上高等院校的教材，也可供广大青年学生和经济工作者阅读、参考。

本书于2005年评为江苏省高校立项精品教材。

图书在版编目（CIP）数据

经济学基础教程/吴冰主编．—3版．—北京：北京大学出版社，2010.11

（全国高职高专规划教材·财经管理系列）

ISBN 978-7-301-16654-3

Ⅰ．经…　Ⅱ．①吴…②陈…　Ⅲ．经济学—高等学校：技术学校—教材　Ⅳ．F0

中国版本图书馆CIP数据核字（2010）第010696号

书　　名：经济学基础教程（第3版）

著作责任者：吴　冰　主编

策 划 编 辑：胡伟晔

责 任 编 辑：胡伟晔（huweiye73@sina.com）

标 准 书 号：ISBN 978-7-301-16654-3/F·2414

出　版　者：北京大学出版社

地　　　址：北京市海淀区成府路205号　100871

电　　　话：邮购部62752015　发行部62750672　编辑部62765126　出版部62754962

网　　　址：http://www.pup.cn　新浪官方微博：@北京大学出版社

电 子 信 箱：zyjy@pup.cn

印　刷　者：三河市北燕印装有限公司

发　行　者：北京大学出版社

经　销　者：新华书店

787毫米×1092毫米　16开本　19.75印张　490千字

2005年7月第1版　2006年6月第2版

2011年1月第3版　2016年11月第10次印刷　总第54次印刷

定　　　价：35.00元

前　　言

作为高职高专财经类专业的基础课，经济学是一门理论性强、实践意义很大的课程。它提供了一套理解市场经济运行的概念体系、思维方式及其分析方法。该课程学得好坏将直接影响到后续专业课，并和学生的职业能力、对经济政策的理解水平以及社会实践能力都有密切联系。

但是，很多一线教师发现他们正做着吃力不讨好的事——自己的努力没有得到学生的回报。“对我来说，经济学只是一些枯燥乏味的曲线图和数学推导。上课的时候就没有弄明白，到现在还是没有弄明白。”这是一个三年级专科毕业生上完一个学期经济学课程的感言。

问题提出来了：经济学课程到底有没有用？高职高专学生能不能学好经济学课程？我们说，经济学很有用。我们的学生毕业后大多面向基层，许多人可能正在筹划自我创业之路。对他们而言，倘若现在对经济学理解得更为透彻的话，可能将来的工作会变得容易一些。更为重要的是，我们要让学生会用一种新的思考方式——经济学的思维去理解所接触的商界环境。我们有理由相信，经济学课程是高职高专学生愿意学也一定能学好的一门课程。问题在于我们能不能提供给我们的服务对象——学生以适合的教材和恰当的教学方法。

很多的经济学教材过多强调的是完整性、系统性。而往往忽视了另一事实：“过于完整”的内容和“过于科学”却往往枯燥乏味的语言扼杀了学生的兴趣——在他们还未接触到经济学领域有趣的内容之前就丧失了学习该门课程的信心。从教学法来看，很多教师似乎更善于讲授法。讲授法有它的优势，如知识系统、完整，信息量大，课时含金量高等。但对这种垂直式教学，学生被动接收，参与性不强，时间稍长，学生容易疲倦，注意力难以集中。针对上述情况，我们在教材编写设计中，充分借鉴了国外优秀经济学教材的长处。跟国内现有教材相比，本教材的主要特色有：

（1）编写过程中，立足于提供一个简明生动的叙述风格；语言力求言简意赅，生动活泼，避免现有教材普遍存在的枯燥、晦涩倾向。

（2）内容安排上，我们试图尽可能多地提供生动有趣的案例，正文中尽量不出现数学分析，而把相关内容放到附录中，以适应更多初学者的需求。每一章节提供了案例讨论。这些案例和故事可在课堂教学中小组讨论，讨论的模式可以是：原理介绍—案例小组讨论—小组反馈三个步骤。

（3）每一章都提供了精美的多媒体课件，这些课件可用作教师课堂教学，也可为同学自学提供方便。

（4）经济学的发展日新月异，教材也应当与时俱进，反映最新的内容。本书的微观经济学部分增加了信息不对称、企业理论、博弈论等内容，这些内容都是近年来备受关注的；宏观经济学的体系与国外同类教材基本接轨。

本教材可供三年制专科生每周 4—6 课时的课程使用一学期。文中带※的章节为选用内容。对于二年制专科或每周只有 2 课时的介绍性课程，或因其他原因须最大限度地压缩内容的课程，我们建议微观经济学部分可删除第 3 章（弹性理论）、第 4 章（消费者行为理论）

和第7章（微观经济政策）；宏观经济学部分可以学到第10章（开放经济）结束，第12章（国民收入的决定）可以删去不讲，第13章（货币与经济）和第14章（宏观经济学流派与政策目标）则要根据所教专业决定是否删减（金融和国际贸易专业的学生要注意和后续专业课“无缝对接”）。

本教材编写工作先由主编会同主审商定大纲，各个章节上交后再由主编和主审逐章修改和统稿。各位作者所负责的章节和配套课件分工如下：

吴　冰（苏州经贸职业技术学院）　　第1章、第5章、第6章、第8章、第12章、第13章

冯　瑞（苏州经贸职业技术学院）　　第7章，对所有配套课件的修改和审阅

任丽萍（山西旅游职业学院）　　第12章，对相关章节的修改和审阅

潘百翔（湖州职业技术学院）　　第8章，对相关章节的修改和审阅

吴　雷（苏州经贸职业技术学院）　　第2章、第3章、第6章

陈家闯（苏州经贸职业技术学院）　　第4章

宋治萍（山西旅游职业学院）　　第5章、第7章

朱　飞（苏州经贸职业技术学院）　　第11章、第14章

高志坚（苏州经贸职业技术学院）　　第9章、第10章

邱晓玲（苏州经贸职业技术学院）　　第8章

一本书的成功，除了作者的劳动之外，更凝聚了许多人的支持和帮助，我对他们的贡献感激不尽。首先要感谢本书的主审，苏州大学经济学系主任、我的导师顾建平博士对本教材再版的大力支持，他不光提供了大量极有价值的资料，还和每个编者进行了逐章修订；感谢黄庆生、潘百翔、任丽萍、马立对本书的支持；感谢北京大学出版社胡伟晔为本书作了出色的编辑。没有他（她）们的努力，本书的出版是无法想象的。

作为一门专业基础课，经济学对培育学生的专业素养乃至人文素质极为重要，教育部门和各高校也很重视这门课程。我在编写这本教材时也感到责任重大，尽管自己作了最大努力，但肯定还有欠缺之处，望同行、读者批评指正。我院“经济学基础”是江苏省一类精品课程，其网站（www.szjm.edu.cn）和北京大学出版社网站（www.pup.cn/dl/newsmore.cfm）提供该教材的配套课件，其配套教学参考书《经济学基础教程学习指南》提供了练习答案和该课程的相关资料。本人的电子信箱（bwu@szjm.edu.cn）随时向您敞开，您对本书的每一条意见或批评都是对本书再版修订最宝贵的支持。

吴　冰

2010年10月

目　　录

第 1 章

导论：经济学基本知识

【导学】本章将引领读者走进经济科学的殿堂，并解释经济学是怎么产生的，经济学研究什么，用什么方法来研究经济学，经济思维是怎么回事……这些都是我们在学习这门课程之前需要弄清的问题。通过对本章的学习，可以对这门学科有个整体、框架性的认识，能结合具体的例子和实际生活现象加深理解和认识。

1.1 概　　述

在本书的开篇，你将初步领略到西方经济学（以下简称经济学）的魅力。我们一开始所要强调的是：经济学绝不是死记硬背的教条，也不仅仅是“说钱的理论”。学习经济学能获得一种新的思考方法和行为方式，它将有助于你提高理解世界问题的洞察力，帮助你在生活中作出正确的决策。正如爱尔兰戏剧家萧伯纳曾写的：“经济学是最大限度地享受生活的艺术。”

顾名思义，经济学是研究经济事务的科学。至今，经济学的学科体系已相当庞杂，有微观经济学、宏观经济学、国际经济学、产业经济学、区域经济学、发展经济学、转型经济学、公共经济学等。在汉语中，经济有“经世济民”之意，但在西方，经济一词“economy”源于希腊语，意为“管理一个家庭”。一个家庭总要面临许多决策，比如说：买房还是租房？供子女出国留学还是投资股票？要不要雇保姆？……一家之长必须充分考虑到每个成员的愿望、能力和努力，在既有约束条件下作出恰当的安排和选择。这便是经济学的核心问题——经济选择。“economy”这个词后来又衍生出“政治经济学”和“经济学”，用来指研究人类社会经济活动的科学。

“政治经济学”一词最早出现于 17 世纪。那时，欧洲的国家在经济活动中的作用日渐显要。于是，最初在法国，politique 被冠以 economie 而构成“政治经济学”一词，用以指对国家事务的公共管理。在那期间，人们除了研究公共管理的经济政策之外，还研究经济活动本身，诸如生产、消费、交换等的规律。但所有这些研究都包含在“政治经济学”这一名词之下。

到 19 世纪中叶，政治经济学的含义受到两方面的批判。马克思和恩格斯批评政治经济学的研究范围太狭隘，认为它应该是关于整个资本主义社会的理论，因此还得研究除经济活动以外的社会政治活动和关系。而另一种观点则认为“政治经济学”一词令人误解，主张以“经济学”一词来定义研究经济活动内在规律的理论科学，而把“政治经济学”定义为研究经济政策的应用经济学。但当时及以后的一些经济学家仍将“经济学”和“政治经济学”视为同义词。虽然马克思经济学与西方经济学都来源于古典政治经济学，都是对资本主义经济的分析和研究，但是由于两者立场不同，研究的目的、对象不同，因此分别得出资本主义必然灭亡和永恒存在两种截然相反的结论。

到 19 世纪末，“政治经济学”一词在西方经济学界逐渐为“经济学”（economics）一词所替代。现代经济学家通常都用“经济学”或“现代经济学”一词。从一定意义上说，政治经济学与经济学具有相同的内涵，政治经济学也可简称为经济学。而在中国，因为历史的原因，有时候将马克思主义经济学称为政治经济学，将非马克思主义经济学称为“西方经济学”。其实，在马克思的《资本论》和其他著作中，也常把政治经济学与经济学通用。在此，我们不作意识形态的区分，开宗明义只说明一点：经济学不是一门意识形态学科。资本家是否贪婪不是经济学讨论的中心。经济学乃是探讨人类社会如何经济地利用自然、社会资源，以达到某种目标或满足某种欲望的科学。更一般地说，经济学研究人类个体和集体在生产、消费、交换等社会活动中的理性行为，以及他们在这些活动中的相互关系。

1.2 经济学的出发点：理性和稀缺

经济学的两个最基本的假设是：经济个体是理性的，经济资源是相对稀缺的。整个经济学体系可以说是在这两个基本假设上建立和发展起来的。

1.2.1 个体理性

经济学家过去经常采用的人类行为假设是，人是自利的，即人总要追求自己的利益。人类利己假设不仅必要，而且符合基本现实，更重要的是：即使这一自利假设有误，也不会造成严重后果；而相反，如果采用利他性假设，那么所造成的后果比前者大得多，甚至可能是灾难性的。例如，改革开放前所采用的计划经济体制，强调“一大二公”，否认个人利益，在“文化大革命”时甚至宣称要跑步进入共产主义，到“文化大革命”结束时，中国经济几乎处于崩溃的边缘。之所以出现这种后果，是因为当时的制度安排基于“人是利他无私”假设之上的。然而，经济学家相信：在一个法治社会，只要保证严格的法律和秩序，每个人在追求自身利益的同时，也就是在为社会利益服务。不管是爱财如命的商人，还是视金钱为粪土、只将社会贡献作为自己精神收益的科学家都是“主观为自己，客观为别人”。正如经济学鼻祖——英国人亚当·斯密在《国富论》中所说的，面包商提供给我们可口的面包，不是因为面包师的仁慈，而是因为他处于自利……在他追求个人利益的时候，有一只‘看不见的手’引导他促进了社会利益，并且其客观效果要比他主观上想促进社会利益时好得多。

在现代经济学中，比利己更好的行为假设是人的理性假设或最优化假设。个体理性（rationality）假设体现为在既定约束条件下，最优化个人既定目标（或效用目标）的行为。理性意味着要根据成本—收益准则进行决策，即采取某项行动的收益必定超过其成本。个人理性行为可分两个层次。首先，人的理性表现在每个人都有自己的幸福追求，即其所追求的效用目标。然后，一旦目标选定，理性就表现在实现目标的过程中，即人们会力求以最小的代价实现这些效用目标。通俗地说，因为人是自利（不是“自私自利”）的，所以消费者总是力图以最少的钱获得最大的满足；生产者总是力求以最低的成本获得最大的利润；求职者总是希望找到薪金高、地位高而又轻松的工作。依照这一解释，对于烟瘾大的人，饿着肚子抽烟也是理性行为。

市场经济中，个体被假设为“理性人”，每一个人都寻求个人效用最大化，但这一假设并非等于人都“自私自利”。我们身边发生过很多的感人故事。有人因发明了某种特效药，获得了巨额的收入，但却将巨款捐献给慈善机构；有人为了他人的健康，甘愿将自己的骨髓无偿捐献给漠不相识的白血病人；为了伸张正义，有人不顾个人安危与歹徒搏斗而身受重伤；也有人冒着极大的危险跳进冰河将落水儿童救出；为了保护自己的战友，战士用自己的身体压在即将爆炸的手榴弹上。我们应该如何来理解上述表面上似乎背离“理性人”假设的英雄行为？我们说，个人效用最大化既包括了物质上的满足更包括了精神上的满足。所谓最佳的选择不应局限于收入的最大化或利润的最大化。经济学家所谓的效用最大化，其效用函数中收入、风险、休闲、名誉乃至精神追求等都可包括在内，而且在这些目标间可以有一定的替代。一个革命志士，必要的时候可以为革命目标抛头颅、洒热血，但在可以达成同样的目标而不必牺牲性命时，以较小的代价保住生命也是一种理性的行为。

人是非常复杂的个体，一个纯粹的自利者不仅对身心健康有影响，而且会被文明社会所孤立。自利动机尽管可以解释人类理性行为的大部分，但绝对不能解释人类复杂行为的全部。

1.2.2 资源稀缺

假如我们生活在一个物质财富极度丰富的天国里，所有物品都实行免费，仿佛沙漠中的沙子和海滩边的海水，那么所有的价格也都为“零”，市场也因此无所作为。如果任何资源都取之不尽、用之不竭，以至达到人尽所需的地步，节俭就没有必要，经济学也不会产生。但在现实生活中，经济个体在追求其目标时，其理性行为往往是受限制的。经济学之所以产生和发展，是因为人类一切活动都受资源的相对有限性或资源稀缺性（scarcity）约束。

但若仅仅是因为资源有限，也不一定要研究经济学。资源稀缺的另一面是资源的多用性。如果野果只能供人果腹，树干只能燃烧供暖，原始人就不必为如何使用这些资源作权衡选择，经济学也就无用武之地。相反，假如果子既可供现在食用，也可用作种子以繁殖更多的果子，还可以用作饲料喂养牲畜以换取动物蛋白，那么人们必须考虑如何将果子分配给不同的用途，从而在给定技术条件下换取最多的食物，这就是经济问题。既有限而又有多种用途的资源称为**相对稀缺资源**，或简称为稀缺资源。稀缺资源是在零价格下需求量大于供给量的资源。

稀缺性产生于人类欲望的无限性与资源的有限性这对矛盾。稀缺性强调的不是资源绝对数量的多少，而是相对于欲望无限性的有限性，人们的欲望总是超过实际的生产能力。稀缺性是人类社会永远存在的问题。任何人在任何社会、任何时候都无法摆脱稀缺性。对于乞丐来说，缺少的是温饱；但是一个极其富有的人，他可以获得任何他所需要的东西，我们是否可以认为他就不存在稀缺问题了呢？不然。当他把时间和更多的政治权利也当作一种资源来考虑，情况就不同了。他必须决定每天把时间花费在他认为最有价值的事物上面。因此，如将时间和更多的政治权利当作资源考虑在内，那么稀缺就是每一个人在生活中所必须面对的现实。经济学正是由于稀缺性的存在而产生的。

所以，稀缺性是个绝对也是个相对的概念。绝对是指在任何社会和任何时代资源都存在稀缺，无处不在，无时不有。相对是相对于人无穷的欲望而言的，清心寡欲就没有稀缺。

案例讨论

如何通过该诗歌理解经济学的两大前提：个人理性和资源稀缺

终日奔波只为饥，方才一饱便思衣。
衣食两般皆俱足，又想娇容美貌妻。
娶得美妻生下子，恨无天地少根基。
买到田园多广阔，出入无船少马骑。
槽头扣了骡和马，叹无官职被人欺。
县丞主簿还嫌小，又要朝中挂紫衣。
作了皇帝求仙术，更想登天跨鹤飞。
若要世人心里足，除是南柯一梦西。

分析：

1. 从诗歌内容看，表达了诗歌主人公的欲望是不断增长的，在满足了低层次需要之后还要求更高层次的满足。从这一角度来看，人的欲望是无限的。

2. 实际生活中社会资源及使用社会资源所生产的物品是有限的，这有限并不是指其绝对数量少，而是指其相对于人的无穷欲望而言，显得相对有限。稀缺性就是指相对于人的无穷欲望而言，经济物品或生产它的社会资源总是不足的，这种资源的有限性就是稀缺性。

3. 经济学产生的直接原因正是社会资源的相对稀缺性和人类个体的欲望无限。

1.2.3 权衡、机会成本与经济选择

稀缺性迫使人类作出选择，任何选择都是有代价的。一旦选择已定就会招致机会成本。人们面临权衡取舍时有必要比较可供选择的行动方案的成本与收益。但是，在许多情况下，某种行动的成本并不像乍看时那么明显。

例如，当你大学毕业时，是去工作，还是继续深造（如读研究生）？这是个困难的选择。因为你的时间固定，不能两全。每一种选择都有其收益和成本。怎么权衡？如果继续深造，其收益是可以预期的，譬如将来会得到一个高薪又体面的工作，尽管这一点仍有风险和不确定性，但可以作一期望值估计；但继续深造的成本呢？除了要缴纳学费外，一个大的代价是如果去工作的话，就会有收入，有工作经历和更多的职位升迁机会。当今中国，在职业市场非常注重工作经验的情况下，等读完研究生，也许很多好的岗位已被占据。这就是学习深造的机会成本（opportunity cost）。机会成本是为了得到某种东西所放弃的东西，读书有机会成本，工作也有机会成本，一般而言，应选择预期收益最高、机会成本最小的行动方案。

实际上，每一个决策者通常是知道这一点的。资源的有限性和多用性是经济学的一对基本矛盾。一片土地，可以用来耕耘种植，也可用来建筑厂房、居民住宅甚至是高尔夫球场。一个成人的时间，可以用于看戏打牌（消费），也可以去做工挣钱（生产），还可以用于听课学习。一定的资源被用于某一活动，就不能同时被用于其他活动。当你决定将该资源用于活动甲时，你就放弃了活动乙、丙、丁等。所以，用于活动甲的资源的成本，乃是该资源用于其他活动中所能创造的最大价值（经济品的次优使用价值），这一成本叫做**机会成本**。例如，你的经济学课安排在每周一上午的 8 点，你可替代上课的两个方案是继续在宿舍的床上躺一小时或者去郊外旅游一小时。但是你不能既在宿舍里睡懒觉又去郊外旅游。听课的机会成本乃是听课时间用于其他活动中所能创造的最大价值。对于一个爱睡懒觉的人来说，听课的机会成本是放弃在床上再睡一个小时；对于一个爱好旅游的人来说，听经济学课的机会成本是放弃去郊外旅游。

显然，机会成本与资源的相对稀缺性是密切相关的。只有相对稀缺的资源才有机会成本，相对不稀缺的资源的机会成本为零。当你使用取用不尽或毫无其他用途的资源时，你并没有放弃任何活动，也没作任何牺牲，这些资源的代价是零。以后我们将学到，相对不稀缺的资源的均衡价格为零，在经济分析中可以忽略不计。只有相对稀缺的、机会成本大于零的资源，才是经济学研究的对象。事实上，经济学的发展跟资源的相对稀缺性有着密切的联系。人类早期的经济活动主要受到有限劳动力的约束，有效率地利用稀缺劳力是经济发展的关键，因此早期的各种经济理论都建筑在劳动的基础上。后来，土地、资本的相对稀缺日渐显著，经济学便又去研究土地和资本，从而产生了新的理论。随着经济的继续发展，海洋、大气都相对稀缺起来了，因而现代经济学的注意力又转向生态、环境等稀缺资源。可见，随着越来越多的资源变得相对稀缺，经济学的研究对象越来越广泛，理论也越来越丰富。一个普遍采用的经济学定义正是“研究如何将有限的资源有效率地配置于多种需求和欲望的科学”。

当今世界上，可以“取之不尽、用之不竭”的物质恐怕非常少。空气也许用之不尽，但清洁空气却十分有限，这就是为什么在一些大都市的街头上会有花几毛钱吸一口新鲜空气的生意。正因为几乎所有的资源都是相对稀缺的，所以经济原则便无所不在。稀缺性迫使人类作出选择，所以经济学又被称为“选择的科学”，即研究人类社会在面对资源稀缺和人类欲望无限时就生产什么、怎样生产以及为谁生产作出选择的科学。

（1）生产什么，生产多少（what）：用可得到的资源来生产什么产品并且生产多少产品？比如一块地是用来耕种玉米，还是办工厂生产DVD或者改为高尔夫球场提供休闲服务？在市场经济中，生产什么是由消费者的“货币选票”所决定的。在过去的半个世纪里，消费发生了重要的变化，食物开支下降，医疗费用上升，这种变化的原因何在？在市场经济条件下，需求决定生产，也就是说消费者的偏好在引导厂商生产什么，生产多少。那么厂商怎么了解消费者的偏好呢？偏好是如何显示出来的？一个简便的办法是观察价格的变动，反映供求关系的价格指示着各种商品的紧缺状况，并引导生产。价格，不仅包含了社会成员的偏好和志趣，又体现着不同商品在生产成本上的差异，这是由资源的可得性、技术的成熟程度等因素决定的。价格的变化，既反映了供求关系，又是供求关系的平衡器。

（2）如何生产（how）：生产同种产品，人们会选择不同的生产技术和生产方式。以纺织品为例，从手工生产（劳动密集型）到机器生产（资本密集型）再到计算机控制（技术密集型），哪种技术会被采用？是先进技术还是劳动密集型技术？是什么决定技术进步的速度？成本，是决定生产方式选择的主要考虑因素。劳动、土地、资本等要素的相对价格在不同地区和国家是不同的。因此，生产同种产品，人们会选择不同的生产技术和生产方式，关键是哪种方式能使产品以最小的成本生产出来，从而实现资本资源的优化配置。

（3）为谁生产（for whom）：产品生产出来后，就出现了分配问题。收入水平高的人可以消费更多更好的商品。在美国，医生的收入是一般非熟练工人的10倍以上。那么，除了教育程度，还有哪些因素影响一个人的赚钱数量？政府的作用应该是什么？因此，在效率和公平之间寻找适度的平衡是现代经济学的重要课题之一。

（4）谁来决定（who decide）：上述三个问题都属于资源配置的问题。那么资源配置究竟由谁来决定呢？是政府决定，还是市场决定？这就是下面所要涉及的经济制度问题。

1.2.4 经济制度：市场的角色和选择机制

经济制度就是一个社会作出选择的方式，或者说解决资源配置和资源利用的方式。任何一种社会经济制度都面临着如何把它既定的稀缺资源有效率地分配使用的问题，但解决这个问题的原则和方式方法差别很大。当前世界上解决资源配置与资源利用的经济制度类型基本上有三种。

1. 完全自由市场经济制度（market economy 或 free market）

1776年亚当·斯密在其经典著作《国富论》中，提出了通过市场“无形之手”的调节来决定生产什么、如何生产和为谁生产。亚当·斯密深信价格信号和市场反映在配置资源方面比任何政府做得更好。完全自由市场经济，通常与纯粹的资本主义制度有关，在这种体制下，土地和资本归私人所有。所有的经济决策由家庭和企业作出，而家庭和企业的行为假定都出于自利动机。他们通过价格机制的激励来作出反应。但是，完全自由市场经济体制在保证充分竞争的同时，却存在着道德缺陷。那就是过于鼓励自利行为，从而导致自私、贪婪和物质至上主义。19 世纪的英国接近于该模式。

2. 完全计划经济制度（command economy 或 planned economy）

亚当·斯密所赞同的自由放任政策总是伴随着批评。马克思在其经典著作《资本论》（1867 年）和《共产党宣言》（1848 年）中认为，政府必须拥有所有生产资料并由计划来决定资源的充分利用，即通过政府的计划而不是市场来决定生产什么、生产多少和为谁生产，最终目的是建立“各取所需的共产主义社会”。计划经济也叫做指令性经济。比如，苏联、改革开放前的中国就比较接近于该模式。该体制的优点是政府可以直接影响分配不公问题。能够说明该制度缺陷的例子很多，这里只举两个就足够了。1989 年，前苏联当局做了一项调查：为什么生产机车发动机的某厂家没有完成计划规定的任务？调查结果是因为生产发动机的工厂没有足够的原料来实现它的目标。但是为什么厂家不能得到足够的原材料？原因又恰恰在于铁路的落后和机车短缺。此例说明了计划经济体制缺乏市场经济那种无形之手的价格反馈机制。缺乏价格反馈机制，靠政府计划有形之手来命令经济的结果往往是短缺经济。在农业中，前苏联政府允许农民拥有一小块自留地，虽然政府限制农民在自留地上的劳动时间。但是具有讽刺意义的是，占苏联耕地 3%的自留地上所生产的农产品却达到苏联全部农产品的 25%。

3. “混合经济”制度（mixed economy）

现实世界中，纯粹的市场经济或纯粹的计划经济并不存在。许多国家的经济制度都是通过市场与计划不同程度的结合来解决资源配置和利用。把市场和计划的优缺点互补，更有利于经济的发展。正如邓小平同志的精辟论述：“计划多一点还是市场多一点，不是社会主义与资本主义的本质区别。计划经济不等于社会主义，资本主义也有计划；市场经济不等于资本主义，社会主义也有市场。计划和市场都是经济手段。……”

以市场调节为基础，又有政府适当干预的经济制度被经济学家称为混合经济或现代市场经济。混合经济不是计划经济与市场经济的混合，而是对市场经济的改进。当今世界，绝大多数国家是混合经济，但各种混合经济之间也有差别。有一些经济体似乎更接近于计划经济（如朝鲜、古巴），而另一些则更接近于市场经济（如美国、中国香港）。即便是英国和美国，其市场化程度也不同。比如说，在英国，大多数的企业是私有的，但国民保健（医疗卫生服务）却主要是由政府来承担的；在美国，医疗卫生服务的私有化程度则更高。

图 1-1 大致说明了市场在不同国家和地区经济体中所处的角色或市场化程度。

图 1-1 市场在不同国家和地区所处的角色

综上所述，解决资源稀缺性问题离不开一定形式的经济制度形式，经济学应放置在一定经济制度下来讨论和研究。起源于西方发达国家的经济学，其研究的总背景是市场经济。市场经济体制是人类迄今发现的最为有效的资源配置方式，目前世界上的绝大多数国家和地区都在实行市场经济。经济学不去研究自给自足的自然经济和完全的计划经济分别是如何运行的，也没有过多关注于自然经济或计划经济如何过渡到市场经济的进程。它是研究在市场经济条件下，人们如何决定生产什么、怎样生产以及为谁生产的科学。

1.3 经济学研究的方法

研究经济问题，同其他任何一门科学一样，都有自己的研究方法。经济学家的工具箱中，下面的工具方法是常用的。

1.3.1 实证分析与规范分析

经济学从研究方法的分类角度可分为实证经济学（positive economics）和规范经济学（normative economics）。实证经济学只研究经济现象“是什么”（what is）；规范经济学则研究经济活动“应该是什么”（what ought to be）。

实证分析法不带价值判断，所表述的问题可以用事实、证据或者从逻辑上加以证明或证伪。例如分析“政府扩大多少财政支出可能会增加多少个就业机会”，就属于实证分析的问题。

规范分析法是以一定的价值判断为基础，提出分析问题的理论标准，并研究如何才能符合这些标准。它研究的内容没有客观性，其结论也无法通过事实来直接检验。例如赤字财政会增加就业，但同时会出现通货膨胀。那么到底应该把消除失业摆在优先地位，还是应该把防止通货膨胀摆在优先地位？这就是一个规范问题。规范方法的结论以研究者的阶级地位和社会伦理观为基础，不同的研究者对同样的事物会得出不同的结论。

1.3.2 最优化与均衡分析

微观经济学所采用的分析工具主要是最优化和均衡分析。这两个工具正好用来解决微观经济学的两类基本问题：经济个体的理性行为或决策行为，以及它们之间的相互作用和相互关系。前者是优化问题，后者是均衡问题。一个高中学生毕业后，是上大学还是直接参加工作？这是个体面临的决策问题，即从各种可能中选择达到某一目标的最佳行为，因此要借助于最优化理论。另一类是均衡问题：如果越来越多的高中毕业生想考大学，那么，录取分数线将提高还是降低？这里所要解决的问题是：经济个体各自在作最优决策时，他们之间是如何互相影响、互相约束而达到一定的平衡的。

例如，你去市场买鸡蛋，卖主的要价是每千克 7 元，你的出价是每千克 6 元，最后以每千克 6.5 元成交 3 千克，这一均衡价格实现的背后，意味着任何高于或低于 6.5 元，买卖双方中总有一方会受损，因而难以达成交易，而 6.5 元的价格是双方都能接受的，这就是均衡。再譬如，一个企业为何选择 A 技术而不是更先进的 B 技术，同样也是由企业内外部综合因素决定的最佳选择，是均衡的结果。

1.3.3 边际分析

边际的原意为边界、增量等。严格地说，**边际**是指自变量发生微小变动时，在边际上“因变量”的变化率。经济学引进边际分析，一般指增加最后一单位自变量时所带来的因变量的变动量。在日常生活中，人们习惯于计算总量和平均量，如利润总额、人均收入等，在早期的经济学分析中也是这样。但随着微积分的成熟，经济学家发现，运用增量分析，更能洞察经济事务变化的趋势。有了边际分析法，可以为上述的均衡分析提供有力的工具。

例如，大学毕业后是否应该继续深造？更进一步讲，一个人受教育的年限多长最合适呢？答案当然是因人而异的。精确的分析要借助于边际分析，接受教育要付出成本（包括显性成本和机会成本），并且随年龄的增长，每增加一年教育的成本一般是会上升的；与此同时，从小学、中学、大学，乃至硕士、博士，每一个阶段的收益是不同的。只有当增加教育导致的新增收益大于等于新增的成本时，接受教育在经济上才是合算的，也是一个理性的决策者应该采取的行动。

如果上面一个关于教育的例子有点难懂，那么我们再用边际量的思想来思考航空公司应该如何确定零散余票的售价。假设一架200个座位的飞机横越国内飞行一次，航空公司的成本是10万美元。在这种情况下，每个座位的平均成本是10万美元/200，即500美元。有人会得出结论：航空公司的票价绝不应该低于500美元。但航空公司可以通过考虑边际量而增加利润。假设一架飞机即将起飞时仍有10个空位，在登机口等退票的乘客愿意支付300美元买一张票，航空公司应该卖给他票吗？当然应该。如果飞机有空位，多增加一位乘客的成本是微乎其微的。虽然一位乘客飞行的平均成本是500美元，但边际成本仅仅是这位额外的乘客在飞机上消费的一包花生米和一罐汽水的成本而已。只要等退票的乘客所支付的钱大于边际成本，卖给他机票就是有利可图的。

再比如，你为了明天早晨上课不迟到，打算把闹钟上到几点？如果你必须在早上8：00上学，或许你应该把闹钟上到6：30。这使得你有充裕的时间来起床和早餐。但这意味着晚上睡眠时间减少了。也许你决定把闹钟上到7：30，这会使你睡眠时间增加，可是早晨起来你会忙得焦头烂额。那么，起床的闹钟应该上到几点钟？你实际上就要估量多睡一会儿的成本和收益。在床上每多一分钟，你就多一分钟睡眠（边际收益），但你起来会更加匆忙（边际成本）。因此，多睡一会儿的成本和收益不是整个晚上睡眠的总成本和总收益作出的决定。边际分析的应用，使经济理论精密化，推动了经济学的发展，因此被人们称为“边际革命”。

1.3.4 经济模型与数学

经济模型用来描述所研究经济现象的有关经济变量之间依存关系的理论结构。它一般可以采用语言文字、几何图形、数学符号三种表示方式。一个实证的经济模型主要包含定义、假设、假说和预测四部分。建立一个经济模型的步骤是：明确定义、作出假设、提出假说、进行预测。经济学所建立的理论（或模型）是从一系列假设中推导出来的。

“模型”在科学研究和日常生活中比比皆是。在物理学中，牛顿的力学三大定律是描述物质机械运动的模型，它建立在抽象的、无摩擦的理想状态之中，这种抽象便于人们理解和揭示机械运动的一般规律。地图是我们日常生活中常用的模型，地图上虽然没有标出每幢房屋、每棵树木，却不失为指路的好向导。经济模型对经济现实的概括，同样将有助于人们对经济规律的理解和认识。例如，利用经济模型我们可以预测，在其他条件不变的情况下，若原材料的价格上升10%，厂商的产量将会下降多大幅度。经济模型的分析离不开经济量，实证经济学所涉及的基本上是经济量之间的关系，在经济模型中，对经济量的特征作了若干规定。例如，把经济量分为常量（constant）与变量（variable）、内生变量（endogenous variable）与外生变量（exogenous variable）、存量（stock variable）与流量（flow variable）等。**存量**是指某一时点上观测或测量到的变量。**流量**是指一定时期内发生或产生的变量。别人问你“你家里有多少不动产”，这就是存量。但是，别人问你“你收入多少”，你可以回答每月或是每年，这就是流量。流量就像自来水管道里通过的水量。

经济学中的一个重要特征是大量运用数学这一分析工具，经济文献中充斥着大量的表格、图形、公式和数字。可以说，如果经济学没有采用数学，经济学就不可能成为现代经济学。诺贝尔经济学奖获得者中，有不少人本身就是数学家。我们应该如何看待经济学中的数学化倾向呢？

我们可以将数学在经济学中的作用或影响归结为两点：

（1）数学使经济学研究和叙述更为精致和高效。萨缪尔逊指出，数学是一种高效的语言，用低效的文字叙述会降低思想的效率，并导致无谓的争议。经济学中大量运用数学工具不仅仅是欧美数理经济学家的擅长，华人经济学家杨小凯指出，数学是各学科的超级语言。马克思在其经济学名著《资本论》一书中也有许多数学公式，使人过目不忘的 $C+V+M=W$ 公式就远比其文字意义（不变资本消耗加可变资本消耗加剩余价值等于产品价值）更为精炼。

（2）数学的引入，在有利于经济学知识的保存和传播的同时也带来某种困惑。譬如，一种精深的经济思想，如果不能转化为数学模型来叙述，就不容易被理解，进而会被遗忘；相反，一种浅薄的经济学思想，如果能用数学方法表述得非常精致完美，就有机会进入主流经济学而被代代相传。由于经济理论过于追求数学化方向，数学在当代经济学中有时候显得喧宾夺主，甚至出现了脱离基本经济事实的现象。

因此，数学之于经济学，说到底也只是一种分析工具，而不是经济学本身，不能用数量分析来代替伟大经济思想的涌现。数学的引入，只是使人们在表述经济思想时更简洁了。套用一句俗话，数学对于经济学来说不是万能的，但是经济学家不懂数学却是万万不能的。

1.3.5 微观分析和宏观分析

经济学的内容是相当广泛的，按研究的对象，可以分为微观经济学和宏观经济学两大组成部分。前者主要研究资源配置问题，后者主要研究资源利用问题。

自 1936 年英国剑桥大学凯恩斯发表了《就业利息和货币通论》之后，经济学开始分为两个部分：微观经济学和宏观经济学。微观经济学研究对象是单个经济单位的经济行为。比如说，单个企业如何把有限资源分配在各种商品的生产上以取得最大利润（利润最大化）；单个家庭或消费者如何把既定收入分配在各种商品的消费上以取得效用最大化。其核心理论是价格理论，研究方法是个量分析。

宏观经济学研究方法则着眼于国民经济的总量分析，考察整个国民经济的活动情况，是以国民经济总体（整个社会经济活动）为研究对象的。比如说，宏观经济学分析的是一般物价水平，而不是个别商品的价格；是国民生产总值和国民收入，而不是个别厂商的收入；是总的就业情况，而不是个别厂商中的就业情况；等等。其核心理论是国民收入决定理论。

经济学的目的是要实现社会经济福利的最大化。为了达到这一目的，既要实现资源的最优配置，又要实现资源的充分利用。微观经济学和宏观经济学从不同的角度分析社会经济问题，从这一意义上说，二者是互相补充的，它们共同组成经济学的基本原理。

1.4 经济学的思维

经济学本身并不是解决经济问题的一套现成答案，而是提供分析、解决经济问题的一种方法，这种方法甚至可以用来分析其他非经济问题。比如利用经济学分析可以研究政治学、法律学甚至生物学等问题。这种分析方法的显著特点之一是成本和收益比较。因此，我们一般把运用成本和收益比较的经济学分析方法称为**经济学的思维**（thinking economically）。

把握“经济思维”的分析方法和手段，是我们学习经济学最重要的目的，因此学习和掌握经济学知识，有助于熟练掌握和运用“经济思维”方法。下面将通过两个典型例子来了解“经济思维”方法。

1.4.1 票证买卖

买卖政府发放的、禁止有偿转让的票证是非法的。但自有票证始，便有票证买卖。我国在二十世纪六七十年代，粮票相当值钱，而其买卖也几乎是半公开的。由于存在大量的买者卖者，市场接近完全竞争，价格也趋于稳定。据说，面值为一斤的直辖市或省级粮票约值一角钱，而全国粮票的价格则更高些。城市居民用粮票向农民们换鸡蛋、鸡、花生等农副产品。后来，我国粮食增产，人民的食物结构改善，粮票就不值钱了。而当粮食可以在自由市场上出售时，粮票的价格也明确无误地由市场决定了：它正是自由市场粮价与国家配给粮价的差额。在此期间，一些城市（当时国营）的糕饼点心商店和饭馆向没带粮票的顾客多收几分钱，更是公开承认了粮票的市场价格。

政府发放票证是为了实现一定的社会经济目标。票证的非法买卖显然阻碍、破坏了政策的实施。那么，为何不严明法纪，违者重罚？让我们对这一问题作比较深入的经济分析。

首先，在一定程度上，票证买卖是对计划配给的一种辅助，它使资源从不太需要的使用者转移到迫切需要的使用者，因而促进资源的有效配置。粮票的配给是根据平均需求水平而定的。既然是平均水平，就一定有人的需求高于平均水平，而又有些人的需求低于平均水平。票证的买卖使吃不饱的人能多买一些粮食，使另一些人多一些收入，这是两全其美的事。

发放票证有时是为了追求某种社会目标，如保证每个公民都有一定的生活保障。票证买卖在一定程度上阻挠了政策的执行，但这并不等于说严禁票证买卖就一定对社会有利。任何政策的实施，必有其一定的社会成本，要衡量一项措施，必须比较其对社会的贡献及其代价。可以想象，它在社会监督、法律程序上所耗费的人力物力将是十分可观的。

除此之外，严禁票证非法买卖还可能产生一些间接的、隐蔽的不良经济和社会效应。其中一种可能是，票证的黑市价格会因此而大幅度上涨。只要有人急需票证，而又有人有多余的票证，其中便有潜在的经济利益可图，只要潜在的利益足够大，尽管法律严峻，仍然会有利欲熏心的冒险者从事票证贩卖交易。由于这种行当面临着较大的风险和严厉的惩罚，只有以较高的价格才能引诱人们出售多余的票证，而票贩子为了赚取超额利润并补偿潜在的风险和损失，必然以更高的价格出售票证。严禁票证买卖的本意是为了维护票证的非货币化地位，其结果却将价格推了上去。正如中国历史上的一句俗话所说，“私盐越禁越好卖”。

以上分析并不是意味着反对禁止票证买卖，更不是主张票证买卖。发现和指出某方案的消极、不良后果并不等于反对、拒绝该方案。经济学家应该对方针政策的社会、个人的利弊得失进行分析比较，指出各种有利的和不利的后果，以供决策部门参考。

1.4.2 排队问题

这个例子离经济主题似乎很远，但却非常具体地介绍了经济学中一个十分重要的概念——均衡。

在大学的大食堂打饭时，你常常得排队付款。你总感到你所站的队移动特别慢。你会左顾右盼，有时会下决心离开原队而站到旁边的队列之后。可是，往往没过几分钟后你会发觉你新站的队至少与原先所站的队一样慢！让我们看看经济学思维是否可以帮助你思考这一问题。我们假定食堂一横排开有十多个收银台，又假定你站在队列里只能看到你附近的两三个队列。问题在于：当你进入队列之前，是否需要巡逻一番，挑最短的队列站，还是只要从你所能看到的两列中挑较短的一列？

正确的答案是后者。只要每个人都能看到至少两个队列，而且每个人都站到他所能看到的最短队列里，那么，所有队列的长度都大致相同。如果你站在第二列，看到第三列而看不到第四列，你不必怀疑第四列会比你所看到的第一、二、三列更短。因为，如果第四列队伍更短的话，站在第三列的人会看到并且会走过去，直到两条队列的长度大致相等。这情况对每对相邻的队列都一样。因此，你大可不必花时间兜一圈，“综观全局”之后再做决定。

这里我们并没有假设各收银员的服务速度一样快。比如说，5号台窗口收银员的速度比其他收银员快一倍。于是，同样长度站在5号队列里的人将很快吃到饭。同学逐渐发现了这一事实，知情者都喜欢站到5号台，尽管该队列比其他队列更长。久而久之，大家都知道了这一事实。于是，在均衡状态时，5号台队列的长度将是其他队列的两倍。

排队一例给了我们两个十分重要的启示。一是要达到均衡，资源的自由流动是十分关键的。排队案例中，假如各队列之间用栏杆隔开，排队之后便难以离开，那么，上例中的种种结论便不能成立。这一道理，在市场机制中特别重要。如果资金、劳动力及物资甚至信息由于各种阻碍不能畅通自由地从一种经济活动流向另一种经济活动，那么，资源的配置就无法达到有效率的均衡。在以后的一些章节中，我们将介绍，无论在计划经济还是市场经济中，资源配置的低效和浪费，都可以归咎于资源的流动受到阻碍。而阻碍的原因可能是经济的，也可能是技术的、政治的或法律的。

排队例子的另一启示是，人们的相互作用本身会产生或披露新的信息，而这信息又将影响参与者的行为。5号台收银员通过对顾客的服务，把“我手脚快”这一信息经由队列变化的速度传递给顾客，使他们在做站队决策时对5号台作特殊的考虑。我们可以将此例再发展一层：5号台收银员发现她面前的队列比其他队列长一倍，她马上可以推断她的工作效率是其他同事的两倍，尽管她埋头苦干，看不见别人如何操作。这信息对5号台收银员不会没有经济价值，她可以据此要求提高工资或者放慢自己的手脚。

案例讨论

学习经济学并像经济学家一样思考

在开始经济学课程之前，我们先来阅读20世纪英国著名的经济学家约翰·梅纳德·凯恩斯的一段忠告：

经济学研究似乎并不需要任何极高的特殊天赋。与更高深的哲学或纯学科相比，经济学是一门容易的学科，但这个学科中很少有人能出类拔萃！这个悖论的解释也许在于杰出的经济学家应该具有各种天赋的罕见的结合。在某种程度上他应该是数学家、历史学家、政治家和哲学家。他必须了解符号并用文字表达出来。他必须根据一般性来深入思考特殊性，并在思绪奔放的同时触及抽象与具体。他必须根据过去、为着未来而研究现在。他必须考虑到人性或人的制度的每一部分。他必须同时保持果断而客观的情绪；像艺术家一样冷漠而不流俗，但有时又要像政治家一样脚踏实地。

为什么经济学值得学习？经济学值得一学是因为它带来的巨大益处：对世界了解更深刻，扩展你的职业发展机会。就像物理学一样，经济学具有广泛的应用价值。为了在生意上或其他领域获得成功，你需要理解经济生活中基本的原则，而不是只在工作中操作。原则将在明天的未知的世界发挥作用！凯恩斯写道："经济学家的想法，无论正确与否，其作用比我们想象的还要重要。的确，有什么能像经济学那样对我们的社会产生重大的影响？那些相信自己不受学识支配的实干家通常是一些已故经济学家的奴隶。"凯恩斯是正确的。你不能忽视经济理论，它们就在你的周围。在每天的生活和工作中，你都在应用它们。当与你的朋友辩论时，你在使用它们。但是你不必是一些已故经济学家的奴隶。通过学习经济学，你将学会如何发展自己的思想，并与其他人的想法相比较。随着对经济学学习的不断深入，在听新闻和读报纸时，你将对当前的时事有更深的理解。面临经济决策时，你发现自己越来越多地应用到正在学习的经济学。

大多数学生不会把研究经济学作为他们终身的职业。他们工作在不同的领域，例如银行、商业、管理、金融、保险、房地产、销售、法律、政府、新闻业、保健和艺术。

其次，要学会像经济学家一样思考现实生活中的经济问题！一旦你掌握了工具，现实世界就是一本活的经济学教科书。经济学是一个很大的研究学科。对很多职业来说，它训练你的思维。我认为学习经济学为从事商业、法律和决策的人提供了最好的训练。

为了有效地学习，请遵循以下学习顺序：阅读，听课，实践，交谈，自我测试。

1. 在每节课之前阅读本教材。在课前，对阅读的内容列出一个提纲。

2. 上课仔细听讲。不要试图写下教师说的每一句话。记住：听课比记笔记更重要，理解经济学基本思想比死记硬背经济学的条文更重要。

3. 在每节课后积极实践并做课后练习和课后测试。

4. 每周进行讨论。组建一个讨论小组，讨论所学到的知识。

5. 当你完成每章时，自我测试。检查做错的每一道题。是疏忽，还是不理解？如果你对练习不理解，那么阅读网上的注释和答案，然后再复习一遍。

现在，就让我们先试着用经济学的思维来考虑并讨论下列问题：

1. 你大学毕业后，会去充满机会但竞争激烈、生活成本高昂的大城市工作，还是去小城镇发展？

2. 发展中国家和地区争相引进外资，有利也有弊吗？

3. 最低工资法的实施能增进年轻人和不熟练工人的就业机会和福利状况吗？

4. 劳动力在区域间自由流动，对输出地和输入地的经济和居民福利有什么影响？

5. 既然自由贸易能增进双方的福利，为什么还要打贸易战呢？

复习与练习

【关键概念复习】

在B栏中寻找与A栏中术语相应的解释，并将序号填在术语前边。

A	B
稀缺	1．经济学的一个分支，研究国民经济的总体运行。
宏观经济学	2．为了得到某种东西所放弃的东西；是经济品的次优使用价值。
微观经济学	3．不带价值判断（的研究），所表述的问题可以用事实、证据，或者从逻辑上加以证明或证伪。
规范经济学	4．人们需要的物品和资源（或者禀赋）是有限的。
实证经济学	5．经济学的一个分支，研究单个经济单位的经济行为。
机会成本	6．以一定的价值判断为基础（的研究），提出分析问题的理论标准，并研究如何才能符合这些标准。它研究的结论以研究者的阶级地位和社会伦理观为基础，不同的研究者对同样的事物会得出不同的结论。往往无法通过事实来直接检验。

【思考与练习】

（一）填空题

1．稀缺性就是指资源的相对________。

2．经济学被称为“选择的科学”，就是人类社会面对________如何决策的科学。

3．为了得到某种东西而放弃的另一种东西就是作出决策的________。

4．“生产什么”、“如何生产”和“为谁生产”是人类社会所必须解决的基本问题，这几个问题被称为________问题。

5．稀缺性迫使人类作出选择，所以经济学又被称为“选择的科学”，即研究人类社会在面对资源稀缺和人类欲望无限时就________、________和________作出选择的科学。

6．经济制度就是一个社会作出选择的方式，或者说解决________和________的方式。

7．当前世界上解决资源配置和资源利用的经济制度基本有三种，一种是________，一种是________，一种是________。

8．以市场调节为基础，又有政府适当干预的经济制度被经济学家称为________。

9．西方经济学是研究________制度下，资源配置和利用的科学。

10．微观经济学的研究对象是________，核心理论是________，研究方法是________。

11．在微观经济学的研究中，假设家庭和企业经济行为的目标是实现最大化，即家庭要实现________，企业要实现________。

12．宏观经济学的研究对象是________，核心理论是________，研究方法是________。

13．经济学根据其研究对象的不同，可分为________和________；根据其研究方法的不同，可分为________和________。

14．经济学研究中的实证方法要解决的问题是________，规范方法要解决的问题是________。

15．一个实证的经济模型包括________、________、________、________。

（二）单项选择题

1．经济学上所说的稀缺性是指（　　）。
A．欲望的无限性　B．资源的绝对稀缺性
C．资源的相对有限性　D．欲望的相对有限性

2．稀缺性问题（　　）。
A．只存在于依靠市场机制的经济中　B．只存在于依靠中央计划机制的经济中
C．存在于所有经济中　D．只存在于发展中国家

3．稀缺性的存在意味着（　　）。
A．必须作出选择
B．人们的生活水平会不断下降
C．一个人不应该把今天能买到的东西留到明天来买
D．需要用政府计划来配置资源

4．稀缺性的存在意味着（　　）。
A．决策者必须作出选择　B．政府必须干预经济
C．不能让自由市场来作重要的决策　D．竞争是不好的，必须消灭它

5．当资源不足以满足所有人的需要时（　　）。
A．消费者必须具有完全信息　B．政府必须决定谁的要求能被满足
C．必须有一套市场系统起作用　D．必须作出选择

6．当资源有限而欲望无限时，人们必须（　　）。
A．作出选择　B．降低他们的期望
C．使公共利益优先于个人利益　D．自给自足

7．选择具有重要性，基本上是因为（　　）。
A．人们是自利的，他们的行为是为了个人私利
B．相对于人类社会的无穷欲望而言，所需要的资源总是不足的
C．一个经济要靠市场来解决稀缺性的问题
D．政府对市场的影响有限

8．因为资源是稀缺的，所以（　　）。
A．必须作出选择　B．政府必须分配资源
C．某些人必须忍受贫穷　D．除了富人之外所有人都要作出选择

9．由政府来解决生产什么、如何生产和为谁生产这三个经济学基本问题的经济制度属于（　　）。
A．混合经济　B．计划经济　C．市场经济　D．有计划的商品经济

10．作为经济学的一个分支，微观经济学主要研究（　　）。
A．国际贸易　B．不发达国家的经济增长
C．通货膨胀和失业　D．家庭和企业的经济行为

11．作为经济学的一个分支，宏观经济学主要研究（　　）。
A．作为总体经济组成部分的个体的行为
B．经济总体状况，如失业和通货膨胀等
C．市场经济
D．单个消费者和企业的相互作用
12．宏观经济学要解决的问题是（　　）。
A．资源配置　　B．资源利用
C．整个经济如何实现最大化　　D．国民收入的决定
13．宏观经济学的核心理论是（　　）。
A．国民收入决定理论　　B．失业与通货膨胀理论
C．经济周期与经济增长理论　　D．开放经济理论
14．研究单个经济单位经济行为的经济学称为（　　）。
A．实证经济学　B．规范经济学　C．微观经济学　D．宏观经济学
15．经济学根据其研究对象的不同可分为（　　）。
A．实证经济学和规范经济学　　B．微观经济学和宏观经济学
C．西方经济学和政治经济学　　D．理论经济学和应用经济学
16．作为经济学的两个组成部分，微观经济学与宏观经济学是（　　）。
A．互相对立的　　B．没有任何联系的
C．相互补充的　　D．完全相同的
17．经济学研究方法中的实证方法是（　　）。
A．研究如何作出评价　　B．对作出评价没有帮助
C．主要研究“是什么”的问题　　D．主要研究“应该是什么”的问题
18．下列说法中属于实证表述的是（　　）。
A．低利率会刺激投资　　B．应该降低利率以刺激投资
C．现在的存款利率太低　　D．税收太高
19．下列说法中属于实证表述的是（　　）。
A．目前的社会救济金太少　　B．医生挣的钱比工人多
C．男女应同工同酬　　D．降低失业比抑制通货膨胀更重要
20．经济学研究方法中的规范方法（　　）。
A．描述经济如何运行　　B．研究“是什么”的问题
C．研究“应该是什么”的问题　　D．预测行动结果
21．下列说法中不属于规范表述的是（　　）。
A．治理通货膨胀比增加就业更重要
B．利率上升有利于增加储蓄
C．经济发展中出现的收入差距拉大这种现象是正常的
D．效率就是生产率的提高
22．下列说法中属于规范表述的是（　　）。
A．20世纪80年代的高预算赤字导致了贸易逆差
B．低利率会刺激投资

C．应该降低利率以刺激投资

D．扩张的财政政策会降低利率

23．经济学所建立的理论（　　）。

A．是从一系列假设中推导出来的

B．是凭空产生的

C．是基于一些不现实的假设，因此对解释现实世界的现象没有什么价值

D．没有什么价值，因为它不能在试验室中得到验证

24．经济理论或模型是（　　）。

A．对经济发展的预测

B．数学等式

C．根据经济学规律提出的政府政策改革建议

D．基于若干假设以及由这些假设推导出来的结论

25．在经济分析中常用的变量有内生变量与（　　）。

A．存量　　B．流量　　C．变量　　D．外生变量

（三）判断题

1．如果社会不存在资源的稀缺性，也就不会产生经济学。（　　）

2．只要有人类社会，就会存在稀缺性。（　　）

3．资源的稀缺性决定了资源可以得到充分利用，不会出现资源浪费现象。（　　）

4．因为资源是稀缺的，所以产量是既定的，永远无法增加。（　　）

5．“生产什么”、“如何生产”和“为谁生产”这三个问题被称为资源利用问题。（　　）

6．在不同的经济制度下，资源配置与资源利用问题的解决方法是不同的。（　　）

7．混合经济就是计划经济和市场经济的混合而不是对市场经济的改进。（　　）

8．经济学根据其研究范围的不同，可分为微观经济学与宏观经济学。（　　）

9．微观经济学要解决的问题是资源利用，宏观经济学要解决的问题是资源配置。（　　）

10．微观经济学的中心理论是价格理论，宏观经济学的中心理论是国民收入决定理论。（　　）

11．微观经济学和宏观经济学是相互补充的。（　　）

12．经济学按其研究方法的不同可以分为实证经济学与规范经济学。（　　）

13．是否以一定的价值判断为依据是实证方法与规范方法的根本区别之一。（　　）

14．实证方法要解决“应该是什么”的问题，规范方法要解决“是什么”的问题。（　　）

15．对“人们的收入差距大一点好还是小一点好”的研究属于实证方法。（　　）

16．规范方法的结论以研究者的阶级地位和社会伦理观为基础，不同的研究者对同样的事物会得出不同的结论。（　　）

17．某国2002年12月31日的人口数量是存量。（　　）

18．某国2001年的国内生产总值是存量。（　　）

19．某国2001年12月31日的外汇储备量是流量。（　　）

20．某国2000年的出口量是流量。（　　）

（四）问答题

1．许多人认为，经济学是说钱的，你认为这种观点对吗？请简要说明经济学的概念；微观经济学与宏观经济学的区别与联系。

2．为什么生活在极端奢华之中的富豪也会面临稀缺性？人们都希望有更多的钱，可政府为什么不印刷更多的钞票？这样能够一下子解决稀缺的问题吗？有人认为，“社会生活中许多资源是取之不竭、用之不尽的，比如空气、河流、森林等，所以社会资源稀缺的观点不完全妥当。”你对这些观点怎么看？试分析说明。

3．你高中毕业时总会遇到一些选择，比如继续上学深造、找工作挣钱等。请运用机会成本概念分析当时面临的权衡取舍决策过程。

4．在下列陈述中，哪些是实证分析，哪些是规范分析？

（1）降低利率，会增加投资量。（　　）

（2）政府应当提高利率，以防汇率下跌。（　　）

（3）消费者的收入增加会促进商品的需求增加。（　　）

（4）经济增长会提高一个国家的综合实力，因此经济增长是好事。（　　）

（5）目前的社会救济金太少。（　　）

（6）医生挣的钱比工人多。（　　）

（7）男女应同工同酬。（　　）

（8）降低失业比抑制通货膨胀更重要。（　　）

（9）应该降低利率以刺激投资。（　　）

（10）现在的存款利率太低而税收太高。（　　）

5．请简要说明实证方法与规范方法的区别与联系。

6．经济模型包括哪些内容？其表示方式有哪些？

7．下列哪些问题是宏观经济问题，哪些又是微观经济问题？

（1）通货膨胀问题。（　　）

（2）某些服务行业的低工资问题。（　　）

（3）人民币和欧元的汇率问题。（　　）

（4）白菜的价格波动为何比汽车的价格波动大。（　　）

（5）本年度与上年度经济增长率相比。（　　）

8．试论述完全市场经济和完全计划经济的利弊。

附　录

经济学发展的里程碑：亚当·斯密、马克思和凯恩斯

过去的众多杰出经济学家的思想影响了当今社会的大多数意识形态。其中，具有里程碑意义的人物包括亚当·斯密、马克思和凯恩斯。

1．亚当·斯密（Adam Smith）和《国富论》

很多经济学家认为，现代经济学始于1776年。那一年，英国人亚当·斯密发表了他的巨著《国富论》。他认为，国家不应该干预经济运行，应该采取“自由放任”的政策。他的名言是：“面包商提供给我们可口的面包，不是因为面包师的仁慈，而是因为他处于自利……在他追求个人利益的时候，有一只‘看不见

的手’引导他促进了社会利益，并且其效果往往要比他真正处于本意想促进社会利益时好得多。”

2. 马克思和《资本论》

马克思为创作《资本论》几乎花费了毕生的精力，从 1843 年马克思开始研究政治经济学，到 1867 年《资本论》第 1 卷出版，前后经历了二十多年的时间。在西方经济学界，《资本论》被公认为是一部引起争议最多的著作。尽管很多人对它的评价很高，也有人对它的评价较低，但几乎没有人否认它是一部具有里程碑意义的学术著作。事实上，一些经济学家不接受《资本论》阐明的各种理论，常常并不是因为不接受这些理论的经济学论述，而是因为不接受这些理论的社会学的和政治学的含义。几乎所有的大经济学家，都没有忽略《资本论》的存在。

对《资本论》评价高的国外的代表是恩格斯和列宁，因为他们的评论人们都很熟悉，这里就不重复了。在对《资本论》评价低的国外经济学家中，最著名的是英国经济学家凯恩斯。他评论《资本论》是“一本陈旧的经济学教科书。在我看来，它不仅在科学上是错误的，而且在当代世界毫无益处或没有用处。”但是，在 12 年以后当他的代表作《就业、利息和货币通论》（简称《通论》）发表时，他在该书一开始却谦虚地注明“经典学派”一词是马克思创造的，自己对这个词的别种用法可能是犯了文法错误。对于劳动价值论则给予了肯定。可见，在凯恩斯的内心深处，对《资本论》的学术价值和应用价值是有所承认的。

彻底否定《资本论》在当代特别是在研究我国社会主义市场经济中的有用性，将使我国的经济学说丧失极为重要的洞察力基础和基本立场，不利于我国经济理论的发展，也将对我国社会主义市场经济的发展和体制建设带来不必要的负面影响。

3. 凯恩斯和《通论》

英国经济学家凯恩斯与亚当·斯密、马克思一起被称为经济学上三位巨人。亚当·斯密看到了市场带给资本主义经济的繁荣，马克思认为资本主义的问题会带来其自身的毁灭，主张无产阶级通过暴力革命推翻资产阶级；凯恩斯则认为通过政府政策来挽救资本主义。1883 年，马克思逝世，一位巨人倒下去了，另外一位巨人诞生了。这一年凯恩斯出生在剑桥。

自 18 世纪亚当·斯密以来的经济学家一直坚信市场上“看不见的手”的原则，主张采取放任自流的经济政策，“商品供给自行创造需求”。但是，西方资本主义世界在 1929—1933 年爆发了一场历史上从未有过的深刻、持久、广泛的世界性的经济危机，整个资本主义世界都陷入了同样的困境。传统经济学对于这一现象无法给出一个理性的、全面的解释。正是在这样的历史背景下，凯恩斯发表了《就业、利息和货币通论》，对当时的经济现象给出了一个系统的解释，并提出了自己的对策，即加强政府的宏观管理。这一理论得到了当时以美国为首的西方国家的认可，并付之于实践，这就是所谓的凯恩斯革命。《通论》标志着经济学发展史上的又一个里程碑，它实际上宣告了宏观经济学的诞生。第二次世界大战后，凯恩斯主义已被西方各国普遍接受，成为正统西方经济学的一个重要组成部分。

但是，自由放任还是政府干预的争论在政治学和经济学领域一直没有停息。争论的钟摆从自由放任（亚当·斯密）摆到中央政府集权（马克思），又摆到中间派（凯恩斯）。某种程度上，对于市场和政府之间的长久争论不仅反映出经济观点，更反映了不同的政治观点和立场。

研究经济学既要有方法也应该要有立场。站在大多数人民利益的立场，关注弱势群体的立场，是正直的经济学人应有的良心，是不能丢弃的。诺贝尔奖获得者、经济学家舒尔茨曾说：“世界大多数是贫困人口，如果你懂得了穷人的经济学，那么你就会懂得经济学当中许多重要的原理。”

第2章 供需法则与市场均衡

【导学】微观经济学研究家庭与企业的行为，要说明价格如何配置资源、调节经济。价格理论是微观经济学的核心。在市场经济中，价格是由供求关系决定的，所以供给与需求就是最重要的概念。本章主要介绍需求、供给、均衡价格的决定以及价格如何调节经济。

19 世纪著名的历史学家和作家卡莱尔曾经说过这样一句话："只要你教鹦鹉学会说供给与需求，就可以把它培养成一个经济学家。"尽管卡莱尔的说法未免过于夸张，但它却十分恰当地强调了需求与供给在经济学中的重要作用。

2.1 需　　求

2.1.1 需求与影响需求的因素

1. 需求

经济学中所讲的**需求**（demand）是指消费者（家庭）在某一特定时期内，在每一价格水平时愿意并且能够购买的某种商品的数量。简单地说，**需求**就是有支付能力的购买欲望（需要）。

在理解这个概念的时候应该注意两点：

（1）消费者必须要有购买欲望。只有购买能力而无购买欲望则不构成需求。例如，对一个不喜欢吃羊肉的人来说，即使收入再高，羊肉再便宜，他也不会有羊肉的需求。现在绝大部分家庭都拥有了彩色电视机，那么他们对普通的黑白电视机有没有购买能力呢？当然有。有没有购买欲望呢？有了彩电以后，相信人们对黑白电视机的购买欲望越来越少了。

（2）消费者的需要还必须有一定的购买能力。卖火柴的小女孩看见“一只烧鹅突然从盘子里跳出来，背上插着刀叉，摇摇晃晃地向她走来”，这说明她需要这只烧鹅，并不能代表她就有对烧鹅的需求。要构成需求，购买欲望和购买能力缺一不可。

2. 需求表与需求曲线

我们先来举一个现实生活例子。在 2005 年第四季度江苏某地市场上，当牛肉的价格为每千克 12 元时，需求量为 120 千克；当价格为每千克 13 元时，需求量为 110 千克；当价格为每千克 14 元时，需求量为 90 千克；当价格为每千克 15 元时，需求量为 80 千克；等等。根据这些数字，我们可以作出需求表（demand schedule），如表 2-1 所示。

表 2-1　需求表

序　号	价格（元/千克）	需求量（千克）
A	12	120
B	13	110
C	14	90
D	15	80

根据需求表 2-1，我们可以作出需求曲线如图 2-1 所示。

在图 2-1 中，横轴 OQ 代表消费者对牛肉的需求量，纵轴 OP 代表牛肉的价格，D 即为需求曲线。需求曲线（demand curve）是根据需求表作出的，是用来表示某种商品的价格与需求量之间关系的曲线，它向右下方倾斜。

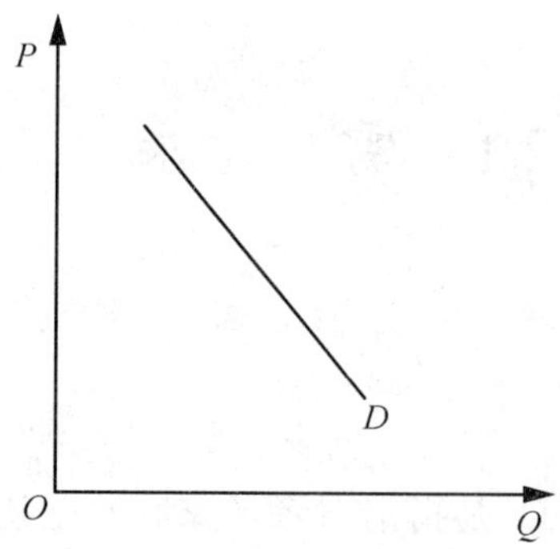

图 2-1 需求曲线

3. 影响需求的因素：需求曲线移动的原因

一个消费者在给定价格、收入等条件下所购买某商品的数量，便是消费者在上述给定条件下对该商品的需求量。同一价格下所有消费者需求量的总和就是市场需求。显然，需求量由多种因素共同决定，其中主要的因素包括商品的价格，消费者的收入、偏好和期望，以及其他商品的价格等。

（1）商品本身的价格。价格越高，人们的购买量就越少，这几乎是人所共知的“真理”。因此，这一现象在经济学中被称为**需求规律**。其原因在于，价格上升对消费者的需求产生了两种效应：一是替代效应（substitution effect）。如果猪肉太贵，消费者就会转而购买鸡肉（或者其他肉类）来替代猪肉。这就降低了对猪肉的需求。另一种是收入效应（income effect）。当商品价格上涨时，相对来说消费者的实际收入就会下降（人们变穷了）。由于收入的约束，消费者无法在较高的价格下购买与原先一样多的商品。在现实的商战中，厂家公开降价销售可能会导致竞争对手的报复性价格战，同时也会降低产品在消费者心目中的形象。所以，很多厂家经常采取“买一送一”的促销活动。这种促销活动看似价格没变，但事实上的变相降价促进了消费需求，增加了销售额，扩大了市场份额。

（2）相关商品价格。一种商品的需求除了受到本身价格的影响之外，还受到其他商品价格的影响。鸡肉的价格低，人们可以多买鸡肉少买猪肉，这两样商品叫做**替代品**（**竞争性商品**）。公交车票价格上涨，出行坐地铁的人数会上升。用通俗的话讲，地铁代替了公交车。还有一些商品往往同时消费，如汽车和汽油、牙膏和牙刷、网球和网球拍，这些商品叫做**互补品**。汽油的价格上升，人们对汽车的需求量便降低。汽车少了，汽油的消费量也相应减少。所以，汽油的需求随汽车价格的上升而下降。

（3）收入。收入对需求的影响也是显而易见的。一般来说，收入增加了，人们对一些商品的消费量也会增加。例如，对文化娱乐方面的消费，从横向来看，高收入家庭的文化娱乐活动多于低收入的家庭；从纵向来看，随着消费者财富的不断积累，人类社会对文化娱乐的需求在质和量两方面都越来越高。需求随收入增加而增加的商品叫做**正常品**。另有一些商品，当人们的收入增加时，对这些商品的需求反而降低了，这种商品叫做**低劣品**。

（4）偏好（也叫做嗜好）。人的消费行为与他们的偏好有关。人的偏好还受时尚、广告等因素影响。比如，对健康和健美的重视增加了人们对健身设施、健康食品和体育设施的需求，同时也减少了对香烟、肉食品的需求；对着装的个性化需求，使时尚人士更偏好于购买高档时装；同时，我们也发现可传送图片并具有上网功能的移动电话正通过各种广告变得日益流行。人的偏好也受科技进步的影响，DVD 代替录像机就是一个很好的例子。

（5）预期。人们的期望也起着类似的作用，这在股市上表现得最为显著。如果股民们由于某种原因对某股票看涨，可能就追购这一股票；当计算机正在降价的时候，人们也往往选择持币待购。

除以上列举因素之外，商品需求还受到其他因素的影响。例如季节（啤酒在夏天的需求要远高于冬天的需求）、温度、市场规模（人口数量及结构）、消费信贷政策、广告和营销支出等。现实生活中经常有许多需求预测的问题。比如媒体经常有“在未来几年中需要多少律师、多少医生、多少注册会计师”的预测，但是这些预测往往没有考虑到替代品、文化、价格等因素造成的这些需求动态变化。

我们对此作一小结，如表 2-2 所示。

表 2-2　小　　结

影响需求的因素	预期效应：以小汽车为例
1．越野车（替代品）价格上升	小汽车需求增加
2．汽油（互补品）价格上升	小汽车需求减少
3．消费者的平均收入水平上升	小汽车需求增加
4．小汽车厂家广告数量和营销支出上升	小汽车需求增加
5．社会人口数量上升或青年人口的增多	小汽车需求增加
6．拥有新车成为社会地位的象征：消费者偏好程度提高	小汽车需求增加
7．预期小汽车的未来价格将上升	小汽车需求增加

案例讨论

英国商人的失算——消费欲望与需求

鸦片战争以后，英国商人为能打开中国这个广阔的市场而欣喜若狂。当时英国棉纺织业中心曼彻斯特的商人估计，中国有 4 亿人，假如有 1 亿人晚上戴睡帽，每人每年用两顶，整个曼彻斯特的棉纺厂日夜加班也不够，何况还要做衣服呢！于是他们把大量洋布运到中国。结果与他们的梦想相反，中国当时仍然处于一种自给自足的封建经济，在此基础上形成了保守、封闭甚至排外的社会习俗。虽然鸦片战争打开了中国的大门，但没有改变中国人的消费习惯。当时，上层人士穿丝绸，一般老百姓以穿自家织的土布为主，中国人晚上没有戴睡帽的习惯，洋布根本卖不出去。

替 代 品

父母在乘坐飞机旅行时，是应该允许他们把婴儿放在他们的膝盖上，还是要求他们为婴儿单独买机票，并用皮带把婴儿束在安全座位上？一项要求为婴儿购买单独机票和将婴儿放置在单独座位上的法律将会使他们喜忧参半。喜的是：由于婴儿在他们自己的座位上会更安全，因而死于飞机碰撞的婴儿将会减少。而忧的是：更多的人将死于车祸。要求父母购买两张机票而不是一张机票的法律会增加飞机旅行成本。这将使很多的父母转向乘车旅行，从而使旅行的危险增加了。多次研究后，得出的结论是对更多的人来说这是坏消息。美国联邦航空委员会于是在 1992 年作出规定，父母可以将其婴儿放置在他们的膝盖上。

2.1.2　需求规律

从需求表和需求曲线中可以看出，一种商品的需求量与其自身价格是呈反方向变动的，这种现象被称为**需求规律**（the law of demand）。其基本内容是：在其他条件不变的情况下，一种商品的需求量与其自身价格之间存在着反方向变动的关系。即需求量随着商品自身价格的上升而减少，随商品自身价格的下降而增加。

需求规律的描述符合我们经常在市场上看到的现象，并不深奥。但在理解这个规律的时候要注意“在其他条件不变的情况下”这句话。所谓“其他条件不变”，是指除了商品自身的价格以外，其他任何能够影响需求的因素都保持不变。也就是说，需求规律是在假定影响需求的其他因素都不变的情况下，研究商品自身价格和需求量之间的关系。离开了“其他条件不变”这个前提，需求规律也将不复存在。例如，冷饮在夏天的需求量比较大，而同一种冷饮到了冬天后即使价格下降需求量可能还是会减少。

参考资料

需求规律的例外：吉芬商品与凡勃伦商品

需求规律是说，当其他条件不变时，商品的价格上升，人们对它的需求量将减少。向上倾斜的需求曲线是很少见的。只发现有两个还说得过去的例外，但是它们是无关紧要的。一种是吉芬商品，另一种是凡勃伦商品。实际上，需求规律的例外只是表面上的，而不是真正的例外。因为在严格的意义上，需求规律是假定其他条件不变时，价格与购买量之间的关系。而所谓例外的情形，无一例外地是由于不能满足需求规律所要求的假设前提（吉芬商品当中收入变化或预期变化）或理性人假定（如炫耀性商品）。

爱尔兰经济学家罗伯特·吉芬发现在 1845 年爱尔兰大灾荒时，尽管土豆价格上涨，但人们的需求量反而增加。这一特殊效应可用土豆价格变化时所发生的收入效应的程度来解释。土豆不仅是劣等品，而且其消费占用了爱尔兰人收入的很大比例。因而土豆价格的上升大大减少了他们的实际收入。爱尔兰人被迫压缩其他奢侈食品的消费，以购买更多的土豆。即便这个历史事件令人难以置信，但商品价格上升导致其需求量增加的可能性仍被称为**吉芬之谜**（Giffen’s paradox）。

经过几代经济学家的研究，得出这样的结论：穷人收入低，可供满足生活必需的替代品的购买能力低，就只能买得起土豆这一类最低生活必需品。越吃不起肉，买土豆的数量就越多。而土豆的资源有限，于是靠价格上升来调剂供需。富人有钱，可以多吃肉而少吃土豆。因此，年景好，收入多时，连穷人都可以买点肉吃，因此，土豆的需求少了，价格也下降了。这一点倒有点像我国三年自然灾害时期的山芋粉、胡萝卜，价格越贵，需求量越大。这说明，收入越高，可替代品越多。经济学家们对吉芬之谜的最后解释是吉芬商品就是低劣品。

19 世纪的吉芬商品，在现代社会也会出现，似乎不能再称之为低劣品了。比如，20 世纪五六十年代，我国居民大多穿棉布服装。70 年代，出现了“的确良”布料，它做成的衬衫洁白、挺括。尽管价格很高，大家还是争相购买。随着现代纺织业的发展，的确良越来越普及，人们发现了它存在不透气、刺激皮肤等缺点。80 年代开始，又恢复流行全棉服装。全棉衬衫、全棉面料价格上扬，消费量却也大幅上升。

社会心理因素也会导致某些商品的需求量与价格的变化方向出现“反常”。例如一些家庭为了显示其地位尊贵，愿意购买价格昂贵的名画、古董等；而当这些商品价格下跌到不足以显示其身份时，就会减少购买。款式、皮质差不多的一双皮鞋，在普通的鞋店卖 80 元，进入大商场的柜台，就要卖到几百元，却总有人愿意买。1.66 万元的眼镜架、6.88 万元的纪念表、168 万元的顶级钢琴，这些近乎“天价”的商品，往往也能在市场上走俏。实际上，消费者购买这类商品的目的并不仅仅是为了获得直接的物质满足和享受，更大程度上是为了获得心理上的满足。具有这种“炫耀性消费”特征的商品被称为“炫耀性商品”。这就出现了一种奇特的经济现象，即一些商品价格定得越高，就越能受到消费者的青睐。由于这一现象最早由美国经济学家凡勃伦（T.B. Veblen）注意到，因此被命名为**凡勃伦效应**。

2.1.3 需求变动与需求量变动：曲线的平移与沿曲线移动

在经济分析中要注意区分需求量的变动与需求的变动。其他条件不变，由商品本身的价格变动引起的需求量的变化，称为**需求量变动**，表现为在一条既定的需求曲线上点的位置移动。除了商品价格以外的其他因素的变动引起的需求量的变动，称为**需求变动**，表现为整条需求曲线的移动。

比如，政策制定者设法使人少吸烟有以下两种办法：一是增加公益广告，这是意在使香烟的需求曲线左移（减少需求）的办法；二是通过税收政策提高香烟价格，这是意在使香烟需求量在同一条需求曲线左移（减少需求量）的办法。

如图 2-2（a）反映了需求的增加，而图 2-2（b）则反映了需求量的增加。

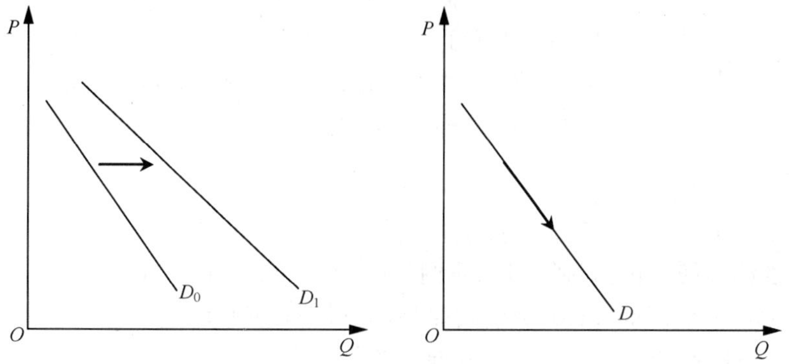

（a）需求的变动　　（b）需求量的变动

图 2-2　需求变动与需求量变动

2.2 供　　给

2.2.1 供给与影响供给的因素

供给、供给表、供给曲线等概念与需求的几个概念几乎是平行的。在此，我们只对影响供给的因素作扼要的介绍。

厂商的供给也是供给欲望与供给能力的统一。决定供给的关键因素是生产成本。影响厂商生产成本的因素主要是：生产要素的价格、其他商品的价格、生产技术及预期等。

（1）商品本身的价格。价格上升，企业愿意提供更多的商品，所以，价格是决定供给的重要因素之一。这种现象也是我们在日常生活中能够经常见到的。比如当市场上冰激凌价格上涨，制造冰激凌的厂商就会加班加点生产以增加冰激凌的供给。

（2）生产要素（production factor）的价格。生产要素的价格与商品的供给负相关。生产要素价格的涨落直接影响到企业的生产成本。在其他条件不变的情况下，生产要素的价格上升，厂商利润减少，商品的供给也减少；反之，则供给增加。最近几十年来，越来越多的厂家通过购买计算机来替代人工，其原因就在于计算机价格的不断下跌。

（3）相关商品的价格。如果商品间的相对价格发生变化，将会使生产要素重新配置，从而影响该商品的供给。例如，一个原本生产冰激凌的厂商季节性地转产月饼，会使冰激凌的供给量减少。

（4）生产技术（technology）、管理水平和厂商目标。在生产要素既定时，技术越先进，管理效率越高，所能提供的商品就越多。因此，在生产中提高技术和管理水平非常重要。同时，追求利润最大化的企业和追求其他目标（比如销量最大化）的企业供给量不一样。

（5）预期（expectation）。主要是指厂商对未来价格的预期。如果厂商预期未来价格会上升，就会把已生产出来的商品储存起来，或者减少生产，这样就会减少当前供给。

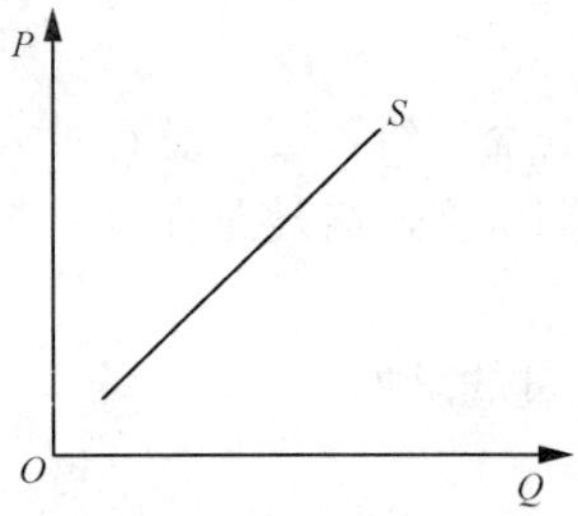

图 2-3 供给曲线

以上主要是从个别企业的角度分析影响供给的因素。如果分析某种商品的行业供给，还应考虑该行业厂商的数量、政府产业政策、气候条件等因素。

同样，我们可以把除价格之外的所有因素作为背景因素。在背景因素不变的条件下，供给量与价格之间的关系可以用如图 2-3 所示的供给曲线来描述。显然，供给曲线是向右上方倾斜的。

2.2.2 供给规律

从供给曲线中可以看出，某种商品的供给量与其价格是呈同方向变动的。这种现象普遍存在，被称为**供给规律**。供给规律对于我们理解价格的形成很有帮助。

供给规律（the law of supply）是说明商品本身价格与其供给量之间关系的理论。其基本内容是：在其他条件不变的情况下，一种商品的供给量与价格之间呈同方向变动，即供给量随着商品本身价格的上升而增加，随商品本身价格的下降而减少。

在理解供给规律时，也同样要注意“在其他条件不变的情况下”这个假设前提。离开了这一前提，供给规律就无法成立。例如，当技术进步时，即使某种商品价格下降，供给量也会增加。这在电脑等电子信息业中体现得非常明显。

供给规律所说明的供给量与价格的同方向变动关系可以用生产成本来解释。在经济中，作为生产要素的资源总是有限的。某种商品的供给增加，就需要更多的生产要素，为了把生产要素从其他商品的生产中吸引过来，就要提高生产要素的价格，从而增加成本。因此，只有在一种商品价格上升时，供给才会增加。我们也对此加以总结，如表 2-3 所示。

表 2-3 小　结

影响供给曲线的因素	预期效应：以小汽车为例
1．技术进步	利用计算机化的制造工艺降低了成本，会增加小汽车的供给
2．要素（投入品）价格	削减工人工资或钢材价格下降降低了成本，会增加小汽车的供给
3．相关产品价格	卡车价格下降，会增加小汽车的供给
4．政府政策	取消进口汽车的配额和关税，会增加小汽车的供给
5．其他特别因素	网络购物可以让消费者更便利地购车并将高成本的厂商淘汰，会增加小汽车的供给

2.2.3 供给变化与供给量变化：曲线的平移与沿着曲线移动

在经济分析中要注意区分供给量的变动与供给的变动。

我们首先来说明供给量与供给的区别。在经济分析中，**供给量**是指在某一特定价格水平时，厂商计划提供的量。表现在图形中，供给量是供给曲线上的一个点。

供给是指在不同价格水平时的不同供给量的总称。在供给曲线图中，供给是指整个供给曲线。

如图 2-4（b）所示，当某商品的价格为每单位 10 元时，其供给量为 20 单位，若价格上升为 15 元每单位，则供给量增加到 24 单位（*B* 点），供给量的变动在供给曲线上表现为某一个点沿着供给曲线的上下移动（由 *A* 到 *B*）。

现在，我们假设生产这种产品的原材料的价格下降。如图 2-4（a）所示，原材料价格下降会使厂商的生产成本降低，即使成品的价格保持不变也愿意增加生产以获取更多利润。在价格保持在每单位 13 元的基础上，厂商会把产量由原来的 20 单位（*A* 点）增加到 24 单位（*B* 点）。若原材料价格上升，则厂商会减少产量。我们发现，*A*、*B* 点在不同的供给曲线上，这种变动我们称之为**供给变动**。供给的变动由商品本身价格以外的因素引起，它表现为供给曲线的左右平移。

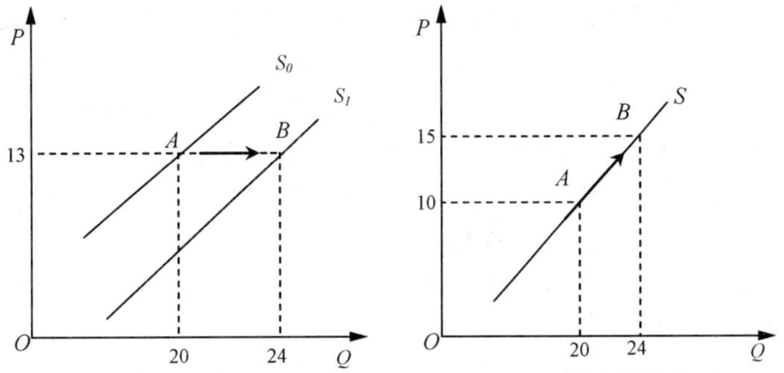

（a）供给的变动　　（b）供给量的变动

图 2-4　供给变动与供给量变动

有关供给的变动和供给量的变动这两个问题，我们必须牢记：由商品自身价格变化引起的，称为**供给量的变动**，它表现为一个点在同一条供给曲线上的移动；由于商品自身价格以外的任何因素引起的供给量的变化，称为**供给的变动**，表现为整个供给曲线的左右平移。

案例讨论

技术进步与电脑供给

在供给理论中，我们的分析以供给量和价格的关系为中心。但应该看到，在今天，决定供给的关键因素是技术。电脑的供给充分说明了这一点。

在中国，由于电脑的价格昂贵，加上汉字输入电脑的方案长期以来没有得到很好的解决，因此到了 20 世纪 80 年代，电脑在中国内地还是“稀罕物儿”，许多人连见都没见过，更谈不上“普及”。到了 90 年代后期，由于电脑价格的急剧下降，电脑在“平民百姓家”终于得到了普及。现在，在工薪阶层家庭中有一台电脑，甚至父子各拥有一台电脑，也已是很常见的事情了。电脑价格下降了很多，但供给量却大幅度增加了。现在个人电脑的普及程度是许多未来学家未曾预测到的。

电脑供给的这种增加不是由于价格的变动引起的，而是由于技术进步变动引起的。从 20 世纪 80 年代末开始，电脑行业的生产技术发生了根本性变化。集成电路技术的发展、硬件与软件技术标准的统一、规模经济的实现与高度专业化分工使电脑的生产成本迅速下降，而质量日益提高。这种技术变化引起电脑供给曲线向右移动，而且，移动幅度相当大。这样，尽管电脑价格下降，供给还是大大增加了。

技术是决定某种商品供给的决定性因素。正因为如此，经济学家越来越关注技术进步。

黄金的向后弯曲的供给曲线

1970 年，世界的黄金交换水平和金价自由波动，从那时起金价和黄金产量之间的关系相当反常：20 世纪 70 年代，采矿公司减少黄金产量时，金价暴涨；而当 80 年代金价下跌时，黄金产量实际上增加了。供需规律是说商品 X 的价格上升将鼓励生产者生产更多而不是更少的商品 X。对于黄金来说，价格和产量的关系显示了一条向后弯曲的供给曲线——价格越高，生产越少，反之亦然。如何对这种现象进行合理的解释呢？

如果金价上升，并且这种上升被看做对黄金需求持久增加，那么虽然短期内黄金产量在减少，但是矿业公司将增加它们的勘探和开发活动，因而对于高金价的最初反应就是较低的产量。采矿专家们注意到世界最大的黄金生产者南非有一条政策，就是在现行金价下采掘最低等级的矿石。因为高金价，挖掘低品位矿体是合算的，这是因为以前边际损失的矿藏现在也许是边际获利的。金价的上升鼓励矿业公司勘探开发新矿藏，而这些矿藏将来会生产更多的黄金。事实上，这就是实际发生的情况。20 世纪 70 年代，当金价由一盎司 35 美元暴涨为一盎司超过 800 美元时，各地都在开采新矿。80 年代，新矿最终开始生产黄金。到 80 年代金价开始回落时，新黄金如潮涌来，持续了整个 80 年代和 90 年代。

现在这个看起来困难的题目的解决清晰了——黄金市场是一个垄断竞争的市场，矿业公司很清楚只有低产量才能维持高金价，如果短期内对高金价作出增加产量的决策反而是不明智的。即便在高金价下矿业公司有提高产量的动力，但是黄金的勘探、开采需要一个周期，即黄金供给对高价格的反应在时间上不是同步的而是滞后的。如果预期未来金价是上升的，将资源由当前生产移至将来生产，以黄金产量的短期减少换取金产量的长期增加是合适的。黄金的向后弯曲的供给曲线实际上表示了黄金的短期供给曲线，而它的长期供给曲线斜率为正，即正常情况。

2.3 供需均衡与价格机制

在市场经济中，价格是由需求与供给这两种力量决定的，这种价格又称**均衡价格**。这一节我们就来分析均衡价格是如何决定，又是如何变动的。

我们先来看一个例子。花旗银行悉尼分部的一份预测报告称，2005 年锌、铝两种金属价格有望大幅攀升，原因是原料供应缺口加大，以及来自中国的需求还会增加。在这份预测报告中，花旗银行的大宗商品分析师们认为，2005 年锌、铝两种金属供小于求的市场趋势相当明显，各自都存在不小的供应缺口，因此将今年铝价预估数值提高 3%，升至每吨 1938 美元，锌价更是上调了 11%，升值每吨 1146 美元。这个事例说明了商品的价格其实是由它的供、求同时决定的。

2.3.1 均衡价格的决定

1. 均衡

在经济学中，**均衡**（equilibrium）指经济中各种对立的、变动着的力量处于一种力量相当、相对静止、不再变动的状态。

2. 均衡价格

需求说明了某一商品在每一价格下的需求量，而供给说明了某一商品在每一价格下的供给量。要说明该商品价格的决定，就必须将需求和供给结合起来考虑。在竞争性的商品市场上，对于某种商品的任一价格，其相应的需求量和供给量并不一定相等，但在该商品各种可能的价格中，必定有一价格能使需求量和供给量相等，从而使该商品市场达到一种均衡状态。

均衡价格（equilibrium price）是指一种商品需求量与供给量相等时的价格。这时该商品的需求价格与供给价格相等，该商品的需求量与供给量相等称为**均衡数量**（equilibrium quantity）。如图 2-5 所示，需求曲线 D 与供给曲线 S 相交于 E_0。在这一点就实现了均衡，E_0 所对应的价格 P_E 即为均衡价格，E_0 所对应的产量 Q_E 即为均衡产量。

3. 均衡价格的形成

均衡价格是在市场上供求双方的竞争过程中自发形成的，均衡价格的形成就是价格决定的过程。需要强调的是，均衡价格的形成完全是在市场上供求双方的竞争过程中自发形成的，有外力干预的价格不是均衡价格。

在市场上，需求和供给对市场价格变化作出的反应是相反的。由于均衡是暂时的、相对的，而不均衡是经常的，所以供不应求或供过于求经常发生。

如图 2-6 所示，当供过于求时，市场价格下降，从而导致供给量减少而需求量增加；当供不应求时，市场价格会上升，从而导致供给量增加而需求量减少。供给与需求相互作用最终会使商品的需求量和供给量在某一价格水平上正好相等。这时既没有过剩（供过于求），也没有短缺（供不应求），市场正好均衡。这个价格就是供求双方都可以接受的均衡价格，市场也只有在这个价格水平上才能达到均衡。

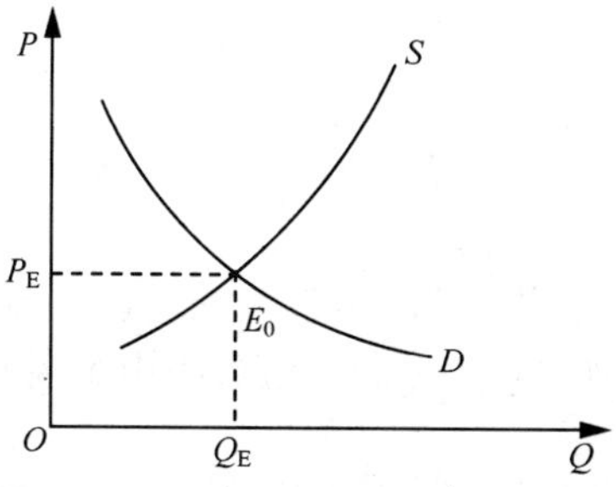

图 2-5 均衡价格

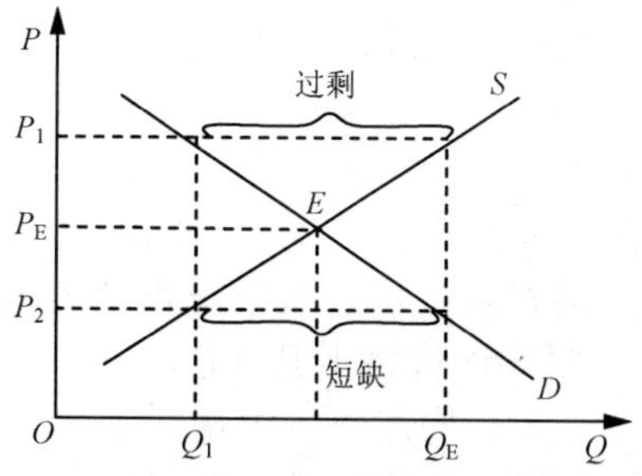

图 2-6 均衡价格的形成

图 2-6 所展示的模型是简单的，但却不失一般性。作为一种近似，这个模型适用于许多市场——农产品市场、商品市场、证券市场、政府债券市场、汇率自由浮动的外汇市场。该模型是这些市场以及其他类似市场的概括。这个模型注意的是所有市场都有的和基本的力量。最好是设想需求曲线和供给曲线在不停地运动着，这样，新的均衡价格总在形成之中。每一时刻需求曲线和供给曲线的位置关系（如图 2-6 所示），则好似活动景物的一张快照。

案例讨论

火车票价还不够高：黄牛存在的理由

春运期间，火车票要提价20%—30%。令人沮丧的是，车票依然“千金难求”，火车站附近的黄牛却活动猖獗。结果，乘客不仅要承受高额票价，还要和黄牛党周旋，甚至受骗上当。

回家的路不好走。这就是几乎每年都要大同小异地重播一次的“春运主旋律”。

首先问：谁是火车票提价的幕后主使？乘客可以拿面镜子出来看看，答案就在镜子里。

正是客流暴增，才导致了火车票涨价。火车票提价的幅度多少，取决于客流增加的幅度。

事实上，火车票提价的幅度还不够高！理由显而易见——因为黑市仍然猖獗。黑市猖獗，表明车票的定价偏低，所以炒卖车票才有利可图。如果铁路部门参照黑市的价格来提价，那么黑市就会销声匿迹。只要票价过低，黄牛党就必然应运而生，而且驱之不去。不要责怪黄牛党，他们是真正的“价格发现者”。是过低的票价和过高的需求，邀请了他们。他们的确赚了钱，但他们赚的不是乘客的钱，而是铁路部门的钱。由于铁路部门的定价过低，所以黄牛党就分了一杯羹。

2.3.2 供需变动对均衡价格的影响

既然均衡价格是由供求水平或供求曲线共同决定的，那么，均衡价格的变动也自然是由供求曲线的移动所引起的。

在分析各种因素如何影响均衡价格时，可以分为三步：首先，这种因素的变动影响的是需求还是供给；其次，引起需求或供给如何变动，即需求曲线或供给曲线向哪个方向移动；最后，这种变动的结果是什么，即均衡价格与均衡数量如何变动。

1. 需求变动对均衡价格的影响

如前所述，**需求变动**是指在价格不变的情况下，影响需求的其他因素变动所引起的变动，这种变动在图形上表现为需求曲线的平行移动。

在供给曲线一定的条件下，需求增加使需求曲线右移，会使均衡价格提高，使均衡数量增加；而需求减少使需求曲线左移，会使均衡价格下降，使均衡数量减少。如图2-7所示，若鸡蛋的供给曲线为S_0，则当需求曲线为D_0时，均衡点为E_0。

媒体向消费者宣传“多吃鸡蛋使人体内的营养更加均衡”，引起需求增加，需求曲线右移到D_1，这时均衡价格上升（$P_1>P_0$），均衡数量增加（$Q_1>Q_0$）。这表明由于需求的增加，均衡价格上升了，均衡数量也增加了。

相反，如果动物检疫机构发现禽流感再度发生，导致消费者对鸡蛋的需求减少，需求曲线会向左平移，这时均衡价格下降，均衡数量减少。这表明由于需求的减少，均衡价格下降了，均衡数量减少了。

因此，需求增加引起均衡价格上升，需求减少引起均衡价格下降。需求增加引起均衡数量增加，需求减产引起均衡数量减少。

结论：需求变动引起均衡价格与均衡数量同方向变动。

2. 供给变动对均衡价格的影响

供给变动是指在价格不变的情况下，影响供给的其他因素变动所引起的变动。这种变动在图形上表现为供给曲线的平行移动。

在需求曲线一定的条件下，供给增加导致供给曲线右移，会使均衡价格下降，使均衡数量增加；而供给减少导致供给曲线左移，会使均衡价格上升，使均衡数量减少。如图 2-8，需求曲线为 D_0，当供给曲线为 S_0 时，均衡点 E_0。

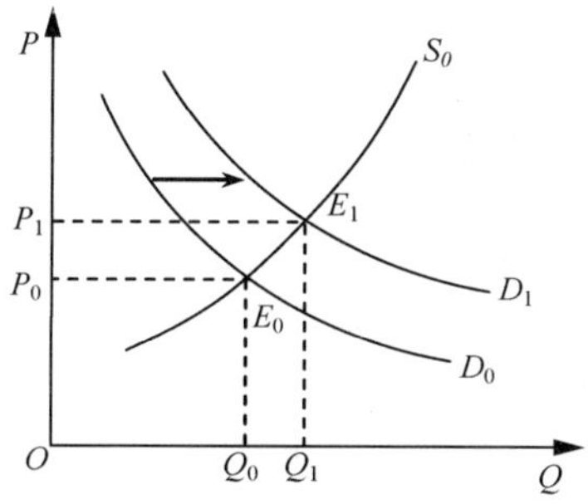

图 2-7　需求变动对均衡的影响

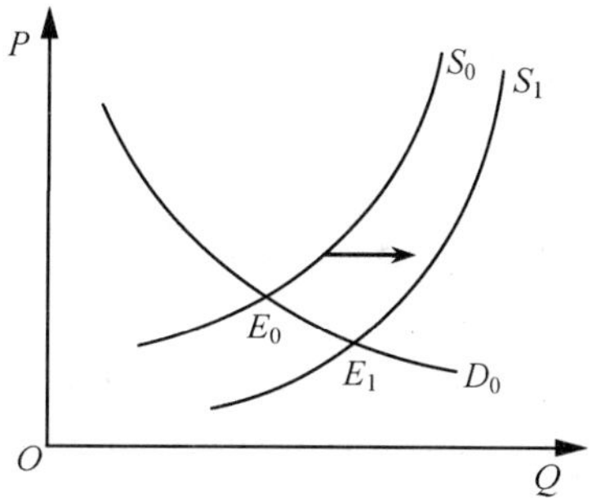

图 2-8　供给变动对均衡的影响

如饲料价格由于粮食大丰收而下降，生产要素的价格下降导致养鸡成本降低，进而使鸡蛋的供给增加，供给曲线右移到 S_1，这时均衡价格下降，而均衡数量则增加。这表明由于供给的增加，均衡价格下降了，均衡数量增加了。

相反，如果饲料价格上升，则鸡蛋的供给会减少，使得鸡蛋的供给曲线向左平移，这时均衡价格上升，而均衡数量则减少。这表明由于供给的减少，均衡价格上升了，均衡数量减少了。

因此，供给增加引起均衡价格下降，供给减少引起均衡价格上升。供给增加引起均衡数量的增加，供给减少引起均衡数量的减少。

结论：供给变动引起均衡价格反方向变动，均衡数量同方向变动。

综合以上两种情况，需求、供给的变动对均衡的影响可以归纳为表 2-4。

表 2-4　需求、供给的变动对均衡的影响

需　求	供　给	均衡价格	均衡数量
增加	不变	上升	增加
减少	不变	下降	减少
不变	增加	下降	增加
不变	减少	上升	减少

需求、供给变动对均衡的影响还有第三种情况，即供、求同时变动的影响，这个问题相对较复杂，有兴趣的读者可尝试着自己研究。

2.3.3　供需定理

上述两个方面的影响总和就是供需定理。从以上关于需求与供给变动对均衡价格的影响的分析可以得出：

（1）需求的增加引起均衡价格上升，需求的减少引起均衡价格下降。

（2）需求的增加引起均衡数量增加，需求的减少引起均衡数量减少。

（3）供给的增加引起均衡价格下降，供给的减少引起均衡价格上升。

（4）供给的增加引起均衡数量增加，供给的减少引起均衡数量减少。

这就是经济学中的供需定理。供需定理是我们运用供需关系分析经济现象的重要工具。这个工具看起来简单，但却能说明许多问题。

案例讨论

不同歌手门票差别之谜

门票价格也就是歌手劳务的价格。在经济学中，劳务是一种无形的物品，其定价规律与有形的物品是一样的。

我们一定会注意到，在现实生活中，美声唱法歌手演唱的门票便宜——即使是大腕，如迪里拜尔，也不过180元。但通俗唱法歌手演唱的门票昂贵——像周杰伦、刘德华，已达千元以上。

用演唱这种劳务中所包含的劳动量恐怕无法解释这种差别。提供某种劳务的劳动量包括为此而用的培训时间与提供劳务所耗的活劳动。美声唱法是一种复杂劳动，需要长期专业培训，演唱也颇费力，与此相比，通俗歌手的劳动要简单一点。这就是说，同样一场演唱会，美声唱法包含的劳动量要大于通俗唱法。看来劳动量的差别并不能解释票价如此巨大的差别。

学过价格理论，你就会知道，决定不同歌手门票差别的关键在于需求与供给，引起这种门票差别的也在于供求。美声唱法是阳春白雪的高雅艺术，然而“曲高和寡”，能欣赏它的是少数音乐修养较高的观众。通俗唱法是大众的艺术，能欣赏它的人很多，尤其是人数众多的青少年对它爱得发狂。这就是说，当美声唱法歌手和通俗歌手供给相当时，由于通俗唱法的需求远远大于美声唱法，门票自然高多了。

2.3.4 价格机制如何配置资源

两百多年以前，经济学之父亚当·斯密就强调了由市场价格引导的个人利己是推动经济进步的强大力量。在《国富论》中有一段著名的话，亚当·斯密是这样写的：“我们能吃到面包，喝上美酒，这并非出于面包师、酿酒师对我们的恩惠，而是由于他们对自身利益的关切。但是他对自身利益的追求必然有利于社会。”

在市场经济中，经济的运行、资源的配置都是由价格这只“看不见的手”来调节的，价格对经济的调节就是价格机制发生作用的过程。所谓**价格机制**（mechanism of price）又称**市场机制**，是指价格调节社会经济生活的方式与规律。

美国经济学家M.弗里德曼把价格在经济中的作用归纳为：

（1）传递信号（signal）；

（2）提供刺激（incentive），促使人们采用最节省成本的生产方法，把可得到的资源用于最有价值的目的；

（3）决定谁可以得到多少产品，即配给手段（rationing device）。

这三种作用是密切关联的。

我们举个例子来说明。如果在市场上某种商品的需求增加了，那么在原有价格下会导致过度需求。此时，该商品的价格会上升，从而减少市场需求量（配给手段），价格上涨也刺激了现有厂商增加产量（提供刺激）并使得更多厂商加入该行业（传递信号）。而当市场上供过于求时，该商品价格会下降。这样，一方面刺激消费，使需求增加，另一方面抑制生产，使供给减少，最终使供求相等，资源达到合理配置。

当价格确定在需求等于供给时，任何人可以在那个价格上买到他所要买的东西，并且任何供给者可以在那个价格上卖掉他所要卖的东西——经济学家说，这时的市场处于出清的状态（market clearing）。

但也存在市场不能出清的情况。短缺意味着人们想要买某些东西，但他们不能按照现行价格来买到这些东西，过剩意味着售卖者想要出售他们的产品，但他们不能按照现行价格卖掉他愿卖出的这些东西，这里的问题在于现行价格不是市场均衡价格。

在有些市场上，如股票市场，价格对需求曲线和供给曲线移动而作出的调整非常迅速，在其他情况下，比如在住房市场上，价格调整则很缓慢，住房需求的下降是缓慢地使住房价格下降的。当价格调整是缓慢的时候，在价格进行调整的过程中，可能会出现短缺或过剩。

当价格趋向于均衡的调整不是很快时，经济学家就会说，这时的价格具有黏性。即使在这种情况下，均衡分析仍然是有用的，因为它指出了价格变化的方向——如果均衡价格超过当前价格，则价格趋向于上升；如果均衡价格低于当前价格，则价格趋向于下降，而且价格上升或下降的幅度往往和当前市场价格所产生的需求量与供给量的差距有关。

应该指出，价格机制是自发地调节经济的。**自发性**是价格机制发挥作用的基本特点，没有自发性就没有价格机制的作用。在市场经济中，没有任何外力的干预，价格可以调节经济。但是，自发性因其不可避免的缺点，会产生“市场失灵”。在市场经济中，价格机制并不是十全十美的，它需要适当的经济政策加以调控，这涉及我们以后要讲的价格政策。

案例讨论

如果没有价格机制

在市场中，价格是由供求规律决定的。与语言和文字一样，价格体系是人类最伟大的社会文明之一。

清朝李汝珍所写的《镜花缘》一书中，描写了“好让不争”的君子国。在热闹喧哗的市场上，买者手中拿着货物，高叫价格太便宜了，非要卖者加价不可。卖者却觉得价格太高，已经很过意不去了。争执许久，卖者坚决不肯提高价格，买者只得按原价付钱，但只取走了一半货物。买者刚要举步，被卖者一把拉住，说是“价高货少”，死活不肯放手。路旁走过两个老翁主持公道，让买者照价拿了八折货物，方才使一场风波平息下来。显然，故事中没有价格机制的君子国，就处于这样的混乱局面。

两百多年来，“君子国”一直被人们认为是李氏杜撰出来的理想王国，纯属子虚乌有，甚至作者本人也借书中人物唐敖之口说是“罕见”。

我们可以再举一个现实的例子。1989 年，当时整个苏联生产火车头的某工厂只完成任务的 75%。莫斯科当局做了一些调查：为什么生产机车发动机的厂家只完成了任务的 75%？调查结果是因为生产发动机的工厂没有足够的原料实现它的生产目标。而为什么不能得到足够的原材料？没有足够原料的原因又在于铁路落后和机车短缺。这个案例说明了，苏联在计划经济时期没有市场经济的价格反馈机制。计划经济靠的是有形之手而不是无形之手。换句话说，苏联体制没有市场经济那种无形之手的价格信号反馈机制。靠计划命令的有形之手（命令经济）的结果是短缺经济。

供求规律和价格机制还有助于解释钻石与水的悖论。有些使用价值（value in use）很大的东西，往往具有极小的交换价值，甚或没有；反之，交换价值（value in exchange）很大的东西，往往具有极小的使用价值，甚或没有。比如说，人们的生存需要水，没有什么东西比水更有用的了，但是我们很难用水购买什么东西，也不会拿什么东西跟水交换；反之，钻石虽几乎无价值可言，却需要大量其他物品才能与之交换。

在世界上大部分有人居住的地方，水都是容易得到的，因而在很低的价格上大量供给。当然，在沙漠地区，水的供给有限，结果是水的价格相当高。

复习与练习

【关键概念复习】

在 B 栏中寻找与 A 栏中术语相应的解释，并将序号填在术语前边。

A	B
需求	1．其他条件不变，由商品本身的价格变动引起的需求量的变化。
需求规律	2．在其他条件不变的情况下，一种商品的供给量与价格之间呈同方向变动。
需求变动	3．指经济中各种对立的、变动着的力量处于一种力量相当、相对静止、不再变动的状态。
需求量变动	4．由于商品自身价格以外的任何因素引起的供给量的变化。
供给	5．由于商品自身价格引起的供给量的变化。
供给规律	6．消费者（家庭）在某一特定时期内，在每一价格水平时愿意并且能够购买的某种商品的数量。
供给变动	7．指在不同价格水平时的不同供给量的总称。
供给量变动	8．除商品价格以外的其他因素的变动引起的需求量的变动。
均衡	9．在其他条件不变的情况下，一种商品的需求量与其自身价格之间存在着反方向变动的关系。
均衡价格	10．指一种商品需求量与供给量相等时的价格。

【思考与练习】

（一）填空题

1．需求是消费者________和________的统一。

2．需求表表示某种商品的________与________之间的关系。

3．需求曲线是一条向________倾斜的曲线，它表明某种商品的价格与需求量之间成变动。

4．决定需求的因素主要是________、________、________、________和________。

5．两种互补商品之间价格与需求成________方向变动，两种替代商品之间价格与需求成方向变动。

6．需求规律说明在其他条件不变的情况下，某种商品价格下降，________增加。

7．替代效应是指________的情况下某种商品价格变化对其需求量的影响，收入效应是指________的情况下某种商品价格变化对其需求量的影响。

8．在图形上，需求的变动表现为________，需求量的变动表现为________。

9．需求规律表明的商品价格与需求量反方向变动的关系是________效应和________效应共同作用的结果。

10．同一条需求曲线上的移动被称为________，需求曲线的平行移动被称为________。

11．需求曲线向左移动是需求________，向右移动是需求__________。

12．供给是生产者________和________的统一。

13．供给曲线向________倾斜，表示某种商品的价格与供给量之间______变动。

14．决定供给的因素主要是________、________、________和________。

15．在图形上，供给量的变动表示为________，供给的变动表现为________。

16．在同一条供给曲线上，向上方移动是供给量_______，向下方移动是供给量_______。

17．供给曲线向左移动是供给________，向右移动是供给________。

18．在供给与供给量的变动中，价格变动引起________变动，而生产技术的变动引起________的变动。

19．均衡价格是某种商品的________与________相等时的价格。

20．需求的变动引起均衡价格________方向变动，均衡数量________方向变动。

（二）单项选择题

1．需求是指消费者（　　）。

A．在每一价格水平上愿意而且能够购买的某种商品量

B．在市场上能够购买的商品量

C．实现最大限度满足所需要购买的商品量

D．在一定价格水平上愿意出售的商品量

2．经济学上的需求是指人们的（　　）。

A．购买欲望

B．购买能力

C．购买欲望和购买能力的统一

D．根据其购买欲望所决定的购买量

3．当家庭年收入为 1 万元时，能作为需求的是（　　）。

A．价格为 1 万元的笔记本电脑　　B．价格为 20 万元的一套经济适用房

C．价格为 2000 元左右的彩电　　D．价格为 20 元的半导体收音机

4．需求曲线是用（　　）的形式来表述需求这个概念。

A．数字格式　　B．图形　　C．模型　　D．叙述

5．需求曲线是表示（　　）。

A．需求量与供给之间关系的曲线　　B．需求量与货币之间关系的曲线

C．需求量与价格之间关系的曲线　　D．需求量与收入之间关系的曲线

6．如果其他各种条件均保持不变，当 X 商品的互补品 Y 商品的价格下降时，对 X 商品的需求（　　）。

A．增加　　B．减少　　C．不变　　D．无法确定

7．在其他条件不变的情况下，当影碟机的价格上升时，对碟片的需求将（　　）。

A．减少　　B．不变　　C．增加　　D．难以确定

8．如果其他各种条件均保持不变，当 X 商品的替代品 Y 商品的价格上升时，对 X 商品

的需求（　　）。

A．增加　　B．减少　　C．不变　　D．无法确定

9．在其他条件不变的情况下，当咖啡的价格急剧升高时，对茶叶的需求（　　）。

A．减少　　B．不变　　C．增加　　D．没有影响

10．消费者预期某种物品的价格将来会上升，则对该物品当前的需求（　　）。

A．减少　　B．增加　　C．不变　　D．难以确定

11．需求规律表明（　　）。

A．随着汽油的价格提高，对小汽车的需求量将下降

B．药品的价格上涨会使药品的质量得到提高

C．计算机的价格下降会引起其需求量增加

D．随着乒乓球价格下降，对球拍的需求量会增加

12．需求规律意味着，在其他条件不变的情况下（　　）。

A．随着汽车价格上升，汽车需求量将增加

B．随着汽车价格上升，汽车需求量将减少

C．随着汽车价格上升，汽车需求量仍保持不变

D．随着汽车价格上升，汽车的需求量可能增加，可能减少，也可能不变

13．在其他条件不变的情况下，牛奶价格下降将导致牛奶的（　　）。

A．需求增加　　B．需求减少

C．需求量减少　　D．需求量增加

14．通常一个人在一种商品价格低时的购买量比价格高时的购买量多，意味着他的需求曲线（　　）。

A．向右上方倾斜　　B．向右下方倾斜

C．是一条水平线　　D．是一条垂直线

15．根据需求规律，需求曲线是一条（　　）。

A．与横轴垂直的线　　B．与横轴平行的线

C．向右上方倾斜的线　　D．向右下方倾斜的线

16．需求曲线向右下方倾斜，表示当一种商品价格________时，需求量________（　　）。

A．上升，增加　　B．下降，减少

C．上升，不变　　D．上升，减少

17．需求曲线向右下方倾斜，表示当一种商品价格________时，需求量________（　　）。

A．下降，增加　　B．下降，减少

C．上升，不变　　D．上升，增加

18．某消费者只消费衣服和食物，衣服的价格上升从而变的相对贵了，这种相对价格上升的影响叫做（　　）。

A．收入效应　　B．替代效应

C．溢出效应　　D．挤出效应

19．由于一种商品相对价格的变化导致的对该商品需求的变化叫做（　　）。

A．收入效应　　B．替代效应

C．溢出效应　　D．挤出效应

20．光盘价格上升的替代效应是（ ）。

A．光盘价格相对其他商品价格的上升对光盘需求的影响

B．光盘价格上升带来的消费者实际收入减少对光盘需求的影响

C．光盘价格上升引起光盘供给的增加

D．光盘需求的价格弹性

21．价格下降的替代效应之所以会引起消费者消费较多的商品是因为（ ）。

A．该商品相对其他商品价格上升

B．该商品相对其他商品价格下降

C．价格下降引起消费者实际收入增加

D．现在消费者可花费的钱多了

22．价格上升的替代效应会引起消费者消费较少的该种商品是因为（ ）。

A．该商品相对其他商品价格上升

B．该商品相对其他商品价格下降

C．价格上升引起消费者实际收入减少

D．价格上升引起消费者实际收入增加

23．房价上升的替代效应是（ ）。

A．由于房价上升引起的消费者实际收入减少而带来的对住房消费的影响

B．房价相对于其他商品价格的上升对住房消费的影响

C．因房价上升而带来的住房消费的减少

D．住房需求的价格弹性

24．由于一种商品价格上升而引起的消费者减少该种商品消费量的收入效应来源于（ ）。

A．在货币收入不变时，消费者实际收入的减少

B．这种商品相对于其他商品变得便宜了

C．在货币收入不变时，消费者实际收入的增加

D．这种商品相对于其他商品变得昂贵了

25．价格上升的收入效应之所以会引起消费者对该种商品消费的减少是因为（ ）。

A．价格上升引起消费者实际收入减少

B．价格上升引起消费者实际收入增加

C．这种商品的价格相对于其他商品变得便宜了

D．这种商品价格相对于其他商品变得贵了

（三）判断题

1．需求量是流量。（ ）

2．需求就是家庭在某一特定时期内，在每一价格水平时愿意购买的商品量。（ ）

3．根据调查，青年人中有 80%的人希望自己有一辆车，我国有 3 亿青年人，因此，我国的汽车需求极大。（ ）

4．根据国外的估算，当家庭年收入与汽车价格之比为 1.5∶1 时，汽车就会进入家庭。现在我国一辆中档小汽车的价格约为 12 万元。我国家庭年收入在 18 万元以上的家庭为 5%，按全国 4 亿家庭计算，共有 2 000 万户。因此，我国私人汽车拥有量为 2 000 万辆。（ ）

5．当咖啡的价格上升时，茶叶的需求就会增加。（　　）

6．当出租汽车更为方便和便宜时，私人所购买的汽车会减少。（　　）

7．世界石油价格下降有助于增加购买汽车的需求。（　　）

8．当录像机的价格上升时，录像带的需求就会减少。（　　）

9．当美国妇女流行穿无跟鞋时，中国市场对这种鞋的需求也会增加。（　　）

10．在任何情况下，商品的价格与需求量都是反方向变动的。（　　）

11．在人们收入增加的情况下，某种商品价格上升，需求量必然减少。（　　）

12．需求曲线是一条向右上方倾斜的曲线。（　　）

13．替代效应使价格上升的商品需求量增加。（　　）

14．收入效应使价格上升的商品需求量增加。（　　）

15．重视学习外语引起更多消费者购买随身听和复读机，这称为需求增加。（　　）

16．一切台风摧毁了某地区的荔枝树，市场上的荔枝少了，这称为供给量减少。（　　）

17．苹果价格下降引起人们购买的橘子减少，在图上表现为需求曲线向左方移动。（　　）

18．供给量是存量。（　　）

19．并不是所有商品的供给量都随价格的上升而增加。（　　）

20．假定其他条件不变，某种商品价格的变化将导致它的供给量变化，但不会引起供给的变化。（　　）

（四）问答题

1．旅游业的发展可以带动旅馆、餐饮、交通、娱乐等行业的相应发展，为什么？

2．在20世纪70年代的美国，战后生育高峰期出生的人进入了劳动年龄，而且有孩子的已婚妇女参加工作也变得更加普遍。试预测工人人数的这一增加对均衡工资和均衡就业量可能产生什么影响。试画出供给曲线和需求曲线来对你的答案进行说明。

3．需求定理告诉我们，某种商品的价格与其需求量成反比，但是，高档名牌服装（如Levi’s牛仔）在超市打折销售反而卖不出去。试从影响需求的因素角度去分析其原因。

4．收入增加和价格下降可使空调机的销量增加。从经济学角度看，这两种造成销售量增加的因素有什么不同？

5．假如今年某市的夏天和往年相比特别炎热，这将如何影响该市冰激凌市场？假如今年因供电不足造成了几家冰激凌工厂停工，这将如何影响该市冰激凌市场？假如这两种情况同时发生呢？试画出供给曲线和需求曲线来对你的答案进行说明。

6．在下列情况下，VCD影碟机的市场需求或需求量会发生什么变化？并解释其原因。

A．电影院票价从10元下降到5元

B．政府加大了对盗版影碟的打击力度，盗版碟几乎没有了

C．生产影碟机核心部件的工厂发生大火，半年内无法恢复生产

D．生产影碟机的技术发生突破性进步

7．下列情况发生时，某种蘑菇的需求曲线会如何移动？

A．卫生部门发布一份报告，称长期食用这种蘑菇会致癌

B．另一种蘑菇的价格下降了

C．消费者的收入增加了

D．蘑菇生产工厂的工人工资增加了

8．什么是均衡价格？它是如何形成的？什么是供求定理？

9．20 世纪 80 年代美国东部一些大学为了避免石油价格的波动购买了昂贵的设备改换供暖设施——将石油供暖改为天然气供暖。1990 年秋，伊拉克入侵科威特，石油价格果然攀升，这些大学新供暖设备启用。校方期望能源可以节省费用。结果，根本没有省钱。因为公用事业公司的账单显示：天然气价格和石油价格一样升高。大学管理者一气之下控告公用事业公司搞价格欺诈。因为他们认为伊拉克入侵科威特不会影响天然气的供给，天然气价格不该上升。请问，大学管理者是否正确？公用事业公司是否搞价格欺诈？为什么？

人物介绍

阿尔弗雷德·马歇尔——新古典学派的创始人

阿尔弗雷德·马歇尔（Alfred Marshall，1842—1924），近代英国最著名的经济学家，新古典学派的创始人，19 世纪末和 20 世纪初英国经济学界最重要的人物。微观经济学的奠基者一般认为是新古典经济学派（或称剑桥学派）的创立者马歇尔。他自 19 世纪 60 年代后期起，花费几十年时间埋头于经济理论的研究而不参加任何社会政治活动。他所提出的供求均衡理论及其相关的生产成本理论、分配理论，辅之以精深细微的数量分析和简明的几何图形表达形式，对读者具有很强的吸引力，被认为是继古典经济学之后的具有里程碑性质的成就。

马歇尔的最主要著作是 1890 年出版的《经济学原理》。该书在西方经济学界被公认为划时代的著作，也是继《国富论》之后最伟大的经济学著作。该书所阐述的经济学说被看做英国古典政治经济学的继续和发展。以马歇尔为核心而形成的新古典学派在长达 40 年的时间里在西方经济学中一直占据着支配地位。马歇尔经济学说的核心是均衡价格论，而《经济学原理》正是对均衡价格论的论证和引申。他认为，市场价格决定于供、需双方的力量均衡，犹如剪刀的两翼，是同时起作用的。《经济学原理》一书的主要成就就在于建立了静态经济学。作为最有才华的数学家之一，马歇尔在他的著作里力求用最简洁的语言表达思想，把数学的定量材料仅仅作为附录和脚注。他独自开创边际效用理论，然而他在未把该理论完全纳入他的体系之前并未公开这一创见。马歇尔的经济学说是集 19 世纪上半叶至 19 世纪末经济学之大成，并形成自己独特的理论体系和方法，对现代西方经济学的发展有着深远的影响。

第3章 弹性理论

【导学】需求规律描述为价格和需求量之间的反向关系。在价格较低时，买的就多些。但究竟多多少？很多还是只多一点？同样地，在价格高时，买的就少些。是极少还是只少一点？回答这类问题，就需要利用需求价格弹性这一概念。概括地说，如果说供求规律使我们可以预测价格的变化方向，弹性理论则能使我们预测它们会变动多少（量值）。弹性分析是典型的边际分析。

需求规律告诉我们，价格上升，则需求下降。但在现实生活中，我们常常会发现一些现象，仅仅用供需规律无法得到合理解决：当大米、食油等生活必需品的价格以15%的幅度上涨时，消费品市场总体需求量却依然平静；而全国房产全面升温，楼盘价格一次次高开之际，抢购风暴却愈演愈烈。

仅仅知道影响某种商品需求的因素并进行定性分析是不够的。为了更好地将供求曲线转化为真正有用的工具，我们还要知道这些因素对需求变动的反应程度如何，供给和需求在多大程度上对价格的变动作出反应。经济学家经常用弹性分析法来进行定量分析。

3.1 弹 性 理 论

3.1.1 弹性与需求弹性

弹性（elasticity）是一个十分有用且非常直观的概念。**弹性**描述的是因变量对自变量变化的反应程度，也就是说，要计算自变量变化一个百分点，因变量要变化几个百分点。首先，我们必须对所谓的“剧烈变动”、“微小变动”作严格定义。大白菜每斤涨价 1 元是“剧烈变动”，而汽车涨价 100 元却微不足道。因此，在研究需求弹性时，我们对这些与需求相关的因素比较合理的表达方式是相对变化的大小。比如，**需求弹性**（elasticity of demand）可以表示为，当相关因素变化一个单位时引起需求量变化的单位大小。需求弹性的数学表达式为：

$$需求弹性=\frac{需求量变动的比例}{相关因素变动的比例}$$

需求弹性的图形如图 3-1 所示。在需求弹性分析中，一般认为消费者的消费心理、收入水平、产品价格、相关产品的价格及对价格的反应程度等是影响市场需求的基本变量。所以，需求弹性主要有需求价格弹性、需求收入弹性、需求交叉弹性等。下面我们将着重讨论这三种需求弹性。

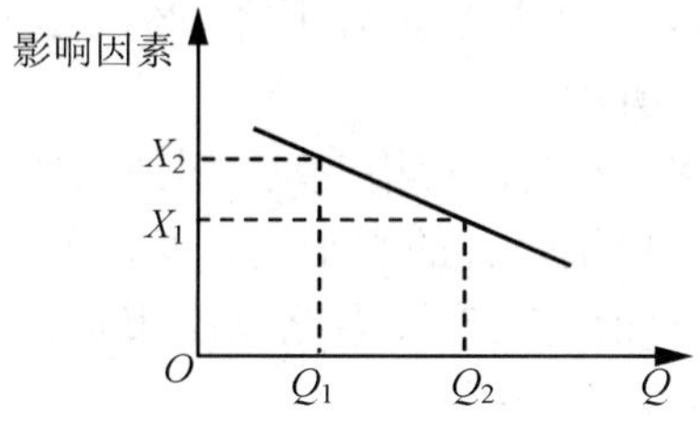

图 3-1 需求弹性

3.1.2 需求价格弹性

1. 需求价格弹性的概念与计算

在市场经济中，不同行业的厂商会采用不同的价格策略来改变现有的需求量状况，以谋求最大利益回报，达到企业经营目标。有些行业采用提升或降低价格来获得更大的利益，而有些行业却很少使用多变价格策略来实现利益。如：盐、大米等生活必需品很少采用多变价格，但家电、汽车、手机、旅游等却经常使用价格变化策略。这就需要引入需求价格弹性理论来解释。

需求价格弹性（price elasticity of demand）衡量的是需求量对价格变动的反应程度。它的数学表达式为：

$$E_d=\frac{需求量变动的比例}{价格变动的比例}=\frac{\Delta Q/Q}{\Delta P/P}$$

如果某品牌彩电的价格从 400 元上涨至 500 元，就会使需求量下降一半，从 100 万台下降到 50 万台，则：

$$E_{\mathrm{d}}=\frac{\text{需求量变动的比例}}{\text{价格变动的比例}}=\frac{\Delta Q/Q}{\Delta P/P}=\frac{(50-100)/100}{(500-400)/400}=-2$$

由于需求价格弹性一般都是负数，为了便于研究，我们通常只取其绝对值。这说明该彩电的需求弹性为 2，意味着当价格变化 1 个单位时，需求量会引起 2 个单位的变化。

2. 需求价格弹性的类型：富有弹性和缺乏弹性

（1）当 $|E_{\mathrm{d}}|>1$ 时，称为**富有弹性——消费者对价格变化的反应很强烈**。这类商品在价格变化时，引起需求量变动幅度比较大，即价格相对变动 1%，需求量相对变动要超过 1%。例如手机话费，几乎所有运营商都采用非常接近的价格标准。因为假如其中一家商家提价，它的客户就转入其他话费相对便宜的运营商。其需求曲线相对比较平缓，如图 3-2 所示。

（2）当 $|E_{\mathrm{d}}|<1$ 时，称为**缺乏弹性——消费者对价格变化的反应很小**。这类商品在价格变化时，引起需求量变动幅度比较小，即价格相对变动 1%，需求量相对变动不到 1%。石油输出国组织（OPEC）1960 年成立以来限制石油供应，导致 1973—1974 年间石油价格上涨了 4 倍。因为石油需求弹性很小，涨价导致消费者支出增加，生产者收入增加。其需求曲线相对比较陡峭，如图 3-3 所示。

（3）当 $|E_{\mathrm{d}}|=1$ 时，称为**单位弹性**。这类商品在价格变化时，正好引起需求量相同程度的反向变动，即价格上升 1%，需求量也正好下降 1%。这时的需求曲线是一条双曲线，需求量乘价格等于常数，如图 3-4 所示。

（4）需求完全弹性 $E_{\mathrm{d}}=\infty$，表明：价格变动一点需求量变动无限大；价格为既定时，需求量是无限的。需求曲线是和横轴平行的水平线。理论上在完全竞争市场上有此情形，商品价格若低于市场价格，则立即销售一空；若略高于市场价格出售，则一点也卖不出去，如图 3-5 所示。

（5）完全无弹性 $E_{\mathrm{d}}=0$，表明：不管价格多少，需求量固定不变，需求曲线是和纵轴平行的垂线。对于特殊的战略物资需求如棺材、特效药等，可近似地看做完全无弹性的商品，如图 3-6 所示。

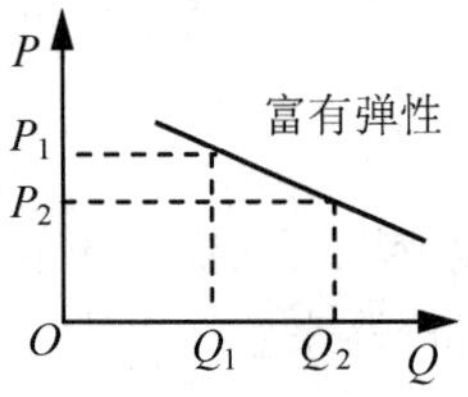

图 3-2　富有弹性

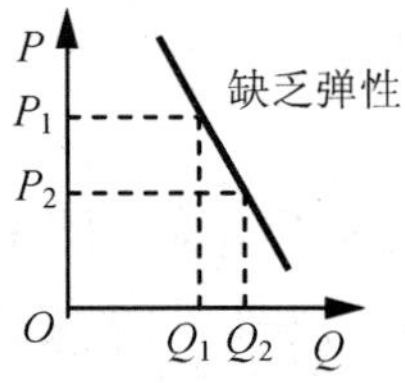

图 3-3　缺乏弹性

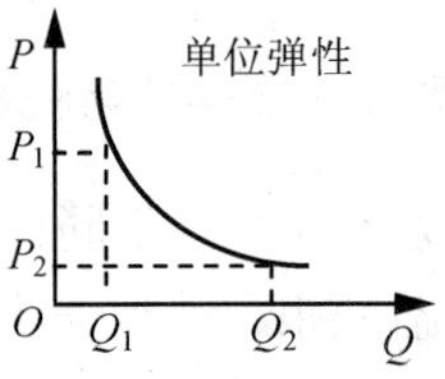

图 3-4　单位弹性

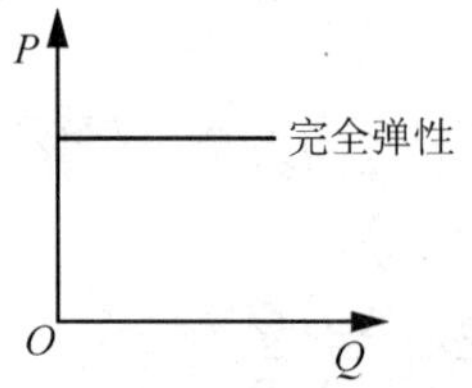

图 3-5　完全弹性

图 3-6　无弹性

3. 影响需求价格弹性的因素

（1）商品的必需程度。我们把食物、日用家电、医疗服务、学生教材称为必需品，把出国度假旅行、新款高档轿车、贵重首饰称为奢侈品。必需品的替代品少，需求缺乏弹性，所以必需的日用家电（如冰箱、电饭煲、洗衣机）在日常生活中少不了，坏了得换，缺了得添；奢侈品则具有很多替代品，需求弹性大，比如说“五一”长假不是非得要外出旅游，家具如果价格高，10 年乃至 20 年不换也可以。

（2）商品开支占收入的比重。住房价格变化 10%，对于人们的家庭预算冲击很大，人们尽量节省住房开支，住房的需求弹性大。相反的例子是食盐、牛奶支出占年收入的比重微乎其微，可以预料它的价格弹性很小。

（3）商品定义的宽窄。对定义很窄的商品的需求是有弹性的。例如，“饮料”包罗内容广泛，需求弹性小；而“可口可乐”因为其范围单一，替代品很多，需求弹性很大。

（4）时间的长短。一种商品的需求常常存在于某个时期，可以是一天、一周、一月、一季、一年或几年期限。需求弹性随时间的长短而不同。一般来说，时期越长，需求越有弹性。因为时期越长，消费者和厂商越容易找到替代品。只要有足够长的时间，进行调整总是比较容易的。经济学家区分了短期和长期。所谓长期是指，在这个时期内可以进行所有的调整；所谓短期是指，在这个时期内至少有些调整是无法进行的。因此，需求在短期中至少比在长期中，即消费者有时间适应时，大多更缺乏弹性（对价格变化不敏感）。设想电费下降后人们的反应。一两个星期内，家庭耗电不会有太大变化，因为你家里就这么多电灯、家电。时间一长，一两年后，家里便增加了电器、电炉、空调和电灯，用电习惯也渐渐改变，开灯也较往常早了。这样一来，时间越长，耗电便越增加。诺贝尔奖获得者、经济学家——美国芝加哥大学教授贝克尔运用长期弹性和短期弹性的区别，解释了为什么美国 20 世纪 90 年代曾经出台的香烟消费税政策是错误的。因为白宫假定香烟价格上涨 10%，其消费量将下降 4%；而贝克尔教授认为这只反映了提价后第一年消费者做出的反应，而没有反映吸烟者若干年后调整的行为。在 3 年内，价格每上涨 10%，其消费量很可能下降 8%——是政府当局估计的两倍。因此，增税后所带来的收益比预计的要少得多。

（5）替代品。商品可替代程度的大小以及替代品是否容易得到和需求弹性直接相关。比如说，香烟对于特定消费群体来说是缺乏弹性的，烟民很少因为香烟涨价而去戒烟；但在移动手机市场，假如某品牌手机降价将会给该手机的市场需求带来快速增长。

商品的需求价格弹性主要受以上因素影响，表 3-1 列举了一些商品的弹性。

表 3-1 部分商品市场需求价格弹性

产品	市场	价格弹性
国产小汽车	美国	3.4
进口小汽车	美国	4.0
CD	澳大利亚	1.83
香烟	美国	0.2
酒	美国	0.2

（续　表）

产　　品	市　　场	价格弹性
生活用电	加拿大	0.7
电话服务	西班牙	0.1
家庭用水	美国	0.2
工业用水	美国	0.7

3.1.3 需求收入弹性

前面我们谈论的价格弹性，是指当收入、偏好和其他商品价格保持不变时，该商品本身的价格变动引起的需求量变动。本节我们将研究消费者收入所起的作用。需求收入弹性（E_I）是收入变动 1%所带来的需求的百分比变化。其计算公式为：

$$E_I=\frac{\text{需求量变动的比例}}{\text{消费者收入变动的比例}}=\frac{\Delta Q/Q}{\Delta I/I}$$

假设你的收入增长 20%，你会多买 20%的食物吗？几乎肯定是不会的，但你花在娱乐生活上的钱可能超过 20%。如果你把对某种商品购买数量增加的百分比除以收入增加的百分比，你就能算出你自己对于所讨论的商品或劳务的需求收入弹性。但是当个别消费者的收入变动时，他们的购买能力如何以及为何变动的问题，则属于消费者行为理论部分了。

在现实生活中，我们计算出来的收入弹性一般为正值。这也是因为当人们的消费收入 I 增加的时候，往往出现需求量 Q 与之按同方向运动。因此，一般而言，当人们收入增加时，需求量也增加；收入减少时，需求量也减少。正常商品 $E_I>0$，大多数物品是正常物品，如表 3-2 所示。但也有少数商品是例外的，收入弹性系数为负值，即 $E_I<0$。这商品俗称低劣品，即收入增加的人们所放弃购买的商品，也就是更新换代的过时淘汰品。

表 3-2　一些常见商品的需求收入弹性

有收入弹性的需求	弹　　性	有收入弹性的需求	弹　　性
航空旅行	5.82	香　　烟	0.86
电　　影	3.41	家　　具	0.53
出国旅行	3.08	衣　　服	0.51
理　　发	1.36	电　　话	0.32
汽　　车	1.07	食　　品	0.14

3.1.4 需求交叉价格弹性

现实生活中，我们经常会发现两种商品看上去相关性不大，但一种商品的价格变化会对另外一种商品的需求量产生巨大影响。例如，汽车降价销售，使得玻璃厂、轮胎厂、标准件厂生意火爆；钢笔受一次性水笔的挤压，导致国内的许多墨水厂处境艰难……这些现象说明了，商品间的价格与需求存在着某种关系，这种关系我们把它称为需求交叉价格弹性。

需求交叉价格弹性（cross-price elasticity of demand）是指一种商品需求量变动对另一商品价格变动反应的敏感程度。也就是说，如果A产品的价格变化百分之一，B产品的需求量将变化百分之几。设两种相关产品X和Y，计算Y产品交叉价格弹性（E_{YX}）的一般公式为：

$$E_{YX}=\frac{\text{Y 商品需求量变动的比例}}{\text{X 商品价格变动的比例}}$$

需求交叉价格弹性与商品间的关系，如表3-3所示。

表3-3 需求交叉价格弹性与商品间的关系

需求交叉价格弹性系数	X、Y商品间的关系	X、Y商品间的特征	实 例
$E_{YX}>0$	替代关系	Y商品的价格P上升（下降）引起X商品的需求量Q上升（下降）	牛肉与羊肉、租房与买房、坐公交车与打的等
$E_{YX}<0$	互补关系	Y商品的价格P上升（下降）引起X商品的需求量Q下降（上升）	汽车与汽油、鞋油与鞋刷、三明治与火腿等
$E_{YX}=0$	互相独立	Y商品的价格变动不会引起X商品的需求量的变化	牛肉与汽车、火柴与鞋子等

以上三种关系之间表现为，替代品是竞争关系，需要密切关注对手变化制定策略；互补品是战略同盟关系，相关利益群体要统筹定价，追求共赢下的利益最大化；而互相独立商品间则基本没有关系，或关系非常微小，企业间可单独订立策略方案。

普通行业间的需求交叉价格弹性一般都比较固定，如运输与娱乐业需求交叉价格弹性为−0.05；食品与娱乐业为0.15；衣着与食品需求交叉价格弹性为−0.18。

3.1.5 供给弹性

供给弹性与需求弹性一样重要，而且有着相似的定义。**供给弹性**是供给的价格弹性的简称，它是一种商品的供给量对其价格变化的反应程度。即：

$$\text{供给弹性}=\frac{\text{供给量变动的比例}}{\text{价格变动的比例}}$$

哪些因素决定供给弹性呢？影响供给弹性的主要因素有：

（1）行业中增加生产的难易程度。如果像纺织服装业的情况一样，生产容易的话，供给弹性就大；如果扩大生产困难，例如南非金矿开采量增加困难的话，供给弹性就小。

（2）生产规模及规模变化的难易程度。资本密集型，规模较难变动，弹性小。成本的变化：随着产量的提高，只引起单位成本的轻微提高（规模经济），则弹性大。

（3）时间。正像区分短期和长期中需求对价格变化的反应一样，经济学家对供给也作了同样的区分。厂商在长期中可以对价格上升做出某些反应，而这些反应是他们在短期中做不到的。这意味着长期供给曲线的弹性大于短期供给曲线。我们把短期供给曲线定义为在机器和建筑当前存量不变条件下的供给；与此不同，在长期中，我们假定机器和建筑存量可以调整。供给曲线在短期中是缺乏弹性的，而在长期中则是很有弹性的，如图3-7所示。

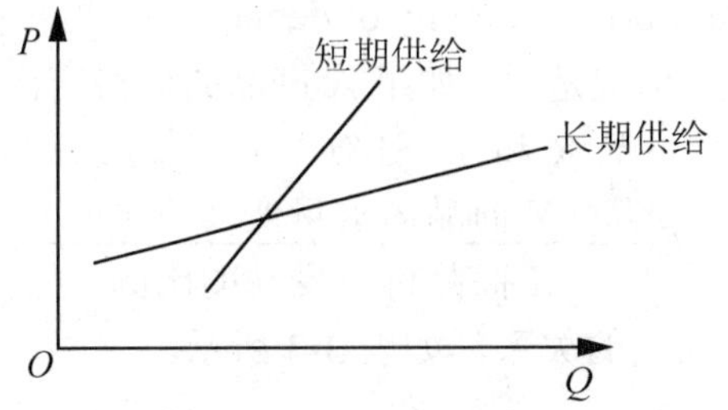

图 3-7　随着时间推移而变化的供给弹性

3.2　弹性理论的应用

3.2.1　需求价格弹性与厂商价格决策

不同行业商品的需求价格弹性是不同的，到底价格如何变化，变化多大才是最合理的呢？假如你是一个大型艺术博物馆的馆长。你的财务经理告诉你，博物馆缺乏资金，并建议你改变门票价格以增加总收入。你是要提高门票价格，还是降低门票价格呢？回答取决于需求弹性。运用需求价格弹性我们可以把商品和服务简单地分为两种：

（1）宜降价促销的商品。降价促销也称做“薄利多销”，通过降价实现总收入增加。这是企业合理借用需求价格弹性实现营销战略。其根本的运作原理是，价格下降，虽然单个产品的利润是递减的，但需求量的变化远远大于价格下降变化幅度，这样产品的总利润是增加的。反之，当价格提高 1%，将导致需求量减少超过 1%，使销售总收入下降。这类商品企业应该适当降价，扩大销售量来增加总收入。此类产品比较多，比如汽车、电视等。

（2）宜涨价增利的商品。这类商品是缺乏弹性的，宜采用“提价销售”的营销策略。当采用降低价格时，需求量增加而使总收入增加的幅度小于由于价格降低而使总收入减少的幅度。而价格上调时，总收益增加，对生产者有利；价格下调，总收益减少，对生产者不利。此类商品如食品（大米、面包、蔬菜价格上升，还是会有人购买）等。

不同弹性对企业价格策略的影响如表 3-4 所示。

表 3-4　不同弹性对企业价格策略的影响

需求价格弹性	$\lvert E_d \rvert > 1$	$\lvert E_d \rvert = 1$	$\lvert E_d \rvert < 1$
降价的影响	增加销售收入	销售收入不变	减少销售收入
涨价的影响	减少销售收入	销售收入不变	增加销售收入
企业价格策略	适当降价	针对不同情况涨价或减价	适当涨价

企业的管理部门似乎常常认为需求是缺乏弹性的。一般的经验认为，价格增加，随之而来的一定是收益增加，而价格降低，总收益减少。这是因为企业常常是在需求增加（需求曲线移向右边）的时候提高价格，而当需求减少（需求曲线移向左边）时降低价格，这使得人们很容易误解，把需求曲线的移动误以为是价格在一条需求曲线上位置的移动，做出需求是缺乏弹性的错误判断。

一家企业生产并销售多种不同的产品，经常会发现从一种产品到另一种产品在需求价格弹性方面有明显的差别。各种产品在不同的市场上出售，每种产品都面对着不同的替代品，如以三种钢材——钢轨、不锈钢和马口铁为例。钢轨没有相近的替代品，因此它们的需求是缺乏弹性的，但它不是完全无弹性，因为对高价的一种反应可能会让旧钢轨维持得更久些。不锈钢在某些用途上有相近的替代品。马口铁则面对着来自塑料、玻璃、铝和其他包装材料的竞争，还包括用做罐装啤酒、油脂、油漆和某些食物产品容器的竞争。

近几年来，我国铁路部门实行浮动票价，即在“春运”高峰时期将客运票价上浮15%—20%。这种做法对铁路部门来说好处是显而易见的：

（1）利用“春运”期间的客运需求缺乏弹性，提高价格可以增加收入。

（2）在现有运力的条件下，调节高峰时期的客流量。

试想，如果铁路部门在几次提速之后降低平时的客运票价，情况会怎样？铁路部门总收益是减少还是增加呢？这同样取决于需求价格弹性和现有的需求是否已经饱和。如果需求是饱和的，降价并不能扩大需求而只能使总收益减少，铁路部门就没有降价的必要，而现实情况也正是如此；如果运力过剩，铁路部门就有降价的压力，通过降价可以达到扩大需求增加总收益的目的。

案例讨论

弹性在不同行业中的应用

无论是航空公司，还是农民，都需要决定是否提价（或降价）来获利。例如，公务出差人员对飞机票价的需求弹性较低，因此提高这些人的票价有助于增加总收益。相反，闲暇度假的游客对于飞机票的需求弹性则高得多，因为他们对旅行的时间和方式有很大的选择余地。因此，降价会有助于增加总收益。在理想的情况下，航空公司希望向出差的公务人员尽可能收取高价，而向闲暇游客提供足够低廉的票价以填补飞机上的空座位。但是问题在于——必须识别不同类型的乘客。如何避免商务人员购买为闲暇游客准备的便宜机票？又如何避免闲暇游客占用了商务人员本来愿意出高价的座位？

美国的许多航空公司对于因公务出差者的飞机票和休假旅行者的飞机票价实行价格区分政策：提前预订票和低峰时刻票打折扣，周末票和最后时刻机票不打折扣。公司为什么这样做？因为许多公务往来事先是没有计划的，而是为了处理意外的事件——这是另外一种缺乏弹性的情况。

在医药行业，为什么处方药比非处方药品（OTC）贵？答案在于处方药品需要医生处方才能购买，对于价格不敏感，厂家涨价可以提高收益；而那些不需要处方、无关紧要的药物（如阿司匹林、维生素），消费者可在药店中自由买到，这可以采取削价销售的办法增加收益。

弹性理论还能够解释经济学中著名的丰收悖论：谷贱伤农的现象。为什么农业的好年景或大丰收年往往是农民收入的歉收年？答案在于人们对粮食的需求缺乏弹性。这意味着收成好时，农业丰收提高农作物产量进而降低价格。但价格下跌不会使消费者的粮食需求增加很多。所以好收成常常伴随着低收益。

3.2.2 需求收入弹性与企业经营

需求收入弹性为投资决策、经济规划甚至个人理财提供了十分有用的信息。

一般来说，当经济繁荣、社会收入增加时，企业就应努力增加需求收入弹性大的商品（高档商品、汽车、旅游服务等）的生产，减少“低劣品”的生产以取得更大的销售收入；对于需求收入弹性较小的生活必需品，可大体上维持产量，因为即使收入有较大增长，生活必需品销量也不会增加很多；对于低档需求品需求量会下降，企业则应及时减少产量。对个人而言，如果预期经济快速发展，则可以考虑购买产品需求收入弹性大的企业股票。

当经济萧条、社会收入减少时，高档品需求量会迅速下降，则应及时减产；生活必需品（食品、日用百货、教育医药）则不太受经济是否景气的影响，经营比较平稳；而低档品需求量会迅速上升，则应及时增产。对个人而言，如果感觉经济萧条，则可以考虑资金从收入弹性大的企业股票中抽出，转投到产品需求收入弹性小的企业，如日用百货的生产和销售。

基于现代企业自身的特性，在运用需求收入弹性（E_I）时，应切记以下三个原则：

（1）需求收入弹性大的商品，利润大、风险也大。

（2）需求收入弹性小的商品，利润小、风险也小。

（3）不同收入弹性的组合，可降低风险，保证一定的利润。

3.2.3 需求交叉价格弹性与产品差别化策略

企业在经营过程中，如果拥有相当的经营管理能力，丰富的产品组合策略，那么就应该合理利用需求交叉价格弹性，使自己在市场中分得更大一块蛋糕。企业在产品组合中，其中一部分产品之间存在着替代关系或者互补关系，那么在制定价格时就要充分考虑到在替代品或互补品之间的相互影响。如果就某一种单独产品而论，提高价格可能会对企业有利，但如果把它放在相关产品群中考虑，即考虑企业综合利益时，可能会导致企业总利润的减少。

企业对产品组合中的两种产品，如果其交叉弹性为负值，说明这两种产品互补。互补产品往往可以通过综合定价策略来实现市场的突破。互补产品往往可以分为基本产品和配套产品两种，通常的定价策略是对基本产品定低价，让大量的消费者来购买该产品，而可对配套产品定高价。这样成功的案例非常多。柯达公司是彩色胶卷专业生产厂家，面对佳能、尼康等强劲对手的竞争，为了能够进入相机市场并扩大胶卷市场的垄断份额，公司上层进行了多次讨论。最后决定推出柯达相机时，顾客只需购买一卷胶卷，就免费赠送相机，并说明柯达相机必须使用柯达胶卷才能达到最佳摄像效果，结果很快达到了集团战略目标。同样吉列手动剃须刀架的免费赠送，也不失为营销策划的经典。

如果两种产品的交叉弹性为正值，说明这两种为替代产品。它可以分为两种情况，如果两种产品同是本企业生产的，那么企业应该合理按照产品的生命周期、市场饱和程度、产品技术含量等因素进行综合决策，使企业达到最高利益。假设可口可乐公司正在考虑是否降低“雪碧”的价格，它不仅要知道雪碧的价格弹性，还要了解雪碧销售量增加后会对可口可乐造成多大的损失，即雪碧销量增加的收入会“吃掉”多少可乐的收入。如果两种产品不在同一个企业生产，那么说明两家企业是竞争关系，我们可以用交叉弹性来分析产品之间的竞争关系。交叉弹性越大，说明两家企业产品之间的竞争越激烈，必须时刻密切注意对方企业采取策略变化，时刻准备应对措施。我国家电企业之间、国内外手机厂家之间的竞争就充分体现了这一点。

交叉弹性的概念在执行反托拉斯法中获得了重要的应用。垄断（包括想要垄断）一种产品的生产和销售是非法的。但什么算是一种产品？请记住，商品一词可以被概括地、严格地、一般地或特定地下定义。某一个厂商的产品是否是垄断性产品，要看购买者在选择上是否被限制得只能向一个企业购买而别无他法。对于任何产品，都会有一种或几种替代品。可是，如果它们是蹩脚的替代品，它们和这个产品的需求交叉弹性就是低的。这是给垄断产品下定义的一种办法。类似的情况是，一个被指控为违反反垄断法的厂商将设法证明：它的产品和其他类似的产品之间的交叉弹性是高的，因此替代品是相近的，购买者确实能有效地进行选择。

美国联邦法院 1953 年通过的著名的对杜邦公司玻璃纸的裁决是一个好的例证。1947 年，司法部对杜邦公司非法垄断玻璃纸的产销提出诉讼。法律程序十分冗长，最后，法院坚持认为，政府的指控不能成立。法院裁决，在销售玻璃纸方面杜邦公司不是一个垄断者。玻璃纸是“柔性的包装材料”中的一种，其他还有包装用蜡纸、铝箔、聚乙烯以及许多别的材料。换句话说，法院接受了这样的论点，即玻璃纸和别的柔性包装材料的需求交叉弹性是高的，它们都是相近的替代品，所以杜邦公司没有垄断市场。政府则争辩说在某些重要的用途上，玻璃纸与其替代品之间的需求交叉弹性是低的，它们是蹩脚的或不受欢迎的替代品，所以杜邦公司确实是垄断。但从判决的结果看，政府的争辩是徒劳的。

3.3 价 格 管 制

通过对第 2 章的学习，我们知道市场机制是自发地调节经济的。价格由市场决定，随供求的变动而变动，价格在这一过程中自发地调节经济。在这里，价格有着信息传递、行为指导的功能：生产者根据商品价格的涨跌来判断市场的供求变化，从而调整自己的产量；消费者也根据商品价格的起落来合理安排自己的商品消费组合，从而使自己的利益最优。因此，价格机制就像是一只“看不见的手”，指挥着人们的经济活动。然而，纯粹的竞争性市场只是一种理论上的假设，在现实经济活动中，某些政治、经济、社会因素的介入会影响均衡价格的形成以及供求关系的调整。这些因素包括政府的价格限制、供求量限制及税收等。我们可以运用均衡价格理论来分析它们对经济生活的影响。

在市场经济中经常会出现买者认为价格过高而卖者又总抱怨价格太低的现象。由于对市场决定的均衡价格不满，不同的集团可能要求政府为某些产品确定价格。政府操纵的价格叫做**价格管制**（price control）。

3.3.1 支持价格

支持价格（price floor），又称为**价格下限**、**最低限价**、**地板价格**，是政府为了扶持某一行业的生产，对该行业产品规定的高于市场均衡价格的最低价格。如政府为了扶持农业的发展，常实行农产品支持价格。支持价格政策所产生的后果可以用图 3-8 来说明。

如图 3-8 所示，商品由需求和供给决定的均衡价格是 P_E，均衡数量是 Q_E，但政府认为这一价格不合理，它规定了一个高于均衡价格的最低限价——价格下限 P_1，按照这一价格需求量为 Q_1，供给量为 Q_2，$Q_2>Q_1$，实行这一价格的必然结果就是供过于求，出现部分剩余产品。根据均衡价格理论，若一种商品供过于求，其价格就有下降趋势，趋向于均衡价格。但在存在价格下限的情况下，商品价格下降是不可能的，一旦降价即意味着违法。

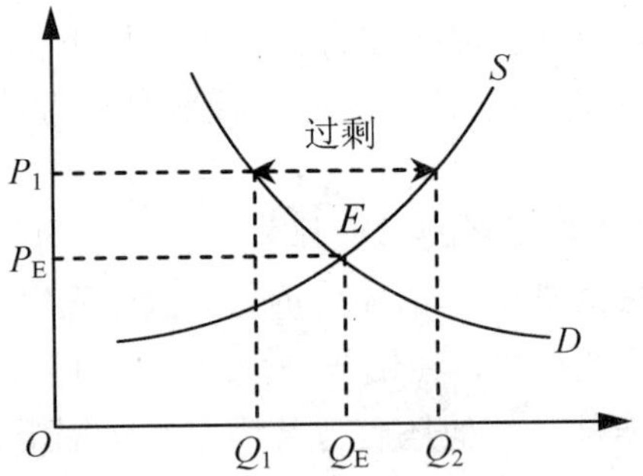

图 3-8 支持价格

但商品的供过于求却是客观存在的，它对商品的价格始终有一个向下的拉力。为了维持最低限价，政府通常可以采取的措施有两个，要么限制生产（补贴限产），要么处置剩余产品（政府采购）。

（1）补贴限产。政府对农业生产者提供一定的补贴，促使供给减少。通过限产，可以使供给曲线向左平移，新的供给曲线与原有的需求曲线相交于新的均衡点。这时，均衡价格与政府规定的价格下限一致，使得供求平衡。在实施这种政策时须有较强的指令性且有一定的代价。

（2）政府采购。政府收购过剩商品，或用于储备，或用于出口（包括国际援助等）。在出口受阻的情况下，收购过剩商品必然也会增加政府的财政开支。通过政府采购，人为地使市场需求增加，需求曲线向右平移，新的需求曲线与原有的供给曲线相交于新的均衡点。这时，均衡价格与政府规定的价格下限一致，也实现了新的均衡。许多国家实行的农产品支持价格和最低工资都属于价格下限。就农产品支持价格而言，目的是稳定农业生产和农民的收入，有其积极意义，但这也增加了农产品过剩，不利于市场调节下的农业结构调整。政府实行农产品支持价格，则过剩的农产品要由政府收购，这也增加了财政负担。就最低工资而言，有利于维护低收入者的利益，但增加了劳动供给，减少了劳动需求，有增加失业的副作用。

案例讨论

美国的农业补贴

农业曾经是美国国民经济的最大产业。100 年以前，美国人口的一半在农场劳作，但如今这一数字已经下降到不足劳动力的 3%。由于食品是必需品，人们对食品需求增加缓慢；但由于实现了农业机械化和基因工程的开发，食品供给大大增加，从而导致了农产品价格相对下降。鉴于农民收入的下降，政府采取了多种措施来帮助农民。通过价格支持提高农产品价格，或通过关税和配额限制进口，或给予农民补贴。

美国农业补贴条款的适用范围很广，被纳入农业补贴范围的农产品包括：玉米、高粱、大麦、燕麦、水稻、大豆、油料、棉花、奶类、花生、糖类、羊毛和马海毛、蜂蜜、苹果、干豆类等大约 20 种，几乎覆盖所有大宗农产品。重点补贴对象是粮食、棉花、油籽和乳品生产，这些产品的产值约占美国农业总产值的 27%。仅从生产灵活性合同补贴来看，折算到单位产品的补贴，以小麦和玉米为例，2000 年，美国对小麦和玉米的直接补贴分别为每吨 45.2 美元和 27.6 美元。

美国农业部公布的数据显示，2000 年，美国政府对农业的直接补贴为 228 亿美元，平均每个农场补贴 10 541 美元。2000 年，美国平均每个农场的农业经营净收入为 26 471 美元，其中政府补贴收入占 40%。2001

年，联邦政府农业直接补贴已占农场农业总收入的 11%，占农场农业净收入的 42%。不过，由于美国各种农业补贴措施与农产品的面积和产量挂钩，因此政府的巨额补贴主要集中在少数规模大的农场。

3.3.2 限制价格

限制价格（price ceiling），又称为**价格上限**、**最高限价**、**天花板价格**，是政府为限制某些商品的价格而对它们规定低于市场均衡价格的最高价格。其目的是为了稳定经济生活，例如稳定生活必需品的价格，保护消费者的利益，有利于安定民心。

限制价格政策一般是在战争或自然灾害等特殊时期使用，但也有许多国家对某些生活必需品或劳务，长期实行限制价格政策。例如，法国在第二次世界大战后对关系国计民生的煤炭、电力、煤气、交通与邮电服务等，都实行了限制价格政策。在英国、瑞典、澳大利亚等国，则对房租实行限制价格政策。还有一些国家，对粮食等生活必需品实行限制价格政策。此外，规定利率上限等做法也属于限制价格的一种形式。

如果说最低限价政策是保护生产者的利益，那么，最高限价政策则是保护消费者的利益。如图 3-9 所示，由需求和供给决定的均衡价格是 P_E，均衡数量是 Q_E。由于政府不想让商品的价格达到这个水平，就规定了一个低于均衡价格的最高限价 P_1，在此价格下，需求量为 Q_2，供给量为 Q_1，$Q_2 > Q_1$。

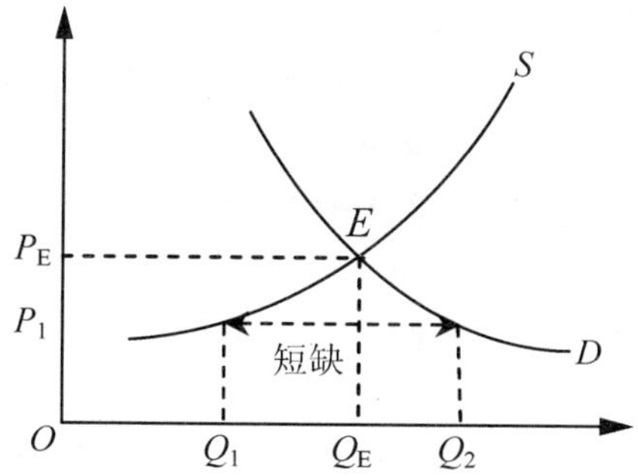

图 3-9 限制价格

实行了限制价格的结果是造成供不应求，必然产生商品的短缺。价格管制主要影响是：

（1）非价格配给，比如说发放购物券。新中国成立之初，因生产力水平低，5.7 亿人口只有 3200 亿斤粮食，只能实行统购统销，搞票证制，其结果只能是卖方市场。

（2）排队购买。由于商品短缺，定量配给数量必然不足。因此，不得不采取“先到先供应”，即排队的办法来取得消费品。排队是以到达指定地点的次序（或以提出要求的次序）作为唯一的标准，因此先来的人比后来的人有利。从表面上来看是很公平的，但也正因为如此，它又是不公平的，毕竟，对于不同的人来说，时间的边际效用是不一样的。

（3）黑市交易（black market transaction）。这是在价格超过法律规定的价格上限的非法市场。在价格受控制时出现了黑市，比如说，活跃在体育比赛和音乐会门口的票贩子。

限制价格会挫伤厂商的生产积极性，使短缺变得更加严重，一旦放弃价格控制，价格上涨就会变得更加厉害。因此，经济学者一般反对长期采用限制价格政策，因为不利于经济的发展。

比如，房屋租金控制。在这一政策下，房租被压得很低，以至于人们忘记了房屋是被修建起来并要加以维修的。人们都渴望租到大面积的房子，而如此低的房租又使得可以提供的房屋十分有限，新房屋的修建受到影响，住房紧张长期得不到缓解。欧洲一个批评家曾说了句挖苦的话："在破坏城市方面没有什么能比租金控制更有效了——除了轰炸之外。"

价格调节经济活动是市场经济的核心，因此，市场经济的基本原则是，能够交给价格调节的尽量要放开价格，让价格自发调节。当然，我们也不能把价格的这种作用绝对化。市场经济仍然离不开政府，在有些情况下，也需要有政府对价格的干预。

我们在分析价格的作用时，仅仅是从经济的角度来说明价格调节的，但在决定政策时还要考虑到社会、政治等各种因素。经济理论是决定政策的重要依据，但并不是唯一依据。从这个角度来理解价格机制才更全面，也才能实现经济学改善世界、增进社会福利的目的。

案例讨论

美国联邦最低工资

美国联邦政府依照《公平劳动标准法》（*Fair Labor Standard Act*）制定最低工资，1997 年制定的最低工资是每小时 5.15 美元。

最低工资导致了失业，然而，它到底造成了多大的失业呢？在此之前，大多数经济学家相信，最低工资上升 10%将使青少年的就业率下降 1%—3%。

加利福尼亚大学的戴维 · 卡德（David Card）和普林斯顿大学的艾伦 · 克鲁格（Alan Krueger）对上述观点提出了挑战。他们指出，在加利福尼亚、新泽西以及得克萨斯州，最低工资的每一次上调都导致低收入人群就业率的上升。他们提出了工资上升导致就业率上升的三大理由：

（1）工人的工作态度变得认真，生产率更高；

（2）工人较少有可能放弃工作，因此，昂贵的劳动力转换费用下降；

（3）管理者使企业运转得更有效率。

大多数经济学家对上述观点表示怀疑。这些经济学家认为，如果更高的工资使得生产率更高、转换率下降的话，企业将会自愿地支付工人更高的工资。他们争辩道，卡德和克鲁格所发现的就业上升有其他方面的原因。

得克萨斯大学的丹尼尔 · 哈默什（Daniel Hamermesh）认为他们在时间问题方面出了错。企业预测到最低工资的上升，他们会在上升之前就裁员了，所以，观察最低工资上升之后的就业变化便没能考虑其主要效应。得克萨斯 A&M 大学的菲尼斯 · 韦尔奇（Finis Welch）认为，卡德和克鲁格所发现的就业效应是由于地区经济增长方面的差异所致，而不是由于最低工资的变化所致。

另外，仅仅关注就业会忽略最低工资的供给方效应，它导致了高中退学去寻找工作的人数增加。

*3.4 征税与补贴

3.4.1 对商品征税和补贴的影响

政府干预市场的一个例子是对商品征税。间接税包括增值税和对香烟、汽油、酒类等税种。按税收计征标准的不同分，又可分为从量税和从价税。

从量税（specific taxes）是按商品的单位销售量征收一个固定的数额，即

从量税额＝商品数量×从量税/单位

从价税（ad valorem taxes）是以商品价格（或增值额）作为征税标准计征的税收，即

从价税额＝商品价格×从价税率

间接税主要作用于供给曲线，在从量税的情况下，供给曲线向左平行移动；在从价税的情况下，使消费者的收入相应减少，供给曲线旋转上升。

政府干预市场的另一个例子是对商品进行补贴。对于一些关系到国计民生的行业，为了避免社会动乱，政府必须给那些没有自生能力的企业补贴、保护，一方面可以使企业获得一定的生存空间，另一方面也有利于降低价格，提高社会福利。

3.4.2 供求弹性与征税负担

税负分摊（tax incidence）是在买者和卖者之间分配某一税收的负担。

当政府决定对某一产品的销售征税时，该产品价格的上升有可能等于或小于这笔税款，或者价格一点也没有变化。如果价格的上升等于这笔税款，那么买者承担了完全的税负。如果价格的上升小于这笔税款，那么买者和卖者分别承担了部分税负。如果价格没有什么变化，那么税收就完全由卖者承担了。

为了理解税收的决定因素，假定政府对每盒香烟征 1 元的税（实际上不同的香烟所缴纳的税款是不一样的），这笔税收对香烟的价格和数量有什么影响呢？为了回答这个问题，我们需要知道香烟市场的需求和供给发生了什么变化。

我们把图 3-10（a）中的纵轴定义为买者支付的价格，即含税的价格。一旦对香烟征税，价格就会发生变化，需求量也会改变，但需求不变。也就是说，发生了沿着需求曲线的移动，但需求曲线本身并没有平移。

但现在香烟的供给变动了，供给曲线会发生平移。税收相当于供给成本的增加，因此供给减少，供给曲线向左移动至 S_1 的曲线。为了确定这个新的供给曲线的位置，我们把税收加到每一销售量所愿意接受的最低价格之上。P_1 为消费者支付的价格，P_2 为生产者的实际所得，（P_1-P_2）即为税收，税收由生产者和消费者共同承担。如图 3-10（a）所示，S_1 曲线描述了卖者在有税收的情况下愿意出售香烟的条件。

这时，均衡出现在新的供给曲线 S_1 与原有的需求曲线 D_0 的交点上。相对于点 E_0，点 E_1 所代表的均衡价格上升，而均衡数量则减少了。

当政府决定对某一行业或产品进行补贴时，其效果与征税相反，如图 3-10（b）所示。

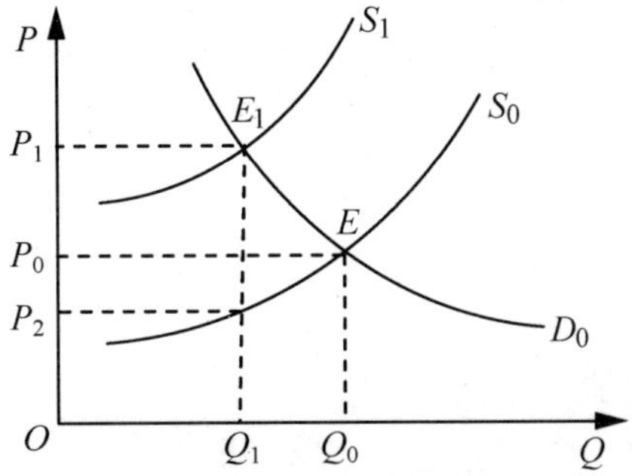

（a）征税

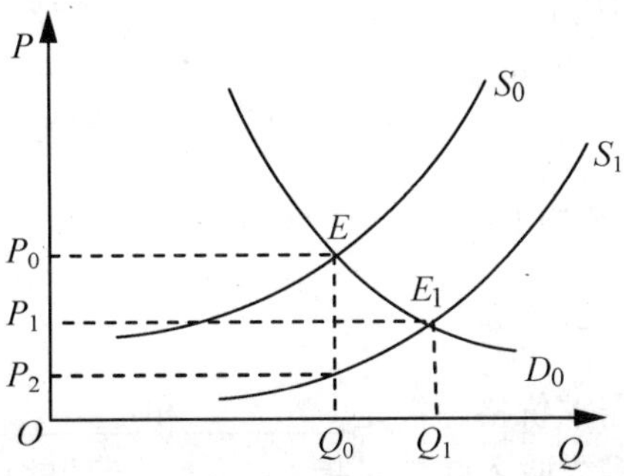

（b）补贴

图 3-10 征税与补贴

由于农业的基础地位和农业生产本身的弱质性，各国普遍采取提高农产品价格以扶持农业发展的政策，中国也不例外。实证研究表明，大多数农产品的需求是缺乏弹性的。农产品需求的缺乏弹性解释了为什么农产品“丰产不丰收”——丰产反而使生产者总收入减少。政府制定的较高的农产品价格使农户获得了较高的收入。而要支持农产品的高价格，相应的配套措施是政府收购大于实际需求的那部分农产品。假设对某种特定农产品的需求是有弹性的，要提高生产这类农产品生产者的收入，政府是否需要通过使某些产品不进入市场的办法来提高这种农产品的价格呢？答案显然是否定的，因为对一种有弹性的需求来说这样做将减少总收入。

如果经济政策的目的在于增加出口，那么这时也必须考虑需求弹性。假设一国通过降低出口价格，例如通过货币贬值来扩大出口的实物量，但不凑巧的是该国的出口品的需求大多是缺乏弹性的，结果将事与愿违——出口的实物越多，货币收入反而越少，而不是越多。

复习与练习

【关键概念复习】

在 B 栏中寻找与 A 栏中术语相应的解释，并将序号填在术语前边。

A	B
弹性	1. 需求量的变动对收入变动反应的敏感程度。
需求弹性	2. 政府为了扶持某一行业的生产，对该行业产品规定的高于市场均衡价格的最低价格。
需求的收入弹性	3. 在买者和卖者之间分配某一税收的负担。
需求的价格弹性	4. 需求量的变动对价格变动反应的敏感程度。
需求的交叉价格弹性	5. 因变量对自变量变化的反应程度。
供给的价格弹性	6. 政府为限制某些商品的价格而对它们规定低于市场均衡价格的最高价格。
支持价格	7. 以商品价格作为征税标准计征的税收。
限制价格	8. 当相关因素变化一个单位，引起需求量变化的单位大小。
从价税	9. 一种商品的供给量对其价格变化的反应程度。
税负分摊	10. 一种商品需求量变动对另一商品价格变动反应的敏感程度。

【思考与练习】

（一）填空题

1. 需求价格弹性是________和________的比值。
2. 需求收入弹性是指________变动的比率所引起的________变动的比率。
3. 一般来说，需求收入弹性为正值的商品是________商品，收入弹性为负值的商品是________商品。

4．在需求的价格弹性大于1的条件下，卖者适当降低价格能________总收益。

5．恩格尔系数是用于________的支出与全部支出之比。

6．一般来说，生活必需品的需求弹性________，而奢侈品的需求弹性________。

7．若某种商品的需求有完全弹性，则其需求曲线是一条________的线。

8．需求的价格弹性是指________变动的比率所引起的________变动的比率。

9．供给弹性是指________对其________变动的反应程度。

10．如果某种商品需求缺乏弹性而供给富有弹性，则税收就主要落在________身上。

11．________反映需求量对价格变化的敏感程度，它的计算公式是________。

12．________弹性衡量需求量对收入变动的敏感程度，它的计算公式是：需求量变化的百分比/收入变化的百分比。

13．假定商品X和Y是互为替代品，当商品Y价格下降的时候，商品X的需求量将________，需求的交叉弹性是________值。

14．假定商品X和Y是互补品，当商品Y价格下降的时候，商品X的需求量将________，需求的交叉弹性是________值。

15．如果某种商品是正常商品，它的需求的收入弹性是________值。

16．如果某种商品的需求的收入弹性是负值，这种商品是________物品。

17．富有弹性表示需求量变化的百分比________价格变化的百分比。

18．单位弹性表示需求量变化的百分比________价格变化的百分比。

19．影响供给弹性最重要的因素是________。

20．在需求缺乏弹性的情况下，厂商适当提高价格会使其总收益________。

（二）单项选择题

1．需求的价格弹性是指（　　）。
A．一种商品的需求量变动对另一种商品价格变动的反应程度
B．需求量变动对价格变动的反应程度
C．价格变动对需求变动的反应程度
D．需求量变动对收入变动的反应程度

2．计算需求弹性的弹性系数的一般公式是（　　）。
A．需求量与价格之比
B．需求量变动的百分比除以价格变动的百分比
C．需求量变动的绝对值除以价格变动的绝对值
D．价格变动的百分比除以需求量变动的百分比

3．某种商品的价格变动10%，需求量变动20%，则它的弹性系数为（　　）。
A．10%　　B．30%　　C．50%　　D．2

4．如果需求的价格弹性为$-1/3$，价格上升30%时，需求量将（　　）。
A．增加10%　　B．减少10%
C．增加90%　　D．减少90%

5．如果（　　），我们就说这种商品的需求缺乏弹性。
A．需求量变化百分比大于价格变化百分比
B．需求量变化百分比小于价格变化百分比
C．需求变化大于价格变化
D．价格变化大于需求变化

6．如果一种商品的价格变化 5%，需求量因此变动 2%，那么该商品的需求（　　）。
A．富有弹性　　B．缺乏弹性
C．有无限弹性　　D．无弹性

7．如果一种商品的需求缺乏弹性，其弹性系数（　　）。
A．大于 1　　B．大于 0 小于 1
C．等于 1　　D．为 0

8．如果一种商品的需求缺乏弹性，商品价格上升 5%，将导致（　　）。
A．需求量的增加超过 5%
B．需求量的增加小于 5%
C．需求量的减少超过 5%
D．需求量的减少小于 5%

9．若某商品的需求量下降的百分比大于该商品价格上升百分比时，则需求价格弹性（　　）。
A．大于 1　　B．小于 1　　C．等于 1　　D．等于 0

10．下列商品的需求价格弹性最小的是（　　）。
A．小汽车　　B．时装　　C．食盐　　D．化妆品

11．下列哪一种商品的需求价格弹性最大？（　　）。
A．面粉　　B．大白菜　　C．报纸杂志　　D．高档化妆品

12．需求收入弹性衡量的是（　　）。
A．需求量变动对收入变动的反应程度
B．需求量变动对价格变动的反应程度
C．价格变动对需求量变动的反应程度
D．收入变动对价格变动的反应程度

13．如果需求量变动的百分比大于收入变动的百分比，那么，（　　）。
A．收入富有弹性
B．收入缺乏弹性
C．收入无弹性
D．收入单位弹性

14．收入缺乏弹性是指（　　）。
A．需求量变动的百分比大于收入变动的百分比
B．需求量变动的百分比小于收入变动的百分比
C．需求量变动的百分比等于收入变动的百分比
D．需求量的变动与收入的变动成反方向变化

15．恩格尔系数是指（　　）。
A．用于食物的支出与全部支出之比
B．用于衣服的支出与全部支出之比
C．用于住房的支出与全部支出之比
D．用于储蓄的支出与全部支出之比

16．一般来说，低劣品的收入弹性（　　）。
A．小于 1　　B．大于 1　　C．为正值　　D．为负值

17．正常商品的需求收入弹性是（　　）。
A．正值　　B．负值　　C．大于 1　　D．小于 1

18．当某种商品的需求与收入同方向变化时，该种商品是（　　）。
A．正常商品　　B．劣等商品
C．替代品　　D．互补品

19．两种商品X和Y的交叉弹性系数为 – 2.8，说明这两种商品之间（　　）。
A．存在替代关系　　B．存在互补关系
C．没有关系　　D．可能存在替代关系，也可能存在互补关系
20．供给价格弹性的计算公式是（　　）。
A．供给量变动的百分比除以价格变动的百分比
B．供给量的变动除以价格的变动
C．价格变动的百分比除以供给量变动的百分比
D．价格的变动除以供给量的变动
21．下列哪种情况属于商品的供给富有弹性？（　　）。
A．供给的变动大于价格的变动
B．供给量变动的百分比大于价格变动的百分比
C．供给量变动的百分比小于价格变动的百分比
D．价格变动的百分比大于供给量变动的百分比
22．如果一种商品的供给缺乏弹性，这种商品的价格上升10%会使（　　）。
A．供给量的增加小于10%
B．供给量的增加大于10%
C．供给量的减少超过10%
D．供给量的减少低于10%
23．影响一种商品供给弹性的因素中最重要的是（　　）。
A．商品生产所采用的技术
B．所需要的资源状况
C．商品生产所采用的设备状况
D．时间因素
24．供给弹性的大小与时间有关，一般来说，（　　）。
A．短期高于长期
B．长期低于短期
C．长期高于短期
D．在长期与短期中一样
25．如果一种商品的需求富有弹性，（　　）。
A．无论价格如何变动，总收益都增加
B．价格上升时总收益增加
C．价格下降时总收益增加
D．价格下降时总收益减少

（三）判断题

1．需求的价格弹性是指需求的变动对价格变动的反应程度。（　　）
2．需求的弹性系数是价格变动的绝对量与需求量变动的绝对量的比率。（　　）
3．如果大白菜的收入弹性为负值，那么它是低档商品。（　　）
4．完全弹性意味着需求曲线是一条水平线。（　　）
5．当某种产品的价格上升8%，而需求量减少7%时，该产品需求是富有弹性的。（　　）
6．某种物品越是易于被替代，其需求也就越缺乏弹性。（　　）
7．食盐的需求是缺乏弹性的。（　　）
8．药品的需求弹性都是相同的。（　　）
9．恩格尔系数是耐用品支出与食物支出之比。（　　）
10．如果大白菜的收入弹性为正值，那么它就是低档商品。（　　）

11．A 物品价格上升 10%引起 B 物品的需求量增加 6%，那么 A 与 B 两种物品之间的交叉弹性为 0.6。（　　）

12．汉堡包与热狗之间的需求交叉弹性为负值。（　　）

13．A 物品价格上升 10%引起 B 物品的需求量增加 6%，那么 A 与 B 两种物品之间必定是互补关系。（　　）

14．某种产品价格下降 5%引起供给量减少 12%，那么该产品供给是缺乏弹性的。（　　）

15．一般情况下，供给时长期比短期更富有弹性。（　　）

16．卖者提高价格肯定能增加总收益。（　　）

17．卖者提高价格可能会增加总收益。（　　）

18．农产品的需求一般来说缺乏弹性，这意味着当农产品的价格上升时，农民的总收益将增加。（　　）

19．需求富有弹性的商品可以薄利多销。（　　）

20．需求缺乏弹性的商品可以薄利多销。（　　）

（四）问答题

1．简要说明需求价格弹性有哪些类型，影响需求弹性的因素有哪些。

2．试说明收入弹性的分类。

3．试用供给弹性说明在情人节为什么玫瑰价格猛涨而巧克力、贺卡价格涨幅甚微。

4．根据弹性理论解释“薄利多销”和“谷贱伤农”的现象。

5．美国洛杉矶加州大学校门口的西木村上有一家烟草店，出售各式雪茄、香烟、烟丝及烟斗。经济系的 R. Clower 教授一向以抽雪茄著名，不但如此，他买雪茄烟时，就如同他打网球一样的利落，从不问价钱，每次到店里都跟老板说：“给我拿 100 美元的古巴牌雪茄。”经济系另一位大牌教授 A. Leijonhvud 一样喜欢抽雪茄，而在买雪茄时一样潇洒，也是从来不问价钱，每次到雪茄店里时就说：“给我拿两盒古巴牌雪茄。”如果说经济学家对价格较敏感，消费行为应该具有弹性，那么你觉得他们两人谁更像是真正的经济学家？

6．为什么化妆品可以薄利多销而处方药品却不行？

7．如何判断一种商品是需求富有弹性，还是需求缺乏弹性？

8．在通货膨胀严重时采用限制价格政策有什么好处？会带来什么不利的后果？

9．假设你是一个农民。你去年的收入来自你出售的粮食。如果报刊报道，因为很多地方运用了研究人员培育出来的一种小麦杂交新品种，预计今年小麦平均产量增加 20%。你对这一条新闻有什么反应？你是否也应该采用新的杂交品种？如果《国际商报》报道，今年粮价预计将上涨 5%左右，你将如何安排今年的种植业？

10．有些地方规定电影票价最高不得超过 25 元，最低不得低于 10 元。你认为这种做法会引起什么后果？这种做法有利于还是有害于电影事业的发展？

附　录

恩格尔和恩格尔定律

恩格尔（Ernst Engel，1821—1896），德国经济学家和统计学家。

恩格尔认为，收入是影响需求结构变化的重要因素。一个家庭（国家）的收入越低，其总支出中用于食物消费的份额越大。随着收入的上升，食品在总支出中所占的比重是下降的——此即著名的恩格尔定律

（Engel's law）。这是一个经验规律，是以它的发现者，德国统计学家恩格尔命名的。恩格尔还发现，随着收入的提高，衣着、住房在总开支中的比重基本维持不变，而奢侈品、教育、娱乐、储蓄比重是上升的。

从统计结果来看，小至家庭、大至国家，基本上都遵循这一规律。因此，我们常常将恩格尔系数，即食品开支在总开支中的比重作为衡量经济发展水平的一个指标。

根据正常品与低劣品的定义，正常品的收入弹性为正，即其需求随着收入的上升而上升；而低劣品正好相反，收入弹性为负，即需求随着收入的增加而下降。若以收入作为纵坐标，商品需求量作为横坐标，所画出的商品需求量随着收入变化而变化的曲线即为恩格尔曲线。正常品的恩格尔曲线向右上倾斜，低劣品的恩格尔曲线则向右下倾斜。但须注意，在同一条恩格尔曲线上，消费者偏好和商品价格必须保持不变。

此外，需要强调的是：某一商品是正常品还是低劣品，取决于消费者的无差异曲线（对消费者偏好的刻画）的形状。同一商品对一些人来说是正常品，对另一些人则是低劣品；甚至对同一个人来说，某些商品在其收入水平较低时是正常品，而当其收入提高后则成了低劣品。由此可见，一个商品是正常品还是低劣品，主要是受收入水平影响，是一种商品的消费占收入的比重随着收入的变化而变化，跟商品本身的好坏或优劣无关，即与商品本身的属性无关。

一般来说，低劣商品都是定义在范围十分狭小的范围内的。因为大类商品细分后的具体商品很容易找到替代品。而大类商品如食品、衣着、娱乐之间很难替代，故不大可能成为替代品。

各种商品的收入弹性是经济决策时要认真考虑的。根据收入弹性可以确定优先发展的行业或部门。因为收入弹性大的行业，其需求量的增长要快于国民收入的增长，应优先发展，而收入弹性小的行业，发展速度应控制得适当慢些。

根据恩格尔系数，饮食费在家庭总支出中所占比重60%以上为绝对贫困，50%—60%为温饱，40%—49%为小康，30%—39%为富裕，30%以下为最富裕。许多国家都把恩格尔系数作为衡量一个国家劳动者生活水平的重要指标。

第4章 消费者行为理论

【导学】需求与供给是经济学中两个极为重要的概念。需求来自于消费者，是由消费者的行为决定的；供给来自于生产者，是由生产者的行为决定的。因此，要更深入地了解需求与供给，就必须了解消费者与生产者的行为是如何决定的。本章介绍消费者行为理论。

消费者是家庭，即能做出统一消费决定的单位。家庭提供各种生产要素，并获得相应收入。家庭把这些收入用于消费和储蓄，目的是实现人生的最大幸福。消费者行为理论正是要说明这一问题的。

4.1 偏好与效用

消费是人类社会最基本的经济活动之一。全世界每年私人消费支出要占新创造财富的60%以上。这么巨大的消费支出，锁定在无数个产品和服务上，而且体现了全球几十亿消费者的选择，这种巨大的诱惑足以吸引任何人。

每个人都必须面对这样一个事实：怎样用口袋中有限的钱，买最多自己所喜欢的东西，达到最大的幸福。如果你比较一下任意两个消费者的购物车，就会观察到几乎是存在非常显著的差异。为什么张三会把番茄、黄瓜和牛奶放在他的手推车里，而李四会把盐、汽水和饼干放进去呢？为什么张三没有买些石榴和方便面呢？为什么李四没有把可乐和白菜放入他的食品采购单里呢？

下面我们就来研究决定消费者行为选择的因素。

消费者面临的情境可以分为这几个方面。第一，欲望，由于每个自然人都依赖外界物品来满足人的需要，对外界存在着渴望，人的欲望是选择的原动力；第二，偏好，人的欲望是受个体的主观判断来选择的，这就是偏好；第三，预算约束，在满足偏好时由于资源的客观稀缺性，人不可能随心所欲，即受每个人的可支配收入来决定的；第四，效用最大化，消费者是理性人，总是试图使用自己的收入来获得最大数量的满足；第五，商品的价格，它使消费者并不能够买到所想要的一切，这使每个消费者都理解了稀缺的客观现实性。

4.1.1 欲望

现实生活中，我们常说“人有七情六欲”。这“六欲”就是欲望或者需要。其实，自然界并非只有人才有欲望，除了人以外，任何有机个体或群体都有对客观事物（或存在与发展的条件）的欲求。就人类而言，**欲望**是人们为了延续和发展生命，以一定的方式适应生存环境而对客观事物的要求。因此，人的欲望，实质上是一种缺乏的感觉和求得满足的愿望。它是一种心理感觉，即人们内心的不足之感与求足之愿的统一。

欲望尽管是无限的，但又有轻重缓急之分，有不同的欲望层次。在欲望的层次理论体系中，美国人本主义心理学家马斯洛（Abraham Maslow）提出的金字塔需求理论被人们广泛认同。他将人的需求欲望分为五个层次，也就是：

（1）基本生理需要，包括食物、住房、交通、衣服等人的基本欲望。

（2）安全的需要，包括生命安全、财产安全、职业安全等。

（3）社交、归属感和友情的需要，包括社会人的需求，与人建立情感等。

（4）尊重的需要，包括自尊和受人尊重、威望、名誉等。

（5）自我实现的需要，包括自我发展、自我理想的实现等，是人类最高层次的欲望。

马斯洛认为，人的需要这五个层次是按从低到高的层次组织起来的，只有当较低层次的需要得到某种程度的满足时，较高层次的需要才会出现并要求得到满足。一个人生理上的迫切需要得到满足后，才能去寻求保障其安全，也只有在基本的安全需要获得满足之后，爱与归属的需要才会出现，并要求得到满足，依此类推。马斯洛还认为，需要随着层次的上升，其迫切满足需要的追求强度会减弱。

4.1.2 偏好

所谓偏好（taste），就是指人们通常在产生某种欲望的紧迫感后，通过购买某一种或多种商品或服务而表现出来的一种内在的心理倾向，具有一定的趋向性和规律性，它存在于个体自身内部，是难以直接观察到的，受社会、心理状况、文化、职业、民族、收入等其他条件的影响。购买食品能满足充饥的欲望、多穿衣服能满足御寒的欲望、看电影能够缓解精神享受的欲望。那到底最后是购买红薯还是汉堡、棉衣还是羊绒衫，这就要取决于不同消费者的偏好。现实的观察也告诉我们：有些人爱喝啤酒，有些人只喝可乐；有些人总是西装革履，有些人则常穿T恤、球鞋。正如俗话讲“萝卜青菜，各有所爱”，也如一句英语谚语所说“甲之砒霜，乙之佳肴”。

4.1.3 效用与边际效用递减规律

通俗地讲，**效用**（utility）就是从某一商品的消费中我们自己得到的满足感、幸福感。效用具有两个特征。

（1）主观性。徐悲鸿的“八骏图”可以给艺术鉴赏家提供很大的主观效用；但在不懂画的人看来，除了可以用来遮挡墙上的裂纹外没有什么用处。而且一种特定产品的效用在不同的人之间可能变化很大。一辆越野卡车可能对于崎岖路上驾驶的人来说有很大的效用，但对于一个老得连车都爬不上去的人来说则没有什么效用。一支香烟对吸烟者来说，有很大的效用，而对不吸烟者来说则毫无效用，尽管同一支烟的使用价值是客观存在的。那么对吸烟者来说，抽一支烟有多大效用呢？几乎没有人能够回答。由此看来，效用的大小取决于每个人的主观评价，而且效用很难量化。

（2）相对性，指产生满足感是因人、因时、因地而异的。1900年，八国联军打到北京，慈禧携光绪逃往西安。慈禧在京用膳，有105道菜肴，逃难途中，别说菜肴，饭都吃不饱。快到西安，慈禧饿得不行，命李莲英寻找食物，好不容易找来一个玉米面窝窝头，吃一口，觉得从未吃到过这么好吃的东西。第二年，《辛丑条约》签订，回京城，又是105道菜，却没有一道有玉米面窝窝头那么好吃，命李莲英再去弄。李莲英用栗子粉做了几个小窝窝头呈上，慈禧曰：“还是西安的玉米面窝窝头好吃。”栗子粉小窝窝头至今仍是北京北海仿膳的一道点心。

效用的衡量单位是任意的。我们假设：一个单位的效用代表消费者得到了一份主观上的满足感。由此即可以区分这样两个概念：总效用（total utility）和边际效用（marginal utility）。

总效用就是消费者在某一特定时间内从商品全部消费中获得的满足感的量。**边际效用**是消费最后一个单位商品或服务所带来的满足感的增量。“边际”从字面上讲，意思是“边缘”或者“超出部分”。在经济学中，边际意味着“额外”和“增加”，用于描述目前状态下微小改变所发生的状况。边际量的一般意义，是表示1单位的自变量的变化量所引起的因变量的变化量：

$$MU=\frac{\mathrm{d}TU}{\mathrm{d}X}$$

其中MU表示边际效用，TU表示总效用。

我们以橘子的消费为例，即使非常喜欢吃橘子的人也不会在同一时间内无限量地吃下去。因为他（她）发现，第二个橘子总不如第一个橘子的味道好，而第三个橘子又不如第二个橘子的味道好，最后一个橘子的味道总是最差的。也就是说，随着消费某种商品数量的增加，人们从消费中得到的满足感（边际效用）是逐渐减少的。

表 4-1 给出了与一定消费数量对应的总效用和边际效用，TU_B 和 MU_B 则表示消费橘子的总效用和边际效用。假定消费了 4 个橘子，那总效用就是第一、二、三、四个橘子分别带给他的效用的总和，即 28 个单位，而边际效用则是指消费最后一个橘子，也就是第 4 个带来的效用，即 4 个单位。

表 4-1　一定消费数量对应的总效用和边际效用

橘　子	TU_B	MU_B
0	0	
1	10	10
2	18	8
3	24	6
4	28	4
5	30	2
6	30	0
7	28	−2

我们用表 4-1 中橘子的例子来分析总效用与边际效用的关系（如图 4-1 所示）：

① 当 $MU_B>0$（正数）时，TU_B 上升。

② 当 $MU_B=0$ 时，TU_B 最大（最高点 P）处于上升、下降的拐点（P 点）。

③ 当 $MU_B<0$（负数）时，TU_B 下降。

图 4-1 中，（A）显示了随着消费的增加效用会不断增加，但增加量趋于下降；（B）清楚地直接显示了边际效用：随着消费增加边际效用下降。

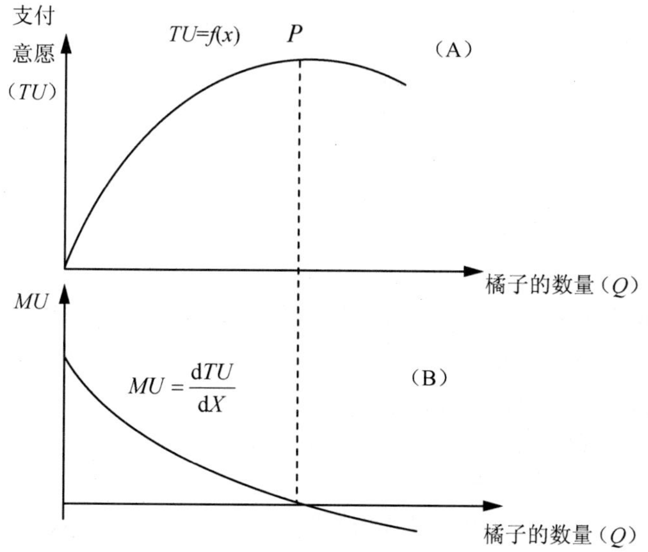

图 4-1　效用曲线

我们可以发现一个变动规律：总效用先越来越慢地递增后递减，边际效用递减。

价格是消费者在边际上愿意付出的代价。一个人愿意支付更多并不等于他必须支付更多。他必须支付多少取决于市场价格，他愿意支付多少仅仅反映了他的偏好。

试问，吃橘子的人假如能够自己决定每个橘子的价格，他会怎样决定呢？

在 20 世纪 30 年代的美国，剩余食品通过各种计划被分配给困难家庭。有一次，作为剩余食品的是橘子，社会上有教养的人看到贫困家庭的孩子把一些橘子当球踢着玩，感到震惊和气愤。然而，这种气愤用得不是地方。它应该对着那些行政官员发泄，行政官员分给贫困家庭的橘子显然是“太多了”，事实上多到使边际效用等于零。这样，把最后一个橘子分派到作为踢皮球这样的最后一个最好的用途上，还有什么比它更加合理呢？

从橘子的例子分析可见，边际效用是递减的，这种情况普遍存在于一切物品的消费中，被称为**边际效用递减规律**。其基本意思为，在一特定的时间内随着消费者对某种物品消费量的增加，他从该物品连续增加的消费单位中所得到的边际效用是递减的。

边际效用递减规律可以用以下两个理由来解释：

（1）生理或心理的原因。消费一种物品的数量越多，即某种刺激的反复，使人生理上的满足或心理上的反应减少，从而满足程度减少。

（2）物品本身用途的多样性。每一种物品都有多种用途，这些用途的重要性不同。消费者总是先把物品用于最重要的用途，而后用于次要的用途。当他有若干这种物品时，把第一单位用于最重要的用途，其边际效用就大，把第二单位用于次要的用途，其边际效用就小了。以此顺序用下去，用途越来越不重要，边际效用就递减了。需要说明的是，在这儿时间也是很重要的，如果第一个橘子是去年吃的，而第二个橘子是现在吃的，那么它们的味道可能一样棒。故边际效用递减的规律适用于较短的时间周期。

假如，农民是靠收获粮食来维持生计，他自己用于生存只需要 2 个单位。如果他收获了 3 个单位，他可以用 2 个单位来维持生存，1 个单位用于改善生活，提高生活质量；如果收获了 4 个单位，他可以养一条狗，狗可以提高人身安全；如果收获了 5 个单位，他会养一只鸟，鸟只是他的个人爱好，丰富生活乐趣。当他粮食的收获变少时，他首先选择放弃的是养鸟，因为鸟对他的效用是最低的，爱好可有可无，他不会放弃用于提高生活质量的 1 个单位。该案例说明了在生活中的边际效用递减规律。

4.2 效用最大化法则

人们的需求一般取决于两个要素：主观偏好和客观购买力。其中偏好是你对于物品的喜好程度，属于主观评价，是欲望的直接体现，它的扩张率非常大，属于无限可延伸。物品价格和手中的钱是客观因素，是对于人们无穷欲望的限制。这就形成一个人人必须面对的事实：欲望无边与价格高昂、囊中羞涩的矛盾。理性的消费者必须在有限的客观条件下实现欲望、效用的最大化，此时消费者最大限量的满足，就是常讲的消费者均衡。

在运用边际效用分析法来说明消费者均衡时，消费者均衡的条件是：消费者用全部收入购买的各种物品所带来的边际效用，与为购买这些物品所支付的价格的比例相等，或者每 1 单位货币所得到的边际效用相等。

假设你口袋里有 10 元钱（收入），你来某小餐馆喝啤酒、吃炸鸡，为了简单起见，假定啤酒与炸鸡的单位价格分别为 1 元与 2 元。表 4-2 简要地给出了这些数据，其中 2a 栏表示他从每 1 单位连续增加的啤酒中所得到的边际效用量，3a 栏表示他从每 1 单位连续增加的炸鸡中所得到的边际效用量。理性的消费者必定会把得自每种产品的边际效用与它的新增成本（也就是它的价格）加以比较。为了使不同价格商品的额外效用具有可比性，边际效用必须放到每 1 元支出的基础上，表 2b 和 3b 栏中就是这么做的，它们是分别用 2a 和 3a 栏中边际效用除以啤酒与炸鸡的价格得到的。

表 4-2　两种产品的效用组合

1　产品的单位	2　啤酒：价格＝1 元		3　炸鸡：价格＝2 元	
	a 边际效用（单位）	b 每 1 元的边际效用（*MU*/价格）	a 预算边际效用（单位）	b 每 1 元的边际效用（*MU*/价格）
第 1 单位	10	10	24	12
第 2 单位	8	8	20	10
第 3 单位	7	7	18	9
第 4 单位	6	6	16	8
第 5 单位	5	5	12	6
第 6 单位	4	4	6	3
第 7 单位	3	3	4	2

通过考察表 4-2，我们发现你应该首先花 2 元购买 1 单位产品炸鸡，因为你 1 元的边际效用是 12，高于啤酒的 10 单位。但是，接下来你会发现购买第 2 单位的炸鸡和购买第 1 单位的啤酒没有区别，因为两者 1 元的边际效用均为 10。于是两种产品各买 1 单位，此时你花在每种商品上的最后 1 元所产生的边际效用相等，但并不代表你获得的是最大效用，因为你还有 5 元没有用尽。

于是继续考察，我们会发现你应该再花 2 元购买第 3 单位的炸鸡，因为它的边际效用为 9，而第 2 单位的啤酒只有 8。接着我们发现在第 2 单位的啤酒和第 4 单位的炸鸡之间又没什么区别了，因为两者的边际效用都是 8，于是你又各买了 1 个单位，此时花在每个产品上的最后 1 元产生了相同的边际效用，而 10 元也正好花完了。

你可以达到的效用最大化商品组合是 2 单位的啤酒和 4 单位的炸鸡，我们通过对 2a 栏和 3a 栏的边际效用加总，得出被最优支出了的 10 元产生了 96 的最大效用满足。

这样，对于消费者均衡，我们用代数形式重新表述为：

$$\frac{\text{产品 A 的边际效用}}{\text{A 的价格}}=\frac{\text{产品 B 的边际效用}}{\text{B 的价格}}$$

同时，消费者的收入必须恰好用完。

表 4-2 正好向我们显示了 2 单位啤酒和 4 单位炸鸡的组合满足这些条件：

$$\begin{cases}\dfrac{8}{1\text{元}}=\dfrac{16}{2\text{元}}\\ 2\text{元}\times1\text{元}+4\text{元}\times2\text{元}=10\text{元}\end{cases}$$

如果所消费的不是两种物品，而是多种物品，假设各种物品的价格为 P_1，P_2，P_3，…，P_n，购买量为 Q_1，Q_2，Q_3，…，Q_n，各种物品的边际效用为 MU_1，MU_2，MU_3，…，MU_n，则可把消费者均衡的条件写为：

$$\begin{cases}P_1\cdot Q_1+P_2\cdot Q_2+P_3\cdot Q_3+\cdots+P_n\cdot Q_n=M\\ \dfrac{MU_1}{P_1}=\dfrac{MU_2}{P_2}=\dfrac{MU_3}{P_3}=\cdots=\dfrac{MU_n}{P_n}\end{cases}$$

4.3 消费者行为理论的应用

在社会的各个领域中，许多现实都真实地体现消费者行为理论。本节我们从特定的视角，来分析生活中的消费者行为理论。

4.3.1 消费者剩余

每当我们在购物中心逛街时，可能见到自己特别喜欢的东西。现实中我们喜欢的东西毕竟太多了，突然，你看到一支精美的口红，你是非常喜欢它的，看了标签后你会说："才 200 元，哇！太实惠了。"你的意思是"我喜欢这支口红，但还不到我预期价格的最大承受度，只有 200 元而不是 280 元"。你会欣然购买口红，而且省了 80 元，我们说你得到了 80 元的消费者剩余。

消费者剩余（consumer surplus）这一概念是英国经济学家马歇尔在 19 世纪末 20 世纪初提出的。他认为：消费者在购物时，往往会出现宁愿付出而不愿得不到此物的价格，远远超过他实际付出的价格，超出的这个部分可称为消费者剩余。消费者剩余可以用货币也可以用效用来衡量。

消费者剩余是一种心理感觉，并不意味着消费者实际收入的增加。现实中常常被用来研究消费者福利状况的变化，以及评价政府的公共支出与税收政策。**消费者剩余**就是消费者愿意对某物品所支付的价格与他实际支付的价格的差额。需要说明的是，消费者剩余只是消费者的一种心理感觉，感觉得到预料之外的实惠，但不是真正得到这笔钱。

案例讨论

周杰伦的签名 CD 拍卖

假如你有一张崭新的周杰伦的签名 CD 专辑。因为你不是周杰伦迷，你决定把该专辑以拍卖的方式卖出。四个周杰伦迷出现在你的拍卖会上：A、B、C、D。他们每一个人都想拥有这张专辑，但每一个人愿意付出的代价不一。每一个人愿意付出的最高价格称为**支付意愿**。周杰伦的签名 CD 专辑拍卖情况如表 4-3 所示。

表 4-3 拍卖情况

意愿购买者（buyer）	支付意愿（willingness to pay）
A	100 元
B	80 元
C	70 元
D	50 元

为了卖出你的 CD，你得从低价开始叫价，比如说从 10 元开始。由于四个人愿意支付的多，价格很快上升。当 A 报价 80 元时，叫价停止，因为在这一点上另外三个人不愿叫出高于 80 元的价格。A 付出 80 元得到了 CD。但是 A 愿意支付的最高点（心理价位）是 100 元，我们说 A 得到了 20 元的消费者剩余。

4.3.2 消费者行为与需求定理

某种物品的需求量取决于价格，并与价格反方向变动。这是我们以前讲过的需求定理。那时，我们并没有解释决定需求定理的原因。学过消费者行为理论后，我们就可以用这一理论来解释需求定理。

消费者愿意支付的价格取决于他以这种价格所获得的物品能带来的效用大小。这也就是说，消费者所愿意付出的货币表示了他用货币所购买的物品的效用。在研究消费者行为时，有一个很重要的假设，就是货币的边际效用是不变的。只有货币的边际效用是不变的，才能用货币的边际效用去衡量其他物品的效用。

消费者为购买一定量某物品所愿意付出的货币价格取决于他从这一定量物品中所获得的效用。效用大，愿意付出的价格高；效用小，愿意付出的价格低。随着消费者购买的某物品数量的增加，该物品给消费者所带来的边际效用是递减的，而货币的边际效用是不变的。这样，随着物品的增加，消费者所愿付出的价格也在下降。因此，需求量与价格必然呈反方向变动。

4.3.3 消费者行为对企业决策的启示

在市场经济中，企业要根据消费者的需求进行生产。消费者行为理论告诉我们，消费者购买物品是为了效用最大化，而且，物品的效用越大，消费者愿意支付的价格越高。

根据消费者行为理论，企业在决定生产什么时首先要考虑商品能给消费者带来多大效用。效用是一种心理感觉，取决于消费者的偏好。因此，企业要想把商品卖出去，而且能卖高价，就要分析消费者的心理，能满足消费者的偏好。消费者偏好需要企业能够合理运用传播策略、运用广告等手段引导消费时尚，培养并形成消费者的偏好，这也是现代企业要做广告的原因之一。

企业在开发一种新产品时一定要知道是为谁服务的，这个服务对象的特定消费者偏好是什么。不同的消费者收入、教育及文化等的不同，偏好也不相同。不可能全社会所有人都有共同偏好，也不能希望某一种产品能满足不同消费者的偏好。因此，企业在开发产品时要定位于某一群体消费者，根据特定群体的爱好来开发产品。这就是现代市场营销理论中所说的市场细分与市场定位。

消费者行为理论还告诉我们，一种产品的边际效用是递减的。如果一种产品仅仅是数量增加，它带给消费者的边际效用就在递减，消费者愿意支付的价格就低了，因此，企业要不断创新，产品要多样化，才不会引起边际效用递减。例如，把巧克力做成不同的形状、加入不同的作料或者改变其包装方式，均能够成为不同的产品，不会引起边际效用的递减。

边际效用递减原理启示企业要不断创新。

4.3.4 消费者的其他决策

1. 消费与储蓄决策

家庭在获得收入之后，要把收入分为消费和储蓄两部分。把多少收入用于消费，多少用于储蓄，取决于目标效用最大化。

如果家庭把收入用于现在购买物品以获得效用，则是**现期消费**。如果家庭把收入用于储蓄，以便将来再消费，这就是**未来消费**，这种未来的消费就是储蓄。未来消费是为了将来获得效用。所以，消费与储蓄决策取决于消费者一生的效用最大化。

决定消费者储蓄决策的是利率。消费者面对消费 1 元钱还是储蓄 1 元钱时，他要考虑的一个问题是，现在消费 1 元钱带来的效用与现在储蓄 1 元钱加上利息在未来所带来的效用孰大？后者大，即会放弃消费，进行储蓄，因此，其最终决定于利率的大小。

2. 投资决策

如果消费者把收入中消费之后剩下的钱存入银行，我们称为**储蓄**，如果用于购买股票或债券，则称为**投资**。家庭的投资可以采取多种形式，包括购买股票与债券的金融资产投资，购买房地产、艺术品等的实物资产投资，以及用于教育等支出的人力资本投资。消费者如何决定以什么形式进行投资也是消费者的重要决策之一。

决定人们采取什么投资形式的是每种形式的未来收益率。在现实中，由于风险的不确定性，人们不会只投资于某一种形式，即不把所有的鸡蛋放在一个篮子里。这就是说要对风险与收益不同的资产进行组合，以使投资的预期未来收益率最大。

3. 劳动供给决策

劳动供给决策就是把其中的多少时间用于劳动。一个人把多少时间用于工作，多少时间用于闲暇取决于工资，工资的变动通过替代效应和收入效应来影响劳动供给。**替代效应**指工资增加引起的工作对闲暇的替代。因此，随着工资的增加，替代效应使劳动供给增加。另外，随着工资的增加，人们的收入增加，收入增加引起人们对闲暇的需求增加。增加闲暇必定减少劳动时间，这就是工资增加引起的收入效应，收入效应使劳动供给随工资增加而减少。

工资增加引起的替代效应和收入效应对劳动供给起着相反的作用。如果替代效应大于收入效应，则随着工资增加，劳动供给增加。如果收入效应大于替代效应，则随着工资增加，劳动供给减少。工资作为劳动的价格决定了劳动供给决策。

4. 犯罪行为

虽然经济分析并不特别关注对某些暴力和谋杀等恶性犯罪进行解释，但理性消费者行为理论经过扩展，确实对诸如抢劫、盗窃财产犯罪提供了有趣的视角。

守法的消费者和罪犯都在努力使他们的总效用最大化。例如，你既可以通过购买也可以通过偷窃，从校园里的书店里拿走一本教科书。如果你是购买的这本书，那么你的行动是合法的，你已经为这一产品向书店作了充分的补偿。如果你是偷的这本书，那么你就违反了法律。偷窃之所以被宣布为非法，是因为它对其他人强制施加了未得到补偿的成本。这种情况下，你的行动减少了书店的收入和利润。

某些人为什么会从事像偷窃这样的犯罪行动呢？正如在商品的边际效用与价格之间进行比较的消费者一样，潜在的罪犯也在他们行动的边际收益与“价格”或者成本之间进行比较。如果比较收益（对罪犯来说）超过了价格或者比较成本（也是对于罪犯而言的），那么这个人会采取犯罪的行动。

然而，绝大多数人并不从事偷窃、夜盗，或者是欺诈。为什么呢？答案在于他们认识到从事这些非法行动的个人价格相对于边际收益来说太高了。对于潜在罪犯的这一价格或者边际成本有好些方面。首先，存在着“内疚成本”，这对于许多人来说都是实质性的，这样的人即使在偷盗不会遭到惩罚的情况下也不愿意偷窃别人，相对于从偷窃商品中获得的收益而言，他们关于对与错的道德感会给他们施加太高的内疚成本。其他类型的成本包括犯罪行动的直接成本（补给品和工具），以及放弃合法行动的收入（犯罪的机会成本）。

不幸的是，内疚成本、直接成本和放弃的收入都不足以阻止某些人从事偷窃。因此，社会对违法者施加了其他的成本，其中主要是罚款和监禁。被罚款的潜在可能性增加了罪犯的边际成本，被监禁的潜在性更是大大提高了边际成本。绝大多数人都对自己的人身自由估价很高，而且被关进监狱的时候会损失相当多的合法收入。

在给定这些类型成本的条件下，潜在的罪犯会估计从事犯罪的边际成本和收益。作为一个简单的例子，假定偷窃一本 80 元的教科书的直接成本和机会成本是零。被抓住的机会是 10%，而且一旦被抓住，将被罚款 500 元。潜在的罪犯将会估计偷窃这本书的边际成本为 50 元（＝500 元罚款×被抓住的可能性 0.10）。内疚成本为零的那些人会选择偷窃这本书，因为其边际收益 80 元超过了边际成本 50 元。相反，那些内疚成本（比如说）是 40 元的人就不会去偷这本书。因为边际收益 80 元比不上边际成本 90 元（＝50 元的惩罚成本＋40 元的内疚成本）。

这种解释非法行为的视角包含了一些有趣的含义，如在其他条件相同的情况下，当犯罪的价格下降的时候，犯罪将会增加。这解释了为什么某些在正常情况下不会去商店偷窃的人会在发生骚乱的时候参与对商店的抢劫，因为在这个时候可能被逮捕的边际成本显著下降了。

因此，社会可以通过增加“犯罪的价格”来减少非法行为。

5. 现金与非现金的礼物

为什么人们普遍偏好现金的礼物，而不是花费同样金额的非现金礼物？理由很简单，非现金的礼物可能并不符合接受者的偏好，因此它增加的总效用可能没有现金那么多。考虑到这些不同，接受者要比送礼者更清楚他们自己的偏好，而 500 元的现金礼物可以提供更多的选择。

生活中送非现金礼物的情形很普遍，但礼物其实并不完全符合接受者的偏好，所以这些礼物的相当一部分价值潜在地损失了。假如小明的妈妈花 500 元购买一个 MP3 给小明作为生日礼物，但小明也许只愿意花 450 元来买它。这样就产生了 50 元或者说 10%的价值损失。把每年花在礼物上的数亿元加在一起，潜在的价值损失就是巨大的。

6. 闲暇与时间的最优配置

我们必须合理做好自己的时间预算，正如对货币要进行预算一样。假定在完成所有的学业和工作之后，你一天有 3 个小时的自由时间，那么，你分配时间的最佳方法应该是什么呢？消费者选择的一般法则是：当你花费在每一种活动上的最后一分钟的边际效用相等时，你就能最佳地利用你的时间。

再举个例子，假设你想要在有限的时间内最大程度地提高你各门功课的成绩，那么你应该在每一门功课上花费相同的学习时间吗？当然不是。如果花费在英语上的最后一分钟产生的边际知识量要大于经济学，那么，把学习时间从经济学转移到英语上面，直到花费在每门功课上的最后一分钟所产生的知识增量相等为止，这时，你就会提高你的知识总量。

7. 价值悖论

什么决定一种商品的市场价值？我们已经知道了这个答案，那就是供给和需求。有些经济学家，例如马克思和李嘉图主要关注供给方面。在他们看来，价值取决于商品包含的必要劳动时间。“劳动价值论”本质上是“成本决定论”，即以供给为中心的。而有些经济学家则从需求角度考虑这个问题。但是，这时候他们遇到一个难题。

200年前，亚当·斯密在《国富论》中提出了钻石与水的悖论：人生存需要水，没有什么比水更有价值的了，但是我们很难用水购买或交换什么东西；反之，钻石虽无使用价值可言，可是怎么它的市场价值这么高呢？

直到19世纪70年代发生了边际效用革命才知道原因在于，商品的价值或价格是由边际效用而不是总效用决定的。水，非常必要，具有很高的总效用，即“使用价值”很大。但在世界上大部分地方，水都是容易得到的，巨额数量的水使其边际效用大大减少，因而可以在很低的价格上大量供给。因而降低了水——生命之源的价格。相反，钻石虽然具有很低的总效用，但具有很高的边际效用。如果，我们发明某种技术可以大量生产钻石，那么钻石的市场价值会很快下降。因为人们可以拥有很多钻石，其边际效用会很快递减。

西方经济学关于商品价格理论是以需求为中心的“效用决定理论”，即价格是由边际效用决定的。商品的需求曲线朝下说明了边际效用在下降，供给曲线的移动说明了商品稀缺性的程度。

复习与练习

【关键概念复习】

在B栏中寻找与A栏中术语相应的解释，并将序号填在术语前边。

A	B
偏好	1．从某一商品的消费中所能得到的满足感。
消费可能线	2．消费者心里宁愿付出的价格超过他实际付出的价格的部分。
效用	3．人们在购买一种或多种商品或服务而表现出来的一种内在心理倾向。
总效用	4．表明在消费者收入、商品价格既定的条件下，消费者有限的预算所能买到的商品和服务的组合。
边际效用	5．理性消费者实现效用最大化的状态。
消费者剩余	6．消费最后一个单位的商品或服务所带来满足感的增量。
消费者均衡	7．消费者在某一特定时间内从商品全部消费中获得的满足感的量。

【思考与练习】

（一）填空题

1．边际效用递减规律普遍存在于一切物品的消费中，对于这一规律可以用________和

________两个理由来解释。

2．顾客买一件衣服，愿意购买原价 180 元的款式，但是付款时发现商家做活动打折优惠至 160 元，那么我们把那 20 元称做________。

3．效用是人们从消费某种物品或服务中所得到的______，一般来讲效用具有______和________的特征。

4．消费者的________表示为对一种物品或几种物品组合的排序。

5．当边际效用为正时，总效用________；边际效用为零时，总效用________；当边际效用为负时，总效用________。

6．边际效用是指消费最后一个单位商品或服务所带来的________。

7．消费者愿意对某种物品所支付的价格与他实际支付的价格的差额称为________。

8．在劳动供给决策中，随着工资的增加，替代效应使劳动供给_________，收入效应使劳动供给_________。

9．在消费与储蓄决策中，决定消费者储蓄决策的是___________。

10．在考虑到投资的风险时，家庭投资决策取决于一项投资的____________。

（二）单项选择题

1．按马斯洛的需要层次论，最高层次的需要是（　　）。

A．生理需要　　B．安全需要　　C．自我实现需要　　D．尊重需要

2．“萝卜白菜，各有所爱”体现了效用的（　　）。

A．相对性　　B．同一性　　C．主观性　　D．客观性

3．“书到用时方恨少”体现了效用的（　　）。

A．相对性　　B．同一性　　C．主观性　　D．客观性

4．影响消费者行为的因素中，（　　）使得“甲之砒霜，乙之佳肴”成为可能。

A．欲望　　B．偏好　　C．预算约束　　D．价格

5．（　　）是劳动供给决策的决定因素。

A．劳动者的偏好　　B．劳动者的身体素质

C．工资　　D．劳动市场需求

6．根据边际效用递减规律，数量的增加会引起消费者需求的降低，企业为了克服商品销售量的下降，最可采取的措施是（　　）。

A．多做广告　　B．降低成本

C．产品不断创新　　D．促销

7．随着消费者购买的某物品数量的增加，该物品给消费者所带来的边际效用______，而货币边际效用______。（　　）

A．递增，递增　　B．递减，不变

C．递增，递减　　D．递增，不变

8．随着商品消费量的增加，一般来说，消费者获得的（　　）。

A．总效用递减　　B．边际效用递减

C．边际效用递增　　D．边际效用不变

9．如果消费某种商品的边际效用为零，则这时消费该商品所得到的总效用（　　）。

A．等于零　　B．等于 1　　C．降至最小　　D．达到最大

10．如果消费者取得的货币效用大于所购入的商品效用，则它会（　　）。

A．继续购买　　B．停止购买

C．退掉已购入的商品　　D．观望

11．如果消费者消费15个面包获得的总效用是100个效用单位，消费16个面包获得的总效用是106个单位，则第16个面包的边际效用是（　　）个效用单位。

A．112　　B．100　　C．106　　D．6

12．消费者剩余是指消费者从商品的消费中得到的（　　）。

A．满足程度　　B．满足程度超过他实际支出的价格部分

C．边际效用　　D．满足程度小于他实际支出的价格部分

13．某人愿意用20元买了一件衬衫，愿意出35元买两件衬衫，愿意出45元买三件衬衫。那么由此可知第三件衬衫的边际效用是（　　）。

A．100　　B．25　　C．10　　D．15

14．消费者均衡是研究消费者在既定收入条件下，如何实现（　　）。

A．欲望最大化　　B．偏好最大化　　C．利润最大化　　D．效用最大化

15．工资的变动通过替代效应和收入效应来影响劳动供给，当工资增加导致劳动供给也增加时，（　　）。

A．替代效应大于收入效应　　B．替代效应等于收入效应

C．替代效应小于收入效应　　D．替代效应和收入效应起相同的作用

16．一个消费者愿意为第一杯啤酒支付11元，为第二杯啤酒支付7元，为第三杯啤酒支付4元，为第四杯啤酒支付2元，为第五杯啤酒支付1元。如果每杯啤酒的价格为2元，则此消费者消费这5杯啤酒得到的消费者剩余是（　　）元。

A．25　　B．23　　C．16　　D．15

（三）判断题

1．边际效用递减是由于消费者生理或心理的原因，与物品本身用途的多样性无关。（　　）

2．需求来自于消费者，是有消费者的行为决定的；供给来自于生产者，是由生产者的行为决定的。（　　）

3．消费者剩余可以用货币也可以用效用来衡量。（　　）

4．在纷繁复杂的消费者群体中，消费者偏好可以观察，但不具有规律性。（　　）

5．边际效用递减规律启示企业要不断创新。（　　）

6．在劳动供给决策中，工资增加引起的替代效应和收入效应对劳动供给起着相同的作用。（　　）

7．在劳动供给决策中，工资效应是指工资增加引起的工作对闲暇的替代。（　　）

8．随着消费者购买的某物品数量的增加，该物品给消费者所带来的边际效用递减，而货币边际效用不变。（　　）

9．根据马斯洛的需求层次理论，受人尊重的需要是人类最高层次的欲望。（　　）

10．边际效用递减是指在消费最后一个单位商品或服务所带来的满足感的增量下降。（　　）

11．消费者剩余是一种心理感觉，但剩余仍使得消费者的实际收入增加。（　　）

12．徐悲鸿的“八骏图”给艺术鉴赏家提供的效用更体现了效用的相对性而非主观性。（　　）

13．一辆需要四个轮子才能开动的车子有了三个轮子，那么当有了第四个轮子时，这第四个轮子的边际效用似乎超过了第三个轮子的边际效用，这说明了边际效用递减规律也有不合理的漏洞。（　　）

14．消费者要获得最大的效用，就应该把某种商品平均地分配到不同的用途中去。（　　）

15．消费者剩余是商品价格与价值之间的差额。（　　）

16．偏好取决于消费者的收入和物品的价格。（　　）

（四）问答题

1．请把表4-4中的空格补充完整，然后回答问题。

表4-4　一定量的总效用与边际效用

消费的单位数	总效用	边际效用
0	0	Ⅰ
1	10	10
2	Ⅱ	8
3	25	Ⅲ
4	30	Ⅳ
5	Ⅴ	3
6	34	Ⅵ

（1）从表4-4可以看出总效用是按照哪一种速率递增的？（　　）

A．固定速率　　B．递减速率　　C．递增速率　　D．无法确定

（2）“一个理性的消费者只会购买一个单位的由以上这些数据所代表的产品，因为这一数量的边际效用最大。”你同意这个说法吗？请加以解释。

2．简要说明总效用和边际效用之间的关系。

3．假设某人每天的收入是90元，他需要购买A和B两种物品（其边际效用如表4-5所示），而A和B的价格分别为20元和10元，那么为了实现效用最大化，此人需要购买A和B各多少？

表4-5　单位物品的边际效用

物品单位数	MU_A	MU_B
1	10	8
2	8	7
3	6	6
4	4	5
5	3	4
6	1	3
7	−1	1

4．小王准备花费 9 000 元买一把 Ibanez RG3120F 电吉他，到了琴行才发现只有Ibanez RG2620 的电吉他了，于是花了 6 000 元买下。请问中间差价剩余的 3 000 元是消费者剩余吗？如果是，请说出理由；如果不是，请指出什么样才算是消费者剩余。

5．两百多年前，亚当·斯密在《国富论》中提出了价值悖论（the paradox of value）："水与钻石的价值之谜"——没有什么能比水更有用，然而水很少能交换到任何东西。相反，钻石几乎没有任何用处，但却经常可以交换到大量的其他物品。同学们怎样合理地对价值悖论做出合理的解释？（提示：商品的价值或价格由边际效用而不是总效用决定；商品相对稀缺性——由供给决定——影响价格）

6．简述边际效用递减规律的内容。

7．消费者行为理论对企业决策有什么启示？

8．工资的变动是如何通过替代效应和收入效应来影响劳动供给的？

附　录

消费者均衡的证明

消费者均衡所研究的是消费者在收入既定的情况下，如何实现效用最大化的问题。由于边际效用随着商品消费量的增加而递减，消费者要想获得最大效用，就必须合理确定各种商品的购买数量。消费者均衡正是要解决这一问题，即在消费者收入和消费者偏好、市场商品价格既定的情况下，消费者购买一定量组合的商品，最终得到最大效用。

1．无差异曲线

无差异曲线（indifference curve），可以理解为在一定偏好条件下的效用等高线或等效线。为了便于说明，我们不妨假设，社会上只有X、Y两种商品，那么我们完全可以通过一条描述在既定的偏好条件下，关于X、Y产品消费量点的集合来绘制出一条等效线，如图 4-2 所示。

2．无差异曲线的特征

（1）无差异曲线是一条从左上方向右下方倾斜的线，斜率为负（不考虑中性商品和负商品）。

（2）同一个平面上可以有无数条无差异曲线。同一条曲线代表相同的效用，不同的曲线代表不同的效用。根据"多比少好"原则，近原点的效用小，远离原点的效用大。

（3）任意两条无差异曲线不能相交。这是由偏好的可传递性决定的。举例说明：如图 4-3 所示，I_1、I_2、I_3 表示的是不同要素条件下消费者均衡的效用曲线。

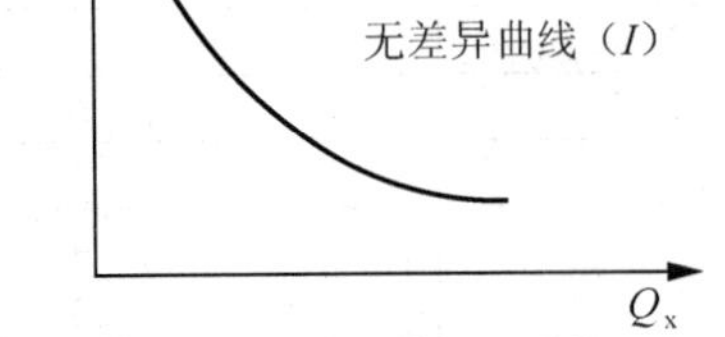

图 4-2　无差异曲线图

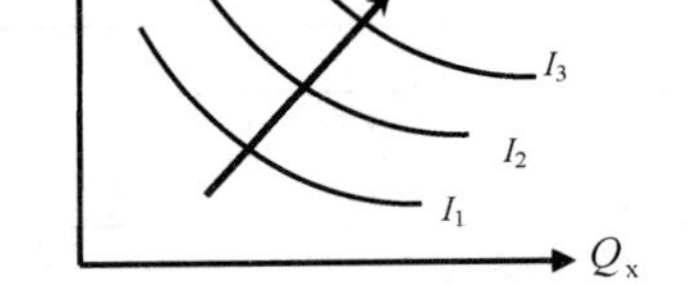

图 4-3　无差异曲线的特征

（4）无差异曲线凸向原点。这一特征不能从偏好的三大性质推导，它是由一条普遍适用的规律决定的，即边际替代率递减规律。

3. 消费可能线

现实社会的资源稀缺是客观存在的，因此，由各种途径分配到每个人手中的可支配资源也是有限的。这就使得我们经常要面临必须作出各种决定（或决策），即如何合理配置所拥有的有限资源实现最大的效用（消费均衡）。由于收入、财富和时间等资源的有限，使你不可随心所欲地购物，不能尽情享受。每一个决策有得必有失（机会成本），也就是选择了一种可能而放弃了其他选择可能带来的收益。假如，今晚你选择去观看一场精彩的足球比赛，去体会团队拼搏的酣畅激情，那么你肯定不可能在知识海洋中一夜遨游；反之，得到学习的快乐，也会失去观赏的幸福。

消费可能线也叫预算约束（budget line or budget constraint）、家庭预算线或等支出线，它是一条表明在消费者收入、商品价格既定的条件下，消费者有限的预算所能购买到的商品和服务的组合。或者指这样一条曲线，在它上面的每一点，X、Y 两种商品数量的组合不同，但是所支出的钱是相等的。预算约束的概念并不局限于货币，也包括劳动、时间等各种资源。其数学表达式为：$X \cdot P_X + Y \cdot P_Y = M$（其中：$X$、$Y$ 为两种假设的商品数量，M 为拥有的资源）。

我们通过下面的例子来说明消费可能线的含义：假定你每月平均有 100 元零用钱（总预算）。假如你有两大爱好：吃零食和看书，你每月的预算全部用于食品和书本两大项目。食品每一个单位为 5 元，书本每一个单位为 10 元。如果全部预算花费在书本上，最多可以买 10 个单位；如果全部买食品可以买 20 个单位。但是，我们往往选择将部分预算花费在书本上，部分预算花费在食品上。

在这种条件下，组合方式如表 4-6 所示，预算线曲线如图 4-4 所示。

表 4-6 组合方式

组合方式	书本	食物
A	10	0
B	8	4
C	6	8
D	4	12
E	2	16
F	0	20

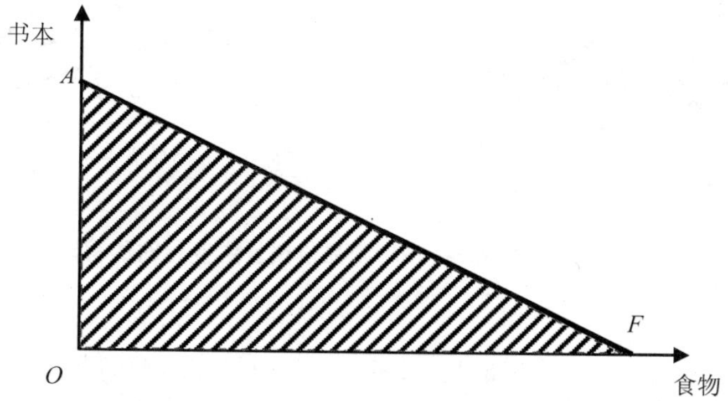

图 4-4 预算线曲线

如图 4-4 所示，预算线（*AF*）下面和左面所有点都是可以支付的组合，即图中斜条区域。预算线上面和右面所有点都是无法支付的组合，也就是超出了所拥有的资源范围。*A* 点，全部买书本，无法买食物；*F*

点，全部买食物，无法买书本。假如多购买一单位的书，其所失去的食品就是机会成本。

消费可能线是以假设所拥有的资源和商品价格不变为前提的。现实生活中，个人的资源（即收入）和价格都会变化，那么当其中有一个发生变化时，预算线会如何变动呢？我们分两种情况讨论：

（1）当两种商品的价格不变，消费者收入发生变化时，消费可能线会产生平行移动。收入增加使预算线向右上移动；收入减少使预算线向左下移动。收入变化线移动是平行的，预算线的斜率不变，如图4-5所示。

需要说明的是，消费可能线产生平行移动除了收入变化外，还有当两种商品的价格同时同比例变化时，消费可能线也会表现为上下平行移动。当两种商品价格同时同比例上升时，消费可能线向左下方平行移动；当两种商品同时同比例价格下降时，消费可能线向右上方平行移动。

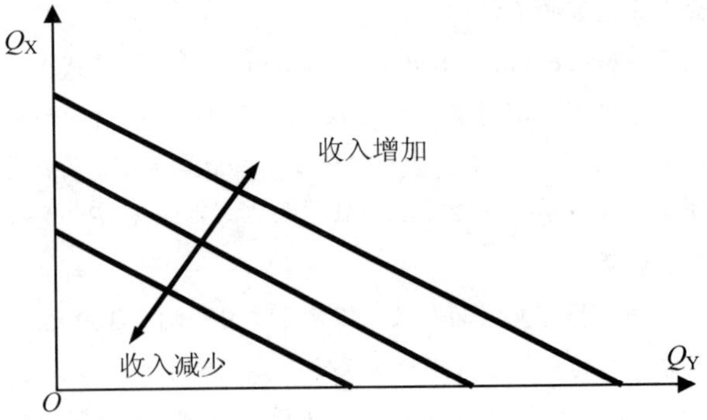

图4-5 消费可能线随收入变化而平行移动

（2）当消费者的收入不变，一种商品的价格不变而另一种商品的价格发生变化时，此时的消费可能线变化如图4-6所示。

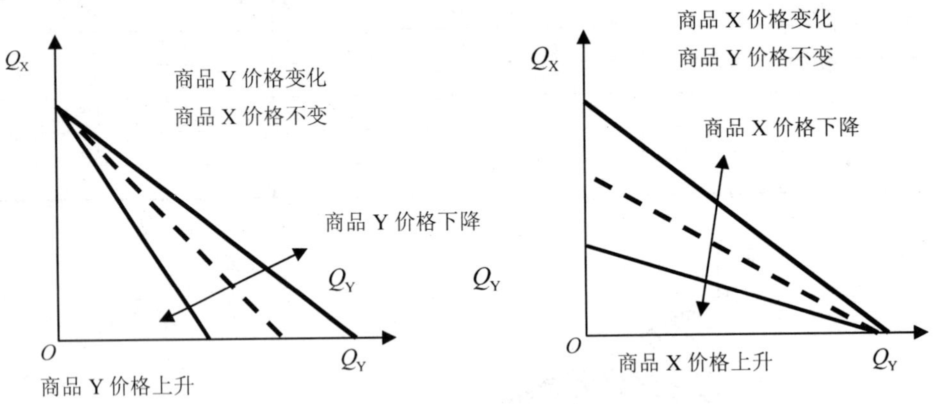

图4-6 消费可能线在一种商品价格发生变化时的移动

4. 消费者均衡模型及分析

在一定收入的约束条件下，假定消费者的偏好不变，为了得到最大的消费满足，消费者有许多选择的组合方式。

无差异曲线与消费可能线相切时，商品的组合 $E(M,N)$ 是消费者在既定支出水平 AB 线上，所能实现的最大化效用是 I_2。

分析：如果 I_1 与 AB 相交于两点 C 和 D，在 C 和 D 的商品组合中，消耗的钱是相等的，但按照无差异曲线特征第三点，C 和 D 点的效用 I_1 是小于 E 点的效用 I_2，也就是说消费者将以较多的钱实现较低的满足程度，则肯定会被放弃。从图 4-7 中我们可以了解到，$I_1 < I_2 < I_3$，如果选择了 I_1 的商品组合，则 $I_1 < I_2$，显然说明浪费了；如果想选择 I_3 的商品组合，$I_3 > I_2$，优于选择 I_2 的组合，但由于 AB 预算约束线的存在而无法实现。通过分析，我们可以明确得出 E 点是最优的商品组合。

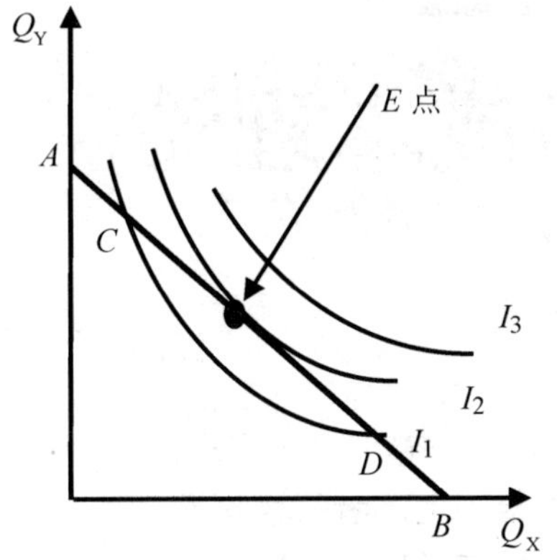

图 4-7 消费者均衡模型

消费者均衡的数学表达可为：当该点的两种商品组合，其边际替代率等于两种商品的价格之比时，达到最优的商品数量的购买组合。公式为：

$$MRS_{XY} = -\frac{dQ_Y}{dQ_X} = \frac{P_X}{P_Y}$$

第5章 生产与成本理论

【导学】我们在研究了决定需求的消费者行为理论之后，就要研究决定供给的生产者行为理论。通过本章的学习，要求掌握经济学上短期与长期的区别；机会成本、生产成本、显性成本、隐性成本以及利润、经济利润和会计利润的含义和区别；边际收益递减规律及短期内产量与各类成本之间的关系；长期内产量和成本的变动关系。

篮球巨星姚明的身价至少8000万元，一架波音飞机值十几亿元。从企业角度来看，这两项资产都属价值昂贵的固定资产，那么厂商应如何充分利用这两项资产才能获得最大利润呢？姚明在NBA上赛场次数越多，则他每场次的单位固定成本（俱乐部付的薪金）就下降；买来的飞机飞行架次越多，则每架次的单位固定成本就下降。那这是否意味着生产的产量越多越好，规模越大越好呢？通过短期分析，我们发现产量递增存在边际收益递减规律；而通过长期分析，我们发现了规模不经济的现象。

5.1　企业的形式与目标

从经济学角度看，一切能够创造和增加效用的活动就是生产。生产是一个投入生产要素、产出产品的过程。生产在经济学中是一个具有普遍意义的概念，它不仅意味着生产出有形的物质物品，如炼出一吨钢材或纺出一匹布，同时还包括提供无形的服务，如提供法律咨询、为病人看病、培养学生、经营一家公司等。

生产的主体是厂商（firm）。厂商可称为企业，是在市场经济中为生产和销售商品而进行决策经营的营利性组织。

在现实中，企业按照其法律组织形式通常有三种形式：一是业主制企业（proprietorships），即为某一个人所有并独自经营的企业；二是合伙制企业（partnerships），是由两个以上的人所有并合伙经营的企业；三是公司制企业（corporations），是通过发行股票筹集资金、为股东所有的企业，它是一种现代企业组织形式。股份有限公司是公司制最重要的组织形式。无论厂商采取上述何种形式，都是以获取最大限度的利润作为其经营决策的目标。

单人业主制是由一个人所有并经营的企业。其特点是所有者和经营者是同一个人。这种企业产权明确，责权利统一在一个人身上，激励和制约显而易见，效率很高。可以分布在农业、零售业、服务业等行业。其缺点是在市场上竞争能力弱、利润低、存在寿命短（在美国，平均寿命为一年）。这种企业数量大，但难以成为对经济状况有影响力的实体。

合伙制是由若干人共同拥有、共同经营的企业。这种企业可以比单人业主企业大，但缺点是实行法律上的无限责任，即所有合伙人以企业和个人的全部财产来对企业承担全部责任，因此每个人风险巨大，也很难做大。而且内部产权并不明确，责权利不清楚。合伙人容易在利益分配和决策方面产生分歧，从而影响企业发展。这种企业形式只存在于一些法律规定必须采用合伙制的企业，如律师事务所或注册会计师事务所。

股份制公司是现代市场经济中最重要的企业形式。它是由投资者（股东）共同所有，并由职业经理人经营的企业。每个股东拥有的产权表现为拥有股份的多少，而股份的多少决定了每个股东在公司中的责权利。在决定公司大事的股东大会上，实行一股一票制。股东也按股份多少分红。一般而言，公司的股份是多元的，但相对集中，大股东组成董事会来控制公司。大股东用“手”投票，小股东用“脚”投票，即可以转卖股份。这种公司数量并不多，但在经济中起至关重要的作用。股份制公司的优点是：

（1）公司是法人。股东可以改换，股份可以转手，但公司可以无限存在。

（2）公司实行有限责任制，即每个股东仅以自己的股份担当责任，这样投资风险就减少了。

（3）实行所有权和经营权分开，由职业经理人实行专业化、科学化管理，提高了公司的管理效率。

股份公司制也有缺点，主要表现在：

（1）由于公司只负有限责任，为防犯机会主义倾向，公司的设立和歇业要通过复杂的法定程序，这一点尤其表现在公开上市的股份有限公司上。

（2）公司内部存在复杂的委托代理关系，尤其是在股权高度分散的公众公司，股东只为取得股利或从股票升值中获利，因为单个股东对监督公司提高绩效的付出与回报不对称，他是一个被动的关心者。

（3）所有与控制的分离，导致内部人控制现象的出现。随着公司规模的增大，大股东亲自担任高层经理的做法也越来越不能适应新的形势，于是愈来愈多的大公司将经营权委托给职业经理人。而经理阶层又不是股东，其效用目标往往与所有者的目标相冲突。并且在股东与经理的博弈中，经理拥有信息优势，企业往往被经理层控制，出现所谓的“内部人控制问题”。

古典经济学对企业内部的权利和运作安排是漠不关心的。企业被看做一个人格化的主体，一个生产函数，一个追求利润最大化的“黑箱”。但这种边际主义在解释实现企业的行为时，却遇到了困难。大量调查和实证分析发现，现实中的公司制企业并不在边际产量等于边际成本处生产。或者说，需求的瞬息万变，使企业根本无法知晓边际收益、边际成本及其相交的产量在哪里。收益和成本曲线也许是不连续的。另外，企业也不总是根据需求来调整价格，而是通常采用成本加成定价，而且在不同的场合，企业会实行有针对性的差别定价。

20世纪50年代以来，面对上述问题，经济学家们分别提出了两种新的思路，即经理主义和行为主义。

在经理主义看来，利润最大化只是企业所有者的目标。在现代公司制企业中，支薪经理阶层实际控制了企业，他并非企业的所有者，为什么要去追求利润最大化呢？经理也许不一定会尽心竭力地去赚每一分钱，省每一个铜板。他们也许会利用上班时间处理私事，他们会要求宽敞的办公室、豪华的家具、大量的秘书、公司专车甚至专机。这些行为显然与利润最大化相背离。经理们往往喜欢扩大企业规模、扩大销售量，因为企业规模越大，其经理的收入和社会知名度也越高。而一个合理的假说正是：经理把销售额最大化而非利润最大化作为其职业目标。

而在行为主义看来，如果说企业有行为目标，那就是利润满意化。其精髓是，企业并不刻意也不可能追求某个指标的最大化，边际主义MR（边际收益）等于MC（边际成本）的利润最大化条件只是在信息完备和确定性环境下的理论假设而已。

综上所述，似乎可以达成这样的折中性共识，那就是描述企业行为，利润最大化目标不可或缺，但又不是答案的全部。利润动机是支配企业行为最普遍、最持久、最强大的力量。事实上，无论是经理主义还是行为主义，都没有完全离开这一目标。

5.2 时期、生产成本和利润

5.2.1 投入与产出

一提到生产，人们往往会联想到轰鸣的车间或者现代化的生产线。但日常生活中也有不少重要的产品，其生产过程却十分简单，煮饭就是一例。经济学中，凡提供效用的东西，有形或无形的，都是产品。煮饭也是一个生产过程，它需要投入大米、水、热量和劳力等，经过一定时间，生产出米饭。

1. 投入：生产要素

投入（或**生产要素**）是指生产中所使用的各种资源。生产是对各种生产要素（factors of production）进行组合以制成产品的行为。在生产中要投入各种生产要素并生产出产品，所以，生产也就是把投入变为产出的过程。例如，面包烘烤店使用的生产要素包括工人的劳动，面粉、糖等原材料，以及投资在烤炉、搅拌器上的资本和其他一些设备，通过烘烤店老板的管理和协调，生产出面包和蛋糕。

我们把生产面包的投入品（input）分为劳动、原料、资本三类，每一类又可以进行更具体的细分。如劳动的投入包括工人，以及企业经理人员的创造性行为（即企业家才能）；原材料包括钢材、面粉、电力、水及企业购买的其他能转化为最终产品的商品；资本则是包括建筑物、设备和存货等。

一般而言，生产要素包括劳动、资本、土地和企业家才能。劳动是指劳动者所提供的劳务，可分为脑力劳动和体力劳动。资本是生产中所使用的资金，这里指的是有形的物质资本，包括厂房、设备、原材料等。土地是指生产中所使用的自然资源，是自然界所存在的诸如土地、水、自然状态的矿产、森林等。企业家才能是指企业家对整个生产过程的组织和管理工作。经济学家特别强调企业家才能，认为把劳动、资本、土地组织起来，使之演出一场有声有色的戏剧的关键是企业家才能。生产是这四种要素合作的过程，**产品**则是这四种要素共同努力的结果。

2. 产出：生产函数

生产过程中的投入要素以及最终产出之间存在一定的依存关系，这种关系可用生产函数来描述。**生产函数**描述的是在一定技术水平之下，生产要素的数量与某种组合和它所能生产出来的最大产量之间依存关系的函数，是某一特定的投入品组合下企业的产出。因为任何生产方法（如技术、生产规模）的改进都会导致新的投入产出关系，所以不同的生产函数代表不同的生产方法和技术水平。换言之，技术进步推动经济资源以更有效的方式被利用。

以 Q 代表总产量，L、K、N、E 分别代表劳动、资本、土地、企业家才能这四种要素，则生产函数的一般表达式为：

$$Q=f(L，K，N，E)$$

3. 柯道函数

美国经济学家P. 道格拉斯与C. 柯布在1928根据美国1899—1922年的工业生产统计资料，研究这期间美国的资本与劳动这两种生产要素随产量的影响，得出这一时期美国的生产函数为：

$$Q=AK^{\alpha}L^{\beta} \qquad (\alpha+\beta=1)$$

该生产函数被称为柯布—道格拉斯（Cobb-Douglas）生产函数（简称柯道函数），是一个典型的齐次生产函数。式中，A 代表既定的技术水平，K、L 分别代表资本与劳动，K 和 L 是相互替代又不完全替代的。α、β 分别是资本和劳动对产量的贡献，其中 $0<\alpha<1$，$0<\beta<1$。柯布—道格拉斯生产函数是从美国经济增长过程的历史中总结出来的，并经受了

无数的统计验证。

由于$\alpha+\beta=1$，因此，柯布—道格拉斯生产函数是线性齐次函数，它具有规模报酬不变的性质。他们的分析表明，产量的增加大约 3/4（$\beta=3/4$）是劳动的贡献，1/4（$\alpha=1/4$）是资本的贡献，并计算出 A 为 1.01，所以，柯布—道格拉斯生产函数可以具体表示为：

$$Q=1.01K^{0.25}L^{0.75}$$

5.2.2 短期和长期

假如我们自己创业开办一家小公司，只考虑两样生产要素：劳动力（招聘用工数）和资本（办公场所和计算机设备等）。我们发现随着公司业务的增多，增加新员工可在一周内得到迅速补充；但随之增加办公场所和相应的电脑设备则需要些时日。经济学中，需要我们来区分固定要素和可变要素。固定要素和可变要素的区分使我们可以区分“短期”、“长期”。

生产函数中的短期（short-run）和长期（long-run）不是指一个具体的时间跨度，而是指能否使厂商来得及调整生产规模（固定的生产要素和生产能力）所需要的时间长度。经济学规定，**长期**是指时间长到可以使厂商调整生产规模来达到调整产量的目的，或者说在此段时间内所有的投入要素都可变。**短期**则是指时间短到厂商来不及调整生产规模来达到调整产量的目的，也是指在此时段内至少有一种生产要素是无法变更的。不可变更的投入要素称为**固定要素**。短期与长期之间，并没有一个特定的时段标准，要视具体情况而定。例如，对一个冷饮摊而言，长期可能意味着一两天，而钢铁厂则意味着五年甚至更长。在生产过程中，有些投入在一定时期内是很难改变的。比如飞机厂、汽车厂、钢铁厂的厂房数量（生产规模）不可能在一月之内改变；其设备数量很难在一周之内改变；而另外一些投入则可随产量而变化，例如，原材料、电能、劳力等。

生产中最重要的两种投入是劳动与资本。因此，在经济分析中，通常假定企业只使用这两种要素。假定某一企业突然增加一笔大的订单，需要在一周之内完成生产并交货，此时厂商添加设备和新建厂房都不现实，只能采取增加工人、加班加点的方法。所以，在短期内我们假设资本数量不变，只有劳动可以随产量变化，则生产函数可以表示为：

$$Q=f(L,\bar{K})=f(L)$$

这种生产函数可称为**短期生产函数**。因为在这个函数式中，只有劳动一个要素可变，因此我们又称之为只有一个可变投入要素的生产函数。

在长期内，资本和劳动都可变，则生产函数可表示为：

$$Q=f(L,K)$$

这种生产函数可称为**长期生产函数**。我们称之为具有两个可变投入要素的生产函数。

5.2.3 成本

研究生产厂商的生产行为必然要涉及成本，因为这是关乎厂商获利与否、获利多少的重要因素。

1. 固定成本和可变成本

前面的知识已经告诉我们，短期和长期的划分不以时间的长短为依据，而以要素是否可变为标准。需要注意的是，虽然在短期和长期之间没有确切的时间概念，但短期成本和长期成本有明显的区别。短期内厂商从事生产所发生的成本称为短期成本。在短期内，厂商的固定资产（如厂房、设备）等要素的投入量是固定的，厂商只能改变其他要素投入量（如增减工人和原材料）来改变产量。所以厂商的短期成本有固定成本和可变成本之分。随着产量而发生变动的成本是**可变成本**；不管产量如何变动，成本保持不变的是**固定成本**。以超级市场为例，不管超市每天接待 1 个顾客还是 1000 个顾客，其店铺的开办和维护费用是固定成本，但柜台收银员的招聘数量可根据顾客人数多少而调整，所以说收银员的工资支出是变动成本。而像姚明这样的篮球明星，他一旦和 NBA 某个俱乐部签约，他签约期内（五年）不管上赛场次数多少，其合同薪金就成为该俱乐部的固定成本。

2. 经济成本与会计成本

经济学中的成本一词，与会计学中的成本概念不同。**会计成本**是指购买或生产某种物品过程中过去和现在发生的财务费用或历史成本，指的是购买所有权归他人的生产要素而形成的成本，包括工资、利息、租金、原材料购买费用等。会计人员需要回顾企业财务状况，记录资产和负债，对以往经济活动做出评价。

经济学家对成本的看法与会计人员的看法有所不同。经济学家所关心的是将来成本预计是多少，企业如何通过重组资源来降低生产成本以提高企业利润率。**经济成本**（economic cost）是企业生产经营中应该支付的代价，包括了企业生产经营过程中利用自有要素和他人要素的费用总和。它不仅包括了会计成本，还包括购买所有权归企业主自己所有的生产要素所形成的成本。经济学对成本概念界定的第一个特点，是把它看做机会成本。

3. 机会成本与沉没成本

机会成本（opportunity cost），其经济分析的目的在于考察稀缺的生产资源有效率地使用在各种途径上。对于要素的所有者来说，如果一种生产要素被用于某一特定用途，它便放弃了在其他替代用途上可获取的种种收益，所放弃的收益中最大的收益就是这一特定用途的机会成本。产生机会成本的原因是生产要素是稀缺的而用途却具竞争性（或称用途的多样性）。这一概念虽然抽象，但在经济学中非常重要，又被称为**经济成本**。机会成本的存在，提醒了要素的所有者要尽可能有效地使用有限的经济资源。

由于考虑到了机会成本，经济学家和会计人员在处理工资、房租和折旧方面存在着区别。如果一个女店主自己管理其零售店，她并不给自己支付工资，尽管并未发生任何现金交易（从而这不会反映在会计成本中），然而她的生产经营产生了机会成本，因为店主可以通过在别处工作获得一份收入。如果企业拥有自己的大楼，因而不需交付办公室房租，会计人员认为办公室成本为零，而经济学家不这么认为。他们知道，如果将办公室租给其他公司会带来租金。这项放弃了的租金便是使用办公室的机会成本，应该包含在经营活动的成本之中。

经济学还把成本区分为可回收成本与沉没成本两种类型。已经发生的成本中，有的可以通过出售或出租方式在很大程度上加以回收，属于可回收成本；有的则不可能回收，属于沉没成本（又称沉淀成本）。**沉没成本**是指已经支出且无法收回的成本。在经济生活中，沉没成本的例子俯拾皆是，如企业因为广告支出发生的成本，企业购置的专用设备因转产而闲置，银行的呆账、坏账等。在经济学家看来，真实成本可能会因忽视机会成本而被低估，也可能会因对沉没成本揪住不放而高估。

经济学在决策时对于成本的考虑，与日常思维方式可能有一点不同：重视普通人可能会忽略的“机会成本”，忽略普通人可能不愿忽略的“沉没成本”。向前看——对机会成本要“斤斤计较”；既往不咎——对沉没成本则要“随它去”，不让沉没成本影响关于未来的生产或销售决策，避免一错再错。

4. 外显成本与内隐成本

根据机会成本的定义，生产中的经济成本由两种类型的成本构成：一是外显成本，二是内隐成本。

外显成本（explicit cost）也叫**显性成本**，是企业从市场上购买生产要素而支付货币所构成的成本。如支付给雇员的工资，购买原料、购置机器设备的费用，支付的利息、租金、燃料、动力和运输等费用，还包括保险费、广告费及税金等。这些都在企业的会计核算中作为成本项目记入账册，故也就是会计成本。

内隐成本（implicit cost）又称**隐性成本**，是使用自有生产要素而必须支付的费用（又叫做自有要素的影子价格），如自有机器设备的折旧费，自有原料、燃料的费用（按市价计）、使用自有资金的利息（按市场利率计）、企业主自身的报酬（如同聘用他人也要支付酬金）。对于内隐成本，企业并没有发生货币支付，似乎使用自有要素不用花钱，但这些要素如果不是自己使用，用在他处照样可以得到报酬。如企业主可以到别处工作而得到报酬；厂房、设备可以租给他人而得到租金；资金可以借予别人而得到利息。这些都是企业使用自有要素的机会成本，都应计入企业的生产成本中。经济学中，又把内隐成本称为**正常利润**。正常利润之所以作为产品的一项成本，是因为从长期看，这笔报酬是企业主继续留在该行业（从而该产品得以生产出来）的必要条件。否则，假如产品的售价仅能补偿工资、原料和固定资产的折旧费，企业主将把他的资金转移到别的行业，该生产将不能进行，产品也生产不出来。而且自有要素的报酬应该跟其他行业的正常的利润水平相当，否则企业主会全身而退，利用自有要素进入其他行业。

5.2.4 利润

1. 总收益、总成本与利润

我们知道，厂商进行生产的目的，就是为了获得利润。而厂商利润是由总收益和总成本决定的。利润（profit）、收益（revenue）和成本（cost）之间存在如下关系：

利润＝总收益－总成本

总收益＝销售量×产品价格

总成本＝投入量×要素价格

2. 经济利润与会计利润

在前面，我们把成本分为显性成本和隐性成本。这样，总成本包括的内容不同也就形成了不同的利润。

经济利润（economic profit）是企业的总收益减去生产所售物品与劳务的所有成本，即总收益减去显性成本和隐性成本。这是经济学家眼中的利润。

会计利润（accounting profit）是总收益减去企业的显性成本。这是会计师眼中的利润，图 5-1 显示了这两个利润的不同。

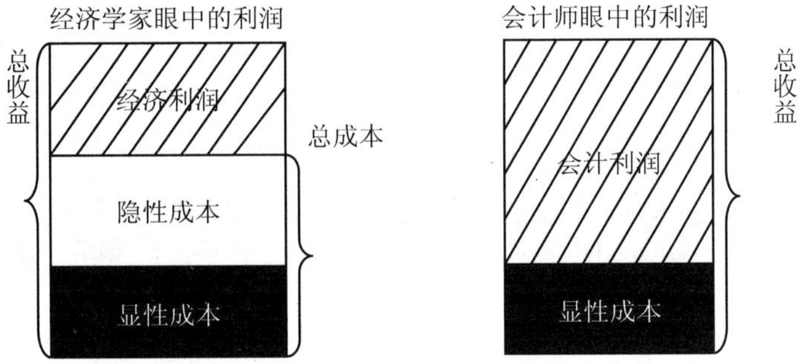

图 5-1 两种利润

经济学家的总成本包括了显性成本和隐性成本，而会计师只衡量显性成本，所以，经济利润小于会计利润。

案例讨论

上大学的代价是什么？

上大学是要花钱的，也就是有成本的。根据目前的状况，每位大学生三年到四年中学费、书本费等各种支出约为 3 万元到 4 万元。这些钱是要实实在在支出的，称为会计成本。

然而，上大学的代价不仅如此。为了上大学，要放弃工作的机会。因放弃工作而放弃的工资收入就是上大学的机会成本。例如，一个人不上大学而去工作，每年可得到 1 万元，四年的机会成本就是 4 万元。上大学的代价就是会计成本 4 万元和机会成本 4 万元，共计 8 万元。我们上还是不上呢？

通常情况下，我们一般人通过上大学可提高工作的能力，以后会得到更多收入。例如，没上过大学的人，一生中每年收入 1 万元，自 18 岁工作到 60 岁退休，共计收入 42 万元。上过大学的人，一年收入为 1.5 万元，自 22 岁工作到 60 岁退休，38 年共计收入 57 万元。上大学的人一生总收入比没上大学的高出 15 万元。上大学的会计成本和机会成本之和为 8 万元。15 万元减去 8 万元为 7 万元。这就是上大学的经济利润。所以，上大学是合适的。这就是每个人想上大学的原因。

但也有特殊情况。例如，一个有篮球天赋的人，若在高中毕业后去打篮球，每年可获得 200 万元收入。这样一来，他上大学的机会成本就是 800 万元。远远高于一个大学生一生的收入。因此，他应该去打篮球。他不上大学的决策就是正确的。所以，你到底上不上大学一定要考虑自己的机会成本。

5.3 短期中的生产和成本分析：短期生产决策

5.3.1 短期中的产量分析：边际收益递减规律

假设你要开一个面包店。除了租赁房屋、注册资金、购买设备和面粉之外，就要开始雇用劳动力。问题在于，你自己忙不过来的时候到底需要几个员工？员工是不是越多越好？

在短期中（规模不变），我们把投入要素分成固定投入和可变投入。面包商在开张之前，需要店铺、面包车间和机器设备，另外还须雇用个别人从事管理（比如财务）。这些都是固定投入（fixed inputs），他们的投入量不依赖于总产量水平。还有一些投入，如雇用的生产工人、购买的原料，这些就是可变投入（variable inputs），它们的数量随总产量变化而变化。

除了投入要素，还需要了解总产量、平均产量和边际产量的概念及它们的相互关系。

总产量（total product）是在一定技术条件下，既定数量的一种变动投入要素所形成的最大产量（$TP=Q=f(L)$）。面包店所有工人生产面包的总量就是总产量，假设面包商雇用 1 个工人，面包店日产面包是 20 个；雇用 2 个工人，面包店日产面包是 46 个……

平均产量（average product）是指每单位投入要素的产出。在这里，平均产量是指每一个工人生产面包的平均产量（$AP=Q/L$）。即 1 个工人的平均产量是 20 个面包，而 2 个工人的平均产量是 23 个面包……

边际产量（marginal product）是增加（或减少）一个单位的要素投入所带来的产出变化量。在这里，边际产量是指每增加一个面包工人所生产的面包增量（$MP=\mathrm{d}Q/\mathrm{d}L$）。即新增第 1 个工人的产量 20 个面包，而新增的第 2 个工人的产量是 26 个面包……

根据表 5-1，我们看到劳动的边际产量会随着雇用工人的增加而先增后减。先是边际产量（MP）递增，原因在于专业化分工可以提高效率。本来你一个人既要和顾客谈话又要收款，还要加工面包、送货上门（批发），现在你可以节约任务转换的时间。但是，随着工人数量增加到一定的程度将出现边际收益递减的情况。在数值上，边际产量越来越少。在直观上，发现随着雇用的工人越来越多，里边的工作环境就越拥挤不堪，就要更多地和别人共用设备，反而效率低下。原来专业化分工的收益越来越少，最终还会减少。

表 5-1 劳动投入的变化与总产量、平均产量和边际产量的关系

面包工人数（人数）	总产量 TP（面包个数）	平均产量 AP（面包个数）	边际产量 MP（面包个数）
0	0	0	0
1	20	20	20
2	46	23	26
3	72	24	26
4	92	23	20
5	100	20	8
6	90	15	−10

这一规律就是边际收益递减规律：当把一种可变生产要素（例如劳动）投入到几种固定的生产要素上时，一开始总产量会增加，边际产量也是递增的。但当达到一点时，边际产量开始递减，到最后甚至出现负值，从而使得总产量也减少。

请注意，报酬递减规律假设劳动力都具有同样的工作效率、教育培训和工作经验。边际产量的递减并非因为新增工人素质差，而是因为相对资本而言，使用的工人过多了。

上述关系可以用图形来表示，如图 5-2 所示（我们已用实线将图中各点连接成平滑线）。总产量（TP）、平均产量（AP）、边际产量（MP）随着劳动力人数（L）的增加，图形上，曲线越来越平坦并呈现如下关系：

（1）随着劳动投入量的增加，总产量、平均产量和边际产量开始都趋于上升，达到最大值之后，又均趋于下降。

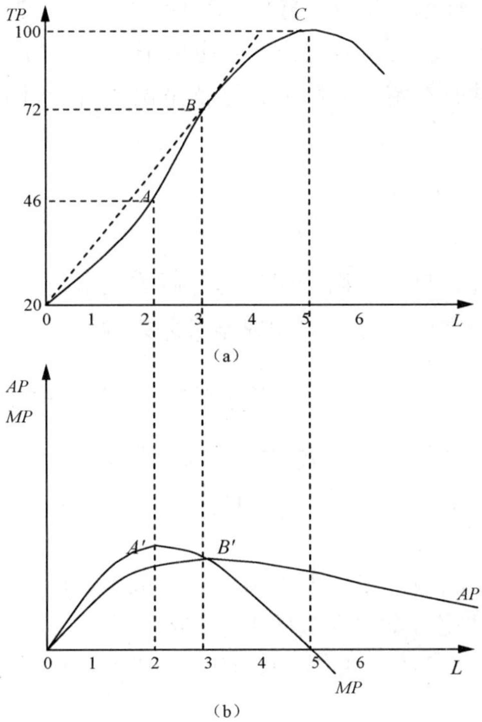

图 5-2　总产量、平均产量和边际产量的关系

（2）当总产量最大时，边际产量为零。

（3）平均产量必然在等于边际产量时（B'）达到最大值。

（4）总产量曲线上各点的斜率等于边际产量 MP_L，总产量曲线上各点和原点连线的斜率等于平均产量 AP_L。

（5）产量变化规律——总产量、边际产量与平均产量的关系。

① 总产量和边际产量的关系。

边际产量大于零，总产量递增：当 $MP>0$ 时，TP 是上升的。

边际产量等于零，总产量最大：当 $MP=0$ 时，TP 为最大。

边际产量小于零，总产量递减：当 $MP<0$ 时，TP 是下降的。

② 平均产量和边际产量的关系。

边际产量大于平均产量，平均产量递增：当 $MP>AP$ 时，AP 上升。

边际产量等于平均产量，平均产量最大：当 $MP=AP$，AP 最大。

边际产量小于平均产量，平均产量递减：当 $MP<AP$ 时，AP 下降。

边际报酬递减规律能够解释许多生产现象。我国江浙地区农村人口密度较高，耕耘方式多为精耕细作。在这种情况下，多一个农民在田里耕作，虽还可增加一点产量，但其增量（劳动的边际产量）却微不足道。1958 年“大跃进”曾提倡“合理密植”，但由于浮夸风、瞎指挥，弄到后来只有密植而没有合理，结果是田里只长青苗不结种子，颗粒无收，造成了中国历史上大规模的“人造灾害”。在工业部门，一个车间里有 5 台机床 4 个工人，若增加 1 个工人，这第 5 个工人可以操作那台闲置的机床，产量可以增加。此时若再增加 1 个工人，这第 6 个工人可做 5 个操作工人的助手，或趁他们休息时接替操作机床。他还能增加产量，但不会太多。设想往车间里继续增加第7、第8、第9个工人。第7个工人也许还可以帮些忙，那第8、第9个工人无疑是多余的。他们非但无事可干，而且碍手碍脚，弄不好，还闹出点纠纷来，干扰生产，总产量说不定还会降低。这就是说，当车间里的工人数不断增加时，劳动的边际产量越来越小，甚至可能为负。

5.3.2 短期成本分析

在理解产量变化的情况之后，我们来观察其背后的成本是如何变化的。在短期，对应于固定生产要素和可变生产要素的划分，短期成本又分为固定成本和可变成本。

1. 固定成本（*FC*）、可变成本（*VC*）和总成本（*STC*）

固定成本是指总成本中不随着产量的变动而变动的成本。比如说，厂房、机器设备、租金等资本。校园中的固定成本有建设报告厅、图书馆、实验室、管理费用等和招生多少无关的支出。同样开设一个讲座，50个学生听还是250个学生来听，其成本支出是一样的。

可变成本是指总成本中随着产量的变动而变动的成本。诸如劳动力等可变要素的支出。比如大学中水电费用成本是随着学生人数而上升的。

总成本是指一定产量水平下的总的支出，即固定成本与可变成本之和。

2. 平均固定成本（*AFC*）、平均可变成本（*AVC*）和平均成本（*AC*）

平均固定成本是总固定成本除以相应产量，即 $AFC=\frac{FC}{Q}$。

平均可变成本是总可变成本除以相应产量，即 $AVC=\frac{VC}{Q}$。

平均成本则是用总成本（*STC*）除以相应产量，也就是平均固定成本与平均可变成本之和。其公式为：

$$AC=\frac{STC}{Q}=AFC+AVC=\frac{FC}{Q}+\frac{VC}{Q}$$

3. 边际成本

边际成本（marginal cost）也被称做**增量成本**，是增加一单位产品生产所引起的总成本的增加量，也是产量的函数。记作：$MC=\frac{\Delta TC}{\Delta Q}$。由于固定成本不随企业产出水平的变化而变化，因此，边际成本就是每增加额外的一单位产出所引起的可变成本的增加量，故又可将边际成本写成：$MC=\frac{\Delta VC}{\Delta Q}=\frac{\mathrm{d}VC}{\mathrm{d}Q}$。

边际成本告诉我们企业要增加多少成本才能增加一单位的产出，是成本理论中一个重要的概念。

4. 总成本、平均成本和边际成本的关系

表5-2描述了一个固定成本为100美元的面包店。可变成本和总成本随产量的增加而增

加。当已知第 2 列的固定成本（*FC*）和第 3 列的可变成本（*VC*）之后，其他的成本变量均可依此算出：

第 4 列的总成本（*STC*）＝固定成本（*FC*）＋可变成本（*VC*）；

第 8 列的边际成本（*MC*）由第 3 列的可变成本或者第 4 列的总成本计算而得。如总产量由 2 增至 3 得边际成本是 70 美元，因为企业的可变成本由 170 美元增至 240 美元（总成本也由 270 美元增至 340 美元，增加了 70 美元）；

第 5 列的平均固定成本＝固定成本（*FC*）/*Q*；

第 6 列的平均成本＝可变成本（*VC*）/*Q*；

平均总成本（*AC*）＝平均固定成本＋平均可变成本。

表 5-2 各类成本与产量之间的关系

总成本数据				平均成本数据			边际成本
（1） 总产量 （*Q*）	（2） 固定成本 （*FC*）	（3） 可变成本 （*VC*）	（4） 总成本 （*STC*）	（5） 平均固定 成本	（6） 平均可变 成本	（7） 平均总成本 （*AC*）	（8） 边际成本 （*MC*）
0	100 美元	0 美元	100 美元				
1	100 美元	90 美元	190 美元	100.00 美元	90.00 美元	190.00 美元	90 美元
2	100 美元	170 美元	270 美元	50.00 美元	85.00 美元	135.00 美元	80 美元
3	100 美元	240 美元	340 美元	33.33 美元	80.00 美元	113.33 美元	70 美元
4	100 美元	300 美元	400 美元	25.00 美元	75.00 美元	100.00 美元	60 美元
5	100 美元	370 美元	470 美元	20.00 美元	74.00 美元	94.00 美元	70 美元
6	100 美元	450 美元	550 美元	16.67 美元	75.00 美元	91.67 美元	80 美元
7	100 美元	540 美元	640 美元	14.29 美元	77.14 美元	91.43 美元	90 美元
8	100 美元	650 美元	750 美元	12.50 美元	81.25 美元	93.75 美元	110 美元
9	100 美元	780 美元	880 美元	11.11 美元	86.67 美元	97.78 美元	130 美元
10	100 美元	930 美元	1030 美元	10.00 美元	93.00 美元	103.00 美元	150 美元

成本函数的几何图形是成本曲线。短期成本中各成本的关系还可以用图 5-3 表达出来。

需要指出的是，边际成本曲线总是穿过平均总成本线和平均可变线。其原因在于边际成本和平均成本之间的算数关系。假如你经济学过去的几次测验的平均成绩是 50 分，那么，你下一次测验成绩就是你的边际考试成绩。如果得分是 70，你的平均成绩就上升；如果得了 30 分，平均成绩就会下降。也就是说，只要边际数低于平均数，平均数就下降；如果边际数高于平均数，平均数就上升。所以说，边际成本曲线穿过平均成本曲线的最低点。

平均固定成本（*AFC*）线则情况不同。它总随着产量的增加而下降。微软公司花费了 10 亿美元来开发 Windows XP，并耗费 2.5 亿美元来推出该产品，也就是说，固定成本是 12.5 亿美元。而用于拷贝一张 CD 的花费（变动成本）不过 0.15 美元。假如只有两位消费者来购买 Windows XP，则每一个消费者要花费至少 6.25 亿（12.5 亿/2）美元。事实上，微软公司的预测在头五年内 Windows XP 销售量是 5 亿份，这样算来，平均固定成本仅为 2.5 亿（12.5 亿/5）美元，加上可变成本之后的总成本为每份 2.65 美元。

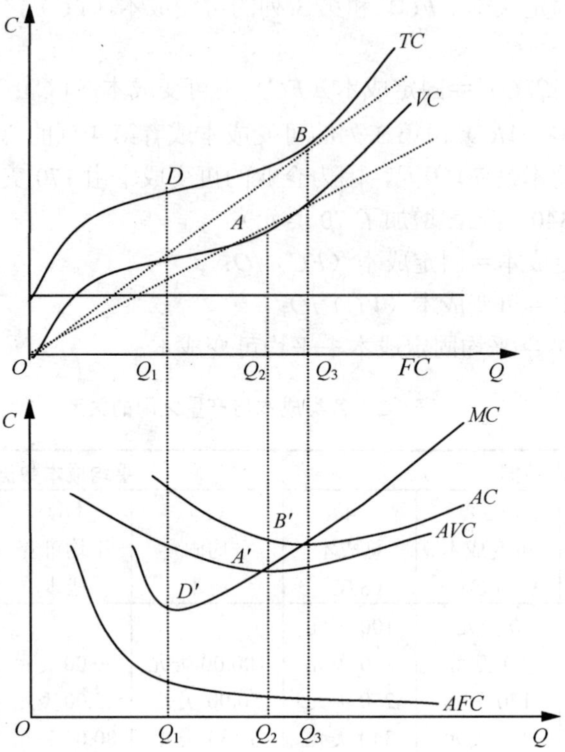

图 5-3 各短期成本之间的关系

5. 边际收益递减和成本曲线

从表 5-2 中可看出，固定成本为 100 美元，无论产量多少它都不会增加。除 *AFC* 曲线是不断向右下方倾斜的曲线外，其他三条曲线都是先降后升，呈“U”形。对 *MC* 曲线呈 U 形的一般经济解释是边际收益递减规律。在雇用数量较少的工人时，工人之间劳动协作和配合可能会使劳动效率更快提高，从而使新增工人带来的产出增加大于此前每个工人能够创造出的产量。由于新增工人数量能够在边际意义上提高劳动效率，结果使边际成本在产出数量较低阶段下降，生产效率提高即边际成本下降。然而，随着雇用工人数的增加，更多的工人在一起干活会出现“窝工”现象，劳动边际收益递减规律发生作用，劳动边际产出下降。劳动边际产出下降意味着生产边际成本上升。所以边际成本呈现先降后升，构成 U 形曲线。

5.3.3 企业短期中的产量决策

在理解了成本在短期生产中的作用后，我们来分析企业愿意生产多少来获得最大收益的问题。

用 *TR* 代表总收益，*VC* 代表可变成本，*P* 代表定价。那么企业的决策可以写成：

（1）*AC* 的最小值对应的产量是收支相抵点，也称为盈亏平衡点产量。*P* 小于 *AC* 则亏损。

（2）平均可变成本（*AVC*）的最小值对应的产出量是停止营业点也称为关门点。*P* 小于 *AVC*，企业停止营业。

问题在于，当 *P* 小于 *AC* 的时候，为什么企业明明知道生产已经亏损的时候还要继续生产呢？也就是说，当你走进一家餐馆吃午饭，发现你是唯一的一个顾客。为什么餐馆还要继续营业呢？答案是，在做出是否经营的决策时，餐馆老板要注意固定和可变成本的区分。餐馆中的许多成本——房屋租金、厨房设备、餐具等都是固定成本。午餐停止营业并不能减少这些固定成本，相反，唯有继续营业才能减少一点亏损。当老板决定是否提供午餐时，只有当你点的菜价（P）小到无法弥补可变成本（AVC）时，才会在午餐时停止营业。

案例分析

进入房屋粉刷业

房屋粉刷是一个夏季的行业，因为天气炎热而且白天很长，高中和大学正好放假，因而有大量的低技能的劳动力。为了挣点钱，小明同学打算在修满经济学入门课之后，在夏季开设一个粉刷公司。

开设公司需要一笔固定费用。小明同学在他父母家里做生意，因而没有租借办公室的成本。他把固定费用列入表5-3。

表5-3 需投入的成本

成本项目	固定成本（元）
旧车	5 000
涂料和其他用品	2 000
宣传单和招牌	1 200
名片和估价单据	500
电话线路和录音电话机	300
总计	9 000

小明同学雄心勃勃地开展工作。他接顾客打来的电话，上门估计粉刷房屋需要多少钱，然后报价。当然，他面对许多竞争对手，因而他的价格必须与竞争对手的价格差不多，不然就揽不下活。

小明同学发现，劳动的现行价格是每小时10元。在现实世界中，劳动并不是粉刷房屋所需的唯一可变投入品，还有添加刷子和油漆的成本。但是为了简便，我们假设他在夏天开工前就已经有了刷子和油漆。因此他的可变成本只与他所雇用的工人有关。

可变成本还与粉刷一栋房子所耗费的时间有关，这又取决于他所雇用的工人的质量。小明公司的可变成本如表5-4所示。

表5-4 可变成本

房屋数	雇用工人的小时数	工资支付（元）
5	100	1 000
10	300	3 000
15	600	6 000
20	1 000	10 000
25	1 500	15 000
30	2 100	21 000

根据这些信息，小明同学可以计算出其公司的成本，如表5-5所示。

表 5-5 总成本、平均成本与边际成本

房屋数	总成本（元）	平均成本（元）	边际成本（元/栋房屋）
0	9 000	—	—
5	10 000	2 000	200
10	12 000	1 200	400
15	15 000	1 000	600
20	19 000	950	800
25	24 000	960	1 000
30	30 000	1 000	1 200

鉴于它的边际成本曲线和平均成本曲线，小明同学计算出，如果市场条件允许他向每栋房屋索取1 000元，那么他至少要粉刷25栋房屋才能赚取利润。这也就是他夏天的打算：粉刷25栋房屋，每栋1 000元。因此，他一共赚取1 000元。

但在表中，并没有考虑到小明同学的机会成本。他没有获得粉刷房屋的10元/小时，因为他在忙于洽谈生意、雇用工人、接顾客的电话、处理顾客的不满等。

假设还有一家餐厅侍者的工作在等着小明同学。他可以在12周的暑期，每周工作40小时，每小时挣6元（含小费）。因此，他可以在夏天挣2 880元，而没有压力和风险。如果将这一机会成本计算在他自己开设公司的固定成本中，那么他显然会亏本。由于开办公司不能赚回小明同学的机会成本和补偿他经营公司所承担的风险和压力，因此，与其替人粉刷房屋，不如去做餐厅侍者，这在经济上更划算。

5.4 长期中的产量和成本分析：长期投资决策

5.4.1 长期中的产量分析：规模报酬

在短期，一种生产要素（劳动）可变，其他要素（资本）不变，厂商仅通过增工来增产，但当可变要素增加到一定程度后，生产就会出现边际收益递减。而在长期，劳动和资本这两类要素都可变，公司可同时调整用工数（劳动力）和办公场地（资本），这时候投入和产出变动间的关系不能用边际收益递减规律来解释，只能用生产规模报酬来解释。

规模报酬（return to scale）探讨的是这样一种投入产出关系：当生产规模发生变动，即两种生产要素同时增加或减少一定的比例（如增加100%或减少100%）时，产量可能出现的变化。假定一个服装厂商日产服装100件，需要投入资本10个单位（如10台机器），劳动为5个单位，资本和劳动的比例是2∶1。如果该厂的服装销路看好，厂商想扩大规模，把资本和劳动各扩大了一倍，资本达到20个单位，劳动为10个单位，这时，产出量会出现三种可能：一是日产服装200件，二是日产量可能大于200件，三是可能不足200件。

规模报酬有以下三种类型。

1. 规模报酬递增（increasing return to scale）

要素投入增加一倍，产量的增加超过一倍，表明产量增加的速度大于要素增加的速度。生产函数表示为：

$$2f(L,\ K)>f(2L,\ 2K)$$

规模报酬递增的典型例子是输油管。如把输油管直径扩大一倍时，所需材料增加一倍，但截面却比原来扩大四倍。输油量就会大于一倍。当今世界很多经营规模较大的厂商都属于该种情况，也就是通常所说的规模经济（economy of scale）或规模效益。

规模报酬产生的原因可以归结为以下几点：

（1）专业化程度的提高。当生产要素同时增加时，可以提高生产要素的专业化程度。生产规模扩大，使用劳动较多，劳动者可以进行专业分工，从而提高劳动效率。亚当·斯密列举的工场手工业制针业劳动分工的情形即为较明显的例子。资本设备随生产规模的扩大也可以用效率更高的专门化设备来替代非专门化设备。然而，专业化差不多总是意味着比例的某种改变。比例的改变与严格的字面意义所说的规模，即投入量的等比例变动，并不一致。

（2）生产要素的不可分性。有些要素必须达到一定水平才能有效率地使用。当经营规模很小时，把这些要素分割为更小单位，不是完全丧失它们在生产程序中的有用性，就是丧失一部分效率。因此，规模报酬递增要以生产要素不可无限细分为必要前提。不可分性意味着对于最低使用规模的要求，当达到最低使用规模之后，产出增加的边际成本很低甚至于可以忽略不计，这时便产生规模经济性。例如城市供水系统，管道系统是一项不可分的生产要素，投入是一次性的。在达到供水能力的极限以前，多增加一个用户多一份收益，但并不增加固定成本。一般说来，资本密集型行业不同程度地具有规模经济效应，如汽车、钢铁业等；而劳动密集型行业则不明显。

（3）管理更合理。规模扩大，更有利于采用现代化的管理方式，从而形成一种新的生产力，进一步发挥生产要素的组合功能，带来更高的效率和更大的收益。

2. 规模报酬不变（constant return to scale）

要素投入增加一倍，产量也增加一倍，表明产量增加的速度等于要素增加的速度。生产函数表示为：

$$2f(L,\ K)=f(2L,\ 2K)$$

许多手工业（例如理发业、手工纺织业）就表现为规模报酬不变。

3. 规模报酬递减（decreasing return to scale）

产出数量变化的比例小于投入的变化比例。比如说，要素投入增加一倍，产量增加小于一倍，表明产量增加的速度小于要素增加的速度，即

$$2f(L,\ K)<f(2L,\ 2K)$$

在电力行业、城市纯净饮用水行业中有这样的例子，当企业规模变得过大时，设备利用可能反而变得低效。

要强调的是，规模收益递增现象与边际收益递减规律并不矛盾。一种生产技术既显示出不变或递增的规模报酬，又显示出每种生产要素的边际收益递减是完全可能的。规模报酬由工厂的规模决定，工厂规模一旦确定，如相对于某种技术而言，该工厂规模恰巧是处于规模报酬不变或递增的阶段（有一个产量区间），这时持续增加一种投入要素，产量开始可能是递增的，但达到一定限度后必然出现边际产量递减。

5.4.2 长期成本分析：规模经济和规模不经济

1. 长期成本曲线与短期成本曲线的关系

经济学家在讨论长期成本时，往往认为长期成本函数并不是长期本身所形成的，它实际上是根据各个不同经营规模的短期成本函数而形成的。为了使问题具体化，把“工厂规模”（size of plant）作为一种可变要素来考虑，并用 K 表示，K 值越大，工厂规模也越大。前面讨论的短期问题主要在于最佳地利用既定规模的工厂。在长期中，它可以自由变动 K 值，选择一个最佳规模（optimum size）的工厂，而一旦厂商选择 K 的值，所面临的问题也就转化为短期优化问题了。因此，只要厂商可以自由变动工厂规模，则其长期总成本函数就给出了生产各种产出水平的最小成本。对于一种既定的产量水平，他可以计算出各种可能的工厂规模总成本，然后确定总成本最小的工厂规模。

因此，长期总成本（*LTC*）是厂商在长期中生产特定产量所花费的成本总量，它由产量水平和工厂规模决定。长期总成本曲线是不同规模下的最低成本曲线，是短期总成本曲线的包络线（如图 5-4 所示）。所谓**包络线**是指厂商的长期总成本曲线把无数条短期总成本曲线（每条短期总成本曲线对应于一个可供选择的生产规模）包围起来，每条短期总成本曲线和长期总成本曲线相切但不相交。

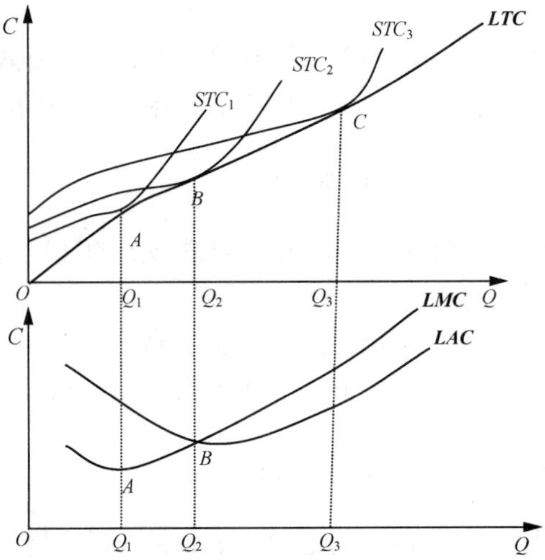

图 5-4 长期总成本、平均成本和边际成本曲线

图 5-4 中包含了对应于三种不同生产规模 K_1、K_2、K_3 的三条短期成本曲线 STC_1、STC_2、STC_3。当厂商准备生产的产量在 Q_1 内时，由于成本曲线中 STC_1 的成本最低，所以它选择第一种生产规模；当产量处在 Q_2 和 Q_3 时，厂商以第二种规模进行生产成本最低；当生产的产量超过 Q_3 时，厂商则会选择第三种生产规模。如果时间可以缩短，规模可以细分，即假定生产规模 K 是连续变量，那么就有无限多条短期总成本曲线。长期总成本曲线与无限多条短期总成本曲线中每一条曲线都有且只有一个切点，包络线就是这些切点的连线，它也成为一条连续平滑的曲线，即图中所示的 *LTC*。

既然厂商在长期中可以调整规模，它将按不同的产量水平来选择不同的生产规模，以使它付出的成本最小。因此，长期总成本曲线就是不同规模下的最低成本曲线。它与每一条短期成本曲线相切，但从不与它们相交。

2. 长期平均成本（*LAC*）与最低有效规模（MES）

长期平均成本曲线是与规模经济状况相适应的。长期平均成本曲线的形状是先下降，达到最低点后再上升。经济学对这一现象的解释一般涉及规模经济（economies of scale）和规模不经济（diseconomies of scale）的概念。具体而言，就是以规模经济来解释 *LAC* 曲线下降的原因，以规模不经济来解释 *LAC* 曲线上升的原因。

当企业处于规模经济时，*LAC* 随生产规模扩大而下降，*LAC* 曲线是一条向右下方倾斜的曲线。企业处于规模不经济时，*LAC* 随生产规模扩大而上升，*LAC* 曲线是一条向右上方倾斜的曲线。最后，企业处于规模收益不变时，*LAC* 不随生产规模的扩大而变动，*LAC* 曲线是一条水平线。

通常，企业生产规模扩大，最初会出现规模经济，再出现规模报酬不变，最后出现规模不经济，因此，*LAC* 曲线是一条 U 形线，如图 5-4 中的 *LAC* 曲线。对于 U 形 *LAC* 曲线，产量水平不同生产成本也不同，最佳工厂规模是唯一的，只有选择最佳工厂规模才能使长期平均成本最低。最佳工厂规模或最低有效规模（MES）就是实现单位成本最低的最小规模。而很多行业呈锅底形 *LAC* 曲线（图 5-5（a））。在该行业中，随着工厂规模的扩大，很快就获得规模经济，而在达到一定程度之前，都不会出现规模不经济；有些行业（如通信、电话服务、网络、计算机软件）在非常大的产量范围内存在规模经济（图 5-5（b））。由于存在一系列的最佳规模，该行业（L 形企业）产量水平不一的大小企业都可生存。当 *LAC* 曲线为 L 形时，最佳工厂规模都不是单一的。由于具有一系列的最佳规模，因而它意味着在该行业中，产量水平不同的大中小企业可以并存。但企业规模越大，单位成本越小。

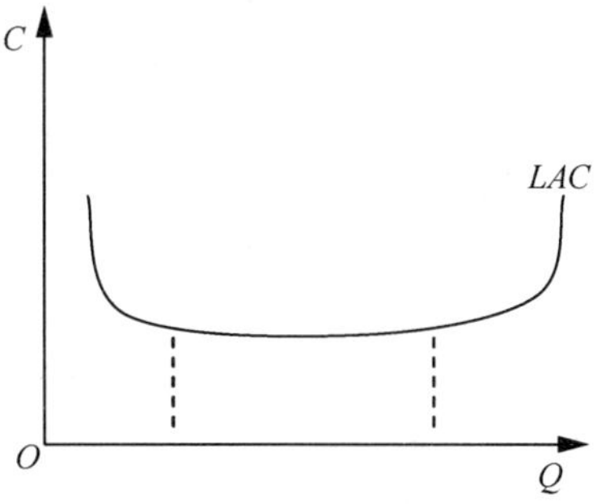

（a）锅底形 *LAC* 曲线

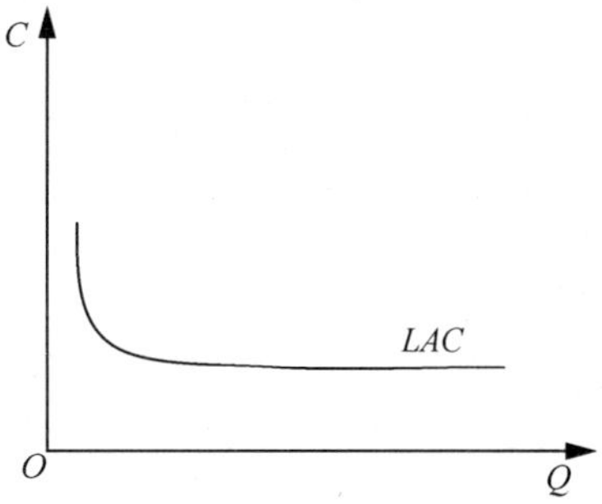

（b）L 形 *LAC* 曲线

图 5-5　锅底形 *LAC* 曲线和 L 形 *LAC* 曲线

理论上，经济学家通常把规模经济定义为由于生产规模扩大而导致长期平均成本降低的情况。这可以归结为两条，一是固定成本（*FC*）因产量扩大而分担了单位产品的成本。具体来说，随着生产规模的扩大，厂商可以使劳动分工更合理，生产的专业化程度更高，大型机器和高科技设备的应用使各种生产要素得到充分利用，通过这些来提高劳动生产率，降低固定成本。在这种情况下，大厂商比小厂商生产的成本更低廉，这在汽车制造业中非常典型。美国福特汽车公司日产量为 1000 辆，而这是法拉利汽车公司的年产量。福特汽车公司采取了大规模汽车生产技术，一人负责装胎、一人负责排气……这样一来，就提高了产量，降低了成本。而在法拉利，不采用大规模汽车生产技术，生产规模很小。二是平均可变成本（*AVC*）随着产量增加而下降。例如，天然气管道的输送能力取决于管线的横截面面积，这一面积随着横截面半径的平方的增加而增加。

但是，长期平均成本的降低不会一直持续，当规模继续扩大时，一定会达到一点，在这一点上，规模的经济因素和非经济因素会相互抵消。而过了这一点，会出现规模不经济。

规模不经济是指企业由于规模扩大使得管理无效率而导致长期平均成本增加的情形。如厂商在增加一倍的各种投入要素后，产量的增加却达不到一倍。同样由于假定要素价格不变，所以，规模不经济就是指要投入双倍的成本却没有得到双倍的产出。规模不经济产生的原因，主要是由于企业规模过大，造成管理人员沟通协调问题而使管理成本上升、管理效率降低、内部官僚主义、职工士气低下、决策失误等，这些都使得长期平均成本上升。

如果只有规模经济，我们所能看到的是，每个行业只有一家公司；如果只有规模不经济，我们所能看到的则都是一人公司的经济。实际上，我们所看到的是既有规模经济又有规模不经济的不同情况。在过去几十年里，美国经济出现了许多规模经济显著的初创企业。比如说英特尔（生产微型 CPU）、星巴克（经营咖啡）、微软（软件制作）、戴尔（电脑制作）、雅虎（互联网搜索引擎）等公司。但是美国通用汽车公司（GM）正在被规模不经济的现实所困扰。与竞争对手相比，通用汽车公司规模过大，造成成本上升，目前它正在创立五个汽车分部，以减少决策制定过程中的管理审批层次，试图以此降低成本。

5.5 范围经济和学习效应

5.5.1 范围经济

大多数企业生产的产品不止一种，决定生产哪些产品、生产多少以及如何生产，是厂商的经营者面临的中心问题。

厂商生产的这些产品有时候会紧密相关。例如，养鸡场生产鸡和鸡蛋、汽车厂生产小汽车和卡车等。在这种情况下，企业往往拥有生产和成本的优势，这些优势的产生可能是缘于投入要素的共同分享、生产设备的联合使用、联合的市场计划和统一的管理，因而能在安排日程、组织生产和处理财务计划等方面比各自单独管理更为有效。在有些情况下，几种产品很自然地被一起生产出来，我们称它们为**关联产品**（joint product），它们对企业是有用的。例如养羊的农场生产羊毛、羔羊肉和羊肉是十分自然的事，金属片生产厂商生产他们所能销售的剃须刀片。

范围经济（economies of scope）是指在相同的投入下，单个企业的联合产出超过两个各自生产一种产品的企业所能达到的产量，也就是单位产出的平均成本下降。如果企业的联合产出低于独立企业所能达到的产量，那么就是**范围不经济**（diseconomies of scope）。在这种情况下，一种产品的生产与另一种产品的生产有冲突。

规模经济和范围经济之间并无直接的联系，一家两种产品的企业可以在其生产过程中涉及规模不经济时获得范围经济。例如联合生产长笛和短笛要比各自生产相对便宜。然而，该生产过程涉及高熟练的劳动，并非比以小规模生产时更富有效率。同样地，一家联合产品企业在各个单独产品方面具有规模经济，但不拥有范围经济。例如，一个拥有多家企业的联合企业以大规模有效地生产，但它并不拥有范围经济的优势，因为这些企业是各自单独管理的。

在过去的 20 年中，范围经济问题在有关规则的讨论中起着重要的作用。美国电报电话公司（AT&T）曾经控制着市话和长途业务以及通信领域的研究，在瓜分 AT&T 时，有些经济学家就持反对意见，他们认为，AT&T 在这些活动中存在重要的范围经济。

5.5.2 学习效应

经济学家在解释长期平均成本下降的原因时，还经常利用学习效应的概念。

学习效应（learning effect）是指在长期的生产过程中，企业的工人、技术人员和经理可以积累起有关商品的生产、技术设计和管理方面的有益经验，从而导致长期平均成本的下降。由于管理者和工人在生产过程中掌握了经验，企业生产出既定的产出的边际成本和平均成本下降，其原因表现在：

（1）工人们在起初几次完成一定的任务时，需要较多的时间。当他们越来越熟练时，他们的速度会加快，生产力就会提高。

（2）经营者在生产实践中学会了如何使生产过程安排得更合理、更有效。

（3）产品设计师在设计中逐渐掌握了不降低产品质量而节约成本的方法。

（4）更为专业化的工具的使用。

（5）可能获得更为低廉的材料成本。

正是因为上述原因，使得企业随产出的积累增加而不断“学习”，经营者以这种学习过程来帮助制订生产计划和预测未来成本。

案例讨论

储蓄行业的成本函数

对于那些鉴于许多机构倒闭而必须决定如何调整储蓄和贷款结构的管理者来说，理解储蓄和贷款行业的规模报酬具有重要意义。因而，对成本行业的估计就显得十分有用。

有人搜集了 1975—1976 年间包括爱达华、蒙大拿、俄勒冈、华盛顿等地区的 86 家储蓄和贷款机构的数据资料。因为储蓄和贷款机构向客户提供服务，而不是有形的物质产品，因此在此情况下的产出是难以计量的，这里所报告的产出 Q 是储蓄和贷款机构的总资产。总而言之，一家机构的总资产基数越大，其营利能力就越强。长期平均成本是由平均营运成本来计算的，产出和总营运成本是以亿美元为单位，平均营运成本则表示为总资产的百分率。

我们估算出 1975 年的二次长期平均成本函数为：

$$LAC=2.38-0.6135Q+0.0536Q^2$$

估算出来的长期平均成本函数是 U 形的，当储蓄和贷款机构的总资产达到 5.74 亿美元时，长期平均成本函数达到最低点（在该点，储蓄和贷款机构的营运为总资产的 0.61%）。由于几乎所有这个被研究地区的储蓄和贷款机构的总资产都是大大低于 5.74 美元的，因而成本函数分析表明通过扩大规模或合并方式来扩展存款和贷款业务是有价值的。

然而，我们在此尚不能对这个策略的合适程度做出评价。要想做到这一点，我们需要考虑扩大规模或合并所引起的竞争程度可能带来的社会成本，还需要确保这个个别的成本函数分析准确地估计了最低平均成本点。

复习与练习

【关键概念复习】

在 B 栏中寻找与 A 栏中术语相应的解释，并将序号填在术语前边。

A	B
生产要素	1．从事生产的基本单位。
市场结构	2．由于生产规模扩大而导致长期平均成本降低的情况。
企业	3．指生产中所使用的各种资源，可以分为劳动、资本、土地与企业家才能。
生产函数	4．是使用自有生产要素而必须支付的费用，又叫做自有要素的影子价格。
内隐成本（隐含成本）	5．是在一定技术水平之下，生产要素的数量与某种组合和它所能生产出来的最大产量之间依存关系的函数。
可变成本	6．是指总成本中不随着产量的变动而变动的成本。诸如厂房和机器设备的折旧、租金的支出、企业债务的利息等。
固定成本	7．是指总成本中随着产品的变动而变动的成本。诸如原材料、燃料、辅助材料以及劳动力等可变资源的支出。
规模经济	8．指的是某一个行业中垄断与竞争的程度。
范围经济	9．在长期的生产过程中，企业的工人、技术人员和经理可以积累起有关商品的生产、技术设计和管理方面的有益经验，从而导致长期平均成本的下降。
学习效应	10．在相同的投入下，单个企业的联合产出超过两个各自生产一种产品的企业所能达到的产量，也就是单位产出的平均成本下降。

【思考与练习】

（一）填空题

1．________指生产中所使用的各种资源，可以分为劳动、资本、土地与企业家才能。

2．________是从事生产的基本单位。

3．由于生产规模扩大而导致长期平均成本降低的情况叫做________。

4．________是使用自有生产要素而必须支付的费用，又叫做自有要素的影子价格。

5．________是在一定技术水平之下，生产要素的数量与某种组合和它所能生产出来的最大产量之间依存关系的函数。

6．________是指总成本中随着产品的变动而变动的成本。诸如原材料、燃料、辅助材料以及劳动力等可变资源的支出。

7．________是指总成本中不随着产量的变动而变动的成本。诸如厂房和机器设备的折旧、租金的支出、企业债务的利息等。

8．在长期的生产过程中，企业的工人、技术人员和经理可以积累起有关商品的生产、技术设计和管理方面的有益经验，从而导致长期平均成本的下降，这种现象叫做________效应。

9．相同的投入下，单个企业的联合产出超过两个各自生产一种产品的企业所能达到的产量，也就是单位产出的平均成本下降，这种现象叫做________经济。

10．在市场经济中，企业一般采取________、________和________三种形式。

11．生产要素是指生产中所使用的各种资源，这些资源可以分为________、________、________和________。

12．边际产量递减规律发生作用的前提是____________。

13．边际产量曲线与平均产量曲线相交于 ____________曲线的最高点。

14．总产量曲线、平均产量曲线和边际产量曲线都是先上升而后下降，这反映了___规律。

15．在边际产量曲线与平均产量曲线相交前，边际产量 ____________平均产量；在相交后，边际产量____________平均产量；在相交时，____________达到最大。

16．在短期，管理人员的工资属于________成本，生产工人的工资属于________成本。

17．短期边际成本曲线与平均可变成本曲线相交于平均可变成本曲线的_______点，这个点被称为________点。

（二）单项选择题

1．生产成本是由（　　）。

A．显明成本加隐含成本构成　　B．显明成本加可变成本构成

C．固定成本加可变成本构成　　D．固定成本加隐含成本构成

2．当产出增加时，*LAC* 曲线下降，这是由于（　　）。

A．规模的不经济性　　B．规模的经济性

C．收益递减规律的作用　　D．上述都正确

3．如果一个企业经历规模收益不变阶段，则 *LAC* 曲线是（　　）。

A．上升的　　B．下降的　　C．垂直的　　D．水平的

4．已知产量为 19 单位时，总成本为 195 元，产量增加到 20 单位时，平均成本为 10 元，由此可知边际成本为（　　）元。

A．5　　B．10　　C．15　　D．20

5．随着产量的增加，*AFC*（　　）。

A．先递减后递增　　B．先递增后递减

C．一直趋于递减　　D．一直趋于递增

6．*LAC* 曲线（　　）。

A．当 $LMC<LAC$ 时下降，而当 $LMC>LAC$ 时上升

B．通过 *LMC* 曲线的最低点

C．随 *LMC* 曲线下降而下降

D．随 *LMC* 曲线上升而上升

7．*MC* 曲线与 *AC* 曲线相交于（　　）。

A．*AC* 曲线的最低点　　B．*MC* 曲线的最低点

C．*AC* 曲线上的任一点　　D．*MC* 曲线上的任一点

8．某厂商每年从企业的总收入中取出一部分作为自己所提供生产要素的报酬，这部分资金被视为（　　）。

A．固定成本　　B．隐性成本　　C．会计成本　　D．生产成本

9．经济学中短期和长期划分取决于（　　）。
A．时间长短　　B．可否调整产量
C．可否调整产品价格　　D．可否调整所有生产要素

10．在长期中，不存在（　　）。
A．不变成本　　B．平均成本　　C．机会成本　　D．隐含成本

11．不随产量变动而变动的成本称为（　　）。
A．平均成本　　B．不变成本　　C．长期成本　　D．总成本

12．随着产量的增加，平均固定成本（　　）。
A．在开始时上升，然后趋于下降　　B．在开始时下降上升，然后趋于上升
C．一直趋于上升　　D．一直趋于下降

13．边际成本低于平均成本时（　　）。
A．平均成本上升　　B．平均成本下降
C．成本下降　　D．平均可变成本上升

14．对应于边际产量的递增阶段，短期总成本曲线（　　）。
A．以递增的速率上升　　B．以递增的速率下降
C．以递减的速率上升　　D．以递减的速率下降

15．长期总成本曲线是各种产量（　　）。
A．最低成本点的轨迹　　B．最低平均成本点的轨迹
C．最低边际成本点的轨迹　　D．平均成本变动的轨迹

16．长期边际成本曲线呈 U 形的原因是（　　）。
A．厂商的生产由规模经济向规模不经济变动　B．边际效用递减规律
C．生产规律　　D．劳动产出递减规律

17．当生产要素增加 10%时，产量的增加小于 10%的情况是（　　）。
A．边际成本递减　　B．长期平均成本曲线向右下方倾斜
C．存在规模收益递增　　D．存在规模收益递减

18．如果一个企业经历规模收益不变阶段，则 *LAC* 曲线是（　　）。
A．上升的　　B．下降的　　C．垂直的　　D．水平的

（三）判断题

1．某厂商每年从企业的总收入中取出一部分作为自己所提供生产要素的报酬，这部分资金被视为固定成本。（　　）

2．经济学中短期和长期的划分取决于时间长短。（　　）

3．长期成本分为长期固定成本和长期可变成本。（　　）

4．在长期中，不存在不变成本。（　　）

5．不随产量变动而变动的成本称为平均成本。（　　）

6．厂商增加一单位产量时，所增加的总成本是边际成本。（　　）

7．随着产量的增加，平均固定成本在开始时下降，然后趋于上升。（　　）

8．边际成本低于平均成本时平均成本上升。（　　）

9．短期边际成本曲线与平均可变成本曲线的交点是收支相抵点。（　　）

10．对应于边际产量的递增阶段，短期总成本曲线以递减的速率上升。（　　）

11．如果边际产量递减，那么平均产量一定也是递减的。（　　）

12．如果要素的边际产量大于平均产量，增加投入量则平均产量会上升。（　　）

13．理论上存在两条等产量曲线相交的可能性。（　　）

14．长期总成本曲线是各种产量平均成本变动的轨迹。（　　）

15．长期边际成本曲线呈 U 形的原因是边际效用递减规律。（　　）

16．当生产要素增加 10%时，产量的增加小于 10%的情况是存在规模收益递减。（　　）

17．平均固定成本在所有产量上都是不变的。（　　）

18．规模收益递减意味着长期平均成本下降。（　　）

19．如果一个企业经历规模收益不变阶段，则 *LAC* 曲线是水平的。（　　）

20．企业是以赢利为目的的，集合各种生产要素来从事生产经营活动，向社会提供产品和服务的独立经济组织。（　　）

（四）问答题

1．经济成本与会计成本的区别是什么？对待沉没成本和机会成本的正确态度是什么？

2．试说明短期总产量曲线与短期总成本曲线的关系。

3．试说明总成本曲线、总变动成本曲线、平均成本曲线、平均变动成本曲线、边际成本曲线的关系。

4．经济利润与会计利润有什么不同？

5．影响长期平均成本变化的因素有哪些？

6．当企业亏损时，为什么还要生产？

7．“小王有 10 000 元，如果存入银行一年可得利息 180 元，做小生意可以赚 500 元，炒股票可以赚 300 元。小王做小生意的机会成本就是 480 元。”这样的说法对吗？为什么？

8．王小明有一个服装厂。他每年生产 1 000 件服装，并以每件 100 元出售。他生产 1 000 件服装耗用 2 万元原料。他在工厂和设备上投资 10 万元，5 万元来自他的储蓄，并以 10%的利息借了 5 万元。王小明还可以到其他服装厂打工获得每年 4 万元的收入。请问：

（1）王小明服装厂一年的会计利润是多少？

（2）王小明服装厂一年的经济利润是多少？

9．小张有一家小造船厂。他每年制造 10 艘船，并以每艘 2.5 万元出售。建造 10 艘船的原料是 15 万元。为了生产船而建厂和购买设备是 40 万元。他自己的储蓄是 20 万元，并以 10%的利息借款 20 万元。小张若到别的船厂打工每年可获 7 万元收入。请问：

（1）小张一年中可获得的总收益是多少？

（2）他生产 10 艘船所引起的显性成本是多少？

（3）生产 10 艘船的总机会成本（显性与隐性）是多少？

（4）小张的会计利润是多少？

（5）小张的经济利润是多少？

10．你的朋友有一个大花园，并种植了水果和蔬菜，以便在当地市场上出卖。你的朋友说：“夏天，我雇了一个放暑假的大学生帮我，我的生产翻了一番还多。明年夏天，我将雇用两三个帮手，而且，我的产量将增加三四倍还多。”请问：

（1）如果所有生产过程最后都表现出可变投入的边际产量递减，你的朋友雇用的帮手第二年夏天翻一番，他的产量也翻一番吗？

（2）他雇用的工人越多，所得到的收获就大于生产增加的比例，这可能吗？为什么？

附　录

生产曲线和成本曲线之间的图形关系

生产曲线和成本曲线之间的图形关系如图 5-6 所示。

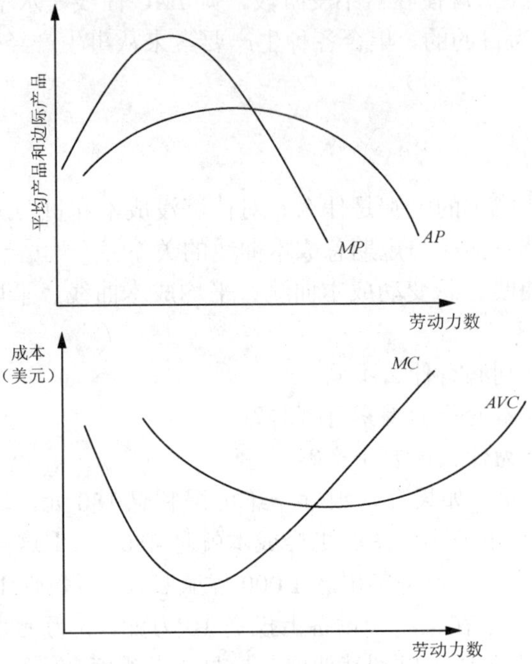

图 5-6　生产曲线和成本曲线之间的图形关系

人物介绍

道 格 拉 斯

道格拉斯（1892—　）是美国芝加哥大学教授，他对经济学最重要的贡献是对生产的研究，他研究所形成的“柯布—道格拉斯生产函数”（$Q = AL^{\alpha}K^{\beta}$）已为经济学家所熟知。

道格拉斯是一位极其有趣的教师。有一天，他进教室时提着一包橙子，为了向大家解释边际效用递减规律，他依次将橙子一个又一个地抛给学生，直到学生们大叫“别给了”。这样一来，谁还会忘记边际效用递减规律呢？

第6章 厂商行为理论

【导学】本章我们把生产者和消费者的行为结合起来，考察市场价格是如何决定的。微观经济学的研究可以分为三个层次：一是假定价格给定（固定不变），考察消费者和生产者如何进行优化选择。二是从消费者和生产者相互作用的过程来看市场价格如何决定，产量又是如何决定的。但这种考察只限于单个产品的市场价格，实质上只研究单个行业价格和产量的决定，这个层次的分析称为局部均衡（partial equilibrium）分析。三是从各个市场的相互联系的角度来研究全部产品的价格是如何同时被决定的，这称为一般均衡（general equilibrium）分析。本章属于第二个层次。

6.1　收益与利润最大化

生产厂商生产的目的就是获得利润或赚钱，而且是获得最大利润或赚到最多的钱。

6.1.1　收益函数

我们知道，企业的利润等于总收益（*TR*）减去总成本（*TC*），即利润＝*TR*－*TC*。与总收益相关的两个概念是平均收益和边际收益。

平均收益是企业平均每销售一单位产品所获得的收益，即 $AR = TR/Q$。如果企业销售了 1000 件产品获得 6000 元，则平均收益为 6 元。

边际收益是企业每增加销售一单位产品所增加的收益，即 $MR = \Delta TR/\Delta Q$。

由此可见，厂商收益与销售量有关，收益对产量的关系被称为**收益函数**，用公式表示为：

$$R = R(Q)$$

6.1.2　利润函数

在前面，我们分别讨论过生产函数、成本函数和收益函数，产量最大化、平均成本最小化和总收益最大化的最终目标是要实现利润最大化。

生产厂商生产是分为短期和长期的，但无论是短期还是长期都是要获得最大利润，其遵循的原则是：生产的产量要确定在边际收益（*MR*）等于边际成本（*MC*）之处。

利润是总收益与总成本的差额。当总收益超过总成本时，厂商有超额利润；当总成本超过总收益时，厂商出现亏损。设利润用 π 表示，则有：

$$\pi = TR - TC$$

收益和成本都是产量的函数，因此，利润也是产量的函数：

$$\pi(Q) = TR(Q) - TC(Q)$$

厂商从事经济活动的目的，在于追求最大利润。因此，厂商在决定产量，或者说选择什么样的价格与产量组合时，一方面要考虑增加产量能增加多少收益，即边际收益（*MR*）；另一方面要考虑增加产量会增加多少成本，即边际成本（*MC*）。当产销量的增加所带来的收益增量超过成本增量时，增加产量是有利可图的；当产销量的增加所带来的成本增量反而超过收益增量时，增加产量就无利可图。因此，只有当产销量的增加所带来的收益增量等于成本增量，即 *MR*＝*MC* 时，产量与价格组合能给厂商带来最大利润。当 *MR*＝*MC* 时，利润真的是最大吗？我们来证明一下：

当 *MR*＞*MC* 时，只要产量增加，利润就会增加，因此还未达到利润最大；

当 *MR*＜*MC* 时，只要产量增加，利润就会减少，因此也不是利润最大；

因此，只有当 *MR* ＝ *MC* 时，利润才是最大。

上面的分析在形式上是正确的。但是，这种边际主义解释在对照实现企业的行为时，却遇到了困难。大量调查和实证分析发现，现实中的企业并不在 *MR* ＝ *MC* 处生产，或者说，需求的瞬息万变，使企业根本无法知晓边际收益、边际成本及其相交的产量在哪里。收益和成本曲线也许是不连续的呢。另外，企业也不总是根据需求来调整价格，而是通常采用成本加成定价，而且在不同的场合，企业会实行有针对性的差别定价。

6.2 企业行为与市场结构

如果你们当地的加油站把它收取的汽油价格提高 20%，就会发现它的销量大幅下降。它的顾客会很快转而去购买其他加油站的汽油。与此同时，如果你们当地的自来水公司提高水价 20%，则会发现水的销量只有微不足道的减少。人们也许会买一个节水的水龙头，但他们很难将用水量大幅度减少。汽油市场和自来水市场的差别是显而易见的：有很多企业卖汽油，但只有一家市政自来水公司在供水。正如你想到的那样，这种市场结构的差别影响了这些市场经营的企业的生产与定价决策。

在我们生活的这个时代，每天都有大量的企业开张和停业，并涌现出可口可乐、宝洁、波音等巨无霸型的现代企业王国，主导着世界范围内某一行业的经济活动。

6.2.1 市场结构

企业的生存与发展都离不开市场，所谓**市场**（market）是指对某种产品有现实需求和潜在需求的消费者群，这是企业生存和发展的基础。市场是各个经济单位产生经济关系进行交易的制度框架。

市场结构（market structure）指的是某一个行业中垄断与竞争的程度。它主要包括：市场中互相竞争厂商的数量、厂商的相对规模（集中程度）、技术和成本条件以及厂商进入和退出行业的难易程度等因素。不同的行业具有不同的结构，这些结构影响着管理者制定的决策。

传统上，按行业内部企业之间的竞争程度将各行业分类，一般分为四类。一种极端类型是完全竞争，即存在着非常多的相互竞争的企业，每一企业相对于整个行业来说都非常小，没有影响价格的能力。另一种极端类型是垄断，即在该行业内只有一个企业，因此不存在来自本行业内部的竞争。处于中间状态的两种类型是垄断竞争和寡头垄断，前者是指有很多的相互竞争的企业，新企业可以自由进入该行业；后者是指只有几个企业，而且新企业的进入受到严格的限制。

为了更准确地区分这四种类型，我们需要引入市场集中度和绩效理论。

如果一个市场当中有无数家企业在竞争，那么会造成竞争过度和浪费过大，而完全垄断也不好。**市场集中度**（也叫**市场集中率**）是指某一行业的生产和销售是集中在少数企业还是分散在众多企业中，或者说少数企业对该行业的控制程度。最常用的是四家集中率（CR4）和赫芬达尔—赫希曼指数（HHI）。

四家集中率（CR4），即某一行业中最大的四家企业在整个市场销售额中所占的比例。

假设某一市场中的总销售额为 2000 亿元，这个市场上最大的四家企业的销售额分别为 500 亿元、400 亿元、350 亿元和 300 亿元，则这个行业的四家集中率就是：

$$\text{CR4}=(500+400+350+300)\div 2000\times 100\%=77.5\%$$

赫芬达尔—赫希曼指数是计算某一市场上 50 家最大企业（如果小于 50 家就是所有企业每家企业占有份额（取百分数的分子）的平方之和。

假设某个市场上最大的 50 家企业的市场占有率分别为 10%，9%，8%，…，0.1%，则有：

$$HHI=10^2+9^2+8^2+\cdots+0.1^2$$

四家集中率和赫芬达尔—赫希曼指数都是反映市场垄断程度的指标。

表 6-1 总结了常见的四种市场结构和市场集中度的关系。

表 6-1　四种不同的市场结构类型

市场结构	厂商数目和市场集中度	产品差别程度	接近市场	主要营销策略
完全竞争	厂商极多，市场集中度为零	完全无差别产品	农产品市场和金融市场（期货、股票）	市场交易或拍卖
垄断竞争	厂商许多	有许多真实的或虚幻的差别	零售业（糖果、餐饮、食品、烟、酒，小说、电影、化妆品……）	价格竞争、广告宣传制造差异化
寡头垄断	几个厂商，市场集中度高（超过 60%，HHI 为 1800 以上）	差别很小（钢铁）或有差别（汽车）	钢铁、汽车、石油、矿产品	相互勾结（公开或者隐蔽）
完全垄断	单一厂商，市场集中度最高（C1 为 100%，HHI 为 1 万）	唯一的产品，没有接近的替代品	公用事业（如水、电、邮局）和微软 Windows	差别定价和广告

6.2.2　市场结构和经济绩效

以美国贝恩等为代表的产业经济学家还提出了结构—行为—绩效理论（SCP 模型）。

S——**市场结构**（structure）是指一个市场的组织结构特征，主要衡量标准有市场集中度，可以通过市场上的买者或卖者的数量和大企业所占比重表达出来。

C——**企业行为或市场行为**（conduct）是指企业在根据市场供求条件并考虑与其他企业关系的基础上，为取得竞争优势所采取的各种决策行为，它包括价格策略、产品策略、排挤对手等。

P——**市场绩效**（performance）则是指企业在市场竞争中所获得的最终成果的总和，反映了市场运行的效率，包括利润率水平、技术进步、充分就业等。

贝恩认为市场的基本条件（成本、需求、技术等）决定了市场结构，市场结构（市场集中度、产品差异化、进入壁垒、垂直一体化和联合一体化）又决定了企业行为（产品价格、生产能力、广告和研发能力、商业目标、投资行为等），企业行为决定了整个行业的市场绩效（生产和分配效率、效益、就业等）。因此，经济学家看到了下面一个因果关系：

（市场）结构 ⟶ （企业）行为 ⟶ （行业）绩效

贝恩的研究结论是：（1）在进入壁垒很高的产业中，大企业一般可以比进入壁垒相对较低的同类企业获得较高的报酬率；（2）市场集中度对获得能力具有正效应，尤其在进入壁垒较高的产业中，市场集中度越高，大企业的利润率越高。可见，企业的绩效和成长取决于企业所处的市场结构和所采取的市场行为。

6.3 完全竞争市场

完全竞争（perfect competition）又称**纯粹竞争**（pure competition），是指一种不受任何阻碍和干扰的竞争。**完全竞争市场**是指没有任何垄断因素的市场。要形成这一市场，必须满足以下四个条件：

（1）市场存在大量的生产者和消费者，每一个行为者只占极微小的市场份额，以至于没有谁能够独自影响市场价格，他们面对的是一条完全水平的需求曲线。单个买者或卖者只是“价格的接受者”（price taker），而不是价格的制定者（price maker）。市场中的所有一方只是根据自己的利益独自决定如何行动，这些行动汇集起来共同决定市场价格。

（2）市场上的产品是同质的（homogenous），不存在产品差别。这种产品差别不是指不同产品之间的差别，而是指同种产品在质量、包装、牌号、销售条件等方面的差别。例如，产品差别不是指自行车与汽车的区别，而是指自行车在质量、包装、牌号、销售条件等方面的差别。由于产品差别会形成垄断，因此只有不存在产品差别，厂商之间的产品完全可以互相替代，厂商就无法以自己产品的特点来形成垄断优势，在不存在垄断的情况下才能实现完全竞争。在这种市场中，消费者购买哪一个厂商生产的产品不存在偏好，影响消费者选择的唯一因素是价格。这就意味着如果一个厂商只是稍微提高他的产品的价格，所有的消费者就会转而购买他的竞争者的产品。当产品的价格相同时，消费者在选择购买哪个厂商的产品时则是完全随机的。

（3）生产要素的流动是自由的。当外部条件（如产品价格或消费者的需求）发生变化时，行业会对产量进行相应的调整，而这种调整往往会带来部分资源流入或流出该行业。在完全竞争条件下，这种流动是自由的，要素进入或退出没有人为的和自然的壁垒。人为的壁垒主要包括政府要求的对进入某一行业要求的执照或特许、某种产品的生产专利等；自然壁垒包括行业的规模经济、自然条件等。在完全竞争市场中，厂商可以根据自己的意愿，不受任何阻碍地进入或退出某个行业。

（4）市场信息是畅通的。生产者和消费者都可以获得有关现在和将来市场情况的完整而充分的市场供求信息，他们可以据此做出正确的决策。对生产者来说，充分的信息包括产品的生产方法（生产函数）、投入要素的价格、产品的价格；对消费者来说，包括他们自己的偏好、收入、产品的价格。买卖双方的信息是对称的。

在上述条件中，前两个条件是最基本的。事实上，要寻找一种完全符合上述条件的市场是非常困难的，但是作为一种理想的市场结构，它提供了一个标准，基于这种标准，我们就可以比较一个实际产业部门所具有的特征。并且，这一理论模型分析说明了完全竞争以外的市场中所具备的各个变量之间的重要关系。因此，对它进行分析是非常有意义的。

现实中，接近于这些条件的市场是农产品市场。因为农产品是由众多农户提供的，消费者也很多，农产品基本属于无差别产品，厂商可以自由进入或退出该行业。除了农业，某种意义上没有哪个市场是完全竞争的。

案例讨论

你见过大米、小麦的广告吗？

我们每天听广播，看电视、报纸杂志都不得不接收泛滥成灾的广告。你有没有见到农民推销大米、小麦的广告？有没有看见石油、黄金、股票或者外汇市场的广告？

上述市场（黄金市场、股票市场、外汇市场、基本金属市场）和大多数农产品市场一样都是接近完全竞争的市场。

思考：美国四家运动鞋生产商（Nike、Reebok、Adidas、FILA）面临的市场和农产品市场是否一样？

6.4 完全垄断市场

如果你有台个人电脑，也许这台电脑就使用了微软公司（Microsoft Corporation）的操作系统——某种 Windows 软件。当微软公司在许多年前第一次设计 Windows 软件时，它申请并得到了政府给予的版权，版权给予微软公司排他性地生产和销售 Windows 操作系统的权利。因此，如果一个人要想购买 Windows 软件，他除了接受微软决定对这种产品收取的将近 100 美元的价格之外别无选择，可以说微软公司在 Windows 软件上有垄断地位。

完全垄断市场通常称为**垄断市场**，与完全竞争相比，它是另一种极端的市场结构。在这种市场中，一种产品被某一家企业独家控制。从理论上讲，完全垄断具有以下特点：

（1）在一种产品市场上，由一家企业提供所有的产量，企业就是行业。市场没有任何可与之替代的产品，垄断企业不存在直接的竞争者。

（2）垄断企业是产品价格的制定者，而不像完全竞争企业那样是价格的接受者。它能够自行决定产品的产量和价格，以实现企业利润的最大化。

（3）垄断企业为实现利润最大化，可在不同的销售条件下对产品制定不同的价格，即实行差别定价。

（4）非价格竞争。完全垄断企业生产的产品可能是标准化的（例如天然气和电力），也可能是差异化的（例如 Windows）。生产标准化产品的垄断企业主要是开展公共关系的广告，而生产差异化产品的垄断企业有时候会为它们产品的品质和品牌形象做广告。

在现实经济中，完全垄断是较少存在的，除了文物、古董等少数产品外，大多数产品在一定程度上都可以找到替代品，因而一个行业中不一定只有一个供给者。如美国的邮政业务是垄断的，但是美国的包裹邮寄业务面临着美国包裹服务公司（UPS）的竞争。

为什么有些市场接近完全竞争，而另一些市场则近乎垄断？是什么因素影响着市场的不同竞争程度？是什么因素促成了垄断状态的产生？我们知道，要进入完全垄断市场的可能性是极其微小的，说不定还会小于你买一张彩票中特等奖的几率。形成垄断的主要原因有以下几个方面。

（1）规模经济的需要。某些行业的生产，由于规模报酬递增的存在，当企业规模扩大时，它的平均成本会随着产量的扩大而降低。换句话说，一个行业内，如果有一个企业能够比别的企业生产更多的产品，那么，它的平均成本就低于其他企业，这个企业就能在扩大产量的同时降低产品的价格，最终使其他企业在本行业无利可图而退出，于是，该企业就垄断了这个行业。这样的行业需要巨大的资本设备才能有效地经营，因为生产量大，可以有效地降低成本，如自来水、天然气、电力供应等。这种由生产的技术特性造成规模经济引起的垄断，一般称为**自然垄断**。大规模公用事业，像电话、供电、高速公路等都具有自然垄断的特点。

（2）技术壁垒。如果除垄断者之外别无他人掌握某种生产技术或诀窍，这个市场就自然成为完全垄断市场。当然，技术诀窍一旦为他人所知，企业的垄断地位也将不复存在。在技术飞速发展、商业情报活动无孔不入的现代社会中，生产“绝技”是很难长期保密的。据说，可口可乐的配方是最长寿的商业机密，多少年来，尽管许多软饮料生产企业仿制了口味十分相近的饮料，但还是配制不出可口可乐的特色。

（3）资源壁垒。这是指由于资源分布的空间性、区域性，而使其他企业因无法取得相应资源而不能进入某一行业。这往往在某一特定资源被企业独家控制的情况下发生。例如，直到第二次世界大战以前，“Alcoa 公司”（美国铝土公司）控制了几乎全美国的所有铝矾土，由于铝矾土是生产铝的主要原料，因而该公司便垄断了美国的铝的生产。再如，南非的戴比尔斯（DeBears）公司是钻石市场的垄断者，因为南非所有的钻石资源几乎全部被该公司占有，其产量占世界产量的 80%以上。

（4）法律壁垒。有些独家经营的特权是由法律规定并受其保护的，专利和版权便是法律特许的垄断。为了鼓励发明创造，保护发明家和投资者的利益，几乎所有的国家都制定了专利法。这些发明创造和版权一旦经过审核批准，就获得了独家经营的特权，在其有效期内便是垄断者。例如，当玻璃纸刚刚发明出来时，美国的 DuPont（杜邦）公司就凭借其专利权，垄断了全部玻璃纸的生产。

（5）策略壁垒。有时候，企业可以高筑壁垒，以确立或巩固其垄断地位，这就是策略性壁垒。我们可以通过下面一个案例来说明。

案例讨论

羊肠制成的猫肠线

常说兵不厌诈，商业上的谋略诡诈绝不亚于军事。用羊肠制作乐器的弦线是一个古老的发明，在现代金属弦线面世之前，小提琴、二胡等乐器都以羊肠线为弦线。相传，用羊肠制作弦线，最早在公元 130 年前为一个罗马人所发明。羊肠弦线很受欢迎，发明者一下子赚了很多钱，为了防止别人仿照，他传言他的弦线是用猫肠制作的。原来，在当时的罗马，人们认为杀一只猫将给全家带来灾难，有多少人愿意冒灭门之险去从事杀猫取肠的生意呢？

戴比尔斯公司为什么要限制供给量

据《纽约时报》披露，受控于戴比尔斯联合矿业公司的中央销售组织很可能是世界上最成功的垄断者。它 1880 年在南非创立，在 1990 年以前，其天然钻石的产量占全球钻石产量的 99%以上。目前，该公司钻石开采量也占世界开采量的 15%，并控制着八成以上的极品钻石的存货。1989 年上半年，其销售额超过 20 亿美元。

没有人怀疑戴比尔斯可以决定钻石的价格。但事实上，一旦钻石的需求出现下降（如 20 世纪 80 年代初），该公司便收购钻石，以便保持钻石的价格。除了限制供给量之外，该公司还苦心孤诣地推进其销售战略，将钻石与浪漫加以磨合，其历经 50 年之久的宣传口号是“钻石恒久远，一颗永流传”。这样，即使在时势艰难时，变卖一种能滋润持久情怀的商品可能性也很小，这使公司得到了丰厚的回报，但消费者却要支付比竞争性钻石市场条件下更高的价格。

讨论： 为什么占绝对垄断地位的戴比尔斯公司要限制供给量，并苦心孤诣地推进其销售战略？

6.5 垄断竞争市场

你漫步进入一家书店准备买一本假期读的书，在书架上找到了一本古龙的武侠小说、一本琼瑶的爱情小说、一本安徒生的童话，还有许多其他可供选择的书。当你挑选出一本并要买下时，你是在参与哪一种市场？

一方面，书的市场看来是极富竞争性的，当你观察书店的书架时，发现了许多吸引你的作者和书籍。这个市场上的买者都有可供选择的成千上万种竞争的产品。而且，因为任何一个人都可以通过写作和出版一本书而进入这个行业，所以经营书并不十分有利。对高收入的小说家来说，总有数以百计的人在争夺这一地位。另一方面，书的市场看来极有垄断性，因为每本书都是独一无二的，出版商在某种程度上可以选择所收取的价格，这个市场上的卖者是价格决定者，而不是价格接受者。而且实际上，书的价格大大超过了书的边际成本。例如，一本典型的精装本小说的价格是 30 元左右，而多印一本小说的成本低于 10 元。

垄断竞争（monopolistic competition）市场是有许多出售相似而不相同产品的企业的市场结构，是既有竞争因素又有垄断因素的一种市场类型。它的基本特征如下：

（1）同一行业中的每个厂商生产的是异质产品，即每个厂商的产品都具有自己的特色，不同厂商的产品之间存在着差异，这种差异可能是因为设计、技术不同或原材料不同，也可能是因为产品外观形状、包装、商标等不同而产生的，甚至厂商的地理位置、服务态度的不同也构成了产品差异的一个方面。当然，这些不同厂商生产的产品又是相似的，它们之间有很大的替代性。由于产品有差别，因此这些产品之间不能完全替代。经济学家认为，因为产品有差别，所以每个厂商生产的产品特色便构成了垄断因素，产品的差别越大，垄断程度也就越高。另外，因为产品之间有替代性，因此不同厂商之间存在着激烈的竞争，替代程度越高，竞争也就越激烈。

（2）同一个行业中有许多厂商，他们都能对市场价格产生一些影响，但这种影响是有限的。这些厂商是独立行动的，并不互相勾结以控制市场价格。由于同一行业中有许多厂商，一个厂商的决策不至于引起其他厂商的对抗行动。

（3）厂商比较容易进出这个市场。一般说来，垄断竞争厂商主要是指日用工业品、手工业、零售商业及维修服务业等行业中的厂商，这些行业中的厂商规模并不太大，因而进出行业的障碍不大。

在现实经济中，垄断竞争是一种普遍现象，特别在零售业和服务业中。略微想一下，就可以列出一系列具有垄断竞争特征的市场，如书籍、CD、电影、电脑游戏、餐馆、点心及家具等。

6.6 寡头垄断市场

在中国，如果你要选择一家通信服务商，那么只能从中国电信、中国网通、中国联通、铁通公司、中国移动几家当中选择。原因在于中国的所有通信服务都是由这五家企业提供的。另一个例子是世界石油市场：中东少数几个国家控制了世界大部分石油储藏。类似地，当一个行业中只有“三大”、“四大”或者“六大”企业的时候，该市场就是一个寡头垄断市场。

寡头垄断（oligopoly competition）**市场**又称为**寡占市场**，是指少数几家厂商控制整个（或绝大部分）市场产品的生产和销售的市场组织。汽车工业、石油工业、钢铁工业等行业的市场，通常被认为是典型的寡头市场。寡头市场更偏重于垄断。

寡头市场的特征主要有三个。

（1）极少数屈指可数（a few）的大生产商。如：美国汽车由通用、福特公司控制，电气设备主要由通用电气、威斯汀豪斯电气公司控制，零售业主要由沃尔玛等几家大企业控制。

（2）寡头厂商对价格有控制力，但相互依赖。这是寡头市场最基本、最突出的特征。这也导致了寡头的价格和产量的决定成为一个很复杂的问题。其主要原因在于：寡头市场中企业数目很少，每个企业的产量在市场的总产量中占一个较大的比重，价格和产量的变动都会对其竞争对手以至整个行业的产量和价格产生举足轻重的影响。因而，每个寡头厂商在采取某种行动时必须考虑其他厂商的反应，然后才能在考虑到这些反应方式的前提下采取最有利的行动。这使得寡头垄断厂商的决策在结果上具有很大的不确定性，也使寡头垄断市场的理论变得非常复杂。

（3）为了减少这种不确定性，寡头厂商之间会相互影响。在这方面，因条件假设的不同，会有许多不同的寡头垄断模型。所以，价格不是由市场供求决定，而是由少数寡头通过有形或无形的勾结、价格领导、形式不同的协议、默契等方式决定；寡头厂商的竞争手段是多种多样的，一旦价格和产量确定之后，就具有相对的稳定性，所以，各个寡头厂商相互之间容易达成某种形式的相互勾结和妥协，也就是通常所说的在竞争中达成妥协，在妥协中展开竞争。本节介绍两种模型：卡特尔和博弈。

① 公开勾结：卡特尔。

互相竞价势必导致寡头们两败俱伤。因而，厂商之间的勾结不可避免。卡特尔（Cartel）就是寡头垄断厂商之间用公开和正式的方式进行勾结的一种形式。它是一个行业的独立厂商之间就价格、产量和市场划分等事项达成明确的协议而建立的垄断组织。在卡特尔中，参与市场活动的各个厂商往往签订关于价格、产量和销售区域等事项的明确协议。如石油输出国组织（OPEC）就是典型的卡特尔。1960年，阿拉伯主要产油国家组成石油输出国组织，70年代中东战争后，石油输出国组织联合行动，压缩石油产量，抬高价格，对世界石油市场产生了很大影响。假如一个卡特尔能够根据该行业产品的需求状况和各厂商的成本情况按利润极大化原则确定价格和产量，这样的卡特尔就可以视同完全垄断厂商了。

在确定了卡特尔的总产量后，卡特尔组织会按照事先达成的协议向各成员厂商分配产量配额，一般来说，为了整个卡特尔组织的利润最大化，卡特尔组织会按照所有成员的边际成本都相等的原则分配产量，但是，由于各个成员的经济实力不同，从而获得产量配额的机会也不均等。

卡特尔组织是不稳定的。上述的产量分配方式虽然是一种理想的分配方式，但在现实中很难实现。因为卡特尔成员厂商之间的产量分配受到各厂商的地位、已有的生产能力和销售规模的影响，而且卡特尔的成员可以避开卡特尔另做手脚，通过秘密的价格回扣等形式破坏协议中规定的限额。只要卡特尔的其他成员不对他进行制裁，该厂商就可以稳定地获得超额利润，但如果卡特尔的其他成员厂商也这样做，卡特尔就会解体。

案例讨论

全国大学生体育协会是不是卡特尔组织

大学体育运动也是一个很大和非常有利可图的产业。在美国，有一个组织叫全国大学生体育协会（NCAA）。NCAA在许多重要的体育活动中限制竞争。为了减少学生运动员的讨价还价能力，NCAA制定并执行关于补贴资格和补贴标准的规则；为了减少企业之间的竞争，它限制各个赛季举办比赛的次数和各分区允许参赛的队数，并且限制价格竞争；直到1984年为止，NCAA一直是所有橄榄球转播合同的唯一谈判人，从而垄断着行业收益的主要来源。

讨论：NCAA是不是卡特尔组织？它能持久地限制大学体育活动中的竞争吗？

② 博弈。

在竞争市场上，相对于市场而言，每个企业如此之小，以至于相互之间的战略相关性无关紧要。在垄断市场上，由于市场只有一家企业，因此也没有战略相互作用。但是，正如我们将要说明的，博弈论对理解寡头企业的行为十分有用。

一个称为“囚徒两难”的博弈情景说明了维持合作的困难。即使在合作时使所有人状况变好，人们也往往选择不合作。囚徒两难处境的故事包含着一个一般性结论，这个结论适用于任何一个力图维持其成员合作的集团。

案例讨论

囚徒两难——小故事中的大理论

囚徒的困境博弈的基本模型是这样的：警察抓住了两个合伙犯罪的罪犯，但却缺乏足够的证据指证他们所犯的罪行，如果其中至少有一人供认犯罪，就能确认罪名成立。为了得到所需的口供，警察将这两名罪犯分别关押以防止他们串供或结成攻守同盟，并给他们同样的选择机会：如果他们两人都拒不认罪，则他们会被以较轻的妨碍公务罪各判1年徒刑；如果两人中有一人坦白认罪，则坦白者从轻处理，立即释放，而另一人则将重判8年徒刑；如果两人同时坦白认罪，则他们将被各判5年监禁（如表6-2所示）。

表6-2 囚徒两难

囚徒2 \ 囚徒1	坦　白	不坦白
坦　白	−5，−5	−8，0
不坦白	0，−8	−1，−1

囚徒面临着两难的选择——坦白或抵赖。显然最好的策略是双方都抵赖，结果是大家都只被判1年，因为都“不坦白”各得－1显然比都“坦白”各得－5好得多。但是由于两人处于隔离的情况下无法串供，并且各自都追求自己的最大利益而不会顾及同伙的利益，双方又都不敢相信或者说指望对方有合作精神，因此只能实现对他们都不理想的结果（都坦白）。由于这种结果具有必然性，很难摆脱，因此这个博弈被称为“囚徒困境”。

事实上，寡头企业经常像囚徒博弈一样做出一些决策：是否应降价？是否应限产？

考虑有两个成员的寡头市场，称为 RareAir 和 Uptown，这两个企业都生产运动鞋，都面临两种定价策略：高价或低价。这两家企业根据对手的不同定价策略（高价或者低价）共有四种可能的策略组合（如表 6-3 所示）。

表 6-3 RareAir 和 Uptown 的选择

RareAir 的决策 / Uptown 的决策	高 价	低 价
高 价	RareAir 和 Uptown 可各赚 12 万美元	RareAir 可赚 15 万美元 Uptown 可赚 6 万美元
低 价	RareAir 可赚 6 万美元 Uptown 可赚 15 万美元	RareAir 和 Uptown 可各赚 8 万美元

寡头市场中，每家企业的利润不仅取决于自己的定价策略，还取决于竞争对手的定价策略。通过表 6-3，我们发现：不管竞争对手采取什么策略，主动降价总对己有利，共谋总难以维持。正如利己使两难处境中的囚徒坦白一样，利己也使寡头企业难以维持高价格和垄断利润。

案例讨论

沃尔玛的成功之路

沃尔玛是大型连锁店行业一个极其成功的公司。沃尔玛创立于 1969 年，1976 年它已拥有 153 家分店，1986 年发展到 1 009 家，而到 1993 年，又进一步发展到 1 800 家分店；其经营的利润在 1986 年达 4.5 亿美元，1993 年则已超过 15 亿美元。

沃尔玛的成功固然有各方面的因素，但关键在于其采取了成功的市场进入策略。大多数的经营者都认为，大型折扣店依靠较低的价格、较低的装修与库存成本经营，要赚钱就必须有足够大的市场容量，因此，这类商店无法在一个 10 万人口以下的城镇经营并获得利润。但沃尔玛的经营者山姆 · 华尔顿并不相信这种说法，他从美国西南部的小镇上开始他的实践，到 1970 年就开出了 30 家“小镇上的折扣店”，并获得了巨大的成功。一个 10 万人口以下的小镇所具有的市场容量并不太大，但却足够容纳下一个大型折扣店，并能让它获得一定的利润。

到 20 世纪 70 年代中期，当其他连锁店的经营者认识到这一点时，沃尔玛已经大量占领了这样的市场。特别是对这样的小镇来说，开出一家连锁折扣店可以赢利，因为这家折扣店可以成为小镇市场上的垄断者，但如果开出两家来，市场容量就不够大，这两家折扣店就必然要亏损。因此，对小镇市场来说，连锁折扣店的竞争就面临一种市场进入的博弈。

6.7 商界应用：航空公司个案

在 6.1 节我们知道企业收益和成本决定其利润，而市场结构也对企业利润影响很大。因为，企业收益和成本都和价格有关：企业的收益由其售出产品的价格决定，企业的成本受其购买的劳动力、资本和原材料等要素价格决定。而价格又取决于市场结构——市场垄断或集中的程度。我们来看表6-4，产品市场是企业销售其产品的市场，要素市场是企业购买要素（原料、资本和劳动力等）的市场。从企业销售产品的角度来看，为了追求高价来看，市场垄断程度越高越好；而从企业购买生产要素角度来看，为了追求低价，市场竞争程度越高越好。

表6-4 要素市场和产品市场的最优组合

产品市场 / 要素市场	完全竞争	完全垄断
完全竞争	A 低收益 低成本	B 高收益 低成本
完全垄断	C 低收益 高成本	D 高收益 高成本

从表6-4中我们可以看出，企业最理想的组合方案是其中的B方案。B方案中的要素市场是完全竞争市场，而其产品是完全垄断市场。B方案中的企业利润最高（高收益、低成本）。我们再来看另外几种情况。A方案的要素和产品市场都属于完全竞争市场，在低收益和低成本的情况下企业利润很低；而C和D方案中的要素市场都属于完全垄断，但由于产品市场中D方案比C方案的垄断程度高，表面上看收益更高，但其超额利润往往因为被其高度垄断的要素供应商所剥夺，所以D方案下的厂商经常采用并购上游供应商的办法（垂直合并）使其成为自身的一个企业，这样一来可以最大程度地降低成本。

我们以航空公司为例考察一下。首先，航空公司的投入要素包括：飞机、国际机场的降落权和飞行员。世界上大飞机制造商只有欧洲的空中客车和美国的波音公司，该市场是高度垄断的；世界上绝大多数城市只有一个机场，也是垄断的；飞行员的工资待遇很高并且受行业工会组织保护。工会组织可以有效地成为劳动力供应的垄断组织。因此从要素投入角度来看，航空公司处于不利地位。至于产品市场，航空公司通过网上订票或者其他代理机构出售机票。乘客可以自由选择最便宜的机票，所以说产品市场又是高度竞争的。显然这是一个很不好的方案（C组合）。如何来解决这一难题呢？航空公司通常采用联盟的办法来解决问题。联盟可以共享乘客，降低产品市场的竞争程度；除此而外，航空公司可以互享不同机场的降落权并分享飞行员培训。至于飞机购买，可以采取集团购买的方式，大批购买可以降低成本。这样一来，可以最大程度地将一个很不好的C方案情况逐渐移动到B方案。

复习与练习

【关键概念复习】

在B栏中寻找与A栏中术语相应的解释，并将序号填在术语前边。

A	B
市场结构	1. 又称纯粹竞争，是指一种不受任何阻碍和干扰的竞争。该市场是指没有任何垄断因素的市场。

A	B
完全竞争	2．是某一个行业中垄断与竞争的程度。
完全垄断	3．市场是有许多出售相似而不相同产品的企业的市场结构，是既有竞争因素、又有垄断因素的一种市场类型。
垄断竞争	4．通常称为垄断市场。在这种市场中，一种产品被某一家企业独家控制。
自然垄断	5．少数几家厂商控制整个（或绝大部分）市场产品的生产和销售的市场组织。
寡占市场	6．由生产的技术特性造成规模经济引起的垄断。

【思考与练习】

（一）填空题

1．经济学家根据竞争与垄断的程度，把现实中的市场分为________、________、________、________四种类型。

2．在完全竞争的情况下，生产某种商品的厂商很多，他们的商品彼此之间______差别，他们增减产量对价格________影响。

3．在完全垄断的条件下，生产某种商品的厂商只有________个，其产量的高低能够影响价格。

4．在寡头垄断的条件下，生产某种商品的厂商数目________，他们可以通过勾结的方式制定价格。

5．在垄断竞争的条件下，生产某种商品的厂商________，但他们的产品彼此之间存在差别。

6．在完全竞争的条件下，平均收益曲线和边际收益曲线是________的。

7．在不完全竞争的条件下，平均收益曲线和边际收益曲线向________倾斜，并且平均收益曲线位于边际收益曲线的上方。

8．在完全竞争的市场上，厂商的产量和价格处于短期均衡的条件是________。

9．在________市场上，厂商处于长期均衡的条件是 $MR=MC=AR=AC$。

10．不论是长期还是短期，垄断厂商的产量和价格的均衡条件都是________。

（二）单项选择题

1．一个市场上只有一个厂商，生产一种没有替代品的产品，这样的市场结构称为（　　）。

A．垄断竞争　　B．完全垄断　　C．寡头垄断　　D．完全竞争

2．一个行业有很多厂商，每个厂商销售的产品与其他厂商的产品略有差别，这样的市场结构称为（　　）。

A．垄断竞争　　B．完全垄断　　C．完全竞争　　D．寡头垄断

3．下面哪一个不是垄断竞争的特征（　　）。

A．厂商数目很少　　B．进出该行业容易

C．存在产品差别　　D．厂商忽略竞争对手的反应

4．厂商获取最大利润的条件是（　　）。

A．边际收益大于边际成本的差额达到最大值　B．边际收益等于边际成本

C．价格高于平均成本的差额达到最大值　　D．以上都不对

5．在垄断市场上，价格（　　）。

A．可由厂商任意决定　　B．一旦确定就不能更改

C．受市场需求状况的影响　　D．由消费者决定

6．在垄断市场上，边际收益与平均收益的关系是（　　）。

A．边际收益大于平均收益　　B．边际收益等于平均收益

C．边际收益小于平均收益　　D．无法确定

7．最需要进行广告宣传的市场是（　　）。

A．完全竞争市场　　B．垄断竞争市场

C．寡头垄断市场　　D．完全垄断市场

8．一个行业中只有少数几家企业，每家企业都要考虑竞争对手的行为，这样的市场结构叫做（　　）。

A．完全竞争　　B．垄断竞争　　C．寡头垄断　　D．完全垄断

9．完全竞争市场上的企业不能控制的是（　　）。

A．产量　　B．价格　　C．成本　　D．生产技术

10．在完全竞争市场上，价格与边际收益的关系是（　　）。

A．价格大于边际收益　　B．价格等于边际收益

C．价格小于边际收益　　D．以上都有可能

（三）判断题

1．收益就是利润，因此，收益最大化就是利润最大化。（　　）

2．完全竞争市场中的厂商的边际收益等于市场价格。（　　）

3．完全竞争市场中的厂商的平均收益等于价格。（　　）

4．完全竞争市场中的厂商的需求、边际收益、平均收益、价格线重合。（　　）

5．完全竞争市场中的厂商不可能在亏损的状态下生产。（　　）

6．垄断市场中的价格依赖于厂商的产量。（　　）

7．完全竞争市场中的厂商可以影响市场价格。（　　）

8．范围经济是指在相同的投入下，单个企业的联合产出超过两个各自生产一种产品的企业所能达到的产量，也就是单位产出的平均成本下降。（　　）

9．四家集中率（CR4）和赫芬达尔—赫希曼指数（HHI）是衡量行业垄断程度的两个重要指标。（　　）

10．在完全竞争市场上，厂商销售的产品是同质的。（　　）

（四）问答题

1．试比较不同市场结构的经济效率。

2．在一个行业中，最大的企业市场占有份额为 10%，第二家为 9%，第三家为 8%，第四家为 7%，第五家为 6%，第六家为 5%，第七家为 4%，第八家为 3%，第九家为 2%，第十家为 1%。计算：（1）四家集中率；（2）HHI。

3．A、B 两家寡头共同占有一个市场。如果 A、B 都做广告，则各获得利润 30 亿元；如果两家都不做广告，则各获得利润 40 亿元；如果一家做广告，另一家不做广告，则做广

告者得到50亿元利润，不做广告者得到20亿元利润。用博弈论矩形图分析这两家共同的广告行为，最后会是什么结果？

4．简要说明利润最大化原则。

5．养鸡场与包子铺都是小企业，为什么养鸡场是完全竞争的，包子铺是垄断竞争的？假设你是一个包子铺老板，你应该如何创造自己的产品差别？你能永远立于不败之地吗？你应该如何做？

6．在微软公司一案中，有人认为它是垄断者，所以应该解体；有人认为它是垄断者，但不应该解体。这两种观点的区别何在？你认为应该怎样？

7．为什么在完全竞争市场上平均收益等于边际收益，而在垄断市场上却是平均收益大于边际收益？

第 7 章 微观经济政策

【导学】18 世纪经济学家亚当 · 斯密发明了“自由放任”一词，即让市场机制——“看不见的手”来配置资源。但即便是亚当 · 斯密也感到政府有时需要干预市场来解决市场失灵。本章学习要求理解和掌握市场失灵的几种情况以及解决这些市场失灵的对策。

在这一章以前，我们论述的都是市场经济的优点，市场机制可以调节产品的供求数量，可以调节生产要素的供求数量并决定要素的收入分配，使资源得到有效配置，实现消费者效用最大化和生产者利润最大化。但在实际经济生活中，市场机制并不像理论中那样完美。市场机制在很多场合并不能导致资源的有效配置，这种情况称为**市场失灵**(market failure)。市场失灵有两层含义，即社会没能使社会资源的分配达到最有效率的状态，市场也不能达到某些社会目标。因此，现代微观经济学认为，有必要通过制定和实施各种经济政策来纠正市场经济中存在的各种缺陷。造成市场失灵的原因主要有：公共物品、垄断、外部性等。市场失灵需要政府进行干预，发挥“看得见的手的功能”。本章就上述几种情况进行讨论。

7.1 市场失灵和政府失灵

7.1.1 市场失灵

“看不见的手”通常会使市场有效地配置资源，实现消费者效用最大化和生产者利润最大化。但是，由于各种原因，有时“看不见的手”也会不起作用。在实际经济生活中，市场机制也并不像理论中那样完美。市场机制在很多场合并不能导致资源的有效配置，这种情况称为市场失灵。

在车水马龙的十字路口，交通混乱，很容易发生车祸或者意外。迫切需要红绿灯来维持交通秩序。红绿灯是为每个经过路口的人提供服务的，但是实际上购买红绿灯的费用却不可能让路人来支付。因为你无法阻止任何一个没有支付费用的路人享受因红绿灯带来的良好的交通秩序。这样，红绿灯对大家来说就都应该是免费的，是共享的。没有人会支付购买红绿灯的费用，当然，也就没有生产者愿意向社会提供了。于是，市场机制的那只“看不见的手”在这里失去了它的效力。

在我国西北地区，有一种野生食用藻类植物叫发菜，这种植物黑绿色，细长丝状，像一头乱糟糟的头发，所以才有“发菜”这个名字。因为发菜是一种高蛋白低脂肪的营养品，名字又吉利，产量又极低，所以价格十分昂贵。当地居民为了增加收入，就用特制的工具从草皮上采集发菜来卖。结果，因为采集发菜，土地上的草根都被破坏了，造成草原沙漠化，沙尘暴一年比一年严重。市场机制提高了当地部分居民的收入，却破坏了整个地区居民赖以生存的环境。

同时，我们看到，“看不见的手”也不能确保公平地分配经济成果。市场经济根据人们生产其他人愿意买的东西的能力来给予报酬。世界上最优秀的篮球运动员赚的钱比世界上最优秀的棋手多，只是因为人们愿意为看篮球比赛比看象棋比赛付更多的钱。“看不见的手”并没有保证每个人都有充足的食品、体面的衣服和充分的医疗保健。许多公共政策（例如所得税和福利制度）的目标就是要实现更平等的经济福利分配。

当市场机制不能有效地配置社会资源时，就出现了市场失灵。概括地说，存在市场失灵的领域主要包括以下几个方面。

1. 公共性失灵

因为公共物品本身的特点，使得如果公共物品依靠市场供给，那么就会出现零供给。（想一下这是为什么？）一旦当公共物品过于缺乏，就会影响到经济的正常运行，甚至导致整个社会经济无法正常运行。

市场机制难以在公共物品领域发挥作用或无法导致有效率的结果，需要由政府给予弥补。很多公共物品都具有极高的社会效益，在我们的经济和社会生活中不可或缺，但是，要想依靠市场机制把它提供出来，却是非常困难的。原因在于，一方面，公共物品的生产也要支付成本，而另一方面，由于消费上的非排他性和非竞争性，公共物品一旦生产出来，又很难像普通的商品那样，实行谁付费、谁消费的原则。所以通常认为，市场在这里失灵了。

2. 垄断性失灵

我们知道，市场机制能够充分发挥作用，需要一个重要的前提：完全竞争。然而在现实经济中，广泛存在垄断和其他形式的市场结构，这些市场结构允许厂商具有决定价格的权利。一旦厂商可以自行决定价格，必然会导致其产品价格超过边际成本，出现高价格、低产量和垄断者超额利润。例如，某产业的生能过剩，如果让市场机制充分发挥作用，一部分资源就应从该产业中退出，但由于市场垄断扼杀了自由竞争，因此处于垄断地位的企业就有可能通过在暗地达成协议来限制产量，维持较高的价格，从而使这些企业在开工不足、设备闲置的情况下安然无恙地生存下去，不发生资源的移动。这显然是一种巨大的浪费。反过来，某一产业的产能不足，垄断寡头又可以通过设置种种进入壁垒，阻止资源的流入和新企业的出现，从而使自己安享超额利润。还有，一旦垄断价格得以形成，企业间的价格竞争就不存在了，垄断企业的市场地位就会相对稳定下来。竞争的压力大大减小了，企业追求技术进步的动力也就相应地减弱。不完全竞争损害了资源的配置效率，需要由政府来加以干预。

3. 外部性失灵

外部性是指某种经济活动给予这项活动无关的第三方带来的有利（正外部性）或不利（负外部性）的影响，而这些影响也没有支付任何报酬或进行任何补偿。这种活动是一种没有经济补偿的交易活动。这种活动会产生一些不由生产者或消费者承担的成本或不由生产者或消费者获得的利益。

例如，一个造纸厂的生产不但影响生产者和消费者，而且造纸引起的污染还给附近居民带来不利影响，但生产者或消费者都不承担污染的成本，仅仅靠市场机制是无法消除这种负外部性的。这是因为在市场经济中，生产者考虑的是自己生产产品的成本和收益，即私人成本和私人利益，消费者只考虑自己从购买的物品中得到的效用和付出的价格，即私人利益和私人成本。当生产者和消费者通过市场调节实现供求平衡时，市场机制却无法解决因为造纸带来的污染问题。从社会角度看，要解决污染，必须增加投入，实际上，社会成本增加了。市场机制并没有实现资源的最优配置，这就是市场失灵的表现。

4. 信息失灵

现实市场中的信息存在两个特征：信息本身具有公共物品的特征，极容易导致在市场中的供给不足；同时，信息又是不对称的，市场交易中的买者和卖者关于所交换的商品信息可能是不同的，这就导致许多决策在信息不充分的条件下作出。

我们知道，完全竞争的均衡前提是所有买者都面对相同的一组价格，而这种观念又是基于完全信息的假定。当市场的一方无法获知另一方的相关信息时，就产生了信息的不对称。俗话说：买的总没卖的精。生产者总是比消费者对商品的特性等信息知道得要多一些，这种不对称性，使买家在与卖家讨价还价的过程中处于弱势地位，从而造成不公平性，导致商品不能按照应有的价格交易，使买家受损。

除此之外，市场失灵还表现为失业、经济波动以及收入分配不公平等方面。市场经济下，会周期性地出现失业、通货膨胀现象，但市场机制对此则显得无能为力。同时，市场机制也只能保证经济效率，即通过市场竞争，优胜劣汰，按要素在生产中的贡献来分配收入，而不能保证收入分配的社会公平。因此，贫富差距必然会出现。

7.1.2 政府失灵

市场失灵的存在使得政府不得不采取某种干预行动。为了矫正市场失灵，几乎所有政府都采取它的“看得见的手”对市场进行调节，以达到促进效率、提倡公平和扶持经济增长及稳定的目的。政府调节在经济运行中能起着重要作用，弥补市场机制所存在的缺陷，使人们有理由对政府扮演的角色给予足够的重视。但是，我们必须注意到，政府的作用不能随意夸大，因为政府机制也存在失灵的问题。

公共政策并不是天使制定的，而是由极不完善的政治程序制定的。政府在干预经济过程中，由于信息的有限性以及官僚主义、腐败与寻租等原因，会造成“政府失灵”。简单地说，**政府失灵**就是政府为了矫正和弥补市场机制的功能缺陷所采取的立法、行政管理及各种经济政策手段，在实施过程中往往会出现各种事与愿违的结果，最终导致政府干预经济的效率低下和社会福利损失。

政府失灵主要表现在以下几个方面。

1. 有效信息不足

市场信息的不足是造成市场失灵的一个因素，政府往往要承担提供信息的职能或替代某些交易者进行决策。但由于现实经济生活相当复杂并难以预计，因此，如果说私人难以掌握完全的信息，那么政府同样也难以掌握充分的信息。政府“犯错”的事并不少见，一再修改自己的决策甚至否定过去的做法也是常事。

2. 政府的社会控制能力有限

政府采取某种公共政策后，对市场反应与可能采取的对策往往无能为力，从而削弱政府公共政策的实施效力。政府的社会控制能力主要表现在打击违法犯罪、维护正常的市场经济秩序和打击预防职务犯罪、遏制权力寻租这两个方面。由于法律法规不健全、不完善，不法商人钻法律法规的空子，加之“有法不依，执法不严”，个别公职人员特别是司法执法人员与黑社会势力、经济犯罪分子相互勾结，致使我国的市场经济环境还不尽理想。

例如，政府采取医疗保险或公费医疗政策却无法控制医疗费用的急剧上升；一些国家为了吸引外资或鼓励投资，对外来资本或国内某些地区实行税收优惠政策，却没有料到许多不应享受优惠的投资者钻了政策的空子等。

3. 官僚主义

由于政府行政部门的制度中存在一些缺陷，官僚在执行公共政策过程中难免会产生官僚主义。官僚主义的表现之一就是政府制定出一项决策要比私人作出决策慢得多，因为当中要经过这样的几个时滞：第一是认识时滞，从问题产生到被纳入政府考虑日程的这一段时间；第二是决策时滞，从政府认识到某一问题到政府最后得出解决方案的这一段时间；第三是执行与生效时滞，从政府公布某项决策到付诸实施以致引起私人市场反应的这一段时间。任何公共决策都难逃上述时滞。有时当针对某个问题的决策真正起作用时，该问题可能已不是什么重要问题了，而新问题的对策又需要经过上述时滞。

4. 公共政策的局限性

公共政策的决策权是由选民或选民代表投票选出的政治家掌握的，他们在作决策时会自觉不自觉地倾向于自己所代表的阶层或集团的偏好和利益，一旦既得利益集团形成后，这种格局很难被打破。即使政府的公共政策是通过投票进行，也不一定就是最优的。即使是一人一票制，其结果也可能被少数决定规则的人操纵。

5. 寻租与腐败

寻租行为是现代社会中影响较广的非生产性经济行为，即个人或利益集团为了牟取自身经济利益而对政府决策或政府官员施加影响的行为。在现代社会中，寻租行为和政府行政干预存在着密切关系，而且，政府在寻租行为中未必扮演一个被动的被利用的角色，政府往往有政治创租和抽租的行为。在寻租的行为中，人们为获取行政干预的好处而贿赂讨好政府官员，在监督体制不健全的情况下，权钱交易极易发生，贪污腐败盛行。寻租行为的蔓延具有恶性循环的趋势，一旦遏止不住，人们就会为获得超额利润而投入更多资源去获取更多的寻租机会。政府干预造成的市场行为越扭曲，寻租行为就越盛行，社会经济的内耗就越大，资源浪费就越严重。

7.2 公共物品

7.2.1 公共物品的特征和种类

1. 公共物品和私人物品

公共物品（public goods）是相对于私人物品而言的。在前几章里，我们讨论的主要是**私人物品**，即由市场提供给个人消费的商品和劳务。例如，你吃的食品、穿的衣服、戴的首饰、用的工具等。这些商品或劳务在消费或使用上具有两个特点，即竞争性和排他性。**竞争性**是指同一单位产品在一个人享用时，如果其他人同时来享用，必然会降低使用者的效用。以吃苹果为例，桌上放着三个苹果，若现两人分着吃，小张吃了两个，那么小李就只能吃到一个了；反之，小李吃了两个，那么小张就只能吃到一个了，这就是**竞争性**，即物品具有一个人使用一种物品时能够减少其他人使用的特性。**排他性**是指一个商品或服务在购买者作出支付行为之后，购买者可以有效地把他人排除在消费该物品的利益之外，即他人不能享用此种商品或服务所带来的利益。还以苹果为例，若苹果归小张所有，则小张不让别人消费这个苹果是很容易办到的。不让小李吃，小李就不能吃；反之，若小李吃了，那么小李就应该支付购买苹果的费用。也就是说，**排他性**是指物品具有可以阻止别人同时使用的特性。一般地，**私人物品**（private goods）都具有排他性和竞争性。私人物品的排他性和竞争性决定了每个人只有通过购买才能消费某种物品，即消费者只有通过市场交易向生产者购买才能消费这种物品。

公共物品（public goods）就是既无排他性又无竞争性的物品和服务。它一般是由政府部门生产或提供的，并由全体社会成员共同享用。例如，路灯是一种公共物品，你不能因为使用路灯照明而阻止其他任何一个人再利用路灯；而且你利用路灯也不影响别人利用路灯，一个路灯可以为所有过路人提供照明。公共物品很多，如国防、教育、法律、社会治安、环境保护、公共卫生、消防等。

公共物品不同于私人物品，它在消费上具有非竞争性和非排他性的特征。我们以人们喜爱看的焰火为例。每到我们中国农历正月十五的晚上，全国各地常常会举办娱乐性焰火表演，那五彩缤纷的焰火带给了人们很大的欢乐，此时许许多多家庭都会前去观看，共度月圆人圆的美好时刻。赵先生和孙先生两家是这许多观看烟火家庭中的两家，赵先生一家绝不会因孙先生一家在看而不能看，这就是**非排他性**，即物品不能排除人们同时使用的特性。而且烟火也不会因赵先生一家看了，使得孙先生一家看得少或效果不好了，这就是**非竞争性**，即物品具有当一个人享用时并不能减少另一个使用的特性。

公共物品的种类是按其两个特征来划分的，既有非排他性又有非竞争性的物品称为纯公共物品。例如，一个城市的防空警报器是一种典型的纯公共物品，因为一旦警报器响起，就不能阻止任何一个人听到它，而且某个人得到警报的好处时，他不会减少其他任何一个人的利益。只满足非排他性和非竞争性其中之一的物品称为准公共物品。例如，海洋中的鱼是一种竞争性物品：当一个人捕到鱼时，留给其他人捕的鱼就少了，但海洋中的鱼并不是排他性物品，因为海洋无边无际，对捕到鱼的渔民收费实在是太困难了。公共物品分类如表 7-1 所示。

表 7-1　公共物品的分类

	非 竞 争 性	竞 争 性
非排他性	纯公共物品： 国防、红绿灯、灯塔等	公共资源： 海洋鱼类、免费公园
排 他 性	俱乐部产品： 有线电视、看电影、俱乐部	私人物品： 汽车、衣服、食品等

在表 7-1 里，只有左上角是纯公共物品。非排他性但具有竞争性的是公共资源，如免费开放的公园。排他性但非竞争性的公共物品是俱乐部产品，如到电影院看电影。看电影收门票，当然是排他性的，但电影院还有很多空位时不会由于增加一位观众而增加成本。

7.2.2 搭便车问题和公共地悲剧

1. 搭便车问题

根据上述分析，一种物品要成为纯公共物品或准公共物品，必须具备排他性和非竞争性两个特征或具备特征之一。由于公共物品具有非排他性的特征，因此难免会产生搭便车的问题。所谓**搭便车**是指某些社会成员只愿意享用公共物品消费带来的效用，而不愿意为公共物品的生产付出代价，总是希望别的社会成员为公共物品的生产付出成本。如果所有的社会成员都作如此打算，都希望别人来承担公共物品的生产成本，那么没有一个私人生产者愿意提供公共物品，即使这种公共物品带来的收益远远大于生产成本。价格机制无法给公共物品的生产者带来刺激作用，价格机制在公共物品的供给上失灵了。在日常生活中我们就可以找到搭便车的例子，例如，许多居民小区的住户不肯向小区物业公司缴交管理费，认为他们并不需要物业公司帮他们提供安全及其他方面的服务，但是他们却可以像其他缴费的住户一样，获得同样的服务。

搭便车问题的存在，使得公共物品在私人经营的情况下，收费成为不可能。我们知道，在市场交换的条件下，一种商品或服务的价格，不是取决于它的平均成本，而是取决于它的边际成本。比如看焰火时，多一个人观看，并不会使焰火的成本有任何增加，也就是说边际成本为零。这样按照边际成本的等价原则，看焰火的每个人或家庭根本不该付费，免费消费成为应该，市场在这里会失灵。因此，国防等各类公共物品就不能通过市场供给。

2. 公共地悲剧

我们再来看公共物品上出现的另一种现象："公共地悲剧"。

一些物品在具有非排他性的同时，在消费上具有竞争性。这些物品被称为公共资源。例如，公共牧场上的草、公共河流中的鱼及无人看管的树林等。公共资源意味着有许多人共同使用一种稀缺资源，往往会发生过度使用的情况。如公共草地过度放牧、公共山林过度砍伐等。这些公共资源因过度使用而造成的后果，就是"**公共地悲剧**"。

如果说，公共物品的非排他性造成了搭便车行为的出现，那么公共资源的非排他性和竞争性则造成了公共地悲剧。在一片公共的草地上，牧民们都可以在那里放牧。对于每个牧民来说，都希望自己能够多养一头牛。因为牧民从自己的牲畜中得到直接的收益，这个收益是别人无法享用的，是他的私人物品。但在他或其他人在牧场上过度放牧时，每个人又因公共牧场退化而承受延期成本，从而遭受更大的损失。这样，公共草地上被放养的牛会不断地增加，到最后，草地会因为无法承受过度的放牧压力而被破坏。结果因不能满足草地上放养的牛的食量，致使所有牧民的牛均饿死。同样，公共河流里的鱼也会发生过度捕捞的情况；在一个没有人看管的林海中，也同样会产生乱砍滥伐的现象。

公共地是一种典型的公共资源，由于它是开放性的，要想排他性地使用非常困难，人人都想多占用，而对保护公共资源却没有动力。草地资源单靠个人是无法得到有效的维护的，即使你维护好草地资源，未参加维护者仍然可免费享用。维护的时间、成本、费用由维护者个人承担，而好处却由大家分享。因此大家都想坐享其成，想搭便车。因此，结论是：

"这是一个悲剧。每个人都被锁定进这样一个系统。这个系统迫使他在一个有限的世界上无节制地增加他自己的牲畜。在一个信奉公共地自由使用的社会里，每个人都追求他自己的最佳利益，毁灭是所有的人趋之若鹜的目的地。"

案例讨论

鸡为什么不会绝种

在整个历史上，许多动物的物种都遭受到了灭绝的威胁。但没有人担心鸡会绝种。全世界现在有多少只鸡呢？恐怕谁也不知道，但是我们知道，鸡永远也不会绝种。这是为什么呢？鲸鱼正濒临绝种，那么为什么鸡多得不行而鲸鱼这么稀少呢？为什么母牛有很多而大象正越来越少呢？

当欧洲人第一次到达北美洲时，这个大陆上野牛的数量超过6000万头。但在19世纪期间猎杀野牛如此广泛，以至于到1900年在政府开始保护动物之前，这种动物只剩400头左右了。在现在的一些非洲国家，由于偷猎者为取得象牙而捕杀，大象面临着类似的困境。

有人把大象因被偷猎而减少的原因归结于象牙的商业价值。事实上并不是所有具有商业价值的动物都面临着这种威胁。例如，黄牛是一种有价值的食物来源，但没有一个人担心黄牛将很快绝种。实际上，看来是对牛肉的大量需求保证了这种动物延续地繁衍。

为什么象牙的商业价值威胁到大象，而牛肉的商业价值是黄牛的护身符呢？原因是大象是公共资源，而黄牛是私人物品。大象自由自在地漫步而不属于任何人。每个偷猎者都希望尽可能多地猎杀他们所能找到的大象来获得更多的收益。由于偷猎者人数众多，却很少有偷猎者去保护大象种群，所以大象就越来越少。与此相比，黄牛生活在私人所有的牧场上。每个牧场主都尽极大的努力来维持自己牧场上的牛群，因为他能从这种努力中得到更多更长远的收益。

简单的回答就是，你可以把鸡和牛养起来，但是你不能养大象和鲸鱼。同样重要的是，人们有理由养鸡养牛，照管这些禽畜，而那些不属于任何人的资源则被随意滥用：空气、海洋及里面的鲸鱼。经济是可以自律的。但是自律的核心是私有财产。可是当所有权没有被清晰地界定时，市场动力消失了，需要规章制度的情形就变得更迫切了。

3. 公共物品要政府来提供

上面提到的问题，如何解决才是最有效的呢？由谁来提供公共物品最合适呢？

事实上，由于公共产品的性质并非完全相同，因此，公共产品的提供方式也不一样。其基本原则是：纯公共产品由政府提供，准公共产品则要同时借助于政府和市场的力量共同提供。

为什么纯公共产品要由政府提供？这是由政府运行机制和市场运行机制的不同决定的。市场是通过买卖关系提供产品和服务的。在市场上，谁有钱，谁就可以购买商品和享用服务，完全遵从自愿和对等的原则实现交易过程。由于公共产品具有非排他性和非竞争性的特征，对它的需要或消费是公共的或集合的。如果由市场提供，那么每个消费者都不会自愿掏钱去购买，而是等待他人去购买，自己则免费搭车。在这种情况下，公共产品显然是不能由市场提供的。与市场机制相比，政府的运行机制有所不同。政府主要通过无偿征税来提供公共产品。政府运用税收向社会提供公共产品时，由于这些产品的享用一般是不可分割的，无法个量化，因此，每个人的纳税额与他所享用的公共产品是不对称的。换句话说，相对于市场买卖中利益边界的精确性而言，纳税人负担与公共产品享用之间的关系缺乏精确的经济依据。正是这种矛盾存在，决定了公共产品的提供不能由私人去完成，而只能作为政府的责任。

准公共产品提供方式如何选择，需要依具体情况而异。一般来说，由于市场机制的提供方式更有利于提高供给效率、降低运行成本，而政府机制的提供方式虽然效率较低，却更加有利于社会公平目标的实现，因此，是选择市场机制提供还是选择政府机制提供，需要综合考虑社会在某一时期内对这些准公共产品的需求偏好。比如，在一条高速公路的建造上，如果人们认可通过交费的方式，就应该让市场机制在此发挥主要作用。如果人们对交费方式不予认可，就需要考虑采取政府收税筹集资金，建成后免费使用的方式来替换。但对于许多准公共产品而言，采取由市场机制和政府机制协同提供的方式则是更加切实可行的。例如，卫生保健，一部分由政府提供，一部分向当事人收费有偿提供，既可以保障居民的医疗需要，又可以避免病床过分拥挤和药品的浪费。

那么，应当由谁来对当地的牧场和渔场进行保护呢？有没有什么办法可以像对待鸡和黄牛一样对待大象呢？

事实上，各国政府一直试图用两种方法解决大象的问题。一些国家，例如，肯尼亚、坦桑尼亚和乌干达，已经把猎杀大象并出售象牙作为违法行为。但这些法律一直很难得到实施，而大象种群继续在减少。与此相比，另一些国家，有保护自己土地上大象的措施，结果大象开始增加了。在津巴布韦，政府发现了一个办法可以让村子拥有大象。他们给予村民对来到他们的地界观看大象的游客收费的权利，同时允许向捕杀大象的猎人收费。从20世纪70年代中期开始实施这种所有权政策后，尽管允许捕猎，但津巴布韦的大象数量一直在上升，而同一时期非洲所有的大象总数都由于偷猎而下降了一半。而且津巴布韦挣扎在贫困线上的村庄已经能够用他们赚来的钱修建学校和医疗站了。

如同鸡和黄牛一样，人们喜欢吃鸡肉和牛肉，这就给人们饲养和照顾这些禽畜的动力。当村民们可以从活着的大象身上获得好处而不是从死象上获得好处后，他们的动机就发生变化了。村民们就不想让所有大象被猎杀了，因为那是一条短期内致富长期后崩溃的道路。他们就想让大象越多越好，这样他们就可以向游客或猎人收取更多的费用。于是他们为大象留出更多的生存地带，并会积极配合警察阻止偷猎。

因此，我们有理由相信，由于所有权和利润动机在起作用，非洲大象会在某一天也像鸡一样安全地摆脱绝灭的厄运。

7.3 外 部 性

7.3.1 什么叫外部性

外部性是指某个社会成员（消费者或生产者）的经济活动给别的社会成员造成的影响，而这种影响并未通过市场机制加以补偿。在经济活动中，当事人之间的相互影响如能通过市场机制加以补偿，则这种影响不属于外部性。外部性主要是用来分析市场机制无法界定清楚的人与人之间的相互影响，这种影响无法通过价格机制来加以补偿，社会最多只能模仿价格机制来对此加以处理。比如夜深人静，你在睡梦中被对面楼房的嘈杂歌声惊醒或被对面建筑工地的噪音吵醒，又比如马路上行人乱丢杂物，工厂排放有毒的废气、废水等。迄今为止，人们还难以对这一类行为造成的影响进行准确度量，也难以通过市场交易的方式用价格来精确地反映社会成本。因此外部性是用来分析市场机制以外的人与人之间的相互影响，但这种关系仍属经济关系。

7.3.2 正外部性和负外部性

根据对他人造成的影响是有利影响还是不利影响，外部性可分为正外部性和负外部性。

正外部性也称为**有利的外部性**或**外部经济**，它是指某个人的经济活动给社会上的其他成员带来好处，而受益者对此无须花费代价，带来好处的那个人也就不能由此得到补偿。例如，一个养蜂人将蜂箱放置在一个梨园旁，蜜蜂从梨花中采集花粉和花蜜用来酿蜜，同时它们在花丛中传递花粉，这有助于花朵受精。于是产生了两个正的生产外部性。养蜂人从梨园主那儿获取了正的生产外部性，同时梨园主也从养蜂人那儿得到了正的生产外部性。如果梨园主扩大梨树的种植面积，养蜂人会因花粉更充足而使酿的蜜更多、质量更好，而养蜂者无须向果园主付费。再比如，当你打过流感预防针之后，自己患流感的可能性大大降低。而且，因为你避免了流感，周围与你接触的人虽未打预防针，却也因此更有可能保持健康。打流感预防针这种行为也产生了正的消费外部性。

如果某人从事的经济活动具有正的外部性，此时私人收益就会小于该经济活动所带来的社会收益，我们就可以这样认为，该项经济活动产生了外部收益。

负外部性也称为**有害的外部性**或**外部不经济**，它是指某个人的经济活动会给社会上的其他成员带来危害，而受损者对此伤害无法要求补偿，造成损害的一方也没有为此损害承担成本。炼油厂在生产过程中排放的废水会给其他生产者与消费者造成损害，但污染物的排放者却没有给受害者以应有的赔偿。这种损害，就是负外部性。我们经常会看到有人在餐厅、电影院、公共汽车或其他公共场所吸烟，这种行为会让很多人感到不适而且不利于人们的健康，但吸烟者并未补偿人们被动吸烟造成的损害。这就是吸烟人给不吸烟人带来的负的消费外部性。

如果某人从事的经济活动具有负的外部性，此时私人成本就会小于该经济活动所带来的社会成本，我们就可以这样认为，该项经济活动产生了外部成本。

外部性的例子很多，像嘈杂的聚会、户外摇滚演奏、家庭装修造成的声音污染都属于负的外部性。而种在居民住宅周围的花草给别人带来的愉悦属于正的外部性。解决外部性问题是我们经济生活中的一个重要内容。

7.3.3 外部性的治理

外部性问题涉及的范围广、方面多，解决的方法也是多种多样的，有私人部门的解决方式，而更多的是政府部门的解决方式。在此重点介绍负的生产外部性的解决方法。

1. 政府行为

政府在解决外部性上主要有以下几种方式：

（1）征税或收费。对于负的外部性，一般做法是由政府向引起负外部性的生产者征收税收。政府通过向产生负外部性的企业收税或收费的方式，加大其成本，从而达到减少或制止负外部性的目的。这种税收最初是由英国经济学家庇古提出的，因此也称为庇古税，以区别于其他税收。征收庇古税是把负的外部性内在化，即把引起负外部性的外部成本转给引起负外部性的生产者。这样，污染或噪音成为生产者成本的一部分，使得私人成本增加到与社会成本相等。生产者如果不想交纳这种税就要自己治理负外部性；反过来，如果生产者不愿意治理负外部性，那么就由政府用征收来的税款治理负的外部性。假设对引起负外部性的企业征收税收后，生产者成本增加，收益减少，那么生产者也会自动减少生产甚至停止生产。例如，政府向排污企业征收排污费，这样就加大了企业生产的边际成本，从而促使企业减少产品生产，达到了减少污染的目的。

（2）政府管制。对于负的外部性，政府还可以通过立法的方式来直接限制引起负外部性的行为。我们以经济活动中污染为例来说明。某些行业或企业，只要生产者有生产活动，就不可避免地造成污染，要想彻底消除污染，除非该产业的全部企业停产。政府为了消除这种负外部性，就可以制定有针对性的法律法规，限制或控制此类企业的生产。例如强制高污染的造纸厂停产。但是这种执法需要相当高的费用，而且这些立法实施、监督也有相当的难度。从整个社会而言，完全消除污染是不可能的，也是不现实的。我们不可能因为汽车尾气污染严重，就禁止生产和使用汽车。所以，政府要在现有技术水平下，确定最优的污染量，并以此作为制定排污标准的依据，制定排放标准。如果生产者超过了这一标准，根据法律，它就要面临严重的经济处罚甚至刑事处罚。这种惩罚会迫使生产者遵守排污规定，安装降低污染的设备，从而保证污染符合社会最优标准。这就是为什么汽车的排放标准会有欧Ⅱ标准、欧Ⅲ标准及欧Ⅳ标准了。

许可证制度是政府控制负外部性的另一种办法。例如美国实行可交易排污许可证的做法。政府根据实际情况确定排污标准，然后向污染企业发放（或拍卖）排污许可证，排污许可证可以在市场上进行交易。

（3）补贴或减免税。采取补贴、减免税等措施补偿私人收益低于社会收益的部分。补贴分为补贴消费者、补贴生产者和政府提供三种，它是解决正外部性的方法。例如政府补贴接种疫苗的消费者。给予生产者的补贴其实是一种反方向的税，通过补贴减少生产者的成本，从而鼓励其多生产，产生更多的正外部性。最后，当正外部性涉及人群庞大时，政府就采用自己提供公共物品的方式来进行。例如，美国向所有儿童实行免费接种，从而消灭了脑灰质炎疾病。

2. 慈善行为和道德规范

许多慈善行为的实施就是为了解决外部性问题。例如，有些民间的、自发的环保组织就是由私人捐款建立起来的用于保护环境的非营利性组织。再有，大学接受校友、公司和基金会的捐赠，部分对社会有正外部性。

道德规范和社会的约束也会限制人们的不良行为，从而减少或避免给人们带来负外部性。

3. 外部性的内在化

前面讲到的养蜂人和梨园主各自经营都给对方带来了正外部性。但是，当梨园主决定种多少梨树和养蜂人决定养多少蜜蜂时，都未考虑正外部性。这样，梨园主种树的数量往往与养蜂人养蜂的数量不会有一个最佳的配合量，使得正外部性不能让双方获得一个最佳的量。如果养蜂人买了梨园，或梨园主买了蜜蜂，使得外部性内在化，就可达到养蜂和种梨双赢的效果。通俗地讲，就是将互相提供正外部性的双方经营变成一方的不同经营。

4. 产权变动

外部影响之所以导致资源配置失当是由于产权不明确。如果产权明确，且得到充分保障，有些外部影响就不会发生。这一思想是在 1960 年由罗纳德·科斯（Ronald Coase）提出的，称之为**科斯定理**。这就是说，通过产权变更的方式是可以减少负外部性的。

例如，某化工厂将污染物大量排入河流中，给居住在河流两岸的 500 户居民带来负的外部性。具体地讲，不存在污染时，每户居民每月出租房屋可获得 2 000 元的租金。现在因污染，每户居民每月只能获得 1 000 元的租金，500 户居民一个月损失了 50 万元的租金收入。

我们把产权变更一下，也就是让化工厂拥有河流及沿河的 500 户房屋，那么每月 50 万元的租金收入损失就变成化工厂生产的机会成本。而化工厂的总成本是应将机会成本考虑在内的，这样无形中加大了其成本。厂主为了降低成本就须减少污染，这样污染得到一定的控制，负的外部性就减弱了。

科斯定理认为，在财产权利存在只涉及少数参与者，而且交易费用低的情况下，个人之间的交易是有效率的。这时不存在外部性，因为交易各方会考虑所有的成本和收益，而且谁拥有产权是不重要的。

假定前面提到的化工厂排放的烟尘导致周围 5 户居民的农田减产，每户由此受损 1 000 元，5 户共损失 5 000 元。再假定有两个解决方法，一是花 4 000 元给工厂烟囱安装除尘器，二是给每一户买 1 台价值 900 元的烘干机，5 户共需 4 500 元。不论把产权给工厂还是给居民，即如果听任市场机制发生作用，工厂或居民都会自动采取 150 元解决问题的方法，因为这样最节省。

科斯定理是有局限性的，它只有在交易人数少、交易费用低到足以达成有效结果的协议时才成立。但在大多数情况下，交易费用很高、交易人数很多时，这样做会产生无效结果，试想一下，倾倒废水的好多家化工厂与沿河居住的上千户居民要达成协议是一件多么困难的事！

总之，外部性的解决方式多种多样，在具体实施中要根据具体的情况，采取相应的方法，这样才能达到负外部性的减少或没有，而正外部性增大的目的。

7.4　不完全信息

我们在微观经济学中分析的主要是确定条件下和信息对称时的经济行为及其结果。但在现实世界中充满不确定性，信息往往是不对称的。我们现在就从经济学的假设中回到现实中来，一起来研究信息不对称下的市场行为。

7.4.1　信息不对称

经济学上把信息分为两种，一种是公开信息，即大家都能得到或知道的信息；一种是私人信息，这种信息为一方所有，其他人无法得到或要花代价才能得到。在市场交易中，一方只有公开信息，另一方既有公开信息又有私人信息，后者比前者拥有的信息多，这就是信息不对称。

所谓**信息不对称**（asymmetric information），是指经济交易的双方对有关信息的了解和掌握不是一样多，通俗地说就是，把你掌握的关于这件事物的信息放在天平的一边，把他掌握的关于同一件事物的信息放在天平的另一边，一边轻，一边重，这就是信息的不对称。

当市场的一方无法观察到另一方的行为，或者无法获知另一方行动的信息时，就产生了信息的不对称。例如，在保险市场上，投保人肯定比保险公司更了解自己的身体状况和发病的可能性；在产品市场上，生产者对自己生产的产品质量和性能肯定比消费者知道得多；在劳动市场上，雇员们对他们自己的技术和能力的了解也大大超过他们的雇主等。因此，信息在市场参与者之间的分布是不均匀的，或者说是不对称的。所以，我们通常所说的不完全信息并不是指某个人获得信息量的多少，而是指这种信息分布的不对称性。

产生信息不对称的原因是多方面的。首先是因为人们的认识能力有限，每个人只从事某一方面的工作，不可能成为什么都知道的“百科全书”；其次是因为获取信息需要成本。家庭主妇需要付出更多在市场上搜寻和选择商品的时间才能购得廉价的商品；股票大户需要筹集大量的资金和花费较多的时间和精力去搜集股票行情才能比普通股民获得更多的获利机会。市场经济的有效运行是以完全信息为前提条件的，而这只是一种理论上的假设。在现实生活中，信息是不完全的或者说是不对称的，在这样的情况下，怎样才能比较妥善地解决信息不对称问题，怎样才能避免因信息不对称问题可能带来的效率损失，这些都是信息经济学要研究的课题。用张维迎教授的话来说，信息经济学是关于“如何让人讲真话，如何让人不偷懒”的学问。

7.4.2 道德危险

在信息不对称的情况下，极容易发生“道德风险”。所谓**道德**风险（moral hazard），就是指拥有信息多的一方以自己的信息优势来侵犯拥有信息少的一方利益的行为的可能性。例如，菜场里的小贩很清楚自己卖的蔬菜和肉类的进价、质量等私人信息，而买菜的人却没有，小贩就有可能把自己的伪劣产品当做优质产品出售给买方。小贩的这种行为的可能性就是道德风险。

案例讨论

信息不对称中的医疗行业

2005年11月份，哈尔滨一位古稀老人在医院住院治疗两个多月的时间里，先后共支付了550万元的医疗费。根据缴纳的收费账单显示，他最多一天输血94次、注射盐水106瓶。而输血的最小单位是100毫升，94次意味着至少每天输进9400毫升血液，一名成人的全身血液总量只有4500毫升左右，这就相当于一天给老人全身置换血液两次多。我们不禁要问：这可能吗？有必要吗？

医疗是一个信息高度不对称的行业。由于缺乏足够的医学知识，患者通常处于弱势地位，需要做哪些检查以及用什么药，都由医生决定，患者只能无条件服从。550万元医疗费，因为数字庞大而容易看得出问题来，可是老百姓如果花了5万元怎么办？谁来判断这个医疗费是否高了？老百姓又如何知道哪个药是否有效，哪个药的成本是多少？

市场只有在信息对称的情况下才能达到最好效果。在信息不对称的情况下，拥有信息多的一方就有可能以自己的信息优势侵犯拥有信息少的一方的利益。因此，急需要靠一套完善的制度来解决这个问题。

7.4.3 逆向选择

信息不对称之下产生的另一个问题是“逆向选择”。**逆向选择**是指在信息不对称的情况下，拥有信息少的一方做出的不利于另一方的选择的行为。在上述例子中，因为买菜的知道菜场的小贩可能会把打过农药的蔬菜或注水的猪肉卖给自己，因此，就会把所有卖菜的都看成是出售伪劣商品的奸商，把所有的蔬菜和肉类都当做伪劣商品，因此就狠狠地杀价。菜场上正直的出售优质蔬菜和肉类的小贩就无法生存，优质的商品也无法存在了。买菜者的选择就是逆向选择。逆向选择不利于卖方，也不利于整个市场的交易活动。

现实的经济生活中，因为信息不对称的普遍存在，引起广泛的道德风险和逆向选择。道德风险问题发生在交易双方的交易约定之后，而逆向选择发生在约定之前。

信息不对称引发了逆向选择和道德风险问题，而逆向选择和道德风险都会阻碍市场的公平交易，降低资源配置效率。为了减少逆向选择和道德风险现象，必须从根本上缓解信息不对称问题。缓解信息不对称的途径通常有两种：利用市场机制和政府管制。

7.4.4 信息不对称的解决

信息不对称是普遍的，解决这一问题的关键是如何获得私人信息。私人信息不是得不到，而是要付出代价才能得到。如果获得这种信息付出的成本大于由这种信息得到的收益，缺少信息的一方就不会去寻找私人信息，反之，就会设法取得私人信息。

1. 利用市场机制传递和获得信息

（1）发信号进行信息沟通。

发信号（signaling）是指有信息的一方向无信息的一方披露自己私人信息所采取的行动。

企业会花钱做广告向潜在客户发出它们有高质量产品的信号。应聘大学生会向招聘单位展示他们有能力承担某项工作的信息。文凭就是一个信号，也正因为它是一个信号，才使得很多大学生找到认为满意的工作。但是学历不等于能力，在老板对员工熟悉起来以后，他提拔员工的标准就不只是学历了。一些好高骛远、眼高手低的大学生不再受到重用。路遥知马力，日久见人心，因为这时的老板已经和你的信息非常对称了。

（2）甄别和筛选信息。

当无信息的一方采取引起有信息的一方披露私人信息的行动时，这种现象称为**筛选**（screening）。

信息甄别的机制非常常见。不同的劳动报酬机制就是一个例子，一家工厂同时实行计件工资制和计时工资制，其结果是，生产率高于平均生产率的工人都会选择计件工资制，而生产率较低的工人则倾向于选择计时工资制。

再如，保险公司出售汽车保险。由于保险公司知道车主中有的人驾驶技术较好，有的驾驶技术较差，根据他们的平均出事概率确定费率定会导致技术好的车主退出保险市场。于是保险公司便同时实行两种保险方案，一种是费率较高的全额保险，另一种是费率较低的部分保险。显然，驾驶技术较差的车主会选择前者，而选择后者的则是车技较高的车主。

2. 政府管制

政府在针对不对称信息情况下出现的很多问题采取了许多弥补的行为。政府可以运用其公共权力，整治虚假广告、打击假冒伪劣产品、强制生产经营者落实产品担保承诺等。政府还可以制定行政法规，强制生产经营者向市场提供真实的、比较全面的信息。此外，政府也能直接提供信息。

例如，在医生和病人之间，病人对医生的了解少于医生对自己的了解。为保证患者能享受到相应的服务，政府通过一套执业资格考试和签发许可证的系统来解决这一问题。

在劳动力市场上，当工人拥有充分信息时，他们就不会去到不安全的企业工作。而恰恰工人对所在企业的危险与否并不清楚，于是政府在像煤矿、化工产品生产等存在危险的企业，实行较强制的安全措施检查和规定，从而保障工人工作的安全性。

7.5 垄断与反垄断政策

7.5.1 垄断的危害

经济发展过程中，由于技术进步、市场扩大以及企业为获得内部规模经济与外部规模经济而进行横向和纵向的合并，企业的规模会越来越大。企业的规模扩大到一定程度时会引起市场的垄断，在完全垄断的情况下，单一的卖主可以通过提价和限产来获取超额利润，垄断导致了较高的价格、较低的产量，同时降低了社会福利。

垄断分为卖方垄断（生产者垄断）和买方垄断，这两种垄断都会引起市场失灵。

7.5.2 政府对垄断采取的方法

1. 价格管制

所谓**价格管制**，就是指政府有关当局对自然垄断行业产品的价格限制，规定某些垄断行业的产品或服务的最高售价。这种方法主要用于自然垄断行业，其原则有三个。

（1）边际成本定价，即垄断企业按产品的边际成本确定价格。

（2）平均成本定价，即垄断企业按产品的平均成本定价。也就是“成本加正常利润”的定价方法。

（3）资本回报率管制，所谓回报率管制就是指政府有关管理机构以一个合理的（或竞争性的）资本回报率为基础对垄断企业的产品制定一个最高限价。即“成本加回报率”的定价方法。此外，政府为了防止企业定价过高，也可以采用价格上限的政策，即规定一个企业不能超过的最高价，在此之下由企业自行定价。

2. 实施反垄断法

政府对垄断的强烈的反应是制定反垄断法或反托拉斯法。认定限制贸易的协议或共谋、垄断或企图垄断市场、兼并、排他性规定、价格歧视、不正当竞争或欺诈行为等都是非法的。西方很多国家都不同程度地制定了反托拉斯法。其中最为突出的是美国。

3. 国有化

国有化即对垄断性的企业实行国有，由政府经营。

上述方法各有利弊，实行起来也不容易。比如，无论采用哪种原则定价，都取决于成本，管理部门难以准确确定成本，垄断者则可以运用瞒天过海的方式加大成本。再如，反垄断法的实施取决于法院裁决，而法院的裁决结果取决于各种因素，这就使得对垄断的制止未必能有力地奏效。最后，国有化的实践恰恰证明它是低效率的。因此，20世纪80年代之后，西方各国又把国有化的企业进行了私有化。正因为反垄断的困难，经济学界和政界对应不应该用政府的方式来反垄断，以及如何反垄断这些问题始终存在分歧。

案例讨论

美国联邦贸易委员会诉微软垄断案

早在1991年，美国联邦贸易委员会就开始着手调查微软公司对“操作系统”市场的垄断，从此，美国政府与微软间的司法冲突就此起彼伏。1998年，美国司法部、20个州和哥伦比亚特区的检察官联合向微软提出近百年来最大宗的反垄断诉讼，这次诉讼缘起微软在当年推出的新产品“Windows 98”中内嵌了一个原先独立销售的互联网浏览器——“探索者”。当时的预测和后来的事实都证明，这个“探索者”借助“Windows”系列产品在市场中的压倒优势，成为计算机用户浏览互联网的首选，使原先独步天下的网景公司“Navigator”在强大的压力下江河日下。虽然这场官司以联邦上诉法院判决微软胜诉告终，但由此引发的争论和思考并未结束。

谈到反垄断法，诺贝尔经济学奖得主米尔顿·弗里德曼1998年曾这样说：“多年来，我对反垄断法的认识发生了重大的变化。我刚入行的时候，作为一个竞争的支持者，我非常支持反垄断法，我认为政府能够通过实施反垄断法来推动竞争。但多年的观察告诉我，反垄断法的实施并没有推动竞争，反而抑制了竞争，因为官僚总舍不得放弃调控的大权。我得出结论，反垄断法的害处远远大于好处，所以最好干脆废除它。”的确，诞生于19世纪，兴旺于罗斯福“新政”时代的美国反垄断法在信息时代的微软案上是力不从心的。

20世纪70年代起，“法和经济学”思潮以芝加哥大学为中心蓬勃兴起，西方第二次世界大战后的法理学新流派——经济法学派由此发轫。他们为自由竞争下形成的自然垄断正名，对企业“捆绑销售”做法的合理性给出证明。他们不仅认为政府应该对优胜劣汰听之任之，应该对自然垄断袖手旁观，更指出真正的垄断恰恰来自于政府在行业入口所设置的障碍。政府无权指导厂商如何设计产品，至少因为政府肯定缺乏必要的知识；政府应该放手让厂商和顾客缔结自愿的、互利的契约，而不应该越俎代庖，替需求迥异的广大顾客做主。历史表明，自然垄断总是很快被新形势摧毁，但由政府造成的垄断则总是根深蒂固、积重难返。

20世纪末，接受经济法学派思想熏陶的联邦上诉法院法官们在微软案中扮演了举足轻重的角色。正是他们严辞驳回杰克逊法官对微软的拆分判决，指出法庭不应该卷入有关应该如何设计软件的技术性问题；也正是他们精辟地指出，只要有证据表明消费者从微软的捆绑产品中获得好处，微软就不算违法。

7.6 不公平与反贫困

随着知识经济的出现和全球经济一体化，贫富差距正在越来越受到人们的关注。一方面，有人开着宝马车去高级俱乐部，另一方面是几千万人还在贫困线上挣扎。这种现象普遍存在于世界各地。

市场机制强调的效率，即得到资源的最优配置。但市场机制不能确保公平地分配经济成果，因此也无法保证每个人都有充足的食品、体面的衣服和充分的医疗保健。但在任何一个经济体内，如果只强调了效率而忽视公平，必然会影响社会安定。反之，如果只强调公平而忽视效率，就会限制经济的活力，导致普遍的贫困。社会的最好选择是一种既能兼顾公平又不失效率的分配方法。

我们研究的目的就是要尽可能保证效率的同时兼顾更平等的经济福利分配。

7.6.1 洛伦兹曲线

国民收入在人们之间的分配是不均等的，这种不均等使得一部分人成为富有者，另一部分人则被贫困困扰。同时，因为社会财富分配的不公平，也使得富有的更加富有，贫困的更加贫困。

美国统计学家洛伦兹为了衡量一个国家的贫富差别程度，将一国人口按收入由低到高进行了排队，得到了一条人口累计百分比和收入累计百分比的对应关系的曲线。这条曲线就是洛伦兹曲线，它被广泛应用于国民收入在国民之间的分配问题的研究上。

为了理解洛伦兹曲线的思路，我们首先来看两个极端的例子。

例 1 假想一个极端公平的社会，不存在富人和穷人之分，所有人的财产都是相等的，这样一个乌托邦式的理想国具体是什么样的呢？在这样的社会里，任意比例的人就拥有该比例的财产，如 20%的家庭拥有社会总财产的 20%，50%的家庭应该拥有 50%的财产。

例 2 再设想另一个极端不公平的社会，一个人拥有所有的财产，而其他所有人都没有财产，这有点像普天之下莫非王土的中国古代社会，即使在那个社会也没办法满足那样极端不公平的要求。在一个 100 人的社会中 1 个人占有 100%的财产，而 99 个人拥有 0%的财产。

我们的问题是：用什么来衡量贫富差距？或者，如果不考虑已经拥有的财产，如何来衡量收入分配的不平衡？

下面我们来研究这个问题。

在回答这个问题之前，我们先来看一下表 7-2。

表 7-2 人口与社会财富的分配

人口的百分比（%）	收入的百分比（%）	人口的百分比（%）	收入的百分比（%）
20	8.7	20	8.7
20	14	40	22.7
20	18.1	60	40.8
20	22.9	80	63.7
20	36.3	100	100

这是意大利 2000 年的统计数据，左边两列是将人口平分得出的结果，右边两列则是左边的累加产生的结果。从表 7-2 我们可以发现，最贫穷的 20%的人口仅得到 8.7%的收入，而最富有的 20%的人群得到 36.3%的收入，从这个表格我们可以看出收入分配的不平衡。

将表 7-2 的右边两列分别作为 x（横）轴坐标和 y（纵）轴坐标，并在图中标出，就可以得到一条曲线。

回想一下刚开始提到的两个极端的例子，这里直线 $y=x$ 就是第一种极端情况的曲线，代表任意比例的人拥有该比例的财产。而 $x=0$ 和 $y=1$ 形成的曲线则是代表第二种极限情形。

因此我们认为这样一条曲线可以用来表示收入的差距或者贫富的差距，也就是先将所有住户以所得由小到大排列，横轴代表住户的“百分等级”，纵轴所显示的是“累积所得”占总所得的百分比。如此一来，描绘出来的点画成的曲线即为洛伦兹曲线。

洛伦兹曲线是先将一国人口按收入由低到高排队，然后考虑收入最低的任意百分比人口所得到的收入百分比。例如，收入最低的 20%人口、40%人口……所得到的收入比例分别为 3%、7.5%……最后，将这样得到的人口累计百分比和收入累计百分比的对应关系描绘在图形上，即得到洛伦兹曲线，如图 7-1 所示。

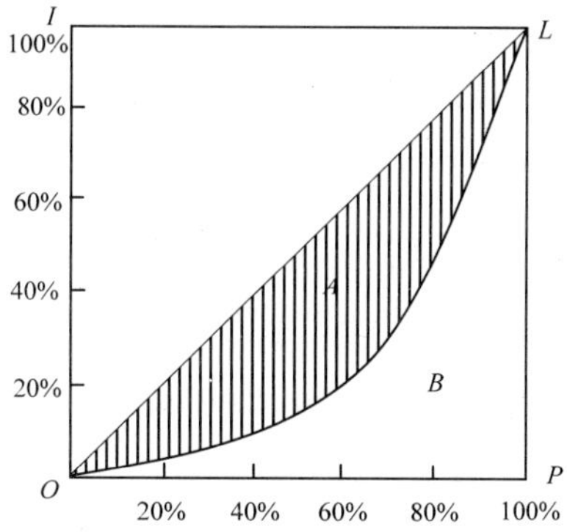

图 7-1 洛伦兹曲线

通过洛伦兹曲线，可以直观地看到一个国家收入分配平等或不平等的状况。整个洛伦兹曲线是一个正方形，正方形的底边即横轴代表收入获得者在总人口中的百分比（*P*），正方形的左边即纵轴显示的是各个百分比人口所获得的收入的百分比（*I*）。从坐标原点（*O*）到正方形相应另一个顶点的对角线为均等线，即收入分配绝对平等线，这一般是不存在的。实际收入分配曲线即洛伦兹曲线都在均等线的右下方。因此，**洛伦兹曲线**就是，在一个总体（国家、地区）内，以“从最贫穷的人口开始计算一直到最富有人口”的人口百分比对应各个人口百分比的收入百分比的点组成的曲线。

显而易见，洛伦兹曲线的弯曲程度具有重要意义。一般来说，它反映了收入分配的不平等程度。弯曲程度越大，收入分配程度越不平等；反之亦然。特别是，如果所有收入都集中在某一个人手中，而其余人口均一无所有，则收入分配达到完全不平等，洛伦兹曲线成为折线 *OPL*；另外，如果任一人口百分比等于其收入百分比，从而人口累计百分比等于收入累计百分比，则收入分配就是完全平等的，洛伦兹曲线成为通过原点的 45° 线 *OL*。

7.6.2 基尼系数

20 世纪初意大利经济学家基尼，根据洛伦兹曲线（图 7-1）找出了判断分配平等程度的指标，设实际收入分配曲线和收入分配绝对平等曲线之间的面积为 *A*，实际收入分配曲线右下方的面积为 *B*，并以 *A* 除以 *A*+*B* 的商表示不平等程度，这个数值被称为基尼系数。该系数可在 0 和 1 之间取任何值。如果 *A* 为零，则基尼系数为零，表示收入分配完全平等；如果 *B* 为零则系数为 1，表示收入分配绝对不平等。收入分配越是趋向平等，洛伦兹曲线的弧度越小，基尼系数也越小；反之，收入分配越是趋向不平等，洛伦兹曲线的弧度越大，那么基尼系数也越大。如果个人所得税能使收入均等化，那么，基尼系数即会变小。联合国有关组织规定：基尼系数若低于 0.2 表示收入绝对平均，为 0.2—0.3 表示比较平均，为 0.3—0.4 表示相对合理，为 0.4—0.5 表示收入差距较大，0.6 以上表示收入差距悬殊。

由于基尼系数给出了反映收入分配差异程度的数量界限，可以有效地预警两极分化的质变临界值，克服了其他方法的不足，是衡量贫富差距的最可行方法，所以，得到了世界各国的广泛重视和普遍采用。我国当然也不例外。

目前，我国共计算三种基尼系数，即农村居民基尼系数、城镇居民基尼系数和全国居民基尼系数。

7.6.3 政府和反贫困

造成社会不公平和贫困的原因有很多方面，有许多因素决定着不公平的格局和程度。因此，试图寻求某一个原因，哪怕是一个主要的原因都会成问题。政府只有依靠立法、税收和救济来减少不公平和贫困。

1. 立法

立法是政府通过一系列的政策、法规来改变那些引起或增加不公平长久存在的社会制度。这类政策包括消除特权、建立广泛的全面教育制度、鼓励各行业在高失业地区投资建厂等方面。比如最低工资法就是由国家规定最低工资标准来减少贫困。

2. 税收

对富人的课税高于穷人的课税，税后收入分配会比税前分配更加公平。税收分为直接税和间接税，直接税是由纳税人直接向税务当局缴纳，包括个人所得税、企业（公司）所得税及资本和财富（如房产税、遗产税等）的课税。政府对个人所得进行累进征税，收入越高，税负越重，在一定程度上缩小了富人和穷人收入的差距。企业所得税是政府对企业的利润课征的一种税，在大多数国家，小公司适用较低的税率，而大公司适用高税率。间接税是纳税义务人通过提高商品价格或提高收费标准等方法把税收负担转嫁给别人的税种，包括关税、消费税、销售税、营业税、增值税等课税。政府可以通过对特定商品和服务征收消费税，如汽车、赌博等，以此增加富人消费相对多的商品和服务的课税。同样，政府按照商品价值课征增值税，商品价值越高，缴纳的增值税就越多，也会增加富人消费相对多的商品和服务的课税。

利用税收进行再分配有很多局限性。因为税收本身不能增加穷人的收入，同时因为对富人征高税可能会促使其逃税和避税。

3. 救济

救济可以是现金补助，也可以是实物救济。

（1）现金补助。现金补助分为两类，一类是根据经济状况确定的救济，一类是普遍性救济。根据经济状况确定的救济一般适用于其收入低于一定生活水平的人。这种救济的方式可能是补助或是贷款。它们可能作为一般性收入资助或为满足特定需要，例如租金、家庭用品等形式提供。普遍性救济是属于某一类的每个人都享有的救济，与他们的收入可能无关。比如政府养老金，以及失业、疾病和伤残救济金等。工作的人按其收入交纳社会保障金。当他们退休、失业或生病时，就有权获得救济金。在许多国家，失业就不得不接受任何能得到的工作，或依靠低水平的社会保障救济金。

（2）实物救济。这种救济是以免费提供或受到补贴的商品和服务的形式获得，而不是以个人从政府得到直接现金的形式进行的救济。在很多国家，实物救济的主要项目是保健和教育。实物救济往往由不同的收入群体大体公平地享受。但是实物救济占穷人收入的比例要大于富人，所以具有一定程度的公平效应。但与现金救济相比，实物救济的再分配效应比较小。

复习与练习

【关键概念复习】

在B栏中寻找与A栏中术语相应的解释，并将序号填在术语前边。

A	B
市场失灵	1．经济活动给别的社会成员带来的没有加以补偿的影响。
政府失灵	2．政府干预经济的效率低下和社会福利损失。
公共物品	3．市场机制在很多场合并不能导致资源的有效配置。
搭便车	4．一条人口累计百分比和收入累计百分比的对应关系的曲线。
公共地悲剧	5．反映收入分配差异程度的数量界限，可以有效地预警两极分化的质变临界值。
外部性	6．只愿意享用公共物品消费带来的效用，而不愿意为公共物品的生产付出代价。
基尼系数	7．公共资源因过度使用而造成的后果。
洛伦兹曲线	8．非排他性、非竞争性。

【思考与练习】

（一）填空题

1．公共物品具有两个特征，即________和________。

2．私人物品具有________性和________性。

3．搭便车行为的产生是由于公共物品的________性特征产生的。

4．某个社会成员的经济活动给别的社会成员造成了影响，并且这种影响没有通过市场机制加以补偿，称之为________。

5．有利的外部性也称________或________。

6．有害的外部性也称________或________。

7．既有非排他性又有非竞争性的物品称为________。

8．只满足非排他性和非竞争性之一的物品称为________。

9．政府解决外部性主要用的方式有________、________。

10．经济交易的双方对有关信息的了解和掌握不是一样多，称为________。

11．在完全垄断下，单一的卖主可以通过________和限产来获取超额利润。

12．垄断导致了较高的________，较低的________，同时降低了________。

13．政府对垄断可以常采取的方法有________、________和________。

14．________是对垄断性的企业实行国有，由政府经营。

15．造成市场失灵的原因主要有________和________等。

16．物品具有一个人使用时，能够减少他人使用的特性一般称之为________。

17．海洋中的鱼是一种________的物品，但并不是排他性物品。

（二）单项选择题

1．以下不是造成市场失灵的原因的是（　　）。
A．垄断　B．公共物品　C．外部性　D．需求

2．以下不属于公共物品的有（　　）。
A．国防　B．道路　C．住宅　D．河流

3．以下属于公共物品的有（　　）。
A．私人汽车　B．无线广播　C．住宅　D．手机

4．以下属于纯公共物品的有（　　）。
A．私人汽车　B．无线广播　C．河流里的鱼　D．草坪

5．以下物品不具有竞争性的是（　　）。
A．红绿灯　B．海洋鱼类　C．公用草坪　D．食品

6．以下属于私人物品的是（　　）。
A．灯塔　B．有线电视　C．食品　D．海洋

7．发生搭便车问题主要是因为公共物品的（　　）。
A．竞争性　B．非竞争性　C．排他性　D．非排他性

8．草地的过度放牧，以致沙漠化严重，除了其非排他性之外，还因为草地的（　　）。
A．竞争性　B．非竞争性　C．排他性　D．非排他性

9．公海里的鱼具有（　　）。
A．非竞争性　B．非排他性
C．排他性和非竞争性　D．竞争性和非排他性

10．以下不是有效解决外部性影响的是（　　）。
A．产权变动　B．征税或收费　C．政府管制　D．信息对称

11．以下不属于政府行为的是（　　）。
A．产权变动　B．管制　C．补贴　D．征税

12．以下属于政府对垄断采取的方法是（　　）。
A．价格管制　B．补贴　C．私有化　D．社会约束

13．通过各方协商，并达成协议的方式解决外部性问题属于（　　）。
A．产权变动　B．外部性内在化　C．科斯定理　D．社会约束

14．经济交易的双方对有关信息的了解和掌握不是一样多，我们称之为（　　）。
A．信息不对称　B．道德风险　C．逆向选择　D．垄断

15．在公共场合抽烟，会让很多人感到不适应，由此产生了（　　）。
A．正外部性　B．负外部性
C．道德规范　D．外部性的内在化

16．公园、剧场等公共场所的各项规则，是用来限制人们的不良行为的，从而减少或避免带来（　　）。
A．社会约束　B．道德规范　C．负外部性　D．慈善行为

17．简单地说，将互相提供正外部性的双方经营变成一方的不同经营（即由一方来经营原来双方的内容）可以促使（　　）。
A．产权变动　B．外部性内在化　C．社会约束　D．政府行为

18．我国对进行接种某种疫苗的消费者进行补贴的行为属于（　　）。
A．正外部性　B．负外部性　C．外部性内在化　D．政府行为

19．以下是因为信息不对称而产生的是（　　）。
A．搭便车　　B．公共地悲剧　　C．逆向选择　　D．排他性

20．垄断可能造成（　　）。
A．生产成本增加　　B．价格较高
C．较高的社会福利　　D．较高的社会产量

（三）判断题

1．公共物品（public goods）是一种既具有无排他性又具有无竞争性的物品。（　　）
2．公共物品有两个特征，即排他性和竞争性。（　　）
3．一般情况下，私人物品（private goods）都具有排他性和竞争性。（　　）
4．公共物品是造成市场失灵的一个原因。（　　）
5．市场失灵可以通过市场调节使之恢复正常。（　　）
6．公共资源一般具备非排他性但不具备非竞争性。（　　）
7．搭便车是因公共物品具有非竞争性的特征而产生的。（　　）
8．公共物品不能通过市场供给，而只能由政府来提供。（　　）
9．公共物品可以分为纯公共物品与非公共物品。（　　）
10．外部性不能通过政府行为来解决。（　　）
11．社会上慈善行为的实施，从某个角度来说，也是为了解决外部性问题。（　　）
12．搭便车问题的存在，使得公共物品在私人经营的情况下，收费成为可能。（　　）
13．小强睡梦中梦见楼下的工地很吵闹，影响了自己休息。醒来后，他运用自己所学知识分析后认为，这种现象属于负的外部性。（　　）
14．道德规范可以约束人们减少或避免给他人带来的负外部性。（　　）
15．科斯定理认为，在财产权利只涉及少数参与者，而且交易费用比较低的情况下，可以通过产权变动来减少负的外部性。（　　）
16．政府可以通过立法的形式来限制负外部性的行为。（　　）
17．信息不对称是种理论上的假设。（　　）
18．垄断导致了较高的价格、较低的产量，但是提高了社会福利。（　　）
19．只有卖方垄断会引起市场失灵，买方垄断则不会。（　　）
20．国有化是政府对垄断企业采取的一种反垄断方法。（　　）

（四）简答题

1．下面哪些属于公共物品：（1）消防队；（2）房屋；（3）免费公园；（4）食品。并解释为什么公共物品向任何一个消费者收费是不可能的。
2．举例说明什么是搭便车问题，并简要说出你的解决办法。
3．教室里的灯被人称为长明灯，因此损坏得特别快。用你所学知识解释这一现象产生的原因，说出你的解决办法。
4．你邻居家养了一条狗，整夜狂吠不已，搅得你彻夜难眠，根据科斯定理，你如何去解决这个问题？
5．举例说明什么是正外部性（有利的外部性）。
6．很多造纸企业为了节约成本，直接将废水排到河流里，结果造成河流污染。你有什

么办法解决？

7．约翰的狗整天吵闹，影响了邻居休息。为此，他被邻居起诉，并因此支付了 1000 美元的罚款。请用外部性理论分析，约翰的狗是否对邻居形成有害的外部性影响，为什么？

8．试解释洛伦兹曲线弯曲程度的重要意义。

9．基尼系数反映的是什么差异程度的数量界限？有什么实际意义？

10．你对解决不公平和贫困有什么见解？

人物介绍

罗纳德·科斯

罗纳德·科斯（Ronald H. Coase，1910—），1910 年出身于伦敦近郊一个邮局电报员家庭里，年幼时，科斯因为腿疾进入残疾学校，但他发奋学习，在 22 岁时便获得著名的伦敦经济学院的商学士学位。二十世纪三四十年代，科斯任教于利物浦大学和伦敦经济学院。1951 年移居美国，最初执教于布法罗大学，后又转往弗吉尼亚大学。1964 年，科斯被芝加哥大学法学院聘为经济学教授，此后一直在芝加哥大学工作。科斯提出交易成本和产权这两个重要概念，并将它们结合起来用于分析经济组织和制度，从而为经济学开拓了一个崭新的角度和方向。科斯的理论是跨学科性的，它大大地推动了制度经济学、组织行为学、法学和历史学等领域的研究和发展。1991 年，科斯获得诺贝尔经济学奖。

第 8 章 宏观经济学概览

【导学】前面各章我们介绍了微观经济学的基本内容。从本章起，我们进入了宏观经济学。在这一章里我们要求了解宏观经济学的基本概况，重点掌握什么是宏观或总体经济；什么是宏观经济的短期波动和长期增长；主要用哪些指标来判断一国的宏观经济走势。

8.1 宏观经济问题

8.1.1 什么是宏观经济学

现代宏观经济学的起源可追溯到 1929—1933 年的经济大萧条。大萧条造成的大规模的失业与资源利用不足并存，而古典理论在解释失业等问题上却显得无能——传统的新古典理论认为，劳动力市场会通过价格机制即工资调节自发地实现劳动力供求的均衡，失业只是局部的、短暂的现象。为解释市场经济中长期存在的失业问题，凯恩斯（J. M. Keynes）在 1936 年出版了《就业、利息和货币通论》，并开创了现代宏观经济学。

宏观经济学所关心的是整体的经济行为——涉及繁荣与衰退、经济中商品和劳务的总产出与产出的增长率、通货膨胀率与失业率、国际收支和汇率。宏观经济学既考察长期的经济增长，也考察构成经济周期的短期波动。在宏观经济学中，我们把商品市场看做一个整体来处理，不同的商品市场——如农产品市场和移动通信服务市场——都被看成是一个市场；类似地，我们把劳动力市场当做一个整体来处理；把资本市场当做一个整体来处理，对不同的资本市场，如上海股票市场和郑州的期货市场之间的差别进行抽象，抽象的好处在于增加了对商品市场、劳动力市场和资本市场之间相互作用的理解。

宏观经济学以国民经济总过程的活动为研究对象，着重考察和说明国民收入、就业水平、价格水平等经济总量是如何决定的、如何波动的，故又被称为**总量分析**或**总量经济学**。

微观经济学和宏观经济学之间的区别主要表现在：第一，微观经济学更关心各个市场是如何运作的，在研究单个市场的价格决定时，微观经济学需要假定其他行业的价格是给定的，也很少考虑经济作为一个整体的增长和波动周期。第二，在宏观经济学中，我们研究总产出、就业量、一般价格水平和利率等变量是如何共同决定并相互影响的，通常忽略不同行业之间商品的相对价格变化，而上述变量在微观经济学中是被视为给定的。第三，微观经济学中需要假定所有消费者的总收入是给定的，然后探讨消费者如何将他们的收入分配于不同商品的购物支出上；相反，在宏观经济学中，收入或支出的总水平是被研究的关键变量。

8.1.2 宏观经济的基本问题

在宏观经济学的研究中，经济学家关心的主要有以下五个主要问题。

1. 是什么因素决定了一国经济的长期增长

如果我们研究世界经济发展的历史，可以观察到一个发人深省的对比。在 20 世纪初期，处于南美洲的阿根廷是世界上最富有的 15 个国家之一，其人均 GDP 与美国大致相当。在 2003 年，美国的人均 GDP 达到了 37 756 美元，而阿根廷则停留在 3 389 美元。毫无疑问，美国在过去的一百多年里取得了非凡的经济成长。同样让人印象深刻的是，在 20 世纪 50 年代，缅甸和泰国的经济发展水平大体相当，而今泰国的人均收入已是缅甸的近 10 倍。再比如说，为什么日本在战后不到 30 年的时间里就成为世界第二经济大国从而创造了“经济奇迹”，但是从 20 世纪 90 年代开始经济又陷入持续低迷？为什么中国经济在过去的 25 年中大致平均以每年 9%左右的速度增长呢？根据这种速度，有人测算，我国会在 2020 年赶上美国的经济总量，事实如此吗？我们如何保持这一速度呢？

经济学家关心的是，经济长期增长和繁荣背后的动因有哪些。关于如何实现高增长，有些人认为关键在于政府在基础设施领域和技术方面的政策，而另外一些人的答案是建立一种最小限度的政府干预的增长结构，还有人认为这是制度创新带来的。谁的回答正确呢？到底是哪些因素促进了一个经济体的迅速增长？

2. 是什么引起一国经济波动（或经济周期）

任何一个经济实体，一般都会沿着向上的路径增长，但它又是不规则的：有些年份，产出和就业迅速上升；而在其他年份，经济增长却十分缓慢，有时甚至出现衰退。

比如说，从1978年到2002年的25年中，中国经济年均增长9.1%左右，但波动较大，有些年份高，如1992年达到14.1%；有些年份低，如1990年的经济增长率只有3.8%。20世纪90年代以来，中国经济大致经历了1989—1990年的经济萧条、1992—1993年的经济高涨、1998—1999年的轻度紧缩和2003年后的经济增长高峰。

20世纪60年代，美国经济经历了创记录的高速增长，年均增长率为4.4%，但到70年代中期却步入谷底，年均增长率仅为2.6%，80年代中期经济开始回升，但进入90年代再一次陷入收缩，经济增长率又回到较低水平。从90年代中期开始，美国经济又出现了强劲的增长势头，并一直持续到20世纪末。

那么，到底是什么因素使一国经济在繁荣与衰退之间徘徊呢？引起经济周期性波动的因素是什么？政府是否可以采取以及如何采取一些反经济周期的政策？

3. 是什么因素导致了失业

失业率反映的是要素投入，尤其是劳动就业的波动情况。产出多必然投入多，经济增长快，就业增长也快，失业率低。就业是民生之本，也是安国之策，关系广大群众的基本生活，关系经济的发展，关系社会的稳定，关系国家的长治久安。

中国在20世纪90年代末的一些年份里，失业超过9%。一些学者甚至认为，如果将农村的隐性失业计算在内，中国的失业率在20%左右。在美国，1982年的失业率高达10.8%。在一些欧洲国家，80年代的大多数年份都经历了两位数的失业率。随着2001年世界经济增长幅度放慢，美国纽约世界贸易中心大楼的飞机撞击事件（“9·11”事件）引起的经济震荡，失业问题在西方国家又有所抬头。

宏观经济学把失业作为一个中心问题进行重点研究。因此，有经济学家把微观经济学看做价格理论，而把宏观经济学称为就业理论。

4. 如何来解释通货膨胀和通货紧缩

在传统的计划经济体制下，中国的物价上涨表现为抑制性的通货膨胀，人们排队购物就是抑制性通货膨胀的常见现象。改革开放以后，在1993年和1994年中国的物价上升10%以上，如1994年达24.1%，而在1999年又出现了1%的负增长。在世界范围内，20世纪80年代美国曾达到10%的通货膨胀率，拉丁美洲一些国家出现过三位数的恶性通货膨胀，1992年俄罗斯的物价每月上升20%。通货膨胀的原因何在？政府又当如何应对呢？

5. 全球经济体系对国民经济的运行有何影响

从 1997 年到 1998 年，由外国短期资本冲击引起的东南亚金融危机引起了大范围的国际货币贬值，东南亚的经济实力被大大削弱，中国经济运行的外部环境急剧恶化，不可避免地成为间接受害者，加上中国政府承诺人民币不贬值，使我国经济承受了巨大的外贸出口压力。国与国之间的经济联系，诸如国际贸易和国际资本流动，是如何影响单个国家乃至整个世界经济的呢？

政府在每一个这样的问题上是否能够而且应该做些什么，以及怎样做才是最好的？长期以来，这已成为宏观经济学的中心问题。同行们不断在这些问题上产生分歧，而且每一代都展开论战，以重新解释过去发生的事件。有趣的是，宏观经济学家可以被分为推崇政府干预和主张自由放任这两大思想流派，这两大阵营的追随者们对宏观经济学中的大多数问题和宏观经济政策的设计具有近似预见性的看法。

上述 5 个问题，可以归结为三类问题。第 1 个问题——决定一国经济的长期增长的因素，属于发展经济学的问题；第 5 个问题——全球经济体系对国民经济的运行有何影响，属于国际开放经济学研究的问题。这两类问题的介绍分别安排在本书的第 9 章和第 11 章。第 10 章所要说明的另外 3 个问题其实属于一类问题——宏观经济学研究的短期波动问题，这和我们的经济波动、生活水平、生活成本密切相关。

8.2 宏观经济指标

医生通过测量体温、血压和脉搏等指标来判断一个人大致的健康状况。在宏观经济学中，经济学家和政府官员需要对一国的宏观经济进行类似的衡量——反映一国经济短期波动的主要指标。宏观经济表现的三个主要指标是：经济增长率、通货膨胀率和失业率，它们分别反映了产品市场、货币市场和劳动市场的活动水平。

8.2.1 经济增长率：国民产出

对宏观经济健康状况的第一个衡量是产出增长率。产出增长率或经济增长率一般用 GDP 来衡量，它能表示一国当年的实际产出量比往年增加了多少，由于是用可比价格来计算的，因此剔除了物价因素的扰动。

图 8-1 记录了过去 25 年中国经济的增长情况。图中曲线上各点的数值表示相应年份的实际国内生产总值（GDP），我们将在第 9 章具体介绍这一概念。为了便于比较，对历年的价格水平变动进行调整，从而得到的货币价值总和都是以 1978 年价格计算的历年中国 GDP 的数值。从图 8-1 中可以看出，1978－1980 年和 1989－1990 年这两个期间，经济增速相对缓慢一些，25 年的年均增速达到 9.1%，2002 年的实际产出是 1978 年的 8.5 倍。

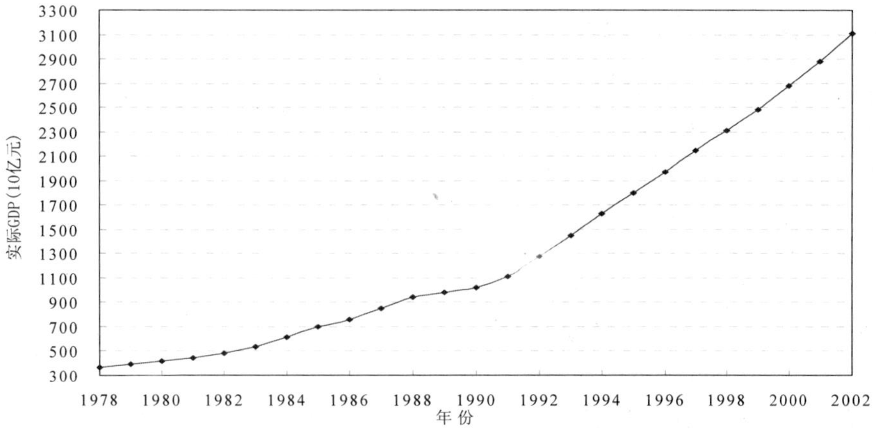

资料来源：《中国统计年鉴2003》，中国统计出版社。

说明：实际GDP数据以1978年价格为基期。

图8-1　中国的实际GDP：1978—2002年

但是，不同年份的经济增长速度有高有低，图8-2反映了过去25年间中国经济增长的波动情况。我们以年均9.1%作为这一时期的长期平均增长率（也可以称为潜在增长率），用各年的实际增长率与潜在增长率的离差值来反映增长波动。从中可以看出，1983—1988年，1988—1992年，这两个时期的中国经济增速要高于平均速度，其他年份则等于或低于平均增速。从图中可以清晰地看到，中国经济近25年来的波动走势。

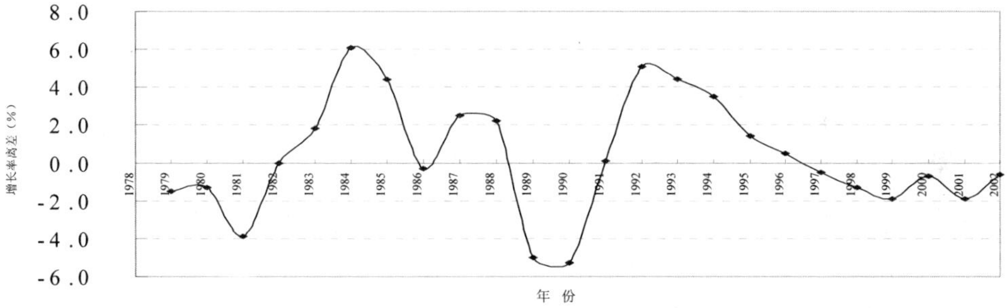

资料来源：《中国统计年鉴2003》，中国统计出版社。

图8-2　1978—2002年中国GDP增长的离差

宏观经济学需要解释两个问题：

（1）哪些因素在推动中国经济在过去25年里取得9%以上的高增长？是要素投入增加（包括劳动、资本等），还是由于要素生产率提高？如果是后者，那么背后的因素又是什么呢？是技术进步、结构优化，还是制度变迁？或许兼而有之，那么各自的比重是多少？在以后的25年中，中国经济还能取得如此高的长期增长速度吗？

（2）哪些因素导致中国经济出现周期性的波动？有什么规律可循？从1984年和1992年两个波峰，1981年、1990年和2001年三个谷底，中国经济经历一个完整的周期是否为9—10年？2002年后的中国经济是否正进入一轮新的扩张时期？

8.2.2　通货膨胀率：物价水平

通货膨胀率可以用居民消费物价指数、零售物价指数或生产者价格指数等来衡量。它既反映着一国的货币量与实物量是否适应，也反映了一国货物与劳务的总产出量与总需求量之间的总量平衡关系。例如：2005 年 2 月份，全国居民消费价格比去年同月上涨 3.9%，其中城镇上涨 3.6%，农村上涨 4.5%。分类别看，食品价格比去年同月上涨 8.8%，非食品价格上涨 1.4%；消费品价格上涨 3.9%，服务项目价格上涨 4.2%。这种价格的持续上扬趋势，称之为**通货膨胀**。

与通货膨胀相对应的概念是**通货紧缩**（deflation），指的是总体物价水平的下降。如 1998 年、1999 年所表现的价格持续下降的现象。

物价的过快上升或下跌都表明总产出与总需求之间的失衡。经济学家追求的是物价相对稳定，即 0—3%的低通货膨胀。

通货膨胀率与经济波动密切相关，这是又一个重要的经济现象。通货膨胀率是经济中所有商品的平均价格变化的百分比。一般而言，当经济运行接近峰顶时，价格上升加快；当经济运行接近谷底时，价格上涨的速度放慢，甚至会出现通货紧缩现象。价格的这种上升或下降一般滞后于实际 GDP 的波动。

图 8-3 描述了 1978－2002 年中国的一般物价水平所经历的变动。1987—1989 年和 1993—1995 年两个时期经历了较为明显的通货膨胀，而在 1998 年、1999 年和 2002 年三年里出现了物价负增长，即通货紧缩。结合前面有关经济增长图，我们发现，经济高增长与物价上涨之间有一定的联系。

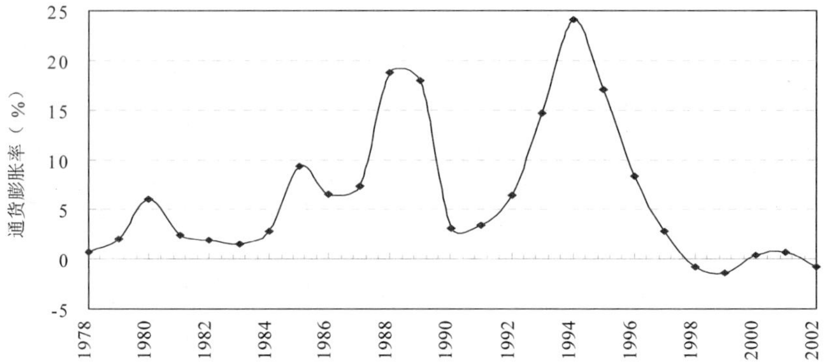

资料来源：《中国统计年鉴 2001－2003》，中国统计出版社。

其中 1978－1984 年为商品零售价格指数，其余年份都是居民消费价格指数（CPI）。

图 8-3　中国的通货膨胀率：1978—2002 年

通货膨胀意味着货币购买力的下降，即货币贬值。引起通货膨胀的原因是多方面的，如流通中货币发行过多、投资需求和消费需求的过旺，以及工资等成本的上升等，都可能导致通货膨胀。通货膨胀曾是许多国家最为头痛的顽疾。

8.2.3　失业率：就业状况

尽管衡量经济健康状况的首要指标是实际 GDP，但是这种衡量方法却不太有人情味。

实际 GDP 增长率反映的是产品市场波动，失业率反映的是要素投入，尤其是劳动就业的波动情况，这两个市场是相联系的。产出多，必然是投入多，因此，经济增长快，就业增长就快，失业率低。在 1990 年到 1991 年美国经济衰退的过程中，超过 200 万人失去了工作，大学生毕业之后很难找到工作。这是衰退在人力方面的表现。

国际劳工统计大会对**失业者**的标准定义为——特定年龄以上在参考期内满足下列条件的所有人：

（1）“没有工作”，即没有处于有薪就业或自主就业。

（2）“目前可以工作”。

（3）“正在寻找工作”，即在特定最近时期内已经采取具体步骤寻找有薪或自主就业。

更明确地说，失业人口是指法定工作年龄以上的在调查期内没有工作、可以工作且正在寻找工作的人。

由于我国的国情所致，农业中的就业人口有很大的不真实性，包含着大量的隐蔽失业，而政府公布的城镇登记失业率指标并没有反映全国劳动力市场的全貌，我们就用第二、三产业的每年新增就业人口来观察就业市场的波动。图 8-4 列出了 1978－2002 年第二、三产业就业人数的增长情况。很明显，在 80 年代就业人口增长较快，到了 90 年代第二、三产业的就业增长放慢，尤其是在 1996 年后，每年新增第二、三产业就业人口已不足 1000 万。从图 8-5 也可以发现，近年来，就业增长速度有所下降。

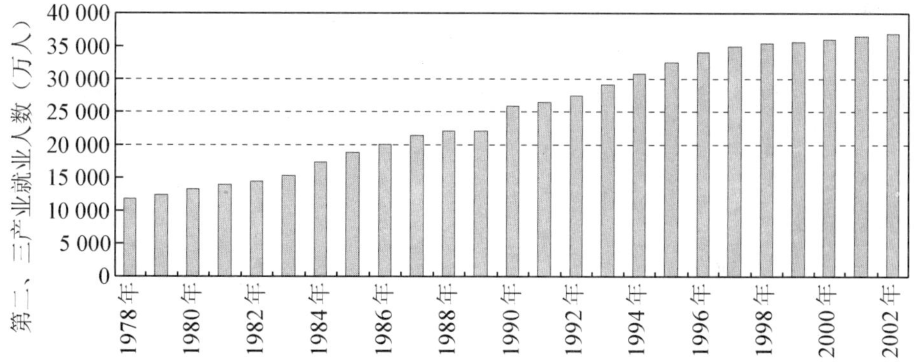

资料来源：《中国劳动统计年鉴 2003》，中国统计出版社。

图 8-4　中国第二、三产业就业人数变动：1978—2002 年

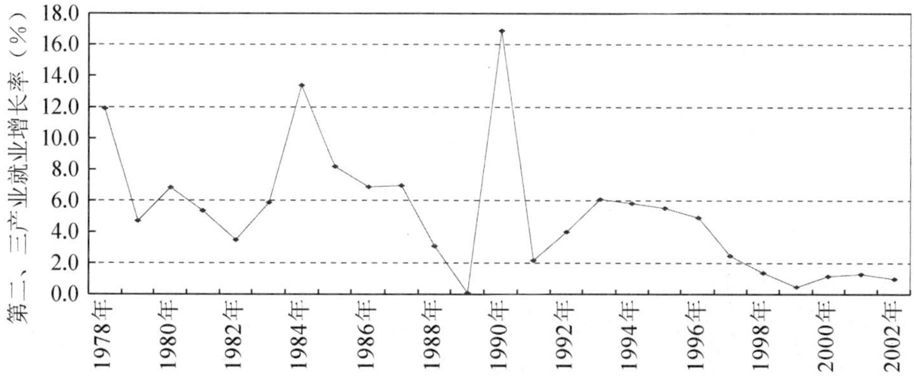

图 8-5　中国第二、三产业就业人数增长率：1978—2002 年

国际劳工组织在 1982 年推出了“标准失业率”的统计方法，但目前各国公布的失业率在口径上并不一致，但在纵向比较时仍不失其价值。失业率指标反映了一国的生产要素尤其是劳动力资源的利用状况，不同国家造成高失业的原因并不相同。在成熟市场经济国家，失业率是反映宏观经济形势的重要指标，一般而言，失业率与经济增长率成反比。

经济学家和政府的政策目标，是要实现经济增长、充分就业和物价稳定，即低失业、低通胀下的高增长，简称“两低一高”。这三个目标是宏观经济政策的核心指标。在开放经济中，国家往往还要实现国际收支的平衡。因此，考察宏观经济的四个关键指标是经济增长率（GDP）、通货膨胀率（inflation）、失业率（unemployment）和国际收支经常账户平衡（current account）。其中，国际收支经常账户平衡内容将在以后涉及。

国内生产总值、物价指数和失业率是三个最重要的宏观经济指标。当然，为了比较全面地分析判断一国的宏观经济形势，除了上述三大主要指标之外，还有一些次要指标，它们是企业存货投资变化、信心指数和遗憾指数等。

8.2.4 存货

存货（inventory）是企业所持有的原料、半成品和未销售出去的最终产品的存量。存货分为意愿存货投资和非意愿存货投资。意愿存货投资是指企业为使经营更有效率而有选择地在手头储存一些货物。这些货物可以被看成是一种投资，作为总支出的一部分。存货投资并不一定代表产品与劳务的实际支出，而是企业持有的存货数量的变化，即产量实际超过销售量的存货积累，这种积累对于企业保证正常运转和占有市场是十分重要的。但是存货上升意味着大量产出没有销售出去，预示着在不远的将来，需求会下降，经济有可能萎缩，反之则相反。

8.2.5 信心指数

信心指数是对相关群体对经济景气的信心调查中定性指标的量化描述。通过其上升和下降的动态变化，反映和预测经济发展的状态。信心指数的数值范围为 0—200，100 为临界值，当指数大于 100 时，表示经济状况处于积极的运行态势；反之，当指数小于 100 时，表示经济状况处于消极的运行态势。常见的信心指标有：

（1）企业家信心指数，是根据企业家对企业外部市场经济环境与宏观政策的认识、看法、判断与预期（通常表述为“乐观”、“一般”、“不乐观”）而编制的指数，用以综合企业家对宏观经济环境的感受与信心，反映了投资需求的未来走势。

（2）消费者信心指数，综合描述消费者对当前经济状况满意程度和对未来经济走向预期，反映了消费需求的未来走势。

8.2.6 遗憾指数

遗憾指数又称为**痛苦指数**，是指通货膨胀率与失业率之和。例如，假如通货膨胀率为 5%，失业率为 5%，则遗憾指数为 10%。这一指数说明了人们对宏观经济状况的感觉，该指数越大，人们对宏观经济状况越不满。

由于宏观经济学家不可能把宏观经济预测中所有的，尤其是非经济的因素和变量考虑进去，所以对于宏观经济的衡量和准确预测是一件十分复杂和困难的事情。但是，宏观经济预测的复杂性并不等于宏观经济学在此领域无能为力了。我们可以医生为例子。虽然一个再高明的心脏科医生也无法准确无误地预测病人何时会心脏病发作，但是他可以大致预测出病人发病的可能性和概率。同样，经济学家毕竟能对宏观经济现象变化的一般规律作出分析和研究。

对于宏观经济的把握，除了前面所论述的三个主要指标和三个次要指标之外，下面指标对于企业家判断经济形势也许有用。

（1）新住房购买数量（领先指标：先于经济周期高峰和低谷出现的经济活动）。

（2）销售额变化（同步指标：与经济周期的高峰和低谷差不多同时发生的经济活动）。

（3）新增就业岗位变化（滞后指标：在经济周期的高峰和低谷之后出现的经济活动）。

*8.3　宏观经济概念

8.3.1　总需求和总供给

1. 总需求

人们通常所讲的**市场需求**是指对某产品的需求。譬如，2003 年中国市场对汽车的需求量是 440 万辆，或专指某厂家的一种特定规格产品的需求，如桑塔纳 2000 型汽车。这种单个产品和劳务的需求往往随着该产品的价格、消费者的收入和偏好以及其他替代或互补品价格的变化而变化。而总需求指的是，全社会在一定价格水平上对所有产品和劳务的需求总量，也就是各单个产品和劳务需求量的总和。

市场经济是一种需求约束型经济，一国的生产能力再大，若没有社会需求相配合，这种产能也就会被闲置。因此，总需求的大小往往决定着一国的实际产量，从而也决定着就业量。那么，我们如何来分析总需求呢？即总需求是怎样构成的？更进一步，总需求的增长或下降又受哪些因素影响？

我们先来看总需求的构成。需求的含义是有支付能力的购买，这样，我们可以不从需求对象出发来理解总需求，而是从需求主体出发来汇总社会需求。宏观经济学家认为，任何一个开放经济国家都有四个相对独立的支付部门，即四个需求渠道，即最终消费支出、投资支出、政府购买支出，以及国外对本国产品和劳务需求净支付。这四大部门的需求之和便是总需求，其中的消费、投资和政府购买为国内需求，即**内需**；出口与进口的差额为国外需求，即**外需**。对于大多数国家来说，内需是主要的，而在内需中，最终消费支出又占有较大比重。

那么，总需求的增长或下降又受哪些因素影响呢？这是个相当复杂的问题，居民的收入水平和收入差距分布、对未来收入的预期、消费倾向、物价总水平、利率、税率、汇率、货币供给量，乃至风俗习惯、政治状况等，都会影响总需求。宏观经济学要研究这些因素的综合作用，并找出调节总需求的政策性工具。这些政策有财政政策、货币政策和收入政策等。

2. 总供给

总供给是指经济社会在一定价格水平上所能提供的所有商品和劳务的价值总和。它取决于一个社会的生产能力，但并不等同。因为当产品缺乏需求时，厂商宁愿选择停工，以销定产；而需求旺盛时，厂商会加班加点，以增加产量。因此，决定总供给的因素有两个，一是社会的最大生产能力，即所有资源都达到充分利用时的潜在产量，也就是厂商能够提供的产出量；一是受制于社会需求而按需定产的实际产量，也就是厂商愿意并实际提供的产出量。概括地说，总供给是在已有生产能力的基础上，厂商适应当时的社会需求所实际提供的产出量。

但在长期中，总供给的增长则与需要和物价无关，而是取决于一国资本形成、人力资源增长、技术进步和产业结构升级等因素。也就是说，一国生产能力的提高，往往是由人口、资本、技术及制度等因素的综合作用来说明，要素投入量的增加和要素生产率的提升是产能扩张的源泉。这我们在第 9 章中将有介绍。

8.3.2 流量和存量

如何判断一个国家或地区的富裕程度？通常的做法是，查阅该国或地区一年内新创造的财富数额，也就是人均意义上的生产总值（GDP）。它是当前收入流的累计数，能反映经济活动的能量和水平。另一个判断方法是，看一国或一地已积累起来的财富总量，这些财富包括：实物资产，如自然资源、厂房设备、土地、基础设施等；人力资本，它决定着居民的生产力、创造力和竞争力；国外净资产，即本国居民和政府拥有的在国外的资产减去外国居民和政府拥有的在本国的资产。所有这些资产每时每刻都在发生变化，但在某一时点上，是一个既定的数额。财富的创造便是由上述资产投入生产后形成的收入流。一般来说，一个国家或家庭拥有的资产越多，其收入流也越大；反之，收入流越大也反衬出其拥有的资产越多。

所谓**流量**，是指在一段时期内，某一变量发生值的累计数；所谓**存量**，是指在某一时点上，某一变量的发生值。例如，在人口统计中，人口总数、劳动力人数、失业人数等指标是存量；当年出生人口、死亡人口、新增就业人口等指标就是流量。又如在经济统计中，国内生产总值、工业增加值、财政收入、出口总额、股票交易额等指标是流量；而年末金融机构存款总额、外汇储备、股票收盘价等就是存量。

清楚地区分存量指标与流量指标十分重要，以免发生下面的常识性错误。1998 年，中国发生了百年不遇的大洪灾，生命和财产损失很大，但当时也出现了这样一种声音——灾后重建将有利于当年国内生产总值的提高！难道自然灾害还有好处不成？无怪乎人们常说，中国的马路像拉链，挖了修，修了挖，这样做，每年的 GDP 是上去了，但积累起来的财富却很少，社会的生产效率和居民的生活质量提高却很慢。

8.3.3 注入和漏出

注入是指新加入经济体的收入流量；**漏出**是指脱离经济循环的收入流量。譬如，个人或企业在开户银行增加储蓄存款，对于宏观经济来说是漏出；而银行将这些存款贷放给出去，借贷者又将其用于实业投资，这就是注入。如果储蓄额大于投资额，即漏出大于注入，经济活动规模会收缩；如果投资大于储蓄，即注入超过了储蓄，经济活动规模会扩张。

再如，商品和劳务出口是注入，而进口是漏出，因为进口伴随着资金输出，出口引致资金输入；政府税收是漏出，政府支出是注入；向国外借款时是注入，还本付息时就是漏出；引进外商直接投资是注入，外资企业汇出利润就是漏出，等等。在宏观经济运行中，注入和漏出每时每刻都在发生，只要注入和漏出保持相对平衡，宏观经济运行就不会大起大落。

一个值得讨论的案例是，中国的资金外逃近年来相当严重。腐败分子收敛的钱财见不得阳光，于是通过各种途径兑成外汇转移到国外，在国外购置房产，送子女出国留学。据有关部门的估计，数额巨大，每年在400亿元人民币以上。在宏观经济学的层面上，这便是漏出，它使国民经济收缩。但在微观经济层面上，腐败改变的是资源配置和收入分配。同学们可以自己去分析腐败在微观和宏观意义上对经济的不同影响。

8.3.4 实际国民收入与潜在国民收入

从经济流程看，一国当年的国民收入是总需求与总供给相互协调、最终实现均衡的结果。因此，实际国民收入就是均衡国民收入。但必须注意，这一均衡的国民收入不一定是充分就业状态下的国民收入。

充分就业下的国民收入，是指利用了社会上一切可利用的经济资源（劳力、资本、土地、技术等）所能够生产的产品和劳务的最大产出值，也就是一国的经济潜力充分利用或发挥时能够达到的最大产量，故又称**潜在国民收入**。而在各种要素的利用状态中，最值得关注的是劳动就业，同时各要素间在短期内的配合比例不变，因此，经济学家就以是否充分就业来判断经济是否达到了潜在产出水平。又由于资源充分利用与否较难判断，在实际分析时，往往以一个相当长时期的平均增长率来描述潜在增长率，并据此推算当年的潜在国民收入。

案例讨论

中日差距的警示

《日本经济新闻》2002年1月13日在一篇报道中，通过对一系列数据指标的对比分析，得出了这样一个结论：尽管经过了多年的持续、快速增长，中国目前的经济发展水平只相当于20世纪60年代前期的日本。报道指出，2000年中国人均GDP达到855美元，只相当于日本1964年的水准；中国城市居民的恩格尔系数为39.2%，接近日本1960年38.8%的水平；因家电产品迅速普及而急速增长的人均年间电力消费量与1960年日本的消费量接近；反映营养状况和医疗水准的中国男女平均寿命、婴幼儿死亡率分别与日本1965年、1960年的统计相一致。2000年，中国的GDP为日本的1/4，人均GDP只及日本的1/44，个人金融资产只相当于日本的1/7，人均电力消费仅为日本的1/6。即便是在高层大厦林立的上海，人均GDP也只超过4000美元，这仅仅相当于日本20世纪70年代中期的水平。

对历史熟悉的人都知道，第二次世界大战后被炸成一片焦土的日本的人均GDP与新中国刚成立时大致相等，但55年后的今天，中日之间的差距正如《日本经济新闻》所报道的那样，中国的人均GDP只及日本的1/44。据统计，战后日本经济高速与稳定增长时期，其年均经济增长率1955—1970年15年间为9.6%，1970—1990年20年间平均为4.2%，实现长达三十多年的经济持续高速、稳定增长。其中，1955—1970年的15年间，其实际经济总量增长了约4倍，GDP总量从1958年仅相当于美国的7%、英国的51%、联邦德国的60%、法国的70%，到1966年追上法国，1967年超过英国、联邦德国，仅次于美国而成为世界第二经济大国。随着经济总量的迅速提升，人均GDP实现了从低收入→中等收入→高收入国家的转变。如在其经济起飞之初的1955年，人均GDP仅268美元，1970年即达到2 341美元，1973年接近3 000美元，从低收入国家迈向中等收入国家仅花了不到20年时间。20世纪70年代初至80年代末，随着其经济持续稳定增长与人口增长率的趋缓，加上日元汇率的大幅升值，这20年间人均GDP上升了10倍以上，1987年首次超过美国，到1990年达2.54万美元，跻身于高收入国家前列。

如果觉得这样的比较不具有可比性的话，那么可以换一种比较的方法，就是用中国1978年改革开放后二十余年的快速发展与日本1955—1973年近20年的经济快速发展来进行比较，那时的日本人均GDP与改革开放初期的中国的人均GDP基本相等，但经过18年的发展，日本的人均GDP已达到了4000多美元，而中国从1978—2003年，虽然经历长达25年的经济快速发展（呈二位数），但人均GDP才刚刚达到1000美元。

为什么呢？一种观点认为，日本的高速发展，是货真价实的发展，日本人的付出和他们的所得是均衡的。中国的高速发展是在为他人做嫁衣裳，中国人的付出与中国人的所得之间是严重失衡的。中国人创造了大量的物质财富，但结果他们并没有得到这些财富，那么这些财富究竟跑到哪里去了呢？

这是问题的症结所在。一种观点认为，中国人创造的财富跑到外国人的口袋里去了。为什么会出现这种结果呢？原因很简单，一句话，就是中国人是在靠出卖自己劳动力在替别人打工！因为中国人没有自己的资金和技术，没有培育出自己有效的消费市场。中国是靠引进别人的资金与技术（外资），靠别人的市场（外贸）来发展经济的。

有两个例子很能说明问题。

一个例子是芭比娃娃。美国市场上出售的芭比娃娃基本上都是在中国生产的，在美国市场上一个芭比娃娃的价格是10美元，但她的FOB到岸价格却只有2美元。也就是说，中国公司是以2美元的价格向美国提供这个商品的。但这2美元并不是全部获利，因为其中的1美元是营销费和运输费，必须扣除，在剩下的1美元中，依旧有0.65美元是用于支付来料的费用，扣除后剩下的最后0.35美元才是中国企业的所得（包括企业的其他成本开支以及工人的工资和企业主的利润等）。即一件商品的价值中，中国人只拿到其中的3.5%!

另一个例子是耐克运动鞋。前任总理朱镕基一次在接待一位耐克鞋的台湾代理商时问他在中国的企业办得怎么样，该代理商说，耐克鞋的70%都是在中国生产的。朱总理问，一双鞋在美国能卖到多少价钱，代理商说大约是160美元一双。总理又问，那么我们中国能从每双鞋中赚取多少钱呢？代理商说，大约只有3—4美元吧。当朱总理得知实情后，气得连饭都没有吃。

够了！西方跨国资本就是这样公开地榨取发展中国家人民的血汗的。但奇怪的是，对资本的肆无忌惮的扩张和榨取，包括中国在内的广大发展中国家不仅毫无愠色和怨言，相反却表现出一种出奇的温和与顺从，而且它们还依然无比热情地张开双臂热烈地拥抱着资本，敞开自己的大门迎接着资本的到来。西方发达国家的资本从没有像今天这样能在发展中国家享受到这样的一种得天独厚的特殊礼遇，资本也从没有像今天这样能在极短的时间内从发展中国家的"慷慨与大度"中敛聚到大量的财富。资本的增殖效应在今天是空前的：西方发达国家的富人群从没有像现在这样能在短时间内成倍而迅速地膨胀起来，世界上的贫富差距也从没有像今天这样巨大得让人惊讶不已。

这一切都是为什么？你是怎样看的呢？

复习与练习

【关键概念复习】

在B栏中找到与A栏中术语相应的解释，并将序号填在术语前边。

A	B
宏观经济学	1．总体物价水平的下降。
国内生产总值	2．通货膨胀率与失业率之和。
通货膨胀	3．有支付能力的购买。

A	B
失业率	4．所有最终产品的市场价值之和。
遗憾指数	5．研究经济总量的一门学问，即资源怎样充分利用。
需求	6．一年中失业人口占全部劳动人口的平均比例。
通货紧缩	7．物价总水平的持续上涨。

【思考与练习】

（一）填空题

1．凯恩斯出版了________，并开创了现代宏观经济学。
2．宏观经济学又被称为________或________。
3．宏观经济学所关心的是________。
4．宏观经济学以________为研究对象，着重考察和说明________、________、________等经济总量是如何决定的。
5．宏观经济学的三个主要指标是：________、________、________。
6．通货膨胀率可以用________、________、________等来衡量。
7．有经济学家把微观经济学看做________，宏观经济学称为________。
8．________是经济中所有商品的平均价格变化的百分比。
9．失业人口是指法定工作年龄以上的在调查期内________、________且________的人。
10．常见的信心指数有________、________。
11．遗憾指数是指________与________之和。
12．消费、投资和政府购买为国内需求，即_______。
13．出口与进口的差额为国外需求，即________。
14．遗憾指数又称_______。
15．_______指在一段时期内，某一变量发生值的累计数。
16．________指在某一时点上，某一变量的发生值。
17．________指新加入经济体的收入流量。
18．________指脱离经济循环的收入流量。
19．实际国民收入就是________。
20．充分就业下的国民收入又称________。

（二）单项选择题

1．凯恩斯在1936年出版了（　　），并开创了现代宏观经济学。
A．《就业》　　B．《利息》
C．《就业、信息和货币通论》　　D．《国富论》
2．宏观经济学的中心理论是（　　）。
A．价格决定理论　　B．工资决定理论
C．国民收入决定理论　　D．汇率决定理论
3．下列各项中除哪一项外，均被认为是宏观经济的“疾病”。（　　）
A．高失业　　B．滞胀　　C．通货膨胀　　D．价格稳定

4．表示一国居民在一定时期内生产的所有最终产品和劳务市场价值的总量指标是（　　）。

A．国民生产总值　　B．国内生产总值
C．名义国内生产总值　　D．实际国内生产总值

5．实际 GDP 等于（　　）。

A．价格水平除以名义 GDP　　B．名义 GDP 除以价格水平
C．名义 GDP 乘以价格水平　　D．价格水平乘以潜在 GDP

6．下列各项中哪一个属于流量？（　　）

A．国内生产总值　　B．国民债务
C．现在住房数量　　D．失业人数

7．存量是（　　）。

A．在某个时点上测量的　　B．在某个时点上的流动价值
C．流量的固体等价物　　D．在某个时期内测量的

8．下列各项中哪一个属于存量？（　　）

A．国内生产总值　B．投资　C．国民债务　D．国民债务利息

9．根据古典宏观经济理论，价格水平降低导致下述哪一变量减少？（　　）

A．产出　B．就业　C．名义工资　D．实际工资

10．宏观经济学的创始人是（　　）。

A．亚当·斯密　B．马歇尔　C．马克思　D．凯恩斯

11．在凯恩斯看来，造成资本主义经济萧条的根源是（　　）

A．有效需求不足　B．资源短缺　C．技术落后　D．微观效率低下

（三）判断题

1．宏观经济学的中心理论是工资决定理论。（　　）

2．存量指在一段时期内，某一变量发生值的累计数。（　　）

3．通货膨胀率是经济中所有商品的平均价格变化的百分比。（　　）

4．消费、投资和政府购买为国内需求，即内需。（　　）

5．漏出指脱离经济循环的收入流量。（　　）

6．在凯恩斯看来，造成资本主义经济萧条的根源是资源短缺。（　　）

7．表示一国居民在一定时期内生产的所有最终产品和劳务的市场价值的总量指标是国内生产总值。（　　）

8．高失业、通货膨胀两项被认为是宏观经济的"疾病"。（　　）

9．投资属于存量。（　　）

10．遗憾指数是指通货膨胀率与失业率之和。（　　）

（四）问答题

1．宏观经济学研究的主要问题有哪些？

2．什么是经济的长期增长？什么是经济的短期波动？两者的决定因素分别是什么？

3．判断一国宏观经济形势的主要指标和次要指标有哪些？怎样判断？

4．联系中国当前的经济形势，你认为中国宏观经济运行中面临的主要问题是什么？

5．表 8-1 列出了 2000—2002 年四个工业化国家（美国、日本、德国、英国）的宏观经济运行情况，请比较并回答：美国的经济状况在四个工业化国家中的表现如何？

表 8-1 2000—2002 年四个工业化国家的宏观经济运行情况（年平均数字）

	美 国	日 本	德 国	英 国
失业率	4.9%	5.1%	8.0%	5.3%
通货膨胀率	2.7%	－0.7%	2.0%	2.1%
经济增长	1.9%	－0.1%	1.6%	2.3%
经常项目收支（占国民收入的百分比）	－4.2%	2.5%	－0.7%	－1.9%

备注：经常项目收支的相关内容可以在第 11 章“开放经济”中查询。

第 9 章 长期经济增长

【导学】在前面，我们掌握了衡量宏观经济的三个主要指标是经济增长率、失业率和通货膨胀率。这三个指标分别反映的是产品市场中的国民收入、劳动市场中的劳动力要素和资本要素市场中物价水平的情况。从本章开始，分别来研究这三项指标。

30 年前，我们没有手机，没有数码照相机，没有 MP3，笔记本电脑还未出现；人们在大多数的体育比赛中几乎穿着同样单调的运动鞋。

随着时间的流逝，我们能够制造出更多更好的商品与服务。在一个国家经济增长的过程中，大多数人变得更为富裕，物质生活也在提高。但是与此同时，在过去的 10 年当中，世界上一些最贫穷落后国家的生活水平没有提高反而下降。如果我们有机会作一次环球旅游的话，我们就会发现不同国家之间的国民生活水平存在着巨大的差异。我们会思考：为什么有的国家经济增长迅速，人民生活富裕，而有的国家经济增长乏力，人民生活贫困？一个国家应采取什么措施来实现本国经济增长？哪些因素决定了国民收入的增长？经济增长理论就研究国民收入的长期发展变化，从长远的眼光来观察经济的表现。

9.1 经济增长与经济发展

9.1.1 经济增长的含义与特征

经济增长（economic growth）就是 GDP 或者人均 GDP 的持续增长。长年累月的高速经济增长能使一个贫穷的经济体变得富裕，正如新加坡和中国所经历的那样；而经济的低速增长或零增长会给一个国家招致贫困，这也正是索马里、赞比亚等一些非洲国家的命运。

经济增长一般包括两重含义。

（1）指一个国家或地区在一定时期内实际产出量的增加，包括居民所需要的商品和劳务的总产出量增加，集中表现为经济实力的增强，即实际 GDP 的增长。

（2）指潜在生产能力的扩大，包括决定一个国家或地区生产能力的各种资源、资本形成和技术水平等诸方面因素的改进。

9.1.2 经济增长与经济发展的区别

经济学家经常使用两个概念来分析国民经济运行的长期过程，即经济增长（economic growth）和经济发展（economic development）。这是两个既紧密联系又不完全相同的概念。经济增长是明确的产量（总产量、人均产量）增加，具体表现为 GDP 增加；经济发展是指社会从落后进入先进状态的过程，它不仅包括经济增长，还应该包括国民的生活质量、教育水平、健康卫生质量以及整个社会经济结构和制度结构的总体进步。

经济增长是一个“量”的概念。经济发展是一个比较复杂的“质”的概念，是一个反映经济社会发展水平的综合性概念。由于各国的经济基础、历史背景、社会结构和政治体制各不相同，经济发展的结果也各不相同，因此在经济学里有一门专门研究经济发展的学科，叫做“发展经济学”。在那门学科当中集中分析各国经济发展得失的具体原因。在宏观经济学里，我们重点分析经济增长的规律。如果说经济发展是讨论一个国家怎样发生“质变”，那么在这里我们要讨论的是引起这种质变的最重要因素——“量变”，即经济增长。

9.1.3 经济增长的源泉与经济发展的决定因素

实际 GDP 的增长有助于老百姓生活质量的提高。当生产要素的数量增长或技术的持续提升，使这些要素的生产率提高时，实际 GDP 就会增长，人们的生活质量也就会提高。假设引用一个简单的生产函数展开我们的讨论：

$$Q=A\times f(K, L, N, E)$$

通过该生产函数，我们可以了解到：经济增长来源于更多的可变投入资本（K），资本包括物质资本、人力资本和货币资本；经济增长来源于劳动者（L）更高的技能（一定的劳动力数量和劳动力质量）；经济增长来源于改进的管理（E），即企业家管理才能的投入和改善可以在生产过程中更好地利用资源；经济增长还来源于技术的进步（A），技术进步促使发展和使用更好的资本设备，从而从一定投入中获得更多的产出。当然，上述简单模型假设土地等自然资源（N）是固定不变的。

然而综观历史，世界各国经济增长的区别很大，引起这些差别的原因不光是投入的不同。只有当每小时的劳动能够生产更多的产品与服务时，人们的生活水平才会改进，所以更加需要关注使劳动具有更高的生产能力的因素。经济增长和经济发展的决定因素可以归结为以下几个方面。

1. 制度

制度是设计社会、政治和经济行为的规则。美国经济学家诺斯强调“增加的路径依赖”，其含义就是增长取决于制度，适于经济发展的制度就是实现增长的前提。历史证明：最适于经济增长的是市场经济制度。市场经济是一个制度体系，包括了多种制度。其中，经济增长最基本的前提是适当的激励制度。市场、产权和货币交换这几种制度对创造激励是至关重要的。

（1）市场。市场使买者和卖者可以得到信息并相互进行交易，而且，市场价格又向买者和卖者传递引起增加或减少需求量与供给量的信号。市场使人们可以专业化和交易，并进行储蓄和投资。

（2）产权。产权是决定资源和物品与劳务占有、使用和处置的社会安排。产权包括对物质财产（土地、建筑物和资本设备）、金融财产（一个人对另一个人的索取权）和知识财产（如发明）的权利。明确地建立并实施产权可以给人们的收入或储蓄私有的保证。

（3）货币交换。货币交换为各种交易提供了方便。产权和货币交换为人们专业化和交易、储蓄和投资，以及发现新技术创造激励。随着经济从专业化很少变为从专业化和交易中获益，生产和消费增长了，人均实际 GDP 增长了，生活水平也就提高了。当适当的激励制度存在时，增长发生最简单的方法是人们开始专门从事他们有比较优势的活动，并相互交换。通过专业化和交易，每个人都可能以最低的成本获得物品与服务。同样，人们也可以从自己的劳动中得到更大量的物品与服务。但激励制度的存在并没有确保经济增长一定发生，它只是允许经济增长。故激励的制度仅仅是经济增长的一种保障，经济的增长还必须有其他因素的支持才可能持续下去。

在中国从计划经济到市场经济的制度变迁过程中，有一种观点值得注意，那就是，中国几千年传统文化的不足之一在于约束自我、扼杀个性、崇尚权力。正是缺少民主传统与市场经济发展的基础——个人主义，才导致我国在西方国家文明复兴的背景下闭关自守、墨守成规、徘徊不前，远远落在西方工业化国家之后。美国哲学家爱默生把人的个性视为“现代社会的特点”，认为个性便是人的价值所在，决不应当牺牲自己的特点去迎合社会。而儒家思想的缺陷是过度强调秩序、强调清心寡欲，不鼓励勇敢创新。我们应该建立一个有秩序的，既有理性的个人主义价值观又讲集体主义的理性民主社会。制度要靠我们去创造，思想解放永无止境。

2. 资源

一个国家自然资源越丰富，利用率越高，对经济发展越有利。除了自然资源之外，资源还包括储蓄、新资本投资、人力资本投资。

储蓄和新资本投资增加了每个工人的资本量，从而引起每小时劳动的实际 GDP 的增加，即劳动生产率提高。在产业革命时期，当每个工人的资本量增加时，劳动生产率发生了最急剧的上升。虽然手工生产过程可以创造出精美的东西，如工艺品，但用人均资本较高的生产方式，如汽车生产线，却使工人生产率要高得多。储蓄是投融资的主要来源，而资本投资额的增加可以促使未来经济发展。较高的储蓄率意味着较少的消费、较多的投资和较快的增长幅度。

人力资本理论是由美国著名经济学家舒尔茨在 20 世纪 60 年代提出的，其政策应用在于“科教兴国”战略。人力资本包括专门技能和专门知识，是经济增长最基本的源泉，也是提高生产率和技术进步的源泉。如果一个国家的劳动力资源缺乏足够的职业训练、教育程度低下甚至健康不良的话，经济发展会遇到困难。人力资本的获得有两个途径，一是正规的培养，二是劳动经验的积累。正规的学校教育和培训，提高了人们的综合素养，从而有效地推动了生产率的提高。但这并不是获取人力资本的唯一场所。人们也能够从工作中获得经验，成千上万的工人和管理者在工作中积累了大量的专门技能和专门知识，使生产率成倍的提高。所以，对于人力资源的投资（人员培训和科研支持）越大，对于经济发展越有利。

3. 科学技术

马克思曾说“科学技术是最高意义上的革命力量”，邓小平也讲“科学技术是第一生产力”。实物资本和人力资本的增长对经济增长具有重大影响，而科学技术的发现和应用因为可以更为有效地利用资源，所以对于经济发展做出的贡献更大。

自从工业革命以来，技术变化就已成为人们日常生活的一部分。为了从技术革新中受益，必须增加资源的投入。大部分技术被物化在实物资本中，例如，内燃机的发明及替代马车，使人们的移动速度更快、运输能力更强；个人电脑和打印机替代手工书写，使人们文书编辑效率更高。当然，最强大且具有深远影响的技术，却体现在人力资本中，被物化的技术来源于人力资本的创新活动。

在当代，技术进步在经济增长中的作用，不仅意味着生产要素在更广范围、更大程度上的优化组合及合理使用，更体现在生产率的提高上。科学进步可以节约成本和建立新兴产业，比如说袁隆平的杂交水稻创造了经济效益 3000 亿元；科学技术在生产力各个要素中比重加速递增。在 20 世纪初，美国 2.9%的年增长率中由于科学技术因素而引起的经济增长率为 1.49%，即技术进步在经济增长中所做出的贡献占 51%左右。目前发达国家的科技进步贡献率为 80%，超过了劳动要素。科技进步既为经济增长方式的转变标示了方向，同时也是促进经济增长方式转变的有效手段。

4. 对外开放

劳动分工可以产生生产力，对外开放也可以产生生产力。21 世纪初，中国成为世界贸易组织的新成员，标志着我国对外经济关系进入一个新纪元：由过去有限领域和范围的对外开放转向全方位、多层次、宽领域的对外开放，由以试点、试验为特征的梯度开放战略转向整体开放战略，以计划、行政命令为基础的政府主导型对外开放转向以市场、比较优势为基础的市场主导型对外开放，由过分强调中国特殊性和按自己时间表推进的对外开放转向重视国际规范和与 WTO 成员国共同协商的对外开放。

加入 WTO 以后，我国将在更广泛的领域和更高层次参与国际经济分工、经济全球化和国际新秩序的建立，为我国更加充分地利用国际市场和资源、发挥劳动力资源优势、分享现代文明的各种成果、加快与国际经济接轨的步伐创造了有利条件。

案例讨论

三分之一法则

麻省理工学院的罗伯特·索罗通过研究美国经济的增长，测定资本增长对劳动生产率增长的贡献时，发现了所谓的三分之一法则（One Third Rule）：一般来说，当人力资本和技术水平保持不变时，单位劳动时间的资本量增加 1 个百分点，劳动生产率平均上升 1/3 个百分点。

利用三分之一法则我们可以确定资本增长对劳动生产率增长的贡献。例如，假设某年单位劳动时间的资本增加 3%，劳动生产率增加 2.5%，三分之一法则告诉我们资本增长贡献了 3%的 1/3，即 1%。

除了资本增长贡献外，劳动生产率的增长还来源于人力资本的增长和技术的变革。在上例中，劳动生产率增长 2.5%，资本增长贡献了 1%，那么剩下的 1.5%就源于人力资本增长和技术变革。

表 9-1 给出了 2000 年和 2001 年美国经济的一些数据。

表 9-1　2000 年和 2001 年美国经济的一些数据

内　　容	2000 年	2001 年
总劳动时间（10 亿小时）	240.6	238.8
实际 GDP（1992 年，10 亿美元）	9191	9215
单位劳动时间的资本（1992 年，美元）	98.91	102.13

要求：

（1）计算 2001 年实际 GDP 的增长率；

（2）计算 2000 年和 2001 年的劳动生产率；

（3）计算 2001 年劳动生产率的增长率；

（4）如果三分之一法则适用于美国，那么 2001 年劳动生产率增长的源泉是什么？请解释答案。

9.1.4 经济增长和经济发展的衡量

1. 经济增长的衡量

衡量经济增长用经济增长率（economic growth rate）。所谓**经济增长率**，是指排除价格波动影响以后的实际国内生产总值的增长率，实际上也就是社会总产出的增长率。它是本期国内生产总值的增长量（本期国内生产总值－上期国内生产总值）与上期国内生产总值的比，如我国 2004 年国民经济增长率为 9.5%。通过 GDP（如表 9-2 所示）和人均 GDP（如表 9-3 所示）可以进行各国经济实力的比较、各国公民生活水平的比较和经济周期的预测。

表 9-2　2003 年世界各国（地区）GDP 总值排名

排　　名	国　　家	GDP 总值（亿美元）
1	美国	108 572
2	日本	42 907
3	德国	23 862
4	英国	17 750
5	法国	17 316
6	意大利	14 554
7	中国	13 720
8	加拿大	8 505

表 9-3　2002 年度世界发达国家或地区人均 GDP 排行榜

排　　名	国家或地区	人均 GDP（美元）
1	卢森堡	47 926
2	日本	37 862
3	挪威	35 690
4	美国	35 583
5	瑞士	35 175
6	丹麦	29 593
7	英国	29 231
8	德国	29 135
9	爱尔兰	29 048
10	法国	27 890
11	冰岛	26 537
12	新加坡	25 917
13	荷兰	25 176
14	芬兰	25 032
15	加拿大	25 013
16	中国香港	25 001
17	意大利	24 784
18	奥地利	24 652
19	瑞典	24 532
20	比利时	23 333
21	以色列	18 693
22	澳大利亚	18 687
23	西班牙	18 536
24	塞浦路斯	15 191
25	新西兰	13 026
26	中国台湾	12 885
27	希腊	12 454

备注：2002 年的人均 GDP 排行当中，俄罗斯——2364 美元，墨西哥——6189 美元，中国——911 美元，印度——507 美元。改革开放以来，中国经济增长速度大大高于世界经济平均增长速度，也高于发达国家的增长速度。中国经济总量的快速增长，决定了中国经济的世界排名前移。1999 年中国经济的世界排名为第 7 位，2000 年前移至第 6 位；但是，2000 年中国人均国内生产总值仅相当于同年日本人均国内生产总值的 2.3%。这既是中国面临的重大问题，也是中国经济进一步发展的空间。

案例讨论

经济持续增长的魔力——70 法则

人均实际 GDP 的持续增长能够使一个贫穷的社会变得富裕。这是因为经济增长就像银行利息复利计算一样。假设你把100元存入银行，年利率为5%，一年后你将拥有105元。如果再把这些钱存入银行，第二年末你的本金100元和上年赚得的5元利息又会得到5%的利息。

其变化过程可用下面的计算过程来表示：

第一年年初将100元存入银行，此时你的存款余额为100元，记为P；

第一年年末，获得存款利息为100×5%（记为i）=5元，加上年初本金100元，期末余额为105元（记为S），即$S=P+P\cdot i=P\cdot(1+i)$；

第二年年初，将第一年末的余额继续存入银行，年初余额为105元；

第二年年末，获得存款利息为105×5%=5.25元，加上年初余额105元，期末余额为110.25元，即$S=[P\cdot(1+i)]\cdot(1+i)=P\cdot(1+i)^2$。

如此下去，你在银行的存款每年以5%的速度增长。若干年后你在银行的存款就会增加一倍，达到200元。问题是需要多少年呢？

70法则认为，某个变量增加1倍所需要的年数大约等于70除以该变量的年增长率数值。例如，增长率为1%，则倍增的时间就是70年（用70除以1可以得到）；增长率为2%，则倍增的时间就是35年（用70除以2可以得到）。利用70法则就能计算出前面一个问题：要使100元变成200元需要多少年，也就是70除以5大致等于14年。

70法则也可以用在人均实际GDP上。表9-4给出了其他增长率情况下一项指标翻番所需的年数。从表中可以看到，如果年增长率为1%，那么人均实际GDP要70年才能翻一番；如果年增长率是7%，那么翻一番只需要10年。

表9-4　增长率

年增长率（%）	数量翻番所需的年数
1	70
2	35
3	23
4	18
5	14
6	12
7	10
8	9
9	8
10	7

这样，如果一个国家的增长率为1%，另外一个国家的增长率为2%，70年后一个国家增长总量就是前一个国家的4倍。这正是后进国家可以赶上先进国家的原因所在。比如说，在2000年美国的人均实际GDP大概是中国的8倍。中国近年来的人均实际GDP年增长率是7%，如果这个增长率能够保持下去，那么中国的人均实际GDP要达到美国2000年的水平需要多少年呢？根据70法则，答案是30年。

2. 经济发展的衡量

我们通过GDP可以进行各国经济增长的比较，通过人均GDP可以进行各国居民生活福利水平的比较。只要当GDP增长超过人口增长的时候就能实现人均GDP的增长。而经济发展是用来比较一个国家总体发展水平的综合分析概念，它把世界上的国家大致分为以下三类：工业发达国家，包括北美、西欧国家和澳大利亚、日本等国家；发展中国家，包括中国、泰国、马来西亚、墨西哥等国家；不发达国家，包括许多以传统的农业经济为主导地位的非洲国家。除此以外，联合国发展计划署自1990年起，每年测算的人类发展指数（HDI）是对人类发展成就的概括衡量。它衡量一个国家（地区）在人类发展的三个基本方面的平均成就，包括：

识字率（adult illiteracy），用成人识字率（占2/3的权重）以及小学、中学和大学综合毛入学率（占1/3的权重）来表示，反映了一国国民受教育的程度。

预期寿命（life expectancy），用出生时预期寿命来表示，反映了健康长寿的生活，居民的营养、卫生和环境状况。尽管GDP高低和我们的预期寿命长短是有关的，但是现在更多的口号是“先要青山，后要金山”。

婴儿死亡率（infant mortality），反映母亲健康状况和国民医疗卫生水平。

1975年中国的人类发展指数为0.522，2000年提高至0.726，2003年为0.721（0至1的范围内），属于中等人类发展水平，在175个国家和地区中名列第104位。而在过去的10年中，中国的人类发展指数上升了14位，是所有被测的173个国家中上升最快的。

我们说，用经济增长或者经济发展指标来衡量一个国家人民的生活水平在总体上说应该是一致的。富裕国家（人均GDP高）往往预期寿命高、婴儿死亡率低、几乎所有人都识字；而穷国（人均GDP低）往往婴儿死亡率高、母亲生孩子死亡率高、儿童营养不良比率高而且就学率低下。但是，上述数据有时关系并不完全一致，比如从表9-5可以看出，刚果国的成人扫盲率较高，刚果曾数次在国际上获扫盲奖。所以，我们还要认识到GDP的局限性，并且树立科学的发展观。

表9-5 若干国家经济增长与发展数据比较（1997年）

国　家	人均GDP（美元）	婴儿死亡率（个/千名）	预期寿命（岁）	成人扫盲率（%）	HDI
美国	29010	6.6	77	99	0.927
日本	24070	4.4	80	99	0.924
中国	3570	33	71	88	0.721
巴基斯坦	1560	95	64	41	
刚果	693	81	51	81	

9.2 国内生产总值的核算

9.2.1 什么是国内生产总值

国内生产总值（Gross Domestic Product，GDP）指一国在一定时期内（通常为一年）在一个经济体范围内（一个国家或者地区）所生产的所有最终产品的市场价值之和。

如何理解这一定义，或者说GDP在统计时须注意哪些原则？

（1）什么叫做总的市场价值？我们要将食品、衣服、电视节目、报纸、医疗、法律顾问、电子商务服务等各种不同类型的商品、服务（产品）合并为一个数据，这一数据就是总价值。一般用美元作为国际之间比较的货币单位。

（2）什么叫做最终产品？GDP统计的是最终产品（啤酒、轿车、音乐会、医疗保健等），而不是中间产品。**最终产品**是供人们直接使用和消费，不再转卖的产品和劳务。**中间产品**作为生产投入品，是不能直接使用和消费的产品和劳务。

比如说，我们同学手中用的笔记本，先是木材厂家砍伐木材生产出木屑，然后以2毛钱的价格出售给造纸厂。造纸厂将木屑煮蒸、漂白、提炼制成纸辊，然后以5毛钱的价格出售给办公用品制造商；制造商将纸辊进行裁减、印刷表格和边线处理，然后以 1 元钱的价格出售给批发商；批发商转卖给零售商 1.5 元，零售商最终以 2 元的价格卖给消费者。是否要将所有的中间产品加以统计呢？当然不是，所有生产过程结束后，最终只生产了价值 2 元的商品。

（3）为什么要在一年之内？GDP 是流量而非存量。流量是指一定时期内发生或产生的变量。存量是指某一时点上观测或测量到的变量。比如说，别人问“你收入多少”，你可以回答每周、每月或每年，这就是流量。流量就像自来水管道里通过的水量。因此，GDP 仅仅衡量“现阶段”（一年之内）的产出，购买的“二手”物品不包括在今年的 GDP 当中。

（4）什么是经济体范围内（一个国家或者地区）？GDP 按国土原则（注意：国土在此是一个经济管辖的范畴）计算。这意味着居住在中国的外国商人使用外国资源的产出也计算在内，而中国人在外国的生产产出排除在外。比如，台湾地区的周杰伦在内地巡回演出，其收入应该算做祖国大陆的 GDP，而中国在中东国家的劳务输出则应计算在中东国家的 GDP 里去。

9.2.2 国内生产总值的计算

经济学家实际上如何统计 GDP？如图 9-1 所示，GDP 可用支出法和收入法两种方法来衡量。

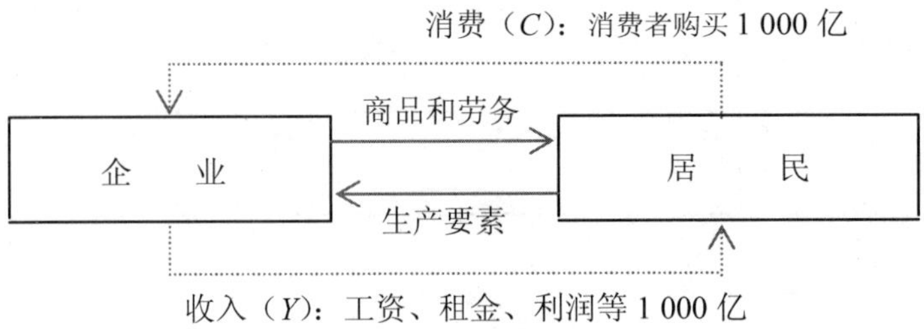

图 9-1 宏观经济行为的循环图

1. 支出法

每年，社会大众都要消费各种各样的最终产品和服务。这里，我们只计算最终产品，即最终由消费者所购买和使用的东西。各个家庭用其收入购买这些消费品，如图 9-1 环形图上部所示，将所有花在这些最终消费品上的货币价值加总（消费者购买 1000 亿），我们就得到了一国的 GDP。

于是，在这个简化的经济中，用购买最终产品和劳务的支出总和加总方法，你可以很容易地统计出国民收入或国民产值：（香蕉的价格×香蕉的数目）＋（苹果的价格×苹果的数目）＋……直至计入所有的最终产品。

支出法，也叫做产品流动法、产品支出法，或者最终产品法。支出法从产品的使用出发，把一年内购买各项最终产品的支出加总，计算出该年内生产出的最终产品的市场价值，即统计购买各种最终产品所支出的货币价值总和。通过表 9-6 可以看出，以支出法核算总产出主要包括以下内容。

（1）社会上各阶层居民的最终消费——消费支出（*C*），具体包括：耐用品、非耐用品、购买劳务支出。

（2）国内私人投资（*I*），具体包括：厂房、设备、居民用房（新住宅建设）、企业存货净变动额。

（3）政府购买（*G*），包括政府消费支出和总投资。

（4）净出口（$NX = X - M$），是出口（*X*）与进口（*M*）的差额。

表 9-6 美国 1996 年和 1999 年的 GDP 及其构成

支出法项目	1996 年总量（亿美元）	1999 年总量（亿美元）
消费支出（*C*）	51 520	62 550
投资支出（*I*）	11 160	16 210
政府购买（*G*）	14 070	16 290
净出口（*NX*）	− 990	− 2 570
GDP	75 760	92 480

2. 收入法或成本法

在图 9-1 环形图的下部，其中的流量是企业从事经营活动时所付出的各种成本，包括付给劳动者的工资、付给土地所有者的租金、付给资本的利润等。这些经营成本也是家庭从企业那里所获得的各种收入。通过计算这些收入的年流量，也可以得到 GDP 的数值。

因此，计算 GDP 的第二种方法就是统计生产要素的收入（工资、利息、地租、利润）的总和，这些收入是社会最终产品的成本。

从理论上说，这两种方法的结果是相等的。

我们可以借助考察一个简单的孤岛经济来理解这一点。不妨假定：在鲁宾逊和“星期五”（一个土著奴隶的名字）所在的孤岛上，只存在一种市场交易行为，即“星期五”每月固定为鲁宾逊打扫一次山洞，清理篱笆，鲁宾逊付给“星期五”1 个金币（该金币可在鲁宾逊处兑换一瓶葡萄酒）作为报酬。则一年内，“星期五”的所得（工资和利润）为 12 个金币，即该岛经济的 GDP 就为 12 个金币（注意，GDP 只统计市场交易行为所产生的价值）。在这里，不论用支出法（鲁宾逊支付出 12 个金币的劳务费）还是从收入或成本（“星期五”获得的 12 个金币的工资和利润）来衡量，这个孤岛经济的 GDP 都是一样的。

9.2.3 个人可支配收入和国民生产总值

个人可支配收入（PDI）是个人在一定时期（通常为一年）缴纳个人税和非税支付留下的，可以用于消费和储蓄的收入。例如，江苏省 2004 年第一季度城镇居民人均可支配收入为 2990 元，位于全国第六名。

国民账户另一个统计指标是国民生产总值（Gross National Product，GNP），以前曾被广泛采用。GNP 和 GDP 有何不同？简单地说，GNP 是一个国民概念，即一国居民所拥有的劳动和资本所生产的产出总量。而 GDP 是一个国土概念，即一国境内的劳动和资本所生产的总产出量。例如，中国篮球明星姚明 2004 年在 NBA 打球的收入应计入美国国内生产总值（GDP）；而按照国民生产总值统计口径，他的个人收入则计入中国国民生产总值（GNP）。

阅读材料

中国提前一年实现“十五”计划GDP重要指标

新华网北京5月14日电 记者14日从国家发展和改革委员会了解到，中国已经提前一年实现“十五”计划国内生产总值（GDP）和人均国内生产总值两大重要指标。

今年是“十五”计划的最后一年。根据“十五”计划，2005年中国GDP将达到12.5万亿元左右，人均GDP达到9400元。而中国在2004年，GDP就已经达到13.65万亿元，人均GDP突破1万元。

统计显示，从2001年到2004年，中国国内生产总值年均增长8.6%，高于“十五”计划中年均增长7%的目标。

根据“十五”计划，中国城镇居民人均可支配收入和农村居民人均纯收入年均增长5%左右。而“十五”前四年，城镇居民人均可支配收入年均增长9.6%，农民人均纯收入的年均增长率近20年来首次超过5%。

此外，“十五”前四年，全社会固定资产投资已累计超过20万亿元，社会消费品零售总额达到近18万亿元，进出口总额超过3万亿美元，都比上一个五年计划有大幅度增长。

9.3 国内生产总值的局限性

一般来说，GDP尤其是人均GDP是衡量一国经济和国民富裕程度的指标。例如，卢森堡、瑞士等国家人均GDP位居世界前列，它的国民富裕程度和经济福利水平也是世界上最高的。从人均GDP来说，卢森堡大约是希腊的4倍。那么，据此我们是否可以说卢森堡居民的生活水平就是希腊居民的4倍呢？我们说，人均GDP可以大致反映一个国家居民的富裕程度，但是因为它并未囊括所有经济活动，所以GDP不能完全衡量一国的生活水平或者福利水平。这主要有以下几个原因。

（1）GDP是市场交易指标而非生产指标。GDP不能反映出未经过市场交易的产出（nonmarket production），下列的经济活动并不能用来交换。

① 家务经济或者家庭生产。如果你雇用一个工人粉刷你的房间，那么这会记录到GDP统计数字中去。然而，如果你自己粉刷，就不会计入GDP中了。同样，可以选择自己在家中做饭菜但也可以选择外出就餐。诸如此类的例子很多，一个典型的例子是花工和花园女主人结婚前后同样工作对于GDP的影响截然不同：婚前是为工钱工作，婚后是为爱情而工作。

② 物物交易活动，它没有以货币作为等价物的市场价格。

③ 地下经济（underground economy）也是经济的一部分，它不光涉及赌（非法赌博）、毒（毒品交易）、黄（色情交易）、黑（军火交易）和走私、黑市交易等非法活动，也包括了诸如服务员、出租车司机赚取的小费，以及家庭教师在业余时间赚取的额外收入等合法经济活动。如果一个国家的物物交易活动和地下经济过多，则该国真实的GDP较难统计。在美国，估算的地下交易的价值大约为GDP的8%—15%。

（2）GDP是产出指标而非消耗指标。GDP仅能反映经济活动中产出的部分，体现了经济发展、繁荣的一面，而不能反映经济增长的成本。经济高速增长的背后往往存在着对社会、资源、环境的消极影响，一味追求GDP的高速增长往往忽略了经济增长带来的环境污染、生态破坏、收入不公等成本。一味追求增长也忽略了休闲和人力资本。比如，西欧国家和美国相比，GDP更低，但是休闲的时间更多（周工作时间较少），也许欧洲人觉得自己的生活比美国人更好。

（3）GDP 是流量指标而非存量指标。它反映了财富的创造部分而没有反映财富的积累。一国穷兵黩武甚至战争也会导致 GDP 上升，自然灾害后的重建家园会导致 GDP 上升。但是战争和自然灾害不可能带来老百姓真正生活水平的提高。

（4）GDP 是一个名义指标而不能代表真正生活水平。GDP 是一个总数，有时候人口增加，生产自然也增加，但人均产值未必增加，有时甚至减少。不同国家相同数字的 GDP 背后可能代表了不一样的生活水平：一国生产出大量的武器弹药，而另外一国则生产出了大量的消费品。另外，各国之间购买力之比也并不完全等于汇率之比。举例来说，在美国和中国，月收入同样为 1000 美元的两个家庭，由于美国的物价普遍高于中国，在中国月收入为 1000 美元的家庭比美国月收入为 1000 美元的家庭要好。

（5）人均 GDP 是一个平均指标而不能代表大多数的真正生活水平。如果一国十分富有，人均 GDP 很高，但是该国家的收入分配很不平均，即少数人拥有了这个国家大多数的财富和收入，那么这个国家大多数居民的真正生活水平还是比较低的。

总之，GDP 有助于了解一国的经济实力与市场规模，人均 GDP 有助于了解一国的富裕程度与生活水平。产出率大于出生率，人均 GDP 则上升，人们的生活水平也会上升。但同时，用人均 GDP 来衡量生活水平还不是很全面。因为，许多重要的生活质量没有包括在内，如休闲时间、休闲内容、安全舒适的工作环境、健康清洁的生活环境、社会治安，甚至政治自由与社会公正等难以量化的指标。

9.4 科学发展观和可持续发展

科学发展观是坚持以人为本，全面、协调、可持续的发展观。以人为本，就是要把人民的利益作为一切工作的出发点和落脚点，不断满足人们的多方面需求和促进人的全面发展。全面，就是要在不断完善社会主义市场经济体制，在保持经济持续快速协调健康发展的同时，加快政治文明、精神文明的建设，形成物质文明、政治文明、精神文明相互促进、共同发展的格局。协调，就是要统筹城乡协调发展、区域协调发展、经济社会协调发展、国内发展和对外开放。可持续，就是要统筹人与自然和谐发展，处理好经济建设、人口增长与资源利用、生态环境保护的关系，推动整个社会走上生产发展、生活富裕、生态良好的文明发展道路。

可持续发展（sustainable development）是 20 世纪 80 年代提出的一个新概念。1987 年世界环境与发展委员会在《我们共同的未来》报告中第一次阐述了可持续发展的概念，得到了国际社会的广泛共识。**可持续发展**是指既满足现代人的需求又不损害后代人满足需求的能力。换句话说，就是指经济、社会、资源和环境保护协调发展，它们是一个密不可分的系统，既要达到发展经济的目的，又要保护好人类赖以生存的大气、淡水、海洋、土地和森林等自然资源和环境，使子孙后代能够永续发展和安居乐业。

长期以来，对于 GDP 增长的追求成为一个经济体的核心目标。我们说，高 GDP 可以增强国家实力，可以新建更多的学校、医院和道路；高 GDP 可以带来老百姓更多的收入。但是无论是经济增长还是经济发展都要以人为本。经济发展是手段不是目的，人的幸福才是目的而不是手段。科学发展观要求做到：

（1）始终保持经济理性增长。

（2）全力提高经济增长质量。

（3）满足“以人为本”的基本生存需求。

（4）调控人口数量增长，提高人口素质。

（5）维持、扩大和保护自然的资源基础。

（6）集中关注科技进步对发展瓶颈的突破。

（7）始终调控环境与发展的平衡。

案例讨论

绿色GDP的核算

中国1985年采用GDP核算制度，1992年后逐渐完善，GDP日益成为考核各级政府政绩的核心指标。自改革开放以来，中国经济高速增长，到2003年中国的GDP已达到116 694亿元（折14 100亿美元），年均增长9.3%，经济总量跃居世界第六位。

但是，随着资源和环境问题的日益加重，GDP越来越暴露出它的缺陷：它只能反映经济活动中货币化的部分，体现经济发展、繁荣的一面，而不反映对社会、资源、环境的消极影响的一面。我国当前正处于工业化的阶段，尚未摆脱粗放型的增长模式，生产工艺总体上还相对落后，GDP的高增长率与高消耗、高排放相伴随，造成了资源的惊人消耗和数量巨大的污染物排放。片面追求GDP的增长，对经济的可持续发展构成了巨大的挑战。

在这样的背景下，实行绿色GDP的重要性和迫切性就进一步显现出来。必须把资源成本和环境成本纳入国民经济核算体系，以从根本上改变领导的政绩观，推动粗放型增长模式向低消耗、低排放、高利用的集约型模式转变。

在GDP中扣除自然资本的消耗，得到经过环境调整的国内生产总值，也就是绿色GDP（即G-GDP）。但是，当前实行绿色GDP存在许多重大难题：

（1）绿色的范畴和标准尚不明确。目前，绿色GDP只是提出了一个概念，但其具体标准和界线尚不清晰。过去认为绿色的东西今天也许就不怎么绿了，今天的绿色明天可能就变灰色或黑色了。搞清楚概念是统计首先要解决的课题。如对于废水的排放，可灌溉和可饮用就是不同的标准。

（2）资源、环境的实物核算尚不健全。资源环境的核算通过两种基本手段来实现，即实物量核算和价值量核算。价值核算要建立在实物核算的基础上，而我国对自然资源和环境的实物量的核算尚在研究之中。在我国国民经济核算体系附录表中的一张自然资源实物核算表目前尚未全面组织实施。

（3）资源、环境如何定价。资源、环境是无价的。能够市场交易的资源可用市场交易价格来估价，但不能交易的各种资源的估价就争议很大，特别是自然资源、无形环境的价格就更不容易确定。

（4）微观和绿色会计还有待建立。绿色会计核算是绿色国民经济核算体系的微观基础，从我国的会计理论与实践来看，科学合理、系统完整并符合国情的企业绿色会计理论与方法体系还有待研究，具有可操作性的绿色会计准则还没有建立。

（5）资源、环境的损耗与经济发展不同步。比如，工业污染引发的生态破坏和健康损失是污染发生之后逐渐显现的，有的需要几年甚至是十几年才被发现，其成本算到哪一年才准确难以确定。再比如物种的灭绝，很难把它归结为哪一项经济活动。

为使绿色GDP由神话变为现实，我们不得不对客观现象做出某些现实的规定。对经济发展的“总成本”可分为以下四类。

（1）人造成本，即原材料、燃料、动力及服务等的消耗。这部分成本已在GDP核算中扣除。

（2）环境成本，即社会生产活动所造成的污染物排放和治理成本，其中工业和城市的“三废”排放是主体，也是当前亟须治理的主题。

（3）资源成本，即社会生产活动所耗减和破坏的矿产、森林等资源的价值。

（4）社会成本，即一切非理性活动的社会影响，包括生产活动中的重复浪费和其他灰色经济造成的长期的社会影响。

全面建设绿色GDP的核算体系，还须在理论和实践中进行不懈努力。

复习与练习

【关键概念复习】

在B栏中寻找与A栏中术语相应的解释，并将序号填在术语前边。

A	B
经济增长	1．GDP，国土原则。
经济发展	2．包括消费支出、投资、政府购买、净出口。
制度	3．GNP，国民原则。
资源	4．包括工资、利息、地租、利润。
科学技术	5．供人们直接使用和消费。
经济增长率	6．人均GDP的持续增长。
HDI	7．反映人类发展成就。
国内生产总值	8．作为生产投入品。
国民生产总值	9．设计社会、政治和经济行为的规则。
最终产品	10．排除价格波动影响以后的实际国内生产总值的增长率。
中间产品	11．包括国民的生活质量、教育水平、健康卫生质量以及整个社会经济结构和制度结构的总体进步。
支出法的GDP	12．经济增长的必要条件。
成本法的GDP	13．经济增长的源泉。

【思考与练习】

（一）填空题

1．经济增长是指________的增加。

2．决定经济增长的因素是________、________和________。

3．经济增长的前提是________的建立与完善，源泉是________的增加。

4．经济增长最基本的前提是适当的激励制度，________、________和________这几种制度对创造激励是至关重要的。

5．经济增长率是排除________影响以后的实际国民生产总值的增长率，实际上也就是社会总产出的增长率。

6．人类发展指数用于综合衡量一个国家（地区）________、________和________三个方面的平均成就。

7．国内生产总值（GDP）指一国在一定时期内所生产的所有________的________之和。

8．________是供人们直接使用和消费，不再转卖的产品和劳务。

9．GDP是按________原则计算的。

10．GDP的计算方法有：________采用购买最终产品和劳务而发生的支出加总来计算；________是计算生产要素的收入（工资、利息、地租、利润）的总和。

11．GDP是一个________而不能代表真正生活水平，是________而非消耗指标，是________而非生产指标。

12．计算GDP的收入法又称为________，是由于使用生产要素而支付给要素所有者的成本。采用支出法计算GDP时，包括________、________、________和净出口。

13．国民生产总值（GNP），是按________计算的产出总量。

14．________（PDI）是个人在一定时期（通常为一年）缴纳个人税和非税支付留下的，可以用于消费和储蓄的收入，即可以自己决定用途的收入。

15．________是指既满足现代人的需求又不损害后代人满足需求的能力。换句话说，就是指经济、社会、资源和环境保护协调发展。

（二）单项选择题

1．经济增长最简单的定义是（　　）。

A．技术进步　　B．国内生产总值的增加

C．制度与意识的相应调整　　D．社会福利和个人幸福的增进

2．在经济增长中起着最大作用的因素是（　　）。

A．资本　　B．劳动　　C．技术　　D．制度

3．下列制度中（　　）对创造激励是至关重要的。

A．市场　　B．产权　　C．货币交换　　D．以上都是

4．经济增长与经济发展的关系是（　　）。

A．两者相同的

B．经济增长不但包含经济发展，还包括社会进步

C．经济增长是一个质的概念，而经济发展是一个量的概念

D．经济发展包含经济增长，同时还涉及社会进步

5．只有把从国外借来的资金用于（　　），才不至于陷入沉重的债务负担。

A．用于修建高速公路　　B．用于建学校，普及教育

C．用于增加政府行政开支　　D．用于建立收效快的工厂

6．下列哪一种情况不会引起穷国的长期增长（　　）。

A．储蓄率提高　　B．技术进步

C．总需求迅速增长　　D．资本积累率提高

7．人类发展指数是综合衡量一个国家在（　　）方面的平均成就的指标。

A．识字率　　B．预期寿命

C．婴儿死亡率　　D．以上都是

8. 下列说法中（　　）是错的。
   A. 富裕国家一般人类发展指数高
   B. 人类发展指数低的国家其成人扫盲率也低
   C. 发展中国家人均 GDP 低
   D. 发达国家预期寿命高于发展中国家
9. 用 GDP 值来衡量经济好坏的不足之处是（　　）。
   A. GDP 不包括生产的社会成本
   B. GDP 忽略休闲时间的增加
   C. GDP 不能把产品的品种变化包括进去
   D. 以上说法都正确
10. 若实际产量每年以 3.5%的净增长率持续增长，在多少年后实际产量将翻一番（　　）。
   A. 10 年　　B. 20 年　　C. 30 年　　D. 35 年
11. 在资料充足的情况下，最有意义的而又适用的衡量经济增长的工具是（　　）。
   A. GDP 的货币量　　B. 实际 GDP
   C. 人均实际产出　　D. 人均货币收入
12. 按照劳动要素所获得的收入计算 GDP 的方法是（　　）。
   A. 支出法　　B. 产品流动法　　C. 最终产品法　　D. 成本法
13. GDP 计算过程中遵循（　　）。
   A. 国民原则　　B. 管理需要原则
   C. 现行价格原则　　D. 实际产量原则
14. GDP 的局限性表现在（　　）。
   A. GDP 是根据生产实物量进行计算的　　B. GDP 不反映地下经济
   C. GDP 反映环境保护情况　　D. GDP 反映一年后的财富量
15. 国内生产总值与国民生产总值的区别在于（　　）。
   A. 国内生产总值比国民生产总值的计算范围大
   B. 国内生产总值遵循国民原则，而国内生产总值遵循国土原则
   C. 国内生产总值遵循国土原则，而国民生产总值遵循国民原则
   D. 国民生产总值比国内生产总值数值大
16. 计算 GDP 时，下列中的（　　）不应计算在内。
   A. 居民出售自己居住的房屋　　B. 房地产企业出售的住房
   C. 商业企业出售的商品　　D. 居民请建筑施工企业建造的住房
17. 下列项目中，（　　）应计算在 GDP 中。
   A. 工业园区的外国企业生产的产品
   B. 国有企业设在纽约的工厂生产的产品
   C. 国外工作的家人汇回的美元
   D. 社区工作人员为居民提供的便民服务
18. 科学发展观不包括（　　）。
   A. 保持经济理性增长
   B. 以人为本
   C. 保持人口数量增长以提供更多的劳动力
   D. 始终调控环境与发展的平衡

19．要实现可持续发展，必须处理好（　　）。
A．经济与社会的关系
B．经济与环境的关系
C．当前经济增长与未来经济增长的关系
D．以上都对

20．可持续发展观认为经济增长应与（　　）保持协调。
A．社会进步　　B．环境保护
C．未来经济的发展　　D．以上都是

（三）判断题

1．经济增长的最简单定义就是国民生产总值的增加和社会福利的增加及个人福利的增加。（　　）
2．经济增长和经济发展所研究的是同样的问题。（　　）
3．只要技术进步，经济就可以实现持续增长。（　　）
4．最适宜经济增长的经济制度是市场经济。（　　）
5．GDP是按国土原则计算的经济流量。（　　）
6．支出法计算的GDP包括对各种要素的支出。（　　）
7．可持续发展是指经济长期地以较高的速度发展。（　　）
8．不反映地下交易是GDP的局限之一。（　　）
9．人力资本就是一国劳动力资源的总量。（　　）
10．经济增长的机会成本是降低人们目前的消费水准。（　　）
11．对创造起激励作用的制度主要有市场、产权、货币交换等。（　　）
12．人类发展指数低的国家说明其扫盲率也低。（　　）
13．工业园区的外商投资企业的产出不应计入我国GDP。（　　）
14．把从国外借来的资金优先发展教育事业有利于提高我国偿债能力。（　　）
15．美国经济快速增长、生产率大幅提高的主要原因在于其国家的人口少。（　　）

（四）简答题

1．什么是经济增长？如何理解经济增长？
2．经济增长和经济发展有何区别？
3．经济增长的源泉是什么？
4．评价下面两段相互矛盾的观点：
（1）经济增长由技术变革而来，技术变革由人们对激励做出的反应而来。人口越多，富有创造性的人就越多，因此能够带来更快的技术进步。所以人口增长带来人均实际GDP的快速增长。
（2）只有当我们保护自然资源时，经济增长才能持续。人口越多，给自然资源的压力就更大。因此人口增长使人均实际GDP的增长较慢。
5．下列各项能否被计入GDP？为什么？
（1）优秀的厨师在自己家里烹制的饭菜。
（2）购买一块地产。
（3）购买一幅徐悲鸿的绘画真品。
（4）政府转移支付。
（5）购买普通股票。

(6) 联想公司在美国的工厂所创造的利润。

6. 举例说明 GDP 衡量经济有哪些问题和局限性，并以此阐述"GDP 不是而且也不应该是衡量国民福利水平的尽善尽美的方法"。

7. 简要说明支出法和收入法核算 GDP 时的内容。

8. GDP 核算时应遵循的原则是什么？

9. 如何认识人类发展指数？如何认识科学发展观？

10. 通过访问中华人民共和国国家统计局网站（http://www.stats.gov.cn/）查阅中国上一季度 GDP 资料并画出过去一年的曲线图。

附 录

经济增长理论的介绍

1. 古典增长理论

古典增长理论（classical growth theory）认为人口的爆炸性增长与有限的资源之间的矛盾最终会使经济停止增长。根据古典增长理论，劳动生产率的增长是暂时的。当劳动生产率增长，并且使人均实际 GDP 超过生存水平时，人口将快速增长。人口的增长速度超过劳动生产率的增长速度，使得人均实际 GDP 收入又回到了生存水平。

18 世纪末 19 世纪初，亚当·斯密、马尔萨斯、大卫·李嘉图等几位经济学家提出了这个理论。其中以马尔萨斯的观点最具代表性，因此该理论有时称为**马尔萨斯理论**。这个理论有时也称为世界末日理论。

2. 新古典增长理论

关于新古典增长理论（neoclassical growth theory），20 世纪 60 年代麻省理工学院的罗伯特·索罗认为，只要技术水平不断进步，人均实际 GDP 就将保持持续增长，经济繁荣会延续下去。实际 GDP 的增长速度，等于人口增长率加上技术变革以及人力资本积累导致的生产增长率，认为人均实际 GDP 的增长速度由技术变革的速度所决定。但是，新古典增长理论没有解释什么决定着技术变革，从而使人们没办法控制技术变革的速度，就像人们根本不可能控制天气、雨量的大小一样。

3. 新增长理论

新增长理论（new growth theory）预测，人类永远不满足的需求将导致生产率的不断提高和经济的永久增长。根据新增长理论，人们在追寻利润时做出了种种选择导致人均实际 GDP 不断增长。美国加州大学的保罗·罗默（Paul Romer）在 20 世纪 80 年代提出了这一理论。

新增长理论强调了市场经济的三个事实。

(1) 人力资本因选择而增长。人们可以决定在学校学习多久、学些什么以及学习的努力程度。从学校毕业时，人们面临着更多的选择，如工作培训、在职学习等。所有这些选择支配着人力资本增长的进度。

(2) 发现由选择而产生。当人们发现一个新产品或一项新技术时，他们会认为自己是幸运的。然而发现的速度（也就是技术发展的速度）却不是由机会决定的。它依赖于有多少人在寻找新技术以及他们的迫切程度。

(3) 发现带来利润，而竞争消灭利润。利润是对技术变革的一种动力，激烈的竞争却使利润空间逐渐缩小。所以为了增加利润，人们不断寻找着更低成本的生产方式，或是寻找更好的换代产品，使顾客为购买换代产品而愿意支付更高的价格。申请专利或版权使其发明者能够在一段时间内享受利润。但是最终新发现还是会被不断地复制运用，利润也就消失殆尽了。

第 10 章
短期经济波动

【导学】通过本章的学习，能够正确理解经济波动、失业、通货膨胀的含义；掌握失业、通货膨胀的衡量指标；把握经济波动、失业和通货膨胀的原因；了解奥肯法则、通货膨胀对经济造成的影响、失业与通货膨胀的关系。

第 9 章的主要内容在于从长远的眼光来观察经济的表现，但是几乎所有的宏观政策决策者和经济学家更为关注经济周期，即经济、失业和通货膨胀的短期波动。

10.1 经济波动和经济周期

任何一个经济实体，从一个比较长的历史时间来考察它的运行状态，一般都会沿着向上的路径增长，即实际 GDP 的趋势是增长的。但是经济在增长的过程中并不稳定，它不可能以一种不变的速度进行，所以又是不规则的：有些年份，产出和就业迅速上升；而在其他年份，经济增长却十分缓慢，有时甚至出现衰退。

以美国为例，20 世纪美国实际 GDP 的年增长率是 3%左右。但是，增长率是不固定的，经济增长的轨迹并不是一条光滑的曲线，而是有波峰和谷底的曲线。20 世纪 30 年代的大萧条期间，经济增长率急剧下降（1929 年到 1945 年实际 GDP 大约下降了 30%）；到了 60 年代，美国经济经历了创记录的高速增长，年均增长率为 4.4%；但到 70 年代中期却步入谷底，年均增长率仅为 2.6%，80 年代中期经济开始回升，但进入 90 年代再一次陷入收缩，经济增长率又回到较低水平。从 90 年代中期开始，美国经济再次出现了强劲的增长势头（最高达到 5%），并一直持续到 20 世纪末。

再比如说，从 1978 年到 2002 年的 25 年中，中国经济年均增长 9.1%左右，但波动较大，有些年份高，如 1992 年达到 14.1%；有些年份低，如 1990 年的经济增长率只有 3.8%。20 世纪 90 年代以来，中国经济大致经历了 1989—1990 年的经济萧条、1992—1993 年的经济高涨、1998—1999 年的轻度紧缩和 2003 年后的经济增长高峰。

在市场经济条件下，经济运行由于受到无法事先预料的因素干扰，其扩张速度往往不稳定，甚至有时还会出现衰退。经济增长过程中的这种不稳定性叫做**经济波动**，也可称为**经济周期**（economic cycle）或者**商业周期**（business cycle 或 trade cycle）。经济周期作为经济增长过程中反复出现并具有规律性的扩张与衰退相互交替的经济现象，具有以下特征。

（1）经济周期是市场经济不可避免的经济现象。

（2）经济周期是经济活动总体性、全局性的波动。

（3）一个完整的周期由繁荣、衰退、萧条、复苏四个阶段组成。

（4）周期的长短由周期的具体性质所决定，难以准确无误地进行预测。

（5）大多数宏观经济指标（经济波动、失业、通货膨胀和经常账户余额等）同时波动甚至互动。

图 10-1 是根据产出对长期趋势的偏离编制的 1920—2000 年美国经济周期的情况。图 10-2 是根据经济增长率绘制的 1870—1990 年美国经济周期的情况。

从图 10-1 和图 10-2 的对比中可以看出，图 10-2 的波动幅度比图 10-1 的大。特别明显地，从 1961 年到 1969 年，图 10-1 表明这一期间的经济几乎是持续扩张的。有些经济学家就是据此断言经济危机已经被消除，经济周期已经不复存在。而图 10-2 却表明，这一时期存在着三次增长率波动，增长率经历了 1962—1963 年、1966—1967 年、1969—1970 年三个下降时期，其中前两次的下降就是所谓的增长性衰退。

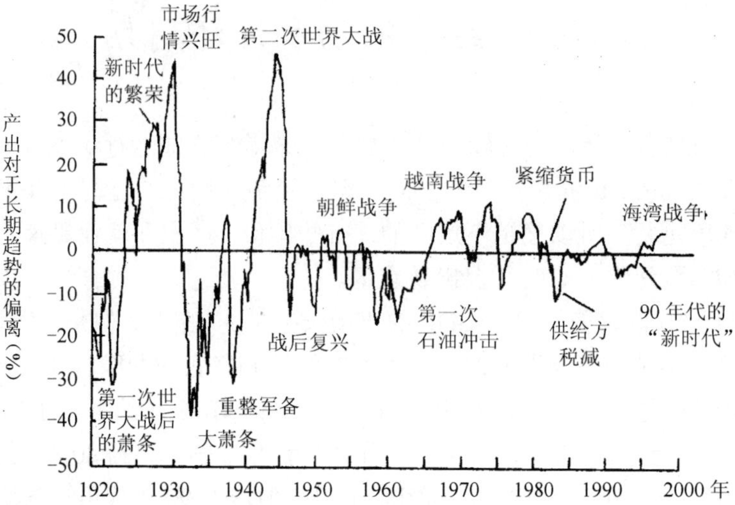

图 10-1　美国 1919 年以来的商业活动

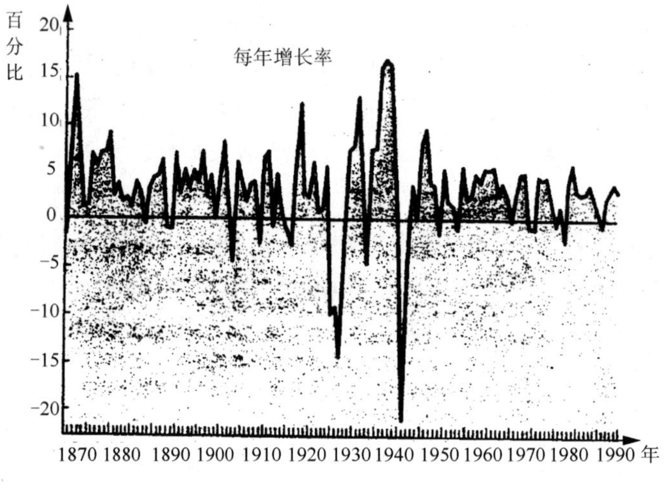

图 10-2　美国 1870—1990 年的产出变动率

西方经济学家们一般把经济周期划分成四个阶段，或者两个阶段和两个转折点：衰退（recession）、谷底（trough）、扩张（expansion）和波峰（peak）。图 10-3 描绘了经济周期的四个阶段。从中可以看出经济周期有以下几个特点：第一，每一个经济周期都包括谷底、扩张、波峰和衰退这四个阶段，扩张和衰退相互交替出现，在交替中有谷底和波峰这两个不同的转折点。波峰是经济由扩张转向衰退时的转折点，谷底是经济由衰退转向扩张的转折点，在经济周期中，波峰和谷底也是相互交替出现的。第二，虽然经济周期的四个阶段在逻辑上是按照这个顺序排列的，但是它们在每次周期中持续的时间和形态有很大的差异，没有两个完全相同的经济周期。第三，从长期看，整个社会的生产能力总有不断增长的趋势，所以某一经济周期谷底阶段的产出和就业水平，有可能出现比以前周期波峰阶段还要高的情况。

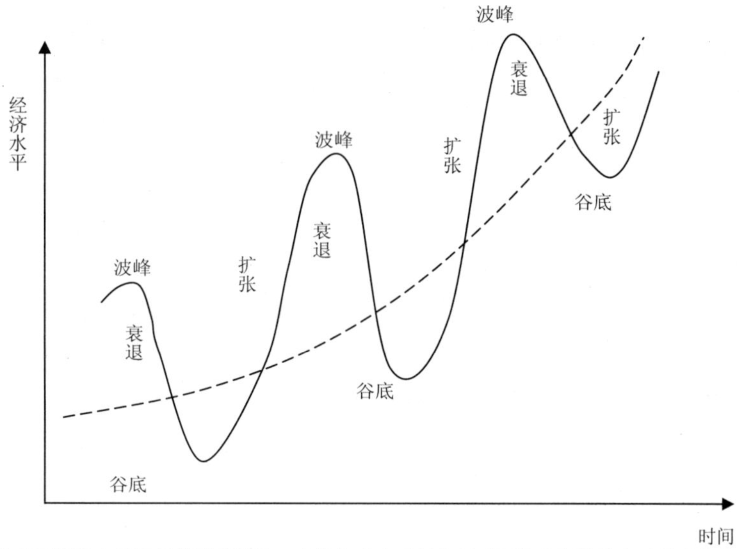

注：图中虚线部分表示经济水平的长期增长趋势，实线部分表示经济活动围绕长期趋势上下波动的实际水平。

图 10-3　经济周期的四个阶段

当经济处于扩张阶段的时候，一般商品的物价水平由于需求的增加而不断上涨。同时由于对劳动和其他生产要素的需求增加，工资和利率也逐渐上涨。但是，生产要素价格的上涨并不会减少生产者的利润，因为生产要素价格的上涨，通常都在物价上涨之后。经济快速增长阶段被称为**繁荣阶段**，在这个阶段，生产者通常都能达到自己预期的目的，劳动者失业率最低，要素所有者都能获得预期的报酬，因而社会充满着乐观气氛。

经济繁荣景象并不能长久保持下去，当经济繁荣达到高峰后，由于消费增长的停止以及社会现有生产设备及能力的限制，使经济扩张到达顶点后开始收缩，出现下降的趋势。投资减少，生产下降，失业率上升，社会收入水平和社会需求也都下降，由于乘数效应而产生连续反应，导致需求进一步更大幅度的下降。企业销售量下降，大量产品积压，一般商品物价下跌。人们对前景充满悲观情绪，预期物价将会继续下降，因而物价下跌并不会刺激消费的增加，整个社会形成普遍的生产过剩，企业利润急剧下降，同时一些厂家倒闭。对厂商来说，连已磨损的机器设备的必要补充也逐渐停止。

这种状况进一步发展下去，社会生产活动继续萎缩，物价继续下跌，社会劳动者大量失业，社会消费需求与生产能力相差极大，企业利润极为低下，甚至亏损，更多的厂家倒闭。人们对前途缺乏信心，厂商不愿意冒险投资，银行和其他金融机构资金过剩，整个经济动荡不稳，失业率持续上升，失业者继续增加，社会也极不安定。

因此，如何治理衰退是政府需要研究的重要内容。这时候，经济学家就要作出判断：是什么原因导致了经济衰退，政府应该对此做一些什么等。

10.2　失　　业

伴随经济衰退的另一个经济现象是失业的增加，在经济萧条时期，失业人数急剧上升。例如在 1933 年大萧条时期，美国的失业率曾经达到 24.9%，也就是说，每四个人就有一个失业；1989 年经济体制转轨以来，苏联和东欧国家的劳动者经历了失业率不断上升的痛苦，其中有的失业部分是因为生产下降所引起的，有的部分是由原来的隐形失业转化而来的，如何减少失业人口成为当前处于经济转轨时期的政府需要努力奋斗的宏观经济目标。

本节首先考察“失业”到底是什么意思，如何进行失业率的计算；还要考察失业的一系列可能原因；最后探讨失业的代价是什么，这不仅是对失业者自身而言，而且是对于整个经济而言的代价。

10.2.1 失业的衡量

失业（unemployment）是有劳动能力并且愿意工作的人找不到工作的情况，即指劳动的完全闲置状态。失业率是衡量失业的指标，它是通过把失业人数除以总劳动人口而获得的。根据经济合作与发展组织（OECD）和国际劳工组织（ILO）的标准化失业率的概念，**失业者**是指正值工作年龄而没有工作，在两周内愿意开始工作，且积极寻找就业或等待被安排的人。失业是相对于就业而言的，按照ILO的定义，**就业者**是指那些在过去一周中从事了至少一个小时有收入的工作或者暂时离开了工作岗位（如休假）的人。

在进行失业统计时，要排除本来就没在找工作的那些人，如选择待在家中照看小孩的父母。如果将总人口划分成“不在劳动力之内的人”、“16岁以上待在精神病院或教导所的人”、“劳动力”三类，那么劳动力数就是总人口中扣除前两项后的人数。在这个差项中再减去已就业人数就是失业者人数，可用图10-4表示。

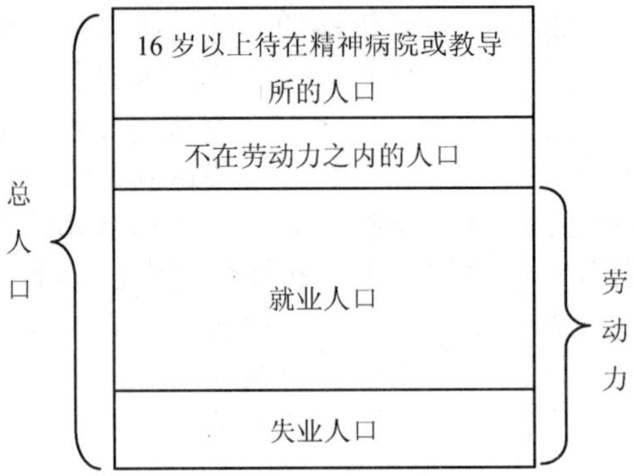

图10-4 总人口结构图

失业既可以用人数（绝对数）也可以用百分比（相对数）来表达。衡量失业最常用的标准是失业率。**失业率**（unemployment rate），采用百分比表示，是指一年中失业人员占全部劳动人口的平均比例。比如说，就业人数为250万，失业人数为150万，那么，失业率就是：150/(250+150)＝5.7%。

年失业率取决于该年中有失业经历的人数，以及他们失业时间的平均长度。年失业率的公式为：

$$\text{年失业率}=\text{该年度有失业经历的人占劳动力总数的比例}\times\frac{\text{失业平均周数}}{52\text{周}}$$

除了失业率之外还可以用下列一些指标来反映失业与就业状况。

就业增长率（accession rate），或称**雇用率**（hiring rate），指某一时期内增雇的职工人数在就业总人数中所占的百分比。它表明了就业增长或失业减少的情况。

离职率（separation rate），或称**解雇率**（layoff rate），指某一时期内退职、解雇以及退休的总人数在就业总人数中所占的百分比，它表明了就业减少或失业增加的情况。

失业持续时间（duration of spells of unemployment），指失业者连续失业的时间。这一指标可以反映劳动力流动情况，即失业变动情况。在失业率既定的情况下，失业持续时间越短，说明劳动力流动越大，即流入与流出失业池的速度越快。

10.2.2 失业的种类和原因

一般来说，失业按其形成的原因大体可以分为以下几种类型。

1. 季节性失业

季节性失业（seasonal unemployment）是指由于季节性的气候变换而导致的失业。由于气候的原因，在全国许多地方，冬季建筑施工进度会放慢，很多建筑工人在冬天会因此而失业，在春天来临时又重新走上工作岗位而就业。同样，在春夏季通常旅游业会扩大，于是旅游服务的职位也会增加。

2. 摩擦性失业

摩擦性失业（frictional unemployment）是指由于正常的劳动力周转所造成的失业。如果人们从一个工作可以马上转换到另一个工作，就不会存在摩擦性失业。在有活力的、发展的经济中，摩擦性失业是恒久而且正常的现象。年轻人往往努力寻找自己所喜欢的工作而放弃当前的工作，因此年轻人的摩擦性失业率较高。

3. 结构性失业

结构性失业（structural unemployment）是指由于技术、产业调整、国际竞争改变了工作所需要的技术或改变了工作地点而产生的失业。结构性失业是痛苦的，尤其对年纪大的人更是如此，一般失业持续的时间较长，而且工人必须进行再培训或去其他地方，才能重新就业。20 世纪 80 年代，美国钢铁和汽车工业缩减规模，从而减少了 50 万个工作岗位。在农业现代化进程中，广泛使用农业机械来耕作，使大量的农业劳动力的技能不能满足集约化生产的需要，从而处于结构性失业状态；工厂从市中心转移到郊区的工业区，从政策优惠少的地区转移到优惠条件更有利的开发区，都会导致某些工人成为结构性失业者；高中（甚至高校）辍学的学生因为不具备工作所需要的技能，也会遇到类似结构性问题。

4. 周期性失业

周期性失业（cyclical unemployment）是指在一个经济周期内，随经济衰退而上升、随经济扩张而下降的失业。当对产品和劳务的需求下降时，就业下降，失业增加。因此周期性失业有时也被称为需求不足的失业。由于一个社会的有效需求太低，不能为每一个想工作的人提供就业机会，即想就业的人数超过了以现行工资率为基础的职位空缺。它包括两种类型：

（1）经济循环失业，即因为经济周期运行在衰退与萧条阶段使社会总需求不足而引起的失业。

（2）增长不足型失业，是指因为需求的增长速度慢于劳动的增长速度和劳动生产率的提高速度而产生的失业。

5. 充分就业和自然失业率

充分就业（full employment）并不是一种失业类型，而是指在给定工资率的情况下，想要工作并能工作的劳动者都有工作的状态。季节性失业、摩擦性失业和结构性失业，在很大程度上是不可避免的，当所有失业都是季节性、摩擦性和结构性的时候，就实现了充分就业。因此，充分就业并不是百分之百的就业，而是没有周期性失业的状态。充分就业情况下的失业率，通常称之为**自然失业率**（natural rate of unemployment）。对于何种失业率水平为充分就业，始终没有一致的答案。然而，许多西方经济学家赞成，最佳失业率应为 4%—6%。

10.2.3 失业的代价与奥肯法则

1. 失业的经济成本

最明显的失业成本是给失业者自身造成的成本。失业者所承担的直接金钱成本就是他们的收益损失，等于他们以前的工资与失业救济之间的差额。

失业还会给整个经济带来更广义的成本。失业代表一种产出损失，也就是说，失业使得现实产出低于潜在的产出。失业除了使失业者本身的收入减少外，还会使资源利用不足，导致其他人的收入减少，比如，失业使政府损失税收收入，因为失业者不缴纳所得税，而且在失业者花费少了的情况下，他们缴纳的增值税和消费税等减少了。同时，政府为了救济失业者也要增加管理成本，还不得不增加保健、社会服务等的开支，从而可能造成财政困难。企业损失了在充分就业情况下本应赚取的利润，其他工人损失了在国民产出较高情况下本应挣得的额外工资。

2. 失业的非经济成本

失业者长时间的失业，会使得他们心灰意冷，很可能丧失自尊心，还有可能死于与压力有关的疾病。失业还会给失业者的家庭和朋友带来问题。人际关系可能变得紧张，家庭暴力事件增加，家庭破裂。严重的周期性失业不只是经济的弊病，还是社会的灾难。研究发现失业率每增加 1 个百分点，暴力犯罪将增加 3.4%。经济萧条意味着 GDP 的下降和失业率的上升，而失业往往意味着技能的丧失、自信的丧失、道德水平的骤降、家庭离散和高犯罪率等。

3. 奥肯法则

首先将失业率和 GDP 之间的关系量化的人是宏观经济学家阿瑟·奥肯（Arthur Okun）。20 世纪 60 年代，奥肯在美国总统经济顾问委员会工作期间发现，随着经济从萧条中逐渐恢复，产出增加的比例大于就业增加的比例。这种失业与国民收入之间的关系，后来被称为**奥肯法则**（Okun's Law）。

奥肯法则是说明失业率与实际 GDP 增长率之间关系的经验统计规律，失业率与实际国民收入增长率之间呈反方向变动的关系，即失业率下降，实际 GDP 增长率增加。这一法则表明失业率每下降 1%，则实际国民收入增加 2.5%。

案例讨论

失业统计方法的国别比较

近年来，我国的劳动统计工作有了长足的进步，在指标设计、内涵界定、统计口径与方法上不断充实国际上的通行做法，但仍与国际劳工统计大会的要求有较大差距，并给宏观经济预测与管理带来了不便。与其他一些发达国家相比，在失业统计时的差异可用表10-1来表示。

表10-1 各国失业统计方法的比较

国别	日本	美国	英国	法国	中国
失业者数据搜集方法	劳动力调查（样本调查）	现时人口调查（CPS）	失业金支付中心的业务数据	国家雇佣厅的业务数据	劳动部门的业务数据
调查时间	每月一次	每月一次	每月一次	每月一次	2007年起，调查每季度（2月、5月、8月和11月）进行
调查期间	1周（每月末）	1周（每月12日所在的周）	1日（第2个星期四）	1日（每月末）	
调查对象的年龄	15岁以上	16岁以上	男16—70岁，女16—65岁	16岁以上	男16—50岁，女16—45岁
失业者的定义	无工作且在调查期间内一点工作也没做的人员中，有劳动能力并希望有工作且正在找工作，如果有工作就可以立刻去工作，或正在等待过去的求职结果的人	（1）在调查期间内无任何工作，且在调查周内能够工作，并在过去4周内进行过求职活动的人；（2）被一时解雇的人；（3）正在等待已预定好的30天内就可工作的人	在调查日无工作，有劳动能力，在失业金支付中心申请着补助的人	无工作的人中，有劳动能力，且希望有全日制工作，并在国家雇佣厅进行了求职登记的人	（1）非农业户口；（2）有劳动能力；（3）无业而要求就业，并在当地就业服务机构进行求职登记的人
失业率的算式	(失业者/劳动力人口)×100%	(失业者/劳动力人口)×100%	(失业者/劳动力人口)×100%	(估计失业者/劳动力人口)×100%	(城镇失业者/城镇劳动人口)×100%
失业率算式中分母的定义	就业者＋失业者	（1）就业者＋失业者；（2）除去就业时间不满15小时的没有工资的家务劳动者	就业者＋自我雇佣者＋军人＋接受职业训练的人＋失业者	就业者＋估计失业者（估计失业者是每年1次，据此对每月的登记失业数据进行推算得出）	城镇单位从业人员+不在岗职工+私营业主、个体户主+私企个企从业人员+城镇失业人员
失业率算式中分母的搜集方法	劳动力调查	现时人口调查	每个季度的单位调查，每年1次的劳动力调查	普查数据，其他的行政资料	在城镇就业服务机构登记
公布机构	总务厅统计局	劳工统计局	就业部统计科	国立经济统计研究所	国家统计局与劳动和社会保障部

10.3 通 货 膨 胀

10.3.1 通货膨胀的衡量

通货膨胀（inflation）是物价普遍持续上升和货币贬值的过程。如果物价水平持续上升，那么人们就需要越来越多的货币进行交易。收入增加，企业必须向资源所有者付出更多的工资和其他津贴。而且物价上升了，当消费者购物时必须带更多的货币，单位货币所能购买的数量越来越少。

衡量通货膨胀需要计算通货膨胀率（inflation rate）。**通货膨胀率**是指两年之间价格水平变化的百分比。如果所有物品和劳务的价格都按同比例上升，比如一年内上升 8%，那么，衡量通货膨胀就很容易了，该年的通货膨胀率是 8%。但事实是，不同物品和劳务的价格以不同比率上升，有些物品的价格甚至可能下降。如相同品质的农产品价格在上涨，而同品质的计算机价格每隔较短时期就大幅下调。为了确定价格总水平的变化，需要计算价格上升的平均百分比。可是各种物品和劳务在消费中所占的比例不相同，计算物价指数时不能直接按各种物品或劳务的个体价格指数计算简单平均数。在计算物价指数时一般先选定一些代表规格品，并采用根据经验而预先确定的固定权数进行加权算术平均。

若采用消费者价格指数（CPI）计算通货膨胀率，其计算公式为：

$$\text{通货膨胀率}=\frac{(\text{当年CPI}-\text{上年CPI})}{\text{上年CPI}}\times 100\%$$

如我国 2004 年 CPI 为 103.9，2003 年 CPI 为 101.2，那么我国 2004 年的通货膨胀率计算为：

$$\begin{aligned}\text{通货膨胀率}&=\frac{(\text{当年CPI}-\text{上年CPI})}{\text{上年CPI}}\times 100\%\\&=(103.9-101.2)\div 101.2\times 100\%\\&=2.67\%\end{aligned}$$

这个通货膨胀率是比较低的。

10.3.2 通货膨胀的分类

按照不同的划分标准，通货膨胀可划分为不同的类别。

1. 按物价上涨的速度和趋势划分

（1）**爬行通货膨胀**（creeping inflation），又称**温和的通货膨胀**，通货膨胀率低（10%以下）且比较稳定，同时不存在通货膨胀预期的状态。一般认为爬行通货膨胀对经济发展和国民收入增加都有着积极的刺激作用，并且将它看做实现充分就业的必要条件。

（2）**加速的通货膨胀**又称**奔驰的通货膨胀**（strato-inflation）。这是两位数的通货膨胀，即一般价格水平上涨幅度为 10%以上 100%以下，而且还在加剧。对于这种通货膨胀，政府必须采取强有力的政策措施加以控制，以免对一国经济和人民生活造成不利影响。

（3）**恶性通货膨胀**，又称**超速通货膨胀**（hyperinflation），是指一般物价的年上涨率为

100%以上的通货膨胀，发生这种通货膨胀时，物价持续飞涨，货币体系崩溃，正常经济秩序遭到破坏，经济濒于瓦解。20 世纪 20 年代德国为了履行战争赔款条约，大量印刷钞票，1921 年增加货币供给 24%，1922 年增加 220%，1923 年增加了 4.3 亿倍。1923 年 12 月，当超速通货膨胀达到顶点时，价格水平每天翻倍还不止。工人经常按天领取工资，有时候一天领取两三次，人们早晨领到的工资，中午就花掉，以避免下午贬值而造成损失。新中国成立前，中国老百姓曾有过跑步买米的经历，即米价每时每刻都在发生变化。

2. 按通货膨胀形成的原因划分

不同的经济学家从不同的角度分析通货膨胀的原因，从而形成了不同的通货膨胀理论。

（1）需求拉上型通货膨胀。

所谓**需求拉上型通货膨胀**（demand-pull inflation）是指在市场经济条件下，由于总需求超出总供给引起的价格总水平持续上升的现象。任何一种增加需求的因素，如货币供给增加、政府购买增加、出口增加、消费者信心增强等，都可能会引起这种通货膨胀。

需求拉上型通货膨胀一般与经济繁荣有关。当经济处于衰退期时，需求拉上型通货膨胀将很低。相反，当经济接近于经济周期的高峰时，需求拉上型通货膨胀很高。需求拉上型通货膨胀的过程可用图 10-5 表示，总需求的增加使总需求曲线 AD_1 向右移动到 AD_2。此时价格从 P_1 上升到 P_2，产量从 Q_1 提高到 Q_2。总供给曲线越陡直，价格上升得越快，产量增加得却越少。随着经济趋近于经济周期的高峰，总供给曲线更陡直，也就是，现实产出越接近于潜在产出，经济越不呆滞，企业越会以提高其价格的方式对需求增加作出反应。

（2）成本推动型通货膨胀。

成本推动型通货膨胀（cost-push inflation）是指由于某些重要生产要素的价格上升引起的价格总水平持续上升现象。它与总供给曲线向左（向上）移动有关。当生产成本不是因为总需求变化而增加时，就会出现这种移动。

如果企业面临着成本增加，它们对此将作出反应：一方面是提高价格，把成本转嫁给消费者；另一方面是减少产量。可通过图 10-6 来说明，总供给曲线向左移动，从 AS_1 移动至 AS_2，引起价格水平上升至 P_3，产量水平下降至 Q_3。

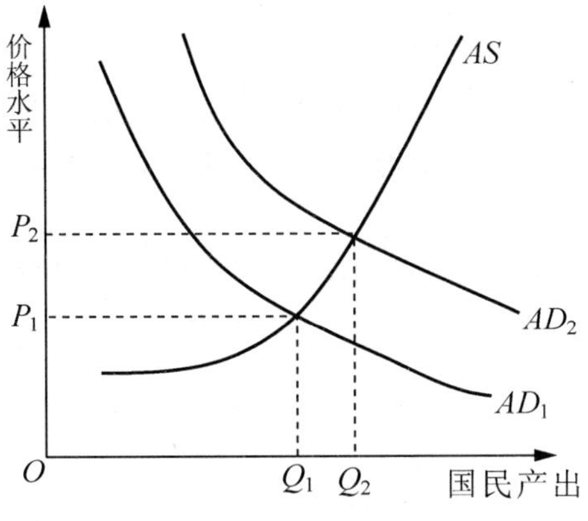

图 10-5 需求拉上型通货膨胀图

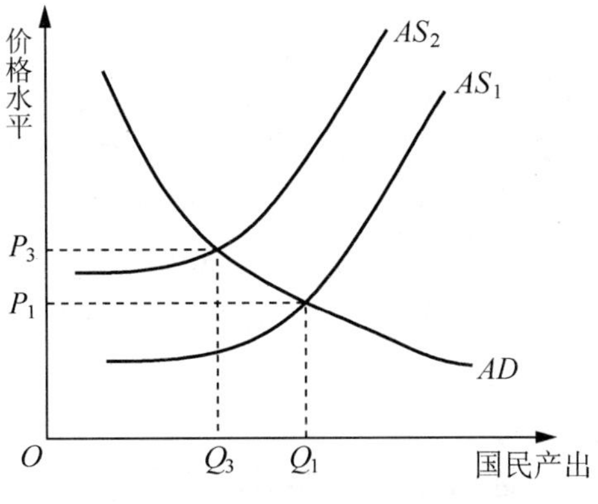

图 10-6 成本推动型通货膨胀

AD 曲线的弹性越低，随着价格的上升，销售额下降得越少，企业以提高价格的方式能把其成本转嫁给消费者身上的部分越多。

成本上升的原因有很多，可以进一步区分不同的成本推动型通货膨胀：

① 工资推动型通货膨胀。工资是成本中的主要部分，工资的提高会使生产成本增加，从而价格的水平上升。工资的增加与劳动需求无关。

② 利润推动型通货膨胀。这是由企业利用它们的垄断力量，通过上抬价格赚取更大的利润造成的。这种价格上升与消费者需求无关。

③ 进口成本推动型通货膨胀。这是由进口的原材料价格上升造成的。进口商品的价格上升与总需求水平无关。如 OPEC（欧佩克，石油输出国家组织）在 1973—1974 年将石油价格提高 4 倍，就发生了这种类型的通货膨胀。

另外，税收的增加、自然资源的枯竭亦有可能引起成本推动型通货膨胀。

（3）供求混合推进的通货膨胀。

现实的通货膨胀，大都是由需求与供给这两方面的因素共同起作用的结果，即所谓“拉中有推，推中有拉”。通货膨胀过程可能从一般的过度需求开始，过度需求引起物价上涨，从而促使工会要求提高工资率，这样成本推动力量就会发生作用，引起更高的通货膨胀。另外，通货膨胀也可以从成本推进开始，如在工会压力下提高工资或为了追逐利润而减少供给，导致物价上涨，同时，货币收入水平的增加，市场需求拉动物价继续上涨，引起更高的通货膨胀。纯粹需求拉上或成本推进的通货膨胀都是不可能持续的，现实经济中大量存在的，是需求与供给同时发生作用的混合型通货膨胀。

（4）结构性通货膨胀。

结构性通货膨胀（structural inflation），是指由于社会经济中各部门结构性因素变动，导致各经济部门之间发展不平衡而引起的通货膨胀。经济中的扩展部门正在扩大，需要更多的资源与工人，非扩展部门在收缩，资源与工人过剩。由于种种限制，非扩展部门的资源与工人不能迅速地流动到扩展部门。这样，扩展部门由于资源与人力短缺，资源价格上升，工资上升。而非扩展部门尽管资源与人力过剩，但资源价格并不会下降，尤其是工资不仅不会下降，还会由于攀比行为而上升。这样，由于扩展部门的总需求过度和这两个部门的成本增加，尤其是工资成本的增加而产生通货膨胀。

（5）预期的通货膨胀。

人们和企业在作出决策时，会考虑预期通货膨胀率。例如，西方国家的一个工会和一位雇主正在谈判加薪的问题。假定，双方预期的通货膨胀率是 6%。工会只要获得稍高于 6%的加薪，就比较满意，因为工会会员的收入会有实际增加。雇主则只要支付稍低于 6%的工资就比较满意。雇主可能把他们的价格提高 6%，因为他们知道其竞争对手大致也会同样做。因此，双方都会同意现实工资增加 6%。

如果预期通货膨胀率为 10%，双方现在以此为基础进行谈判，那么结果就为 10%左右。预期通货膨胀率越高，工资支付水平和价格水平提高得越大，由此导致的现实通货膨胀率就越高。

10.3.3 通货膨胀的成本

在社会有效需求不足，政府通过增加支出，拉动经济走向繁荣，但高且多变的通货膨胀不可避免地对实际产量和繁荣水平产生负面作用。可预期通货膨胀减少了潜在 GDP，并放慢了经济增长速度。这些不利是因为以下几点。

1. 通货膨胀的税收效应

通货膨胀可看成一种税，它将资源从家庭和企业手中转移到政府手中。在通货膨胀不可预期的情况下，名义工资总会有所增加，随着名义工资的提高，达到纳税起征点的人增加了，还有许多人进入了更高的税率等级，这样，政府的税收增加。公众纳税数额增加，实际收入减少。政府由这种通货膨胀中所得到的税收称为**通货膨胀税**。通货膨胀税的存在，不利于储蓄的增加，也影响了私人与企业投资的积极性。

2. 交易成本

通货膨胀的一种交易成本是**皮鞋成本**（shoe leather cost），是指通货膨胀鼓励人们减少货币持有量时所浪费的资源，或者说由货币流通的速度加快人们为了尽力避免货币贬值使跑路量增加所带来的损失。

当货币以可预期的高速度贬值时，不能很好地发挥其价值储藏功能，人们会努力避免持有货币。在获得收入后尽快将其花掉，企业在收到销售收入时，也会尽快完成对要素需求的支出。在20世纪80年代，玻利维亚超速通货膨胀时期，每一个小时比索的价值都在下降。教师拿到工资以后，一刻也不敢耽误，赶紧去市场购物。90年代，巴西的通货膨胀率高涨，人们乘坐出租车时，会让车停在离目的地最近的ATM旁，从ATM机里取钱付费，然后徒步走到目的地。

为了降低货币持有量，人们选用其他支付手段，如代金券、商品，甚至物物交换，作为支付手段，这些支付手段都不如货币的效率高。

人们在决策、借贷、签订用工协议等时，都是以货币作为价值尺度来进行计量的。通货膨胀改变了货币的价值，从而也改变了测量标准。在货币价值不停变化的情况下，普通大众和企业决策者又怎能进行货币计量的正确计算呢？这将导致所有的一切都不能正确计量和测算的混乱局面，从而导致又一种交易成本的产生。例如，你在与公司签订用工合同时，约定月工资为3000元，假定月通货膨胀率为50%，工作一个月后，你将发现上月的工资可能还不足以支付本月的生存必需品的开销。你还会继续履行这个合同吗？

3. 不确定性的成本

当通货膨胀率很高时，长期通货膨胀率的不确定性将增加。这种不确定性的增加使长期计划变得困难重重。通货膨胀率变动性很大，使得很多决策者将放弃资本投资和其他涉及长期承诺的交易，结果失去交易带来的有利于双方的收益，市场效率降低。因而人们把视线集中在短期上。投资减少，导致经济增长放慢。

不确定性的增加还使资源不能有效配置。通货膨胀扭曲了价格带来的信息，不可靠的价格信号使得生产者和资源供给者将经常作出以后会后悔的选择，资源配置效率往往低于物价总水平更稳定时的情形。而且，人们往往不是把精力集中在自己拥有比较优势的活动上，而是努力寻找避免通货膨胀所引起损失的方法。人们会把大量的时间和资金用来搜集未来通货膨胀率的信息，生产资金大量流入投机性投资领域，结果，本应用于生产性创新发明的才能，却被用于寻找从通货膨胀中获利的方法。

从全社会的角度看，通货膨胀导致的这种才能分流，犹如将稀缺的资源扔进垃圾堆。这种资源的浪费，也是通货膨胀的一种成本。

10.3.4 通货紧缩

通货紧缩（deflation）是与通货膨胀相反的一种经济现象，是指在经济相对萎缩时期，物价总水平较长时间内持续下降，货币不断升值的经济现象。其实质是社会总需求持续小于社会总供给。

与通货膨胀相比，通货紧缩的危害在于：消费者预期价格将持续下跌，从而延后消费，打击当前需求；投资期资金实质成本上升，回收期延长，令回报率降低，从而遏止投资。此外，通货紧缩使物价下降，意味着个人和企业的负债增加了，因为持有资产实际价值缩水了，而对银行的抵押贷款却没有减少。比如人们按揭购房，通货紧缩可能使购房人拥有房产的价值远远低于他们所承担的债务。与通货膨胀相比，通货紧缩是一个各国经济政策制定者难以治理的问题。

通货紧缩出现的原因，主要包括以下几个方面。

（1）生产过剩，产品供给大于需求，促使大量产品销售不出去，结果，造成了通货紧缩的发生。这是因为，一些国家未从根本上摆脱生产过剩的制约，一旦出现问题，就会面临通货紧缩的风险。

（2）需求不振，如因受到股市低迷、投资减少的制约等负面影响，使得其消费物价指数与以往相比有所下降，从而引发通货紧缩。

（3）作为全球经济火车头的美国，一旦其经济复苏不力或衰退，对于依赖美国经济带动的其他国家和地区来说，会促使这些国家的通货呈现下降之势。

应该看到，通货紧缩对全球经济造成的损害远远大于通货膨胀，一旦通货紧缩和庞大的债务结合起来，必然会造成严重的财政问题。而严重的财政问题则又会使通货紧缩加剧，从而不利于世界经济的繁荣。

10.4 通货膨胀与失业的关系

失业和通货膨胀是两个受到密切关注的经济指标，一些评论家把通货膨胀率和失业率加在一起得出了一个遗憾指数，用以衡量经济状况是否正常。由于经济学家菲利普斯的一个发现，使得失业和通货膨胀之间的关系成为近半个世纪以来经济学家关注的题目。

在经济繁荣时通货膨胀率较高，在经济衰退时失业较高，那么，这就意味通货膨胀与失业之间存在着“权衡取舍”关系吗？较低的失业伴随着较高的通货膨胀率，较低的通货膨胀率伴随着较高的失业？新西兰经济学家彼尔·菲利普斯观察到这种权衡取舍关系并用著名的菲利普斯曲线来说明。

10.4.1 菲利普斯曲线

经济学家菲利普斯通过整理英国1861—1957年近百年经济统计数据，发现在货币工资增长率和失业率之间存在一种负相关的关系，这种关系可用公式表示为：

$$\Delta W_t = f(U_t)$$

式中，ΔW_t 表示 t 时期的货币工资增长率，U_t 表示 t 时期的失业率。

把这种关系用曲线形式反映出来，就是菲利普斯曲线。如图 10-7 所示，横轴表示失业率，纵轴表示货币工资增长率。失业率与货币工资增长率之间存在交替关系。曲线凸向原点，表示随着总需求扩张，开始会出现大量的剩余劳动力，无须大幅提高工资就可以满足劳动的超额需求。但是，劳动力越来越少，企业为了获得所需的劳动力就不得不支付越来越高的工资，同时工会的地位也逐渐加强。

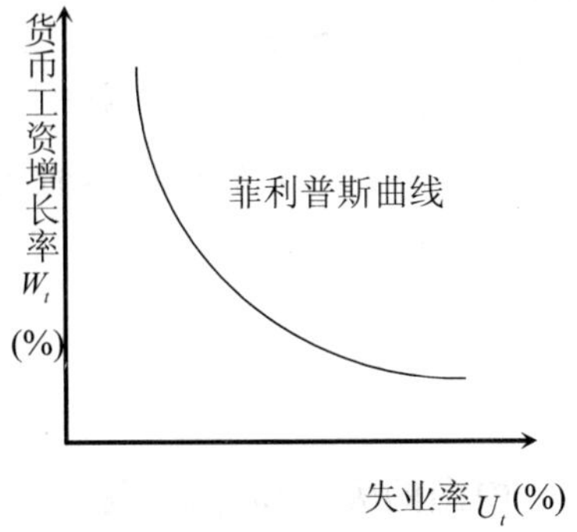

图 10-7　菲利普斯曲线

10.4.2　弗里德曼对菲利普斯曲线的评论

到了 20 世纪 60 年代末 70 年代初，通货膨胀在战时需求压力、石油输出国组织提价风潮等作用下失去了控制。滞胀（stagflation），即高失业和高通货膨胀并存的现象出现了，在这种背景下，以弗里德曼为代表的货币主义学派认为，通货膨胀和失业之间总是存在一种暂时交替关系，但没有持久的交替关系。这种暂时交替关系并不是产生于通货膨胀本身，而是产生于未预期到的通货膨胀，这就意味着通货膨胀率的上升。

弗里德曼引入“适应性预期”这个变量来解释通货膨胀和失业之间的短期与长期关系。**适应性预期**是指人们在形成价格预期时，会考虑到上一期的误差，当上一期的预期价格高于实际价格时，对下一期的预期价格要相应减少，反之，则相应增加。

如图 10-8 所示，图中短期菲利普斯曲线向右下倾斜，长期菲利普斯曲线则为垂直线。假定起先通货膨胀率为零，人们没有通货膨胀预期，经济运行在图中 A 点。在总需求突然增加时，使通货膨胀率上升到 2%。由于人们事先没有预计到有通货膨胀，那么物价上涨导致实际工资下降，因而厂商愿意扩大产量增加就业，使失业率从 5%降到 3%，因此经济沿菲利普斯曲线 PC_0 变动到 B 点，以 2%的通货膨胀率上升换取了失业下降 2 个百分点，这就是通货膨胀和失业在短期中的交替关系。

假定通货膨胀率不是突然上升，而是经常上升，比如是 2%，则人们就会形成 2%的通货膨胀率预期。工人们要求提高工资，假定要求名义工资上升与预期的通货膨胀率同步，则企业会感到物价上升时工人实际工资没有降低，因而企业的雇工数又回到原来水平，失业率回到原先的自然失业率 5%的水平上，从而经济到达 C 点。如此菲利普斯曲线从 PC_0 移动到 PC_1。从长期来看，由于存在适应性预期使得长期菲利普斯曲线为垂直的线。通货膨胀与失业之间没有交替关系。短期菲利普斯曲线不断右移，不但会形成垂直的长期菲利普斯曲线，甚至可能形成向右上倾斜的正相关曲线，这样就会出现通货膨胀与失业并发的“滞胀”局面。

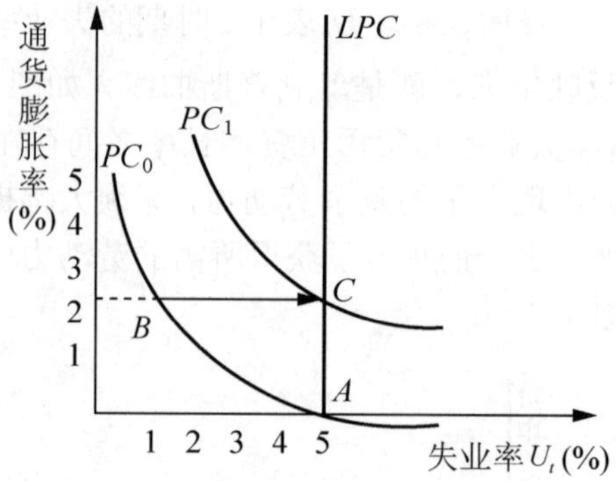

图 10-8　短期与长期的菲利普斯曲线

案例讨论

中国的失业和通货膨胀

1979 年改革开放以来，失业和通货膨胀成了中国宏观经济的一对主要矛盾，近年来宏观经济波动和各种宏观经济政策都与这两个宏观经济问题有关。

失业问题在中国的存在是必然的，而且是一个长期以来难以解决的老大难问题。因为中国是一个人口大国，劳动力资源相对来说大量过剩。即使在过去的计划经济年代，失业问题在中国也是存在的，只不过政府通过行政手段把失业问题隐藏起来了而已。这种行政手段表现为：通过户籍制度限制城乡人口流动。农民限制在土地上，但实际上，农业生产不需要这么多的劳动力；城市居民安排到国有企业，表面上实现了充分就业，但是企业内部却人浮于事，即存在了大量的隐形失业。

改革开放以后，中国的失业问题日趋表面化。1999 年城市公开失业人数为 575 万人，城镇居民失业率为 3%以上。据估计，隐形失业率大约为 20%。

改革开放之前，通货膨胀率在市场上表现为商品的短缺和票证买卖。改革开放之后（从 1979 年到 1994 年），中国已经经历了 4 次通货膨胀率较高的时期，第一次发生在 1980 年，当年的通货膨胀率为 6%；第二次是 1985 年，通货膨胀率接近 9%；第三次为 1988 年，通货膨胀达到两位数；最后一次是 1992—1994 年通货膨胀。

1992 年中国经济开始“过热”，出现通货膨胀征兆，1993 年与 1994 年更趋严重。从 1993 年 11 月到 1994 年 2 月，中国消费品物价指数平均每月上涨 2.6%。

1992 年出现投资过热，投资总量比上年增长 37.6%，其中国有单位投资增长 40.7%。投资过热引发经济迅速扩张，尤以沿海地区为甚，例如 1992 年沿海各省市经济增长率普遍达到了两位数，其中，江苏 27%，广东 18.7%，浙江 17%。内地省市也有 6%—10%的增长速度。1993 年 3 月第八届全国人民代表大会之后，继续为扩张本地经济兴建许多开发区。1993 年第一季度，全国投资同比增长 40%，工业经济同比增长 22.4%，其中集体所有制企业和“三资”企业成为工业增长的主要动力，分别增长 43.6%和 71.5%。同时，人民币贬值未能促进出口，其原因是国内需求强劲，对进口产品需求旺盛。

1992 年货币政策比较宽松，$M_0$①增长 36%，$M_1$②增长 31%。一是由于中央银行对金融系统贷款过多，超过计划额度一倍多；二是财政赤字增加，赤字的 60%由银行增加现金投放融通。在 1992 年没有马上引起消费品价格暴涨，但生产资料价格已有两位数的上涨幅度。1993 年货币供给再次快速增长，其中 M_0 增长 54.2%，

① M_0 指现金或流通中的货币。
② $M_1=M_0$+企业活期存款+机关团体存款+农村集体存款，M_1 亦称为“狭义货币供应量”。

M_1增长34.2%。1993年6月，35个大中城市居民消费物价总水平上涨21.36%，七大类生产资料价格同比增长52.9%，建筑材料价格上涨70%。在我国，生产资料价格暴涨往往是通货膨胀的先导。

1993年国家实行了税收、公务员制度、外汇管理等一系列改革措施。税收改革的一个重点是推行增值税，人们认为产品税将提高，使人们产生价格上涨的预期。公务员制度改革包括工资从1993年10月起平均提高30%—40%。外汇改革包括取消外汇券。人们预期人民币将贬值，通货膨胀。1993年12月出现抢购耐用消费品现象，同时银行存款下降。一些人把美元与黄金当做价值贮藏手段，人民币与美元汇率在1993年2月为1∶8.5，至5月取消控制后成为1∶10。到1994年，中国物价水平达到顶峰，通货膨胀率达到21.7%。

1995年通货膨胀率开始下降，1997年以后，中国出现了通货紧缩的现象。

复习与练习

【关键概念复习】

在B栏中寻找与A栏中术语相应的解释，并将序号填在术语前边。

A	B
经济周期	1．由于季节性的气候变换而导致的失业。
失业	2．由于技术、产业调整、国际竞争改变了工作所需要的技术或改变了工作地点而产生的失业。
失业率	3．经济增长过程中反复出现并具有规律性的扩张与衰退相互交替的经济现象。
季节性失业	4．物价普遍持续上升和货币贬值的过程。
结构性失业	5．由于总需求超出总供给引起的价格总水平持续上升的现象。
通货膨胀	6．由于某些重要生产要素的价格上升引起的价格总水平持续上升现象。
需求拉上型通货膨胀	7．一年中失业人员占全部劳动人口的平均比例。
成本推动型通货膨胀	8．有劳动能力并且愿意工作的人找不到工作的情况。
通货紧缩	9．表明失业率与货币工资增长率之间交替关系的曲线。
菲利普斯曲线	10．在经济相对萎缩时期，物价总水平较长时间内持续下降，货币不断升值的经济现象。

【思考与练习】

（一）填空题

1．一个经济周期一般要经历________、________、________、________四个阶段。

2．衡量一个经济中失业状况的最基本指标是________，它是________占________的百分比。当就业人数为1 400万，失业人数为600万时，失业率为________。

3．按引起失业的具体原因不同，失业分为________、________、________。

4．工人为了寻找理想的工作所造成的失业是________，但当经济中的变动迫使劳动力不得不从一个地区流动到另一个地区寻找工作时所引起的失业是________。

5．周期性失业又称________，它是由于________不足而引起的短期失业。消灭了周期性失业时的就业状态是________，此时的失业率称为________。

6．奥肯法则表明了失业率与实际国内生产总值增长率之间是________变动关系。

7．衡量通货膨胀的指标是________。

8．通货膨胀按其严重程度可分为________、________、________、________三类。

9．需求拉上的通货膨胀就是________大于________所引起的通货膨胀。

10．成本推动的通货膨胀，根据其原因的不同分为________、________、________。

11．通货紧缩是由于________、________、________等主要原因引起的，在治理上比通货膨胀更难。

12．菲利普斯曲线是用来表示________与________之间交替关系的曲线。

（二）单项选择题

1．经济周期的阶段顺序为（　　）。

A．繁荣、复苏、衰退、萧条　　B．繁荣、萧条、衰退、复苏

C．繁荣、衰退、萧条、复苏　　D．繁荣、衰退、复苏、萧条

2．经济周期中的萧条阶段的特征是（　　）。

A．国民收入与经济活动低于正常水平

B．国民收入与经济活动等于正常水平

C．国民收入与经济活动高于正常水平

D．生产迅速增加，投资增加，信用扩张

3．下列人员哪类不属于失业人员（　　）。

A．调动工作的间歇在家休养者　　B．半日工

C．季节工　　D．对薪水不满意而待业在家的大学毕业生

4．充分就业意味着（　　）。

A．人人都有工作，没有失业者

B．消灭了自然失业时的就业状态

C．消灭了周期性失业时的就业状态

D．消灭了摩擦性失业时的就业状态

5．结构性失业是（　　）。

A．有人不满意现有工作，离职去寻找更理想的工作所造成的失业

B．由于劳动力技能不能适应劳动力需求的变动所引起的失业

C．由于某些行业的季节性变动所引起的失业

D．经济中由于劳动力的正常流动而引起的失业

6．在以下情况下，可称为通货膨胀是（　　）。

A．物价总水平的上升持续一个星期后又下降了

B．物价总水平的上升而且持续一年

C．一种物品或几种物品的价格水平上升且持续了一年

D．物价总水平下降而且持续了一年

7．生活费用指数是指（　　）。

A．消费物价指数　　B．效用指数

C．批发物价指数　　D．国民生产总值折算数

8．奥肯法则是说明（　　）。

A．失业率与通货膨胀率关系的经验统计规律

B．通货膨胀与国民收入之间关系的规律

C．失业率与实际国民收入增长率之间关系的经济统计规律

D．人口增长率与失业率之间关系的统计规律

9．今年的物价指数为 144，去年的物价指数为 120，通货膨胀率是（　　）。

A．10%　　B．20%　　C．24%　　D．264%

10．需求拉上的通货膨胀产生的原因是（　　）。

A．原材料价格的过度上升　　B．消费的过度增长

C．工资的过度增长　　D．利润的过度增加

11．在下列引起通货膨胀的原因中，哪一个最可能是成本推动的通货膨胀的原因（　　）。

A．银行贷款的扩张　　B．预算赤字

C．世界性商品价格上涨　　D．投资率下降

12．抑制需求拉上的通货膨胀，应该（　　）。

A．控制货币供应量　　B．降低工资

C．解除托拉斯组织　　D．减税

13．经济相对萎缩时期，物价总水平较长时间内持续下降，货币不断升值的经济现象是（　　）。

A．通货膨胀　　B．经济衰退

C．通货紧缩　　D．经济繁荣

14．菲利普斯曲线表示（　　）。

A．失业与就业之间关系的曲线

B．工资与就业之间关系曲线

C．工资与利润之间关系的曲线

D．失业与通货膨胀之间交替关系的曲线

（三）判断题

1．无论什么人，只要没有找到工作就属于失业。（　　）

2．衡量一个国家经济中失业情况的最基本指标是失业率。（　　）

3．充分就业与任何失业的存在都是矛盾的，因此，只要经济中有一个失业者存在，就不能说实现了充分就业。（　　）

4．在一个国家里，自然失业率是一个固定不变数。（　　）

5．只要存在失业工人，就不可能有工作空位。（　　）

6．根据奥肯法则，在经济中实现充分就业后，失业率每增加 1%，则实际国民收入就会减少 2.5%。（　　）

7．无论是根据消费物价指数，还是根据批发物价指数、国民生产总值折算数，所计算出来的通货膨胀率是完全一致的。（　　）

8．在任何经济中，只要存在着通货膨胀的压力，就会表现为物价水平的上升。（　　）

9．如果通货膨胀相当稳定，且能够完全预期，那么通货膨胀对经济影响很小。（　　）

10．在通货膨胀不能预期的情况下，将影响收入分配及经济活动。（　　）

（四）问答题

1．经济周期具有什么样的特征？

2．失业按其形成的原因可以分为哪几种类型？

3．“经济学研究资源的稀缺性，但如果劳动力市场一直存在失业，稀缺性又怎么可能存在呢？如果想生产更多的产品与服务，我们只需要使失业者受到雇用。”

（1）你是否同意这种说法？为什么？

（2）请解释为什么稀缺性和失业并不矛盾。

4．什么是通货膨胀？衡量通货膨胀的指标是什么？根据通货膨胀的严重程度可将通货膨胀分为哪几类？

5．有关部门公布加薪方案，此时去市场购物可能价格比以前要高。试问这是什么样的通货膨胀？

6．成本推动的通货膨胀可分为哪几种？工资上涨会导致消费增加，试问工资推动型通货膨胀可否也看做是需求拉动型通货膨胀？

7．如何认识通货膨胀对经济的影响？

8．什么是通货紧缩？为什么会出现通货紧缩的现象。

9．请用有关理论解释为什么高通货膨胀率可以和高失业率并存。

第11章 开放经济

【导学】前两章考察了三个宏观经济目标，即经济增长、低失业和低通货膨胀。一国实现这些目标的能力，还受其与其他国家的贸易与资金往来的影响，现在考察开放背景下的宏观经济。

开放经济代表着商品、劳动与资本市场的开放，它并不是一个新生事物。早在13世纪马可·波罗开辟的代表早期中欧贸易的丝绸之路，便是其存在和发展的成功例证之一。近千年的人类科技的发展使得生产要素能够突破国界的束缚，在不同经济体之间进行自由的流通和交融，达到全球范围内资源配置的最优化。正是这种经济要素的全球流动形成了一股强大的吸引力，使得各个国家、地区之间紧密联系，相互影响，相互作用，其意义已不仅仅局限于经济方面，而是渗透到单一经济体的政治、文化、军事等各个方面。

国际开放经济活动按其性质可划分为两大方面：一是商品市场的开放和流通，二是资本市场的开放和流通。前者是指实质资源（主要包括商品和劳务）在国家或地区之间的流动，该领域被称为**国际贸易理论**。后者是指金融资源（主要包括投资和借贷）在国家或地区之间的流动，该领域被称为**国际金融理论**。在经济学中，国际贸易理论和国际金融理论都是独立于宏观经济学的专门领域。

11.1 国际收支

11.1.1 基本概念

假如你在一个企业里上班一个月之后取得了工资，工资一到了你的银行户头，你就拿银行信用卡去购物。假如你购买的商品价值超过了工资，你的收支就会入不敷出，你的银行户头就会出现赤字；假如你购买的商品价值低于工资，你的收支就会略有盈余，你的银行户头就会出现储蓄增加。同样地，把一国对外的商品、劳务和资本的流出流入进行统计整理，便形成了对一国国际收支的记录。

国际收支是指一国居民与非居民之间发生的物品、服务和资产的交易记录，按照会计的复式记账原则分为两个最主要的账户：经常账户、资本和金融账户（如表11-1所示）。

表11-1 中国国际收支平衡表（2004年）

（单位：千美元）

项 目	差 额	贷 方（+）	借 方（−）
一、经常账户	68 659 162	700 697 007	632 037 845
1. 商品和服务	49 283 643	655 826 577	606 542 934
2. 收益	−3 522 669	20 544 095	24 066 764
3. 经常转移	22 898 189	24 326 335	1 428 146
二、资本和金融账户	110 659 756	343 350 151	232 690 395
1. 资本账户	−69 345	0	69 345
2. 金融账户	110 729 101	343 350 151	232 621 050
（1）直接投资	53 131 430	60 905 778	7 774 348
（2）证券投资	19 689 873	20 262 117	572 244
（3）其他投资	37 907 798	262 182 256	224 274 458
（4）储备资产	−206 364 000	478 000	206 842 000
三、净误差与遗漏	27 045 082	27 045 082	0

11.1.2 国际收支账户

开放经济有一个国际收支账户。它记录了一个国家居民与其他国家居民之间的货币流动。来自国外的货币收入看做国际收支的贷方，一个国家的货币外流看做国际收支的借方。国际收支账户主要由三个部分组成：经常账户、资本和金融账户以及误差与遗漏账户。

1. 经常账户

经常账户主要记录了实质资源的流动，包括商品及服务的进出口、从外地应收及应付予外地的收益，以及从外地及往外地的经常转移。经常账户的交易各项反映了一个经济体向世界各地提供或从世界各地获取实质资源的情况。

经常账户主要由三个账户组成：商品和服务账户、收益账户和经常转移账户。

（1）商品和服务账户。

商品和服务账户主要记录了商品和劳务的进出口情况，出口导致了货币的流入，记为贷方（+）；进口导致了货币的流出，记为借方（−）。

一国商品及服务的出口与进口之间的差额就是该国的贸易差额，它由国际收支平衡表上商品及服务账户的借贷双方相加而得。所得为正，该国贸易顺差，代表商品及服务的出口大于进口；所得为负，该国贸易逆差，代表商品及服务的出口小于进口。从表 11-1 中看，我国 2004 年度国际贸易为顺差，总计为 49 283 643 000 美元。

（2）收益账户。

收益账户记录了由于生产要素的流入流出所派生出的资金流动，它主要是由流入或流出一国的工资、利息和利润组成。工资、利息和利润流入记入贷方，流出记入借方。最常见的为本国投资外国股票或债券所产生的股息或债息的流入，以及国外投资本国的股票或债券所产生的股息或债息的流出。

从表 11-1 看，我国 2004 年度的收益是负的 3 522 669 000 美元，资金为净流出，其产生原因主要是我国的对外投资较少，而吸引的国外投资较大，所以需要付予国外的投资回报远比从国外收回的投资回报要大得多。

（3）经常转移账户。

经常转移账户是指在无对等经济价值报偿的情况下，本国居民对非本国居民给予或接受实质的或金融资源，主要包括汇款、捐款、官方援助等。

从表 11-1 我们可以看到，2004 年度我国的经常转移为顺差，且绝对数额较大，究其原因主要是我国居民个人来自境外的侨汇收入较高。

此三个账户余额相加就是经常账户余额，经常账户记录了能给一个国家或地区带来货币收入或货币支出的一切活动。一般来说，由于国际贸易差额占经常账户的比重很大，所以我们经常以国际贸易差额来近似替代经常账户额。

2. 资本和金融账户

资本和金融账户主要记录了金融资源的流动，包括借款、贷款和投资。从广义上讲，当 A 国持有 B 国的金融资产时，不管这种金融资产是货币、债券、股票还是其他形式，都可看做 A 国对 B 国投资，意味着 A 国资源被 B 国所享用，其目的是为了获得相应的投资回报。一国对国外资产的购买会产生资金的流出，记入借方（−）；国外对国内资产的购买会产生资金的流入，记入贷方（+）。

该账户由资本账户和金融账户两大部分组成。

（1）资本账户。

资本账户是用来指资本转移及非生产 / 非金融资产的收买或放弃。

资本转移是指在无报偿情况下，固定资产的转移或债务的减免。资本转移主要部分是债务减免及移民转移。比如一位美籍华人企业家落叶归根，晚年移居祖国，那么他原有的在美国的房产、企业及其他资产都会视为中国对美国的投资，记入借方科目。

非生产、非金融资产的收买或放弃包括非由生产而生的有形及无形资产的对外交易。非生产、非金融资产包括专利、版权及专营权等。

（2）金融账户。

金融账户记录本地居民与非本地居民之间的金融资产及负债交易。它显示某经济体系如何融资以进行其对外交易。金融账户内的交易可归结为直接投资、有价证券投资、其他投资及储备资产几类。

① **直接投资**是指一个经济体系内的某投资者购买设立在另一经济体系内的企业，并对该企业有持久利益和在管理方面具有有效的控制权。

直接投资可以采取在国外直接建立企业的形式，也可以采用购买国外企业一定比例以上的股票的形式。按《国际收支手册》的规定，这一比例不能低于 10%。

② **证券投资**是指对居民和非居民之间的股本证券及债务证券（例如中长期债券、货币市场工具）投资。债务证券按照期限划分又可划分为期限在一年期以上的中长期债券、货币市场工具和其他金融衍生工具。

③ **其他投资**是指除直接投资和证券投资外的所有金融交易，其中主要包括国内企业在国外商业银行的贷款融资，也包括短期及长期非市场上买卖的存款、财务租约、贸易信贷等。

④ **官方储备**指一个经济体系的金融当局可直接用来支付对外收支赤字，可用于干预外汇市场以影响汇率，从而间接调节收支赤字的外币资产，由以下四个部分组成：黄金储备、外汇储备、普通提款权和特别提款权。

3. 误差与遗漏账户

由于统计的误差或不透明经济交易的存在，使得国际收支项目的借贷双方达不到平衡，为了“矫正”这种误差，于是就人为设立了一个误差与遗漏账户。

我们可以看到 2004 年我国的误差与遗漏账户余额为正，表现为资金的流入，其产生原因是这一年国际游资普遍预计我国人民币会升值，故而通过非正常渠道进入我国，以期望获得高的收益。一般的误差与遗漏账户余额的大小也从另一个角度说明一国货币监管当局对外汇非正常渠道流入流出是否有着有效的监管手段和措施。

4. 本节小结

如果没有误差和遗漏，那么经常账户余额与资本和金融账户余额之和为零，因为在一国对外经济的活动中，物品劳务的流通必然会带来相应的资本的流通，它们在总量上是相等的，方向上是相反的，故而二者之和必然为零，国际收支平衡表始终是必然平衡的。

我们通常讲的**国际收支不平衡**是指除去官方储备账户外，一个经济体系的经常账户余额与资本和金融账户余额之和不为零。当相加余额为正时，称为**国际收支盈余**，当相加余额为负时，称为**国际收支赤字**。

国际收支顺差意味着资金涌入本国，国际收支逆差意味着资金流出本国，资金的流入流出不可避免地会对本国的物价、就业、产出及汇率产生影响。官方储备就相当于一个蓄水池，当国际收支盈余时蓄水，在国际收支逆差时放水，从而在一定程度上减少外部经济波动对内部经济的影响。

下面一个例子用来说明国际收支的平衡。

假如小明今年获得4万元的工资收入，同时他购买的国债获得了利息收入1 000元，所以小明的经常账户上有4.1万元的收入。另外，他花去2万元用于日常的消费，还买了一辆小轿车，价值6万元，他这年度的支出为8万元，支出和收入的缺口为3.9万元，这构成了经常账户赤字。为了支付缺口3.9万元，他可以取出原有的银行存款或者向银行借款，若是他从银行取出0.9万元，另外3万通过贷款，正好可以收支均衡。

小明的工作收入就类似于一国从出口取得的收入，而他的投资收入类似于一国从国外获得的利息收入。他购买的日常用品包括汽车相当于一国从国外进口，而从银行借款相当于一国向其他国家借款，其自身银行账户的变动类似于一国官方储备的变动。

我们可以看到，小明入不敷出的情形类似于一国经常账户的逆差，由于小明动用了银行存款并从银行借到了资金所以其收支仍然平衡，相当于一国可以动用其储备或者从国外借款来弥补经常账户逆差。反过来，小明若是支出小于收入，他可以将该部分余额存入银行、借给他人或购买证券，相当于一国若是经常账户的顺差，则该顺差可以转为国际储备或对国外的借款与投资。

由此我们可以得出以下结论：一国当其经常项目余额为正时，该国的对外投资必然会增加，在金融市场上的地位有如贷款人或者债权人。同样，当经常项目余额为负时，该国必须减少对外投资即减少所持有外国资产或者进行借债，从而在金融市场上成为借款人或者债务人，不过只要其能够通过在金融市场上筹资或者有足够的官方储备来进行支付，依然能够保证国际收支平衡，如果这种逆差是由于进口先进的设备和技术所导致的，那么从长远看这种短期的逆差是值得的。

因此我们不能简单地去判断债权人、债务人、借款人、贷款人或者国际收支逆差与顺差是好还是坏，但以下观点则被大多数经济学家所认同，即持续性的贸易顺差未必是好事，暂时性的贸易逆差也未必是坏事。

11.2 汇　　率

11.2.1 汇率的含义

我们把货币之间的兑换比例称为**汇率**，汇率的实质就是以一国货币表示另一国货币的价格，按其标价的不同可以分为直接标价法或间接标价法。所谓**直接标价法**，是指以本国货币去表示一定单位的外国货币，而**间接标价法**是指以外国货币去表示一定单位的本国货币，比如1美元＝8.5256人民币，对于中国来讲是直接标价法，对于美国来讲则是间接标价法。

我们把一种货币用其他货币表示的价格下降称为**货币贬值**。比如1美元从兑换120日元下降到100日元，那么美元贬值。而同理，一种货币用另一种货币表示的价格的上升称为**货币升值**，比如1美元从兑换100日元上升到120日元，则美元升值。一种货币的升值、贬值都是相对于另外的货币而言的，A货币相对于B货币升值，反过来就是B货币相对于A货币贬值。

11.2.2 汇率的决定

汇率是以一种货币表示另一种货币的价格，也称为某国货币的外部价格（某国货币的内部价格是其物价水平）。既然是价格，就受到供求关系的影响。当一国货币供大于求时，价格下跌，供不应求时，价格上升，研究汇率的波动可以从外汇市场上的需求和供给入手。

人们为什么需要另外一个国家的货币，其原因主要有两点：

（1）持有国外货币可以从相应的国家进口商品和服务。

（2）持有国外的货币可以购买国外的资产获得相应的投资收益。

本国对外国商品、服务及资产的需求产生了对外国货币的需求，外国对本国商品、服务及资产的需求产生了对本国货币的需求，这些货币的需求通过外汇市场上的货币兑换来满足。

1. 产品品味和偏好的变化

从贸易角度来讲，如果美国人要从日本购买本田车，他们进口需要用到日元，这种购买需要使得美国人在外汇市场上购买日元；与此同时，美国人也在外汇市场上供给了美元。同样日本人想从美国购买电脑，那么日本人同样也要在外汇市场上将日元换为美元，在这个过程中，日本人在外汇市场上通过购买美元而供给了日元。如果在一定时期，假设日本对美国商品需求的增长远远大于美国对日本商品需求的增长（对美国产品品味和偏好程度上升），这种需求变化有可能是因为美国商品的竞争力相对于日本商品的竞争力更强或者是日本居民的收入比美国居民的收入增加更快，导致更多的商品需求，那么在外汇市场上，日元的供应量的增加将远远大于美元供应量的增加，即过多的日元兑换较少的美元，使得美元的价格必然要上升，即相对于日元升值，日元的价格必然要下降，即相对于美元贬值。

2. 相对价格水平变化

如果瑞士出现了3%的通货膨胀率，加拿大为10%的通货膨胀率，则瑞士法郎升值，加拿大元贬值。从投资角度来看，如果大家预计某国的投资收益将会上升，根据资本的趋利性，资本总是从投资收益较低的地方流向投资收益较高的地方，这种流入流出必然会产生货币之间的兑换。比如当美国的投资收益相对于英国的投资收益出现大幅增长时，作为理性的投资者，应该将其投资从英国向美国转移以获得更高的收益，在这一过程中英镑存款或者在英国的投资纷纷转变为美元存款或者在美国的投资，这种转换的过程必然会伴随英镑供应的大量增加，使得英镑相对于美元贬值。

3. 相对利率变化和投机

两个国家相对利率的变化可能会改变汇率水平。如果美国实际利率上升了，而英国实际利率维持不变，则由于美国的投资收益高于本国的投资收益，英国居民将会选择美国作为其投资对象国，而投资美国需要美元，那么在外汇市场英国居民将会把英镑兑换成美元，这一行为使得英镑供给增加，导致英镑贬值，美元升值。

当然，影响汇率变化的因素很多，投机行为的变化、国际投资和借贷数量或方向的变化、进出口需求的变化、国家的金融政策的变化或其他因素都会直接或间接地影响外汇市场上的外汇的供求关系，进而对汇率产生影响。

从整体的国际收支角度考虑，上述的若干因素使得资金在不同国家或区域的商品市场和资本市场进行流动，使得在一定时期，一国会出现国际收支盈余或国际收支赤字的情况。一般来说，一国国际收支盈余会相应地带来对该国货币超额的需求，使得该国货币有升值的趋势，而国际收支赤字会相应地带来对该国货币超额的供给，使得该国货币有贬值的趋势。

11.2.3 购买力平价理论

购买力平价理论是比较有影响力的汇率决定理论之一，购买力平价理论认为货币代表着对商品和劳务的购买力，不同国家货币的比价就取决于其各自货币所代表的购买力。比如 1 英镑能买 1 块面包，而 2 美元也能买同样 1 块面包，根据该理论，汇率为 1 英镑=2 美元，这种比价使得 1 英镑不管是在英国还是在美国都能买到 1 块面包，或者 1 美元不管是在美国还是在英国都能买到 1/2 块面包。同样的单位货币在不同国家的购买力应该相等。

如果面包在英国价格不变，在美国价格变为 3 美元，汇率能否仍保持为 1 英镑=2 美元呢？在这种情况下，美国人就会以 2 美元的价格在外汇市场上购买 1 英镑，然后在英国购买面包，最后在美国市场上卖出换回 3 美元；而英国人就会把英国值 1 英镑的面包在美国市场上卖出换回 3 美元，接着在外汇市场上将 3 美元换为 1.5 单位的英镑，这种行为称为**套利**。套利的结果使得外汇市场上英镑的需求增多，美元的供给增加（美国人需要用美元换英镑，英国人同样需要用美元换英镑），导致英镑升值，美元贬值，直至英镑或美元都能在美国和英国买到同样的面包。

若是把经济体中所有的商品和劳务按一定的方式组合起来，并算出其总体的物价水平，我们可以推出如下结论：汇率是由两国间的物价水平所确定的，一国价格水平上升，其货币则会倾向贬值，反之则会倾向升值，这即是著名的 PPP（purchase power parity）定律。该定律在解释一些极端例子时尤为有效，比如 20 世纪 90 年代初，苏联解体，经济崩溃，物价飞涨，与之对应的是卢布的汇率一落千丈，而随着俄罗斯经济形势的好转，物价得到初步控制，到 1994 年的时候，卢布汇率也就慢慢稳定下来了。这一例子说明了 PPP 定律确实能解释兑换率变动的情况。

为了更广泛地验证与应用 PPP 定律，英国《经济学家》专门编制了“巨无霸指数”，就是以麦当劳快餐行销全球 120 个国家的汉堡包——“巨无霸”（Big Mac，双层牛肉汉堡）来考察用当地货币购买这同一产品需要多少钱，其目的就是以轻松幽默的方式，来衡量这些国家的汇率是否处在“合理”水平。这种牛肉汉堡的质量和重量在世界各地都是一样的。随便走进北京一家分店，你花 10 元人民币可以买一块叫巨无霸的汉堡包，而同样是一块巨无霸，在美国你要花 2.9 美元。简单计算一下，1 美元的购买力相当于 3.45 元人民币，而按照官方的汇率 1 美元可兑换 8.27 元人民币。从这一点来看，人民币币值似乎存在 57%的低估。但是巨无霸指数从没有成为一种精确预测工具的打算。实际上，按照购买力平价理论的要求，所有商品都可以在国家之间自由交换，汉堡包显然不能满足这一要求。

PPP 定律的应用有其局限性，即各国的物品、劳务不可能是同质的，必然会存在区别，比如美国的惠普笔记本电脑和日本的索尼笔记本电脑是替代品，但是没有理由认为美元和日元的汇率会一定确定到使这两种电脑一样的价格水平上，因而无法单纯用各自价格比来确定兑换率；此外，并不是所有的产品和劳务都是可贸易、可流通的，比如马尔代夫的海滩之美世界闻名，但是除非我们亲自去，否则体会不到，故而平价理论的应用范围有一定的局限性。但是我们注意到 PPP 定律指出了货币兑换的实质，即将货币视为交换媒介，其兑换比率取决于各自代表的购买力。

购买力平价的衡量方法肯定不是十全十美的。但大多数经济学家都认为它比市场汇率的衡量尺度更能准确地测量经济体的规模，并能更好地理解国际市场中激烈的风云变化。购买力平价理论经常用于分析汇率的中长期变动走势，通常一个国家的通货膨胀率比另一个国家的通货膨胀率高时，就会对两个国家之间的汇率产生压力，并且使得通货膨胀率相对较高的国家的货币存在贬值的趋势。

11.2.4 汇率制度

汇率作为外汇市场上货币的价格，本身是应该由市场的供求关系来决定其高低大小的，但是影响供求关系的因素太多了，它们共同作用会使得汇率波动过于频繁，汇率的频繁波动又会给一个国家的经济带来不同程度的影响。因此各个国家根据经济发展的不同情况，对本国汇率水平的决定、汇率变动方式等问题做出各自的安排和规定。在全球范围内，按照汇率变动的方式，汇率制度主要分为固定汇率制度和浮动汇率制度。

1. 固定汇率制度

固定汇率制度是指政府通过行政或法律手段确定、公布、维持本国货币与某种参考物之间固定比价的汇率制度。充当参考物的可以是黄金，也可以是某一种外国货币或某一组货币。固定汇率制度并非代表汇率是一成不变的，当经济形势发生重大变化时，汇率可以进行调整，所以又称为**可调整的钉住汇率制度**。和浮动汇率相比，固定汇率制度下汇率的浮动是由政府根据经济形势的变动人为制定的，其汇率的变高称为**涨价**（revaluation），汇率的变低称为**降价**（devaluation），而浮动汇率下汇率的浮动则是完全取决于外汇市场上的供求关系，汇率的变高称为**升值**（appreciation），汇率的变低称为**贬值**（depreciation）。

在固定汇率制度下，政府为了保持汇率的稳定性，有义务对外汇市场进行干预。这种干预表现为政府通过买进卖出外汇，使得外汇市场在其规定的汇率水平下供求平衡。

对某国产品和投资需求的扩张，将使得外汇市场上该国货币的需求上升，按照市场要求，需求上升，该国货币应该升值，如果该国政府要保持其货币的汇率不变，显然需要不断地买入外汇以释放出本国货币。同理，假设对某国产品和投资需求的缩减，将使得外汇市场上该国货币的需求下降，按照市场要求，需求下降，该国货币应该贬值，如果该国政府要保持其货币的汇率不变，显然需要不断地卖出外汇收回本国货币，以维系市场的平衡。

我国国际储备的存量很高，很多人都认为国际储备高是一件好事，说明我们从国外赚了很多钱，但这种论断并不完全正确。一个理性的思考是：会赚钱是一个方面，而会用钱也同样重要。持有高额的低收益的国际储备就好比一个藏有大量金银财宝的守财奴一样，虽然钱多得要命，但是生活的质量始终得不到提高。这些储备实际上是靠我国的资源出口换回来的，本来我们可以用它从国外换回我国经济发展所需的资源，然而若是持有高额储备不用，事实上相当于无偿为他国提供了资源而不求回报，这是典型的损己利人行为。

2. 浮动汇率制度

浮动汇率制度是指汇率水平完全由外汇市场的供求关系决定，政府不加任何干预的汇率制度。当然在当今世界，各国政府都会或多或少地对汇率水平进行干预或指导，这种有干预的/有指导的浮动汇率制度又称为**管理浮动汇率制度**。其干预原理和固定汇率制下的一致。

案例讨论

购买力平价与套利

故事发生在美国和墨西哥边界，一个游客在墨西哥一边的小镇上，用 0.1 比索买了一杯啤酒，他付了 1 比索，找回 0.9 比索。当他到美国一边的小镇上，发现美元和比索的汇率是 1 美元∶0.9 比索。他把剩下的 0.9 比索换了 1 美元，用 0.1 美元买了一杯啤酒，找回 0.9 美元。回到墨西哥的小镇上，他发现比索和美元的汇率是 1 比索∶0.9 美元。于是，他把 0.9 美元换为 1 比索，又买啤酒喝，这样在两个小镇上喝来喝去，总还是有 1 美元或 1 比索。换言之，他喝到了免费啤酒。

这位游客之所以能在两国不断地喝到免费啤酒，原因在于美元和比索的汇率在两国是不同的，而啤酒价格在美国和墨西哥都是 0.1 个当地货币单位。在美国，美元与比索的汇率是 1∶0.9，在墨西哥，比索与美元的汇率是 1∶0.9，这位游客正是靠这两国汇率的差异，进行套利（arbitrage）活动，喝到了免费啤酒。免费啤酒是指喝酒的人没花钱，但酒店还是得到钱的。谁付了钱呢？如果美国的汇率正确，墨西哥低估了比索的价值，那么啤酒钱是由墨西哥出的。如果墨西哥的汇率正确，美国低估了美元的价值，那么啤酒钱是由美国出的。如果两国的汇率都不正确，则钱由双方共同支付的。

当汇率定得不正确时，就会有人从事套利活动，即把一种货币在汇率高估的地方换成另一种货币，再把另一种货币拿到汇率低估的地方换为原来的货币。套汇是市场上套利活动的一种。套利就是在价格低的地方买，在价格高的地方卖，获取其差额。在国家严格控制外汇，并规定汇率，且汇率与货币实际购买力不一致时，必定有套汇出现。旧中国时，四大家族正是通过套汇攫取国家财产的，在我们改革开放初期，通过套汇赚钱的人也不少。如果只有美墨边界上的游客喝点免费啤酒，损失倒不大，但两国的交易不只一杯啤酒，套汇者也不止一个游客，那损失可就大了。

11.2.5 汇率对经济的影响

经济的变量会影响到汇率，而反过来汇率变动又会影响到一国的对外经济，其主要影响如下。

（1）汇率变动会影响一国的资本流动。当一国货币的汇率预期或者实际下降时，以该国货币计值的资本为防止由于货币贬值带来的损失，常常会将以该国货币计值的资产换为其他货币计值的资产。于是当一国货币汇率预期或实际下降时，为了防止汇率下降带来资本损失，资本会从该国流出，转变为以其他国家货币计值的资本。同理，当本币汇率预期或实际上涨时，资本的流动与上述情况相反。

（2）汇率变动影响一国的对外贸易，继而可能影响一国的 GDP。本币价值下降，具有扩大本国出口、抑制本国进口的作用，从而有可能扭转贸易收支逆差，并以出口作为带动刺激本国的生产，扩大本国的 GDP 值。本币价值上升，具有抑制本国出口、刺激进口的作用，从而有可能使得贸易收支顺差得以缓慢平衡，由于国外需求的减弱，在一定程度上可以缓解国内需求过旺，减轻通胀压力。

（3）汇率变动会影响一国的物价水平。货币贬值会倾向提高一国的物价水平，原因有两个方面。从需求角度考虑，一国货币贬值，可以降低一国的出口价格水平刺激出口，而反过来由于进口价格的提高，使得国内的消费者也会尽量使用本国的替代品，国外对本国产品需求的增加必然会带来产品价格水平的上升。从供给角度考虑，贬值使得进口投入品的价格更加昂贵，使得本国的供给相应减少，在需求不变的情况下，价格水平提高。

11.3 开放条件下的宏观经济目标

第 9 章和第 10 章介绍了三个宏观经济目标，即经济增长、低失业和低通货膨胀。在封闭经济条件下一国经济政策调控的目标主要是以自身内部经济变量（物价稳定、充分就业、经济增长）为主，称为**对内均衡**。国际收支和汇率构成了第四个宏观经济目标——避免国际收支赤字和过度的汇率波动。在开放经济的背景下，政府的经济政策调控目标还要追求国际收支均衡，称为**对外均衡**。

从短期内（最多两年左右）来看，高增长率、低失业率、低通货膨胀率并且避免国际收支赤字（不管是经常性账户赤字和基本赤字）等四个目标都是相互联系的。它们都取决于总需求，而且都随着经济周期的不同阶段而发生变化。也就是说，四个宏观经济目标都与经济周期有关。在经济繁荣阶段，总需求快速增加，增长率高，失业率下降；但是通货膨胀可能攀升，国际收支的经常账户转为赤字。在衰退时期，情况正好相反。总需求不断下降使得经济出现低增长甚至负增长，需求不足失业增加；但是通货膨胀可能缓解，国际收支账户的经常项目可能改善。

因此，政府面临两难选择。如果以财政政策和（或）货币政策刺激经济增长，则能够较好地实现两个目标（经济增长和低失业），但会使另外两个目标（通货膨胀和国际收支经常账户）更糟；如果实行通货紧缩的政策，则会发生相反的情形，即通货膨胀和国际收支经常账户得到改善，但是失业率可能上升，经济增长率可能下降。

所以在实际政策实行中，对外均衡和对内均衡可能会发生潜在的冲突，要同时实现对内均衡和对外均衡是相当困难的。

从内部均衡看，最显著的矛盾体现在充分就业与通货膨胀之间此消彼长的关系中。当经济达到了充分就业说明需求旺盛，而需求旺盛又会导致物价的上升，同样，若是经济运行中物价稳定，没有通货膨胀，有可能是因为需求的不足，而需求不足又可能导致失业状况。一般地，就业率越高，通货膨胀率越高，就业率越低，通货膨胀率越低，两者成正相关关系，此二者的相关关系曲线就是第 10 章中所提到的菲利普斯曲线。

从外部均衡看，国际收支顺差形成的原因有很多，比如由于国外对本国产品的强烈需求使得国际收支顺差，由于国外需求的带动，会使得内部经济达到充分就业，但同时也会产生通货膨胀，或者又有可能是因为本国未达到充分就业，从而对外需求不足，使得国际收支顺差。同样国际收支逆差有可能是因为本国达到充分就业，需求过旺，从国外进口可能会缓解通货膨胀，但它也可能是国外对本国产品需求下降引起的，伴随的是国内未充分就业。

国际收支的不平衡是由两个账户决定的：经常账户与资本和金融账户（除去官方储备账

户），即使是一国经常账户为逆差，但只要资本和金融账户有资金涌入，其仍然表现为国际收支顺差，比如美国尽管其经常账户逆差，进口远远大于出口，但是由于美元的特殊地位和美国的良好投资环境，使得其资本账户为顺差，并且抵补了经常账户的逆差，使得其国际收支为顺差，这为调节外部均衡增添了难度和不确定性。

从政策实行角度考虑，扩张性的政策可以解决就业和产出，但会导致通货膨胀和国际收支逆差，紧缩性的政策可以解决物价和国际收支逆差，但是会降低就业和产出。

政府在制定宏观经济政策时，会遇到诸如以下的问题：

当经济处于衰退阶段时，失业率高，需求不足，通货膨胀得以缓解，需求不足也会带来进口减少，国际收支账户的经常项目也会改善，如果政府采用扩张型的政策，那么会解决就业和需求不足的问题，但同时也可能会导致物价上升、对外经常账户赤字。

在经济高涨阶段，需求旺盛，充分就业，但是物价可能飞涨，国际收支的经常账户可能为逆差，如果政府采取紧缩性的经济政策，可以缓解通货膨胀和经常账户赤字，但是紧缩需求又会导致失业增加，产出下降。

经济运行的内外冲突使得政府很难靠采用一种政策来达到内部经济和外部经济的平衡，这时需要政策搭配。

一般说来，货币政策能够影响利率，而利率的变动又会影响资本的流出和流入，通过改变资本和金融账户余额，可以调节国际收支的差额，比如提高利率使得资本大量的涌入或者降低利率使得资本大量的流出，所以货币政策能够更有效地用于调节对外经济的均衡。财政政策通过财政支出或收入的扩大或减少，使总需求发生相应的改变，变动的总需求主要对国内市场产生影响，比如紧缩性财政政策使得总需求减少，可以抑制通货膨胀，或者扩张性的财政政策使得总需求扩大，可以提高就业水平，故而财政政策往往用于调节内部经济的均衡。

货币政策用于解决外部均衡，财政政策用于解决内部均衡，并不是意味着货币政策对内部均衡无效或财政政策对外部均衡无效。

事实上，提高利率，使得投资成本升高，会起到降低总需求的作用，降低利率，使得投资成本减少，会起到扩大总需求的作用，利率的变化同样会影响内部均衡。采用紧缩性的财政政策降低总需求，那么这些降低的总需求中同样会包含对外产品的需求，从而进口减少，国际收支逆差得以改善；采用扩张性的财政政策扩大总需求，那么这些扩大的总需求中同样会包含对外产品的需求，从而进口上升，国际收支顺差得以改善。

货币政策用于解决外部均衡，财政政策用于解决内部均衡是指货币政策能够更有效地解决外部均衡，财政政策能够更有效地解决内部均衡。

货币政策和财政政策的搭配使用使得经济达到内外共同均衡，然而经济的实际运行机制很复杂，政策的实行也不只去考虑国内外的经济状况、政策目标及政策效应，还要考虑各种各样的政治、文化、历史因素，否则很难有实际效果。

案例讨论

里根时代美国经济的内外均衡

1981年，罗纳德·里根当选美国新一届总统。里根是靠高喊建立“强大的美国”而当选美国总统的。在他看来，“强大的美元”就是“强大的美国”的象征。

里根第一任时期的财政部长唐纳德·里甘（Donald Regan）出生于华尔街，非常喜欢“强大的美元”政策，坚挺的美元把全世界的投资资金都吸引到了华尔街，美国证券投资市场一片繁荣。因此，在他领导下，美国财政部不会干预不断走强的美元。

里根政府期间，美国经济面临的两大难题是：逐年增加的贸易收支逆差和急剧扩大的财政赤字。从经济政策选择来分析，面对不断增加的贸易和服务赤字，要保持美国的国际收支平衡，有两种方法可供选择：

（1）让美元贬值，通过扩大出口、减少进口来减少经常项目赤字。

（2）借款或吸引国外资本进入，以资本项目的盈余来弥补经常项目的赤字。

让美元贬值不符合里根政府建立“强大的美国”政策，保持美元的强势是美国经济繁荣的基础。里根政府时期，货币主义大师弗里德曼教授（Milton Friedman）的思想是当时的主流思想，他极力倡导自由和让市场来决定一切的思想，反对政府大肆干预经济。里根政府采用了这一经济思想，高喊要建立一个“小政府”，尽量不干预经济。所以，在1981—1984年期间，不管美国制造企业及其利益代言人的国会议员怎样呼吁要让美元贬值，以扩大出口和削弱国外产品的价格竞争力，挽救日益萧条的国内制造业，但里根政府就是不为所动，坚持对美元采取不干预的政策。

这样一来，美国为支付贸易和服务赤字带来的账单，就必须借款或吸引国外资本。

里根政府选择了第二种策略，通过大量吸引国外资本，以资本项目顺差来弥补经常项目逆差，实现美国国际收支平衡。

美国迫切需要吸引国际资本流入的第二个原因是解决财政赤字问题。

为了刺激经济增长，里根政府采取的对策是通过减税，以刺激消费和投资。该政策实施后，果然奏效，美国经济自1982年起进入一个持续时间较长的增长期，里根因为这一业绩而在1984年再次当选美国总统。

但大规模的减税措施在刺激经济增长的同时，也使美国的财政赤字快速上升。美国的财政赤字自1982年起开始明显增加，1983年度高达2000亿美元，占美国国民生产总值（GNP）的6%，这一财政赤字水平一直保持到1986年。

美国高额财政赤字的另一原因是军备开支大幅度上升。里根政府在处理国际政治事务上的主要目标就是要取得对前苏联冷战的胜利，因而大量增加军费开支，期望在军事上对苏保持绝对的优势威慑。军费开支的增加导致了财政支出的扩大。

一方面是减税刺激经济，另一方面是增加军费支出，两条战线同时推进的战略使美国的财政赤字快速上升。

为解决急剧增加的财政赤字，里根政府决定大量发行中长期国债进行政府筹资。但关键的问题是这些国债卖给谁呢？按照当时美国的居民储蓄水平，美国国内投资者没有这么多钱来购买政府发行的巨额国债。剩下的唯一办法就是吸引国际资本来购买美国国债。在当时，世界上最有钱的地方只有两个：欧洲和日本。

欧洲在20世纪60年代至70年代经历了一个经济高速增长期，这段时期被称为“欧洲经济奇迹”时期。在欧洲，最有钱的当属前联邦德国。20世纪70年代末，在美元急剧下跌的时候，美国就曾发行了以德国马克标价和结算的“卡特债券”（Carter Bonds：指20世纪70年代末美国卡特政府针对美元汇率的动荡而发行的以德国马克等外国币种标价的国债）来募集资金支撑美元。

尽管当时联邦德国购买了美国的国债，但联邦德国主要关心的不是美元，而是欧洲1979年设立的欧洲货币体系（European Monetary System，EMS），联邦德国是EMS的积极倡导者和推动者，该体系成立的目的是协调欧洲各国的汇率政策，在欧洲内部建立相对稳定的汇率机制。通过各国政府的协调合作，使EMS成员国之间的汇率维持在上下2.5%的幅度内小幅波动，其中意大利里拉除外，里拉可在上下6%的限度内波动。由于美元的大幅度振荡将对EMS稳定带来危害，所以联邦德国同意向美国提供有限资金维持美元的稳定性。

但联邦德国并不支持美国卡特政府重振美元的政策，不愿为美国提供大量的资金，使美联储最后不得不减少货币供给量，实施紧缩的货币政策，这直接导致了卡特政府时的经济不景气，也促成了里根政府的上台。

里根政府知道，欧洲人在趁美元地位动荡不稳的关键时刻忙于建立他们自己的货币体系，所以里根政府是不可能要求欧洲人为其巨额财政赤字买单的。因此，里根政府只有依靠吸引日本的资金来购买美国的中长期国债。

为了吸引国际资本，特别是日本投资资金，里根政府实施了“高利率”与“强势美元”的政策。高利率政策以高利益为诱饵吸引日本大量的机构和个人的投资资本，强势美元政策足以稳定日本投资者对美元的信心。里根政府的这一系列以吸引国际资本为主要目标的政策起到了非常好的效果。

在高利率和不断走强的美元的双重诱惑下，日本机构投资者和个人投资者的资金如潮水般大量涌入美国，购买美国政府发行的中长期国债。1976 年，日本购买美国国债总额为 1.97 亿美元，10 年后的 1986 年 4 月达到了 138 亿美元。日本 1985 年一年对外投资额为 818 亿美元，其中 535 亿美元是对美国债券的投资，特别是对美国中长期国债的投资。

从纯粹的资本投资角度来说，日本对美国国债的投资是一种很好的投资策略，在 1980—1985 年期间，美国的利率一直高于日本的利率。同时，美元又一直保持强势。因而，在此期间投资美国国债对日本来说是一项收益率非常高的投资选择，既获得了美国的高利率，又可从美元升值中赚钱，双重的收益使美国国债投资特别受到日本投资者的欢迎。

日本国际政治问题专家吉尔平教授在其论著《国际关系中的政治经济学》一书中写到：“没有日本向美国的资本流动，就绝不会有里根政府一边减税刺激经济，一边进行美国历史上最大规模的军事扩充。里根政府为了使与经济和国防有关的政策都能取得成功，利用了来自日本的资金。”

高利率与强势美元的政策极大地打击了美国的制造业和出口企业。美元的升值导致在 1980—1984 年期间美国实际净出口急剧下降，在这四年间，美国实际净出口下降了 1 650 亿美元（按 1984 年价格计算），许多具有国际贸易背景的企业因此受到了惨重的打击。

与此同时，在 1980—1984 年期间，美国的经常项目赤字也逐年增加，到 1984 年已高达 1 000 亿美元。

在这样的背景下，美国许多制造业大企业、国会议员等相关利益集团强烈要求里根政府干预外汇市场，让美元贬值，以挽救日益萧条的美国制造业。许多经济学家也从产业空洞化将危及美国的长远发展为由，要求政府改变强势美元的政策。

但里根政府没有理会这些呼吁和要求。因为里根政府知道：最大限度地吸引国际资本，特别是日本资本流入美国才最符合美国的经济利益和政治利益。

由于大量国际资本（主要是日本资本）持续流入美国，弥补了美国不断增加的贸易和服务项目赤字，美国的国际收支依然保持平衡。不仅如此，美国还有多余的资金进行对外投资。

美国经济在 1981—1984 年的里根第一任总统期间持续增长，繁花似锦。美国人什么都不用做，依然可以过着富裕、悠闲的生活，强势美元使进口产品非常便宜，美国人在口袋里揣点美元就可以在全世界尽情地挥霍。美国人对里根非常满意，觉得他虽然不是经济专业出身，但在治理国家经济方面很有一套，于是在 1984 年 11 月继续选他做美国的总统。

复习与练习

【关键概念复习】

在 B 栏中寻找与 A 栏中术语相应的解释，并将序号填在术语前边。

A	B
国际收支	1．记录一国实质资源流动的账户。
经常账户	2．记录一国资本转移及非生产/非金融资产的收买或放弃。
资本账户	3．记录本地居民和非本地居民之间的金融资产及负债交易。
金融账户	4．记录一国居民和非居民之间的物品、资产和劳务的交易。
官方储备	5．用于校正统计误差或其他误差而设立的账户。
误差与遗漏账户	6．各国货币的比价。
外汇	7．金融当局持有的外汇资产。
汇率	8．经济要素超越国界进行配置的经济体。
汇率制度	9．一国货币当局确定本国货币与其他国家货币比价关系的总和。
开放经济	10．外国货币和以外国货币表示的可以用于国际支付的债权。

【思考与练习】

（一）填空题

1．出口与进口之差称为________或________。出口大于进口称为________，出口小于进口称为________。

2．在开放经济中，决定国内生产总值的总需求指的是________。

3．对国内产品的支出＝国内支出＋ ________。

4．在开放经济中，国内总需求的增加会师的总需求曲线向________移动，从而使得均衡的国内生产总值________，贸易收支状况________。

5．在开放经济中，出口的增加会让均衡的国内生产总值________。

6．国际收支是一国在一定时期内对外国的全部经济交往所引起的________对比。

7．出口记为国际收支平衡表中的________方。

8．国际收支平衡表中分为________、________、________三类项目。

9．国际收支平衡表的经常项目又称为________项目，它包括________三个子项目。

10．国际收支平衡表中的资本项目是指________。

11．国际收支平衡是指________项目与________项目的总和平衡。

12．在不考虑官方储备项目的情况下，国际收支不平衡分为________与________两种情况。

13．在国际收支不平衡时，要通过_______项目来实现平衡。

14．外汇汇率有_______和_______两种标价法。

15．汇率升值是指_______，汇率贬值是指_______。

（二）单项选择题

1．属于国际收支平衡表中经常项目的是（　　）。

A．资本性转移　　B．间接投资　　C．服务　　D．证券投资

2．属于国际收支平衡表中资本项目的是（　　）。

A．货物　　B．服务　　C．收入　　D．证券投资

3．对于英镑和美元两种货币来说，如果英镑的汇率上升，那么美元的汇率将（　　）。

A．上升　　B．下降

C．不确定　　D．两者之间没有关系

4．如果法郎与美元的兑换比率从 5 : 1 变为 4 : 1，则（　　）。

A．法郎的汇率由 20 美分上升到 25 美分，美元升值

B．法郎的汇率由 20 美分上升到 25 美分，美元贬值

C．法郎的汇率由 25 美分下降到 20 美分，美元升值

D．法郎的汇率由 25 美分下降到 20 美分，美元贬值

5．固定汇率制下，一国货币对他国货币的汇率（　　）。

A．绝对固定

B．基本固定，在一定范围内波动

C．由外汇市场的供求关系决定

D．由外汇市场和中央银行共同决定

6．本国价格下降则出口（　　）。

A．增加　　B．减少　　C．不变　　D．不确定

7．如果人民币的汇率是 1 / 8 美元，则美元的汇率是（　　）。

A．1 / 8 元人民币　　B．4 元人民币

C．2 元人民币　　D．8 元人民币

8．经常项目账户的顺差意味着（　　）。

A．出口大于进口　　B．出口小于进口

C．出口等于进口　　D．出口的增加大于进口增加

9．国际收支失衡是指（　　）。

A．国际收支平衡表的借方、贷方余额不等

B．资本流出与流入不等

C．经常项目与资本项目的总和出现差额

D．商品劳务的出口与进口不等

10．中国从美国进口一批价值 50 万美元的商品，而且美国厂商把所得资金用于购买中国国债，中国的国际收支平衡表的变动是（　　）。

A．经常账户的借方、资本账户的贷方记入 50 万美元

B．经常账户、资本账户的贷方同记入 50 万美元

C．经常账户的借方、贷方同记入 50 万美元

D．资本账户的借方、贷方同记入 50 万美元

11．一日本厂商向美国出口 20 万美元的汽车，并把所得资金购买美国某种股票，日本的国际收支平衡表应作的变动为（　　）。

A．经常账户的借方、贷方同记入 20 万美元

B．资本账户的借方、贷方同记入 20 万美元

C．经常账户的借方记入 20 万美元，资本账户的贷方记入 20 万美元

D．经常账户的贷方记入 20 万美元，资本账户的借方记入 20 万美元

12．人民币对美元的汇率下降，将使（　　）。

A．中国商品相对便宜，美国增加对中国商品的进口

B．中国商品相对便宜，中国增加对美国商品的进口

C. 中国商品相对昂贵，美国增加对中国商品的出口
D. 中国商品相对昂贵，中国增加对美国商品的出口

13.（　　）将引起美元对日元贬值。
A. 美国的货币供给增加　　B. 美国的利率上升
C. 日本的利率下降　　D. 日本从美国的进口增加

（三）判断题

1. 利率的上升会引起国际资本的输入。（　　）
2. 所谓开放经济是指政府不干预对外贸易。（　　）
3. 本国居民购买国外的公司股票，应记入资本账户的借方。（　　）
4. 在国际收支平衡表中，经常项目被分为无形项目和有形项目（如服务）等。（　　）
5. 由于存在国际收支的顺差或逆差，因此国际收支平衡表并不总是平衡的。（　　）
6. 直接标价法又称为应收标价法。（　　）
7. 我国和世界上多数国家的汇率都采用间接标价法。（　　）
8. 在间接标价法条件下，汇率的上升意味着本币升值和外币贬值。（　　）
9. 固定汇率是指一国货币同其他国货币的汇率固定不变。（　　）
10. 一国的国民收入水平越高，进口的额度就越大。（　　）
11. 在国际收支平衡表中最后借方与贷方总是相等的。（　　）
12. 开放经济的均衡并不要求商品劳务的进口和出口相等。（　　）
13. 在浮动汇率制度下，中央银行不能对汇率有任何干预。（　　）
14. 当日本人到中国旅游时，日本就从中国进口了劳务。（　　）
15. 在开放经济中各国经济之间的相互影响是相同的，这就是经济一体化的含义。（　　）

（四）简答题

1. 国际收支的概念及国际收支平衡表的编制原则是什么？
2. 国际收支平衡表中的项目有哪些？
3. 贸易顺差是否就是国际收支顺差？
4. 消除国际收支盈余或赤字的办法主要有哪些？
5. 何为汇率？汇率的表示有哪些方法？
6. 简述固定汇率制度和浮动汇率制度。
7. 简述汇率变动如何影响一国的国内生产总值。
8. 简述利率变化和国际资本流动的关系。
9. 简述购买力平价理论。
10. 内部均衡和外部均衡存在哪些冲突？

*第 12 章 国民收入的决定

【导学】通过对本章的学习，掌握各种消费函数理论；掌握影响投资决策的因素，并进行实际的分析；理解和分析消费和投资在当前中国宏观经济中的重要作用。重点掌握总供需模型、总需求决定理论和乘数理论。

通过前面的章节，我们已经知道，一个经济体（一个国家或者地区）的宏观经济状况可以用 GDP（产出）的增长率、失业率（就业）、通货膨胀率（价格）和国际收支平衡四大指标来衡量。这些宏观经济的结果决定了我们的生活状况。通过图 12-1，我们还可以考察到影响宏观经济的结果有各种各样的因素。

（1）内部市场的力量，包括人口增长、支出行为、发明创新和其他类似的因素。

（2）外部环境的冲击，包括战争、天气、自然灾害和贸易纠纷等。

（3）政策杠杆，包括税收政策、政府开支、货币控制和管制等。

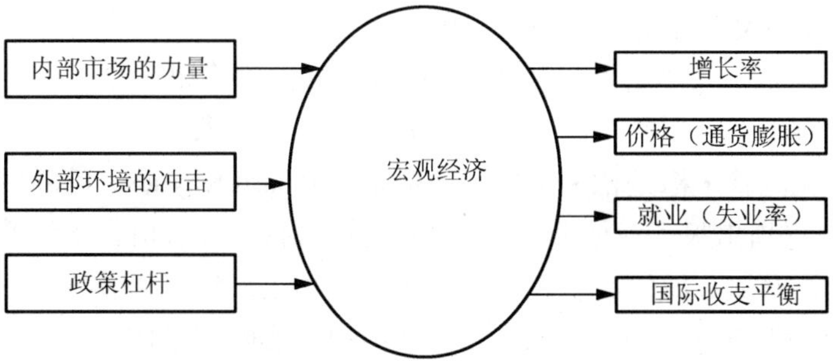

图 12-1　影响宏观经济结果的因素

宏观经济的结果受上述因素的相互作用而影响。当然即使没有外部冲击和政府政策，一个经济体也能运转。在这种情况下，宏观经济的结果就仅仅取决于国内市场的力量。宏观经济学关注的核心在于：单靠市场的内部力量能否产生令人满意的经济结果？是什么引起了经济周期？总产出的决定因素是什么？政府是否应该干预？政府应该如何干预？

12.1 凯恩斯革命

20世纪20年代，在美国历史上称之为“昌盛的20年代”，这是一段乐观和繁荣的时光。当时，通用汽车公司总裁的口号是“人人都应该富裕”。而时任美国总统胡佛的口号是“我们正在取得对贫困战争决定性胜利的前夜，贫民窟即将从美国消失”。制造业飞速发展，各个公司不断开设新的工厂。“炫耀性消费”成为时代潮流，当时人们追求的消费包括收音机、电影、新型电器（吸尘器、冰箱和洗衣机等）、汽车等。从1920—1929年，美国实际GDP增长了42%，股票价格持续上涨，道琼斯指数从1921年的75点一路走高直到1929年顶峰时的363点，平均年增长率高达33%。那时的经济学家认为永远不会出现大萧条，他们确信经济具有内在稳定性。这些对宏观经济乐观的预期在理论界体现在法国经济学家萨伊于1803年出版的《政治经济学概论》中，被后人称为“萨伊定律”的著名论断：供给会创造自己的需求。这一命题系统地论证了市场机制的自发调节功能，成为经济自由主义思潮的一面旗帜。“萨伊定律”的一个重要政策推论是：在货币出现后，尽管会出现商品生产与商品消费在结构上的不一致，部分商品的过剩和部分商品的生产不足会同时存在，但所有商品同时出现生产过剩的危机是不可能发生的。

然而，大萧条对古典经济学的致命一击使得古典理论信誉扫地。从1929年10月19日这个“黑色星期四”开始，经济运行开始进入低迷。美国纽约市场上出现抛售股票浪潮，股价大跌。这带来一系列的连锁反应：疯狂挤兑、银行倒闭，工厂关门、工人失业。大萧条时期，美国有多达1300万人失业，失业率高达25%；实际国民产出急剧下降，从1929年第四季度到1933年第一季度，累计增长为−68.56%，美国经济至少倒退了十多年。美国经济出现了近代历史上最严重的经济衰退。

20世纪30年代的美国经济大萧条引发了经济学思维方式的革命。在大萧条之前，经济学家们认为市场机制是一只“看不见的手”，在短时间内价格机制会自动地使经济恢复到充分就业的状况，政府不需干预经济，只需扮演好经济“守夜人”的角色。但是，经济的持续萧条为英国经济学家约翰·梅纳德·凯恩斯（John Maynard Keynes）的新经济思想提供了历史舞台。1936年凯恩斯出版了《就业、利息和货币通论》，其价值在于诊断危机和失业的根源并提出相应的经济政策。如何克服由有效需求不足引发的经济萧条呢？在凯恩斯看来，市场内在的不稳定性要求政府干预，凯恩斯认为，应引入影响需求的外生变量，即增加政府支出和扩大出口。具体的宏观经济政策有：财政政策、货币政策和以汇率调节为中心的对外经济政策等。当经济萧条时，增加政府支出、减少政府收入（如减税）、增加货币供应以降低利率刺激投资、用货币贬值来刺激出口等，以弥补有效需求的不足；当通货膨胀时，减少政府支出、增加政府收入（如增税）、减少货币供应以提高利率、抑制投资、用货币升值来增加进口等，以抑制总需求的过度膨胀，最终使总供求相一致，国民经济恢复均衡状态。因此，人们又把**凯恩斯主义政策**称为**需求管理政策**，通过调节总需求来使之与总供给相适应。

从20世纪40年代后，凯恩斯的理论得到了广泛的拓展，并使之不断完善和系统化，从而构成了凯恩斯宏观经济学的完整体系。这一理论体系也被称为新古典综合派（the neoclassical synthesis），在战后相当长的时期内成为经济学的主流。

12.2 总需求模型：宏观经济学的凯恩斯主义基础

现代宏观经济学是由凯恩斯创建的，凯恩斯主义宏观经济学分析的重点是短期内的宏观经济。短期分析好比医生处理患者的“眼前之疾”，既重要又迫切。凯恩斯认为，短期内决定宏观经济状况的关键是总需求，总需求分析是凯恩斯主义宏观经济学的中心。

12.2.1 消费、储蓄与投资：模型的微观基础

开放经济中，一国的总支出由消费、投资、政府支出和净出口四部分构成，投资、消费和净出口被称为拉动经济增长的“三驾马车”。为了使分析简化，我们研究在一个封闭经济中的投资和消费。投资和消费的关系历来是国家宏观调控的核心变量，而对我国这样一个发展中大国而言，投资和消费（内需）对经济增长的拉动作用尤为重要。

研究消费的意义在于，消费构成 GDP 的大部分（2/3 左右），并且它的波动幅度比 GDP 相对要小（稳定性强）。1998 年，美国居民消费占 GDP 的比重为 68%，并且该比重一般都在 60%以上。2003 年，我国居民消费占 GDP 的比重为 43%。此外，家庭的可支配收入除了家庭消费以外，还有一部分将以储蓄的形式沉淀下来。2002 年我国居民储蓄率高达 39%，仅次于日本，高居世界第二。而美国家庭储蓄一直较低，到 2001 年美国家庭可支配收入的储蓄率仅为 2.3%。以上数据资料的对比引发了我们的思考：消费和储蓄之间存在怎样的关系？哪些因素决定了家庭在食物、衣服、汽车、教育以及服务上的消费支出呢？又是哪些因素决定了家庭储蓄的高低？

1. 消费和储蓄

消费函数是指消费与收入之间的依存关系。凯恩斯认为，现期可支配收入是现期消费的最主要决定因素。当人们的现期可支配收入增加时，消费也会增加，但消费的增加要少于收入的增加。具体地说，人们的全部消费可以分为两部分：一部分是不取决于可支配收入的自发性消费，另一部分则是随可支配收入变动而变动的引致性消费。**自发性消费**是维持人们生存的衣、食、住、行等必需的消费，同时也是一个社会所需要的基本消费，换句话说，哪怕当月没有收入，居民也要开支的家庭费用。**引致性消费**是指可支配收入变动所引起的消费，其大小取决于可支配收入与边际消费倾向，由于历史传统、文化习惯等因素的影响，不同国家不同人群中的边际消费倾向是不一样的。如果我们以 a 代表自发性消费，b 代表边际消费倾向，bY 为引致性消费（Y 为现期可支配收入），则消费函数可写为：

$$C=a+bY \qquad (a\text{ 为常数，}0<b<1)$$

在横轴为收入 Y、纵轴为消费 C 的坐标中，消费函数 $C=a+bY$ 的图形如图 12-2 所示。

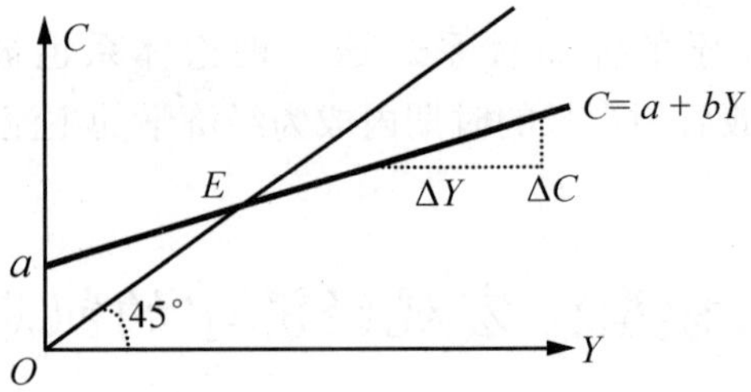

图 12-2　消费函数图

概括起来，凯恩斯的绝对消费函数理论包括两点：

（1）消费支出是现期可支配收入的函数。

（2）边际消费倾向是指消费增量与收入增量的比率，即随着国民收入的增长，每增加的一元钱收入中有多大一部分用于消费。边际消费倾向是一个大于 0 小于 1 的数。随着收入的增加，边际消费倾向（MPC）是下降的。这就是说，随着人们收入的增加，人们的消费随之增长，但是消费支出在收入中所占的比重是不断减少的，这就是所谓的**边际消费倾向递减规律**。

除了现期可支配收入，预期、财富和利率也是决定消费（边际消费倾向）的因素。

（1）预期。预期包括对未来通货膨胀、失业、收入提高甚至是战争的预期。如果家庭预期明年大多数商品的价格会大幅上涨，那么他们将提前购买，从而增加当前的支出；如果家庭预期经济会衰退，那么他们将削减当前的支出，这意味着自主性消费降低。

（2）财富。财富既包括实物资产，如房屋、汽车等，也包括金融资产，如现金、银行存款、股票、债券、保险单等。在其他条件不变的情况下，家庭拥有的财富越多，他们在现有收入水平下的消费支出也就越多，从而使得消费曲线向上移动。反之，则相反。

（3）利率和信贷。较低的利率和更为便利的信贷将促使消费者借更多的钱用于消费，较高的利率则会使消费者不再借钱用于消费。如果利率提高，家庭将减少贷款消费。

凯恩斯的消费函数主要强调了当期可支配收入对当期消费的影响，但在实际生活中，家庭的消费不仅受现在收入的影响，还会受自己过去的、未来的甚至是身边人收入的影响，特别是同群人的消费习惯影响。此外，该消费函数也没有考虑家庭财富对当前消费的影响。在凯恩斯首创消费函数理论以后，消费函数就成为经济学家关注和研究的一个专门领域。一些杰出的经济学家都对凯恩斯的消费函数理论进行了补充，做出了杰出的贡献。其中最有影响的有杜森贝里的相对收入假说、弗里德曼的持久收入假说、莫迪里安尼的生命周期学说等。这些消费理论都证明了消费函数的稳定性。

相对收入假设认为，消费者的消费支出会受到自己过去的消费习惯、消费水平的影响。其理论核心是消费者易于随着收入的增加而增加消费，而不易随着收入的减少降低消费，这种短期消费行为和长期消费行为的结合，就产生了所谓的“棘轮效应”。另外，消费者的消费要受周围人们消费水准的影响。一个家庭在决定其消费时，常常会参照相近收入家庭的消费。这种模仿和攀比别人的消费行为，就是所谓的“示范效应”。

持久收入假说将人的收入分成持久性收入（permanent income）和暂时性收入（transitory income）两个部分，认为人们的消费行为主要决定于持久性收入，即剔除临时变化影响后家庭的收入水平而非暂时性收入。假设小李买体育彩票中了 100 万，其边际消费倾向为 0.8，按照凯恩斯绝对收入假定的消费理论，小李将花掉 80 万，而按照持久收入假定，小李将把这笔额外的收入用于以后年份的消费中去。从美国对若干中彩票者的跟踪访问来看，也确实证实了这一点：中头彩者并未出现短期内突击非理性消费的现象。持久收入假说的意义在于它能较好地解释经验事实，美国 1970—1992 年经历了三次较大的周期波动，每一次波动都带来实际 GDP 的较大下降，但与此相反，居民实际消费变动却相当平滑，不像实际 GDP 变动那样剧烈。

生命周期假说则认为，人一生的收入决定他的消费，长期中收入和消费的比例是稳定的。青少年时期消费大于收入，出现负储蓄；中年时期收入大于消费，出现正储蓄；老年时期消费大于收入，又出现负储蓄。所以一生中可动用的总资源要在各个时期进行大体上均匀的支出。在人们一生中的许多时期，会由于多种原因发生收入水平的变化，例如从读书到参加工作，从有职业到失业，从一个工作到另一个工作或职位，以及从工作到退休等，常常都伴随着收入水平的变化，有些情况导致收入上升，而另一些则导致收入下降。这样，个人可支配收入和财富的边际消费倾向取决于该消费者的年龄。该假设强调了为退休后的生活而储蓄的重要性。

上述消费理论都说明了长期中消费函数的稳定性，确定消费函数的稳定性对我们宏观经济的理论分析和政策建议非常有意义，消费函数的稳定性保证了宏观经济的稳定性。从消费函数的稳定性还可以得出一个结论：刺激消费的政策作用十分有限。增加消费的关键在于增加收入，增加收入的关键在于经济的增长，以经济增长为目的的总需求政策不应该以刺激消费为中心，而应以刺激投资为中心。因为，引起经济波动的主要因素是投资。

案例讨论

中国居民各时期的消费和储蓄

中国改革前，城镇居民的收入水平非常低，年工资在 500 元至 600 元之间小幅波动，即便退休后收入也与工作期间相差无几。而收入分配制度的平均化，企业负担养老、医疗和意外事故等方面的费用，比较稳定的经济环境，又使城镇居民面临的风险很小，因而预防性储蓄动机也很弱。因此，可以用凯恩斯的绝对收入假说来解释这一时期的中国城镇居民消费储蓄问题。

随着改革开放的不断深入，1978—1990 年初中国城镇居民的消费行为发生了变化。到 1993 年，城镇居民的人均年收入比 1978 年提高了 155.1%，消费水平提高了 172.1%，食品消费支出占消费总支出的比重也从 60%左右下降到 50.13%，洗衣机、彩电、冰箱等耐用消费品的百户拥有量则从几乎为 0 上升到 1993 年的 86.36、79.46、56.68，同期城镇居民人均储蓄余额也由 1978 年年底的 89.82 元增加到 1993 年年底的 3486.34 元。这一时期收入的快速增长，使职工将自己增加的收入的一部分储蓄起来，以避免退休后由于收入的下降而造成消费的大幅下降，从而平滑各期的消费；而同时，城镇居民间的收入差距不断拉大，使其消费行为表现出一种较明显的“攀比性”。根据世界银行《1992 年世界发展报告》的统计，1990 年我国与埃及同属于低收入国家，人均 GNP 分别为 370 美元和 610 美元，我国人均每日摄取的蛋白质只有 65 克，低于埃及的 84.6 克，而我国耐用消费品的普及率却是相当高的，每千人拥有的电视机是 267 台，远高于埃及的 101 台。由此可见，这一时期城镇居民的消费行为比较符合相对收入假说、生命周期假说和持久收入假说关于消费者行为的假定，因此可以比较好地用这些理论来解释这一时期城镇居民表现出的高消费增长和高储蓄增长现象。

从20世纪90年代初到现在，中国城镇居民的消费行为又出现了新的情况。这一时期城镇居民收入水平增长放慢，消费水平增长缓慢，而居民储蓄存款余额却以每年20%左右的速度高速增长，截止到1997年年底，城镇居民人均储蓄余额已经达到了37 147.6亿元。其原因在于：一是较强的流动性约束。流动性约束理论认为，由于现实中流动性约束的存在，人们并不是在任何时候都可以借到钱，他只能消费当前的财富，所以为了保证收入下降时消费不会大幅下降，消费者就会被迫降低当前的消费，增加储蓄，以此来作为对收入下降效应的一种保险。中国城镇居民面临着消费结构的进一步升级，从万元以内的消费过渡到上万元的消费，这使其只能依靠自身的储蓄以便在未来获得想要的消费。此外，随着教育体制的改革，子女教育费用在快速上涨，它在居民支出中占的比重越来越高，这就导致城镇居民预期未来子女教育费用会迅速上升。在贷学金制度尚未建立的情况下，父母必然会选择增加储蓄，以备子女教育之需。二是居民未来收入不确定性的增加。如职工面临着工资减少、下岗和失业的风险，医疗保健制度改革和劳动保障制度改革等改革措施的不断出台，使城镇居民对未来收入的预期减少，而对未来支出的预期增加，从而更看中未来消费。这一时期城镇居民表现出的低消费和高储蓄现象可以用流动性约束理论和预防性储蓄理论进行较好的解释。预防性储蓄理论认为，由于未来不确定性的增加，就会刺激消费者采取比确定性更为谨慎的行为，增加储蓄，减少消费，把更多的财富转移到未来进行消费，以防范未来不确定的劳动收入所带来的冲击。

从以上分析可知，中国居民消费倾向的下降导致有效需求不足，从而使得中国的经济增长过度依赖于投资和出口。

2. 投资函数理论

在总需求中，个人消费支出和投资支出是两个非常重要的部分。从上文的分析可知，个人消费支出占总需求的比重较大，但相对稳定，这种情况的可能性解释是人们很少愿意改变自己的消费习惯。而投资支出占总需求的比重虽然小但投资的波动性较大。如近年来，美国的投资支出占GDP的比重在13%—18%之间波动。中国投资占GDP的比重一直较高，如2000—2003年我国投资占GDP的比重为36%—42%。

（1）投资的组成。

在分析总支出（或总需求）时，我们所讨论的投资支出（I）包括三大类。

① 企业的固定投资，即企业用于厂房、机器和设备等的支出。

② 存货投资，即企业用于购买原材料、半成品的支出或未销售出去的制成品支出。

③ 居民住房投资，即居民用于购买新住房的支出。

本节主要探讨企业的固定投资及存货投资。

（2）固定投资及投资函数。

企业用于厂房、机器和设备等的固定投资是由什么因素决定的呢？我们可以用一个微观的例子来解释投资决策过程，假定一个会计师事务所计划花10 000元购买一个新的财务软件，一年后这个软件将被废弃不用，会计师事务所希望新财务软件可以为自己创造11 000元的收入。假定没有税收和其他支出存在，预期回报率或利润率为10%，并且假设该会计师事务所的资金是通过银行贷款获取的。如果利率低于10%，事务所投资该项目将会盈利，从而决定购买软件进行投资；反之，如果利率高于10%，事务所投资该项目将会亏损，从而不会购买软件进行投资。

由此可见，对企业投资来说，虽然影响投资的因素很多（如借贷资金是否便利、投资品的价格、投资者个人的资金状况、投资者对投资回报的预期），但其中最重要的无疑是实际利率水平。为了决定是否投资，企业要比较预期利润率和实际利率。宏观经济学假定投资及其投资的规模与一定时期的利率水平存在着稳定的函数关系，即**投资函数**。如果我们以I代表投资，以r代表利率，并且将该函数视为一个简单的线性函数，则其表达式为：

$$I=\alpha-\beta r$$

式中的α作为一个常数，称为自发性投资；βr称为引致性投资。其中β作为该函数的斜率，在宏观经济学中被称为投资系数，其数值的大小反映了利率水平的变化对投资影响的程度。在横轴为投资I、纵轴为利率r的坐标中，投资函数$I=\alpha-\beta r$的图形如图12-3所示。

利率水平的变化将使投资量沿着同一条投资曲线移动：利率上升，投资减少；利率下降，投资增加。

如果利率水平不变，由其他因素引起的投资量变动，在坐标系中则表现为投资曲线的平行移动（如图12-4所示）。其原因主要有：

① 厂商预期。厂商预期包括他们对经济走势的预期，也包括对政府的支出和税收政策、人口增长以及股市状况等不确定因素的预测。如当他们对未来预期悲观时，厂商将降低他们在特定利率水平下的预期利润率，这种悲观情绪也会传染给其他厂商，使得投资曲线向左下方移动。

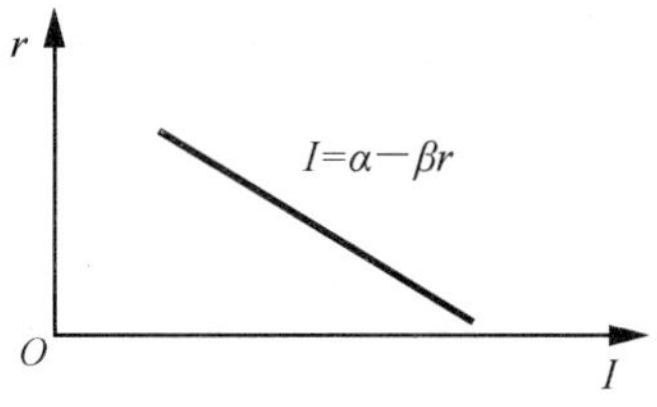

图12-3 投资曲线

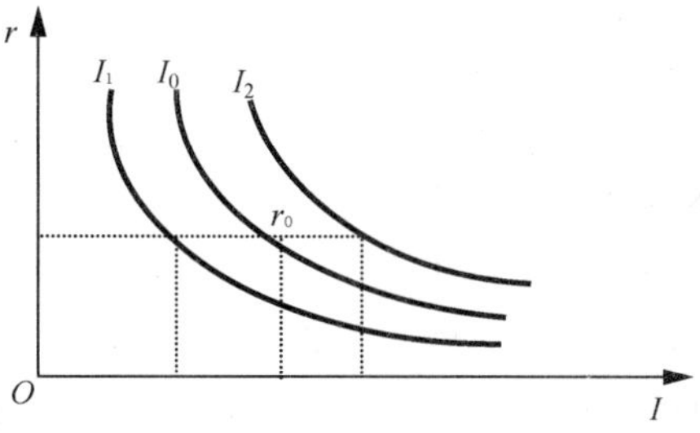

图12-4 投资曲线的平行移动

② 技术变革。技术进步包括新产品的发明以及新技术的应用。机器人、个人电脑、传真机、手机、互联网以及一些类似的新发明为厂商提供了更为经济的生产产品的途径。另外，新技术的创造会鼓励厂商购买最新的技术来提高他们的生产能力，这将使得投资曲线向右上方移动。

③ 政府政策。如果政府采取减税政策，则会增加预期利润。反之，则相反。

（3）存货投资和投资的波动性。

存货投资的变动也是投资变动的一个重要内容。存货的变动又与投资和经济景气变动关系密切。

存货投资规模取决于企业对存货投资的收益与存货投资的成本之间的比较，如果收益大于成本，企业就会扩大其存货投资规模；反之，企业就会减小其存货投资规模。存货投资的规模还很大程度上取决于人们的心理预期。一般说来，经济繁荣时期，人们对未来充满乐观的预期，这会高估未来的投资收益，形成投资过度；在经济衰退时期，人们对未来充满悲观的预期，这会低估未来投资收益，形成投资不足。心理预期形成了投资的波动性和不确定性，并反过来加剧了经济的周期性波动。

12.2.2 总需求决定原理：NI-AE 模型

荷兰有个叫曼德维尔的医生，写过一个故事《蜜蜂的寓言》，描述了一个蜂群的兴衰史。最初，这群蜜蜂追求豪华的生活，大肆挥霍浪费，结果这个蜂群兴旺发达。后来它们改变了习惯，放弃了奢华的生活，崇尚节俭，结果整个蜂群萧条凋敝，最后被敌手打败而逃散。凯恩斯受这个故事的启迪，提出了在短期中国民收入是由总需求决定的原理。

总支出包括消费、投资、政府支出和净出口，总支出也被称为总需求。在短期中国民收入水平主要是由总需求决定的，总需求分析是凯恩斯主义宏观经济学的中心。

1. 总支出与实际国内生产总值的决定

在前面章节，介绍了国内生产总值（GDP）可以分别从总支出、总产出和总收入三个不同的角度进行度量，总产出和总收入描述生产方面（即总供给）的情况，而总支出则表示总需求方面的情况，从数量上说这三种方法度量出来的 GDP 数值应该是一致的，即：

$$Y=\text{GDP}=\text{总产出}=\text{总支出}=\text{总收入}$$

我们不妨举个简单的例子使我们加深对该公式的理解。在《鲁宾逊漂流记》中，主人公居住的孤岛可以定义为一个完整的“国民经济”。在这一经济体里边，假如鲁宾逊一年生产了 10 斗玉米，那么这 10 斗玉米既是该国民经济的总产出又是其总收入。如果有人问，为什么鲁宾逊用其有限的资源（劳力、土地等）生产玉米，而不是其他工艺品呢？回答很简单，因为鲁宾逊需要玉米来赖以生存（消费）并留做下一年的种子（投资）。因而，这 10 斗玉米又是该经济体的总需求。

在任何一种价格水平上的总需求正是在那种价格水平时所需要的消费、投资、政府支出、净出口。我们也可以将这种需求作为经济中四个部分的支出，即居民用于消费品的支出、企业用于投资品的支出、政府用于公共物品和劳务的支出以及外国人用于净出口的支出。所以，总支出（Aggregate Expenditure，AE）是指用于消费、投资、政府物品和劳务以及净出口支出的总和。总支出曲线表示在一个固定的价格水平时总支出和国民收入之间的关系。其图像如图 12-5 所示。

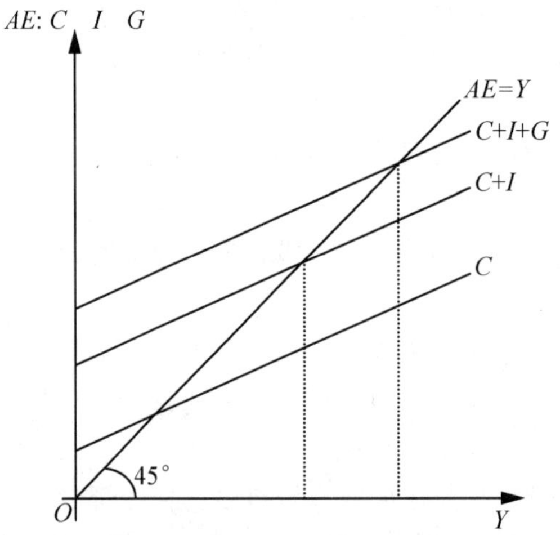

图 12-5 三部门经济的均衡收入

在图 12-5 中，横轴 Y 表示国民收入，也表示总产出，纵轴表示总支出。总支出曲线是一条向右上方倾斜的曲线，这说明总支出随着国民收入的增加而增加；而且，总支出曲线比从原点出发的 45° 线平坦，这说明总支出的增加幅度小于国民收入的增加幅度；另外，即使国民收入为零，总支出也为正，我们将国民收入为零时的总支出称为**自发性支出**。

在两部门经济当中，总支出由居民的消费支出和企业的投资支出组成（$C+I$）；在三部门经济中，总支出由居民的消费支出、企业的投资支出和政府支出组成（$C+I+G$），政府支出取决于政府政策。

均衡国内生产总值 Y 是由总支出决定的，因此总支出的变动必然引起均衡的国内生产总值的变动。总支出水平的高低决定了均衡的国内生产总值的大小，而且两者是同方向的变动，即总支出增加，均衡的国内生产总值增加，总支出减少，均衡的国内生产总值减少。

根据消费变动与均衡收入变动的关系，我们还可以研究储蓄与均衡收入变动的关系。在既定的收入中，消费与储蓄反向变动，消费增加储蓄减少，消费减少储蓄增加。消费是总支出的一个部分，储蓄增加，意味着消费减少，总需求减少，从而均衡国民收入减少；储蓄减少，意味着消费增加，总需求增加，从而均衡国民收入增加。因此，储蓄与均衡收入反向变动。

根据消费和储蓄对均衡收入的不同影响，凯恩斯提出了一个与古典经济学相矛盾的推论，按照传统的观念，勤俭持家、增加储蓄是一种美德，而奢侈浪费、减少储蓄是一种罪恶，但按照储蓄变动引起均衡收入反向变动的理论，增加储蓄会减少均衡收入，使经济衰退，是恶的，而减少储蓄，会增加均衡收入，使经济繁荣，是好的。这种矛盾被称为“节俭的悖论”。

案例讨论

中国人应该花钱还是存钱

在中国人的传统观念中，有所谓勤俭持家的说法。有人说：“大富靠天，小富靠俭。”这种勤俭就是美德的说法在中华儿女的心目中是根深蒂固的。事实上，对于每一个家庭而言，存在许多方面的不确定因素。储蓄是为了“积谷防荒”，为了家人有一个安稳的日子，节俭作为美德是有其道理的。但是如果每一个家庭都勤俭，这对于整个经济体来说并非好事。少数家庭减少消费对经济影响比较小，但是如果大家都不消费，经济体的总需求减少，厂商产品无法销售出去，经济体系就会受到很大影响。

那么，中国人应该多花钱还是多存钱？从凯恩斯主义的观点来看，回答是“要看什么情形”。在高失业率和生产能力过剩时期，即总供给远远大于总需求的情况下，刺激总需求、鼓励人们消费的做法是正确的。但是当经济已经处于充分就业时期，即总供给等于甚至是小于总需求时，一味地增加总需求将导致需求拉动型的通货膨胀。另外，在长期中，经济的增长必须依靠资本的积累，而资本的积累来自储蓄，所以在这种情况下，勤俭节约对经济是有利的。

2. 乘数

为什么投资增加会引起收入成倍的增加呢？为什么战时大量军事开支会导致 GDP 的快速增长？为什么 20 世纪 60 年代和 80 年代的减税引发了一场时间较长的经济扩张？这些问题可以通过乘数理论找到最简单的解释。

所谓**乘数**就是指自发总需求的变动所引起的均衡收入变动的倍数或自发总支出的增加所引起的国内生产总值增加的倍数。原理建立在这样一个观点上：一个人的支出将成为另外一个人的收入。我们可以用一个简单的例子来说明其中的道理，假设一个小孩子打破了一家百货商店的一块大门玻璃，逃跑了。百货商店店主只好花 1 000 元买一块玻璃换上，并且假设边际消费倾向都为 0.8。玻璃店老板得到这 1 000 元收入，他支出其中的 80%，即 800 元用于购买衣服，服装店老板得到 800 元收入，并用这笔收入的 80%（即 640 元）用于购买食物，食品店老板得到 640 元收入，他又把这 640 元中的 80%用于支出……一直循环下去，最初是百货商店老板支出 1 000 元，但经过不同行业老板的收入与支出行为之后，总收入增加了 5 000 元。我们可以用表 12-1 来说明其过程。

表 12-1 投资支出的乘数效应

企业名称	增加的国民收入（元）	增加的投资和消费支出（元）	边际消费倾向
百货商店	—	1 000	0.8
玻璃店	1 000	800	0.8
服装店	800	640	0.8
食品店	640	512	0.8
…	…	…	0.8
总 计	5 000	5 000	0.8

从表 12-1 可以看出，最初的一笔 1 000 元的投资支出经过不断的循环后，最后使国民收入增加了 5 000 元，即投资支出的增加引起国民收入成倍的增加，这就是乘数效应。乘数理论是凯恩斯理论中一个重要的内容，它为国家进行宏观调控提供了一个重要的理论依据。有了乘数效应，政府购买的一元钱可以引起总需求大于一元钱。当然，乘数效应不仅仅限于政府购买，GDP 组成部分的消费、投资和净出口都具有乘数效应。这样，国家可以根据经济形势，利用乘数的积极作用，对宏观经济进行适当的干预。假如某种因素使得经济的自发性支出增加，如国外居民收入增加、消费者对未来的收入增加持有乐观的预期或者新发明使企业更为乐观，增加的自发性支出经过乘数效应的放大以后，将引起就业的扩大和收入的快速增长。相应地，收入提高将带来额外消费以及企业产品销售的大幅增加，企业的存货降低，并且对未来预期乐观，从而扩大产量并推进投资项目，经济走向繁荣，失业将降到低水平。但是经济的快速增长不会无限期地持续下去，由于受到充分就业能力的限制，经济增长率将放慢，而放慢的经济增长率将减弱企业决策者的乐观情绪，企业存货增加，投资减少，工人被解雇，通过乘数效应引起产量锐减，经济走向衰退。乘数的放大效应既有正面作用，也有负面作用，所以，经济学家形象地把乘数理论称为一把“双刃剑”。

3. 总需求分析的适用性和局限性

首先，凯恩斯主义经济学产生于经济的大萧条时期，其总需求决定原理只有在总供给大于总需求，即存在过剩生产能力的情况下才发生作用。也就是说，当经济中存在闲置的机器和工人时，一旦有对他们所生产的产品的需求，这些机器和工人就可以马上投入使用生产产品，因此，产量对总需求的变动是极为敏感的。在此前提下，总需求（总支出）的变动才可以单独地决定国民产出。相反，当经济在它的能力水平或者接近该水平的情形下运行时，产量对于需求的变动并不敏感，需求的增加只会导致物价水平的上涨。所以，总需求分析只适用于短期的经济萧条时期。

其次，总需求分析不能解释通货膨胀和高失业率的同时出现，因为根据凯恩斯的分析，总支出不是太低带来经济的衰退，就是太高带来经济的通货膨胀，所以它不能解释美国 20 世纪 70 年代出现的高失业率和通货膨胀并存（滞涨）的情况。

再次，在凯恩斯的总需求模型中，没有考虑利率对投资的影响从而对总需求的影响，但在现实经济中，货币以及利率的影响也是非常重大的，所以，这一模型要扩展为 IS-LM 模型才是完整的总需求分析。

此外，在短期中总供给也会变动，因此，总需求分析还应发展为包括总需求分析和总供给分析的总需求—总供给（AD-AS）模型。

案例讨论

日本增长“奇迹”结束的原因

20 世纪 80 年代，日本开始出现替代美国成为世界经济领头羊的迹象。其汽车、电视机、摩托车、电子设备的产量已经超过美国。与美国 4%的储蓄率相比，日本的储蓄率高达 15%，这使得大量资源从消费转向投资。日本经济快速增长的同时，失业率非常低，这简直就是一个奇迹。但是 20 世纪 90 年代，日本快速增长的步伐开始放慢到停滞不前的地步，并且陷入第二次世界大战后最严重的衰退时期。

这是为什么呢？虽然原因是多方面的，但主要原因仍然在于其高储蓄率。虽然日本战后的高储蓄率促进了长期的经济增长，但也带来了短期问题。由于房地产价格暴跌、金融体制的失灵和欧美投资机会的大量涌现，日本无法继续保持其吸收大量储蓄所需的高水平国内投资。因此，总支出不足以使经济实现充分就业水平的实际产出，意味着日本经济出现了衰退缺口。

12.3 总供给模型：经济波动的基本模型

现在我们用熟悉的供求模型——经济学家工具箱里最常用的工具，来分析宏观经济。

12.3.1 总需求

经济学家用“总需求”这个词来表示市场上所有买者的集体行为。**总需求**（Aggregate Demand，AD）表示某一给定时期，在各种可能的价格下，所有的市场参与者愿意并且能够购买到的各种产出的数量之和。

总需求包括：消费需求（C）、投资需求（I）、政府需求（G）和国外需求（NX）。总需求曲线反映的是在产品和资产市场同时处于均衡时价格水平和产量水平的组合。总需求函数是产量（收入）和价格水平（物价）之间的关系。

为了更好地理解总需求的概念，我们设想一下：所有的居民在同一天内拿到工资，手中拿了钱，然后到了商品市场。问题是：他们会买多少东西？

1. *AD* 曲线的图像和经济含义

图 12-6 中，横轴（Y）代表的是实际产出（实际 GDP），即通过通货膨胀调整后的实际

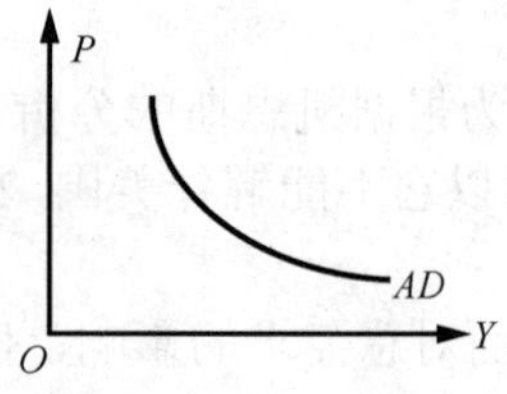

图 12-6 AD 曲线

产出水平；纵轴（P）代表的是平均价格水平。

（1）总需求变动受多种因素影响，在此我们先研究总需求与物价水平之间的关系。AD 曲线是一条描述一个经济体总产出水平与价格水平之间关系的曲线。

（2）AD 曲线表明总产出 Y 与价格水平 P 之间存在着呈反向变化的关系：价格上涨，总需求下降；价格下降，总需求上涨。

2. 为什么需求曲线向右下方倾斜？

为什么物价水平下降增加了物品和劳务的需求量？这可从 $Y=C+I+G+NX$ 这一公式来考察。

（1）物价水平与消费——财富效应。人们的消费需求取决于收入和财产，收入或财产增加，消费也增加。人们的消费不是取决于名义财产而是实际财产。想象你在银行户头里所持有的货币，你的名义价值不变（金额不变），但是实际价值随着物价下降而增值。物价下降，消费者感觉更富裕，这会鼓励消费者增加消费支出，这刺激了消费品的需求。物价水平下降，意味着物品和劳务的需求量更大。

（2）物价水平与投资——利率效应。影响投资的重要因素是利率，因为利率决定了投资的成本。根据凯恩斯的理论：物价下跌，而名义货币供给量不变，则实际货币供给量增加。公众有了多余的投机动机的货币需求。他们用多余货币购买国债，国债价格上升，利率下跌，进而导致投资增加，刺激了国民收入提高。同时，利率变化也引起信贷消费的变化。

（3）物价水平与净出口——开放替代效应。本国物价下跌，国内商品相对于国外商品更为低廉，外国对本国的商品需求增加，从而本国出口增加。同时，由于外国商品更加昂贵，进口则会减少。一方面出口增加，另一方面进口减少，在两方面的作用下国民收入增加。

3. 为什么总需求曲线会平移？

如果价格水平不变，自发总需求增减导致总产出水平的变化可看做 AD 曲线在坐标内的水平移动（如图 12-7 所示）。AD 曲线水平移动的原因可以是政府的财政政策和货币政策；也可以由消费、投资、政府购买、净出口因素导致。

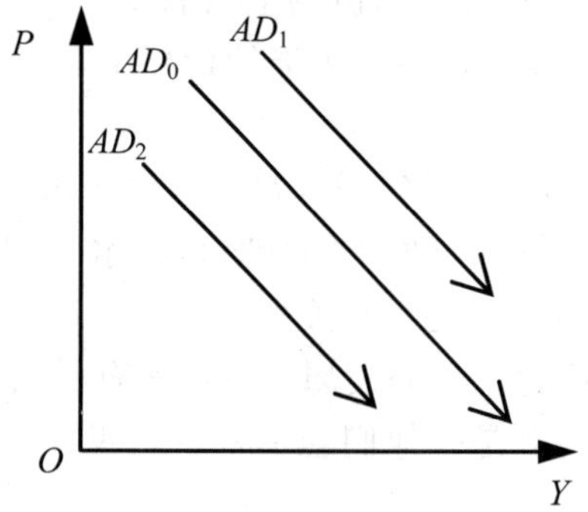

图 12-7 AD 曲线的水平移动

（1）消费引起的变动——假设公民更加关心退休后或失业后的生活而增加储蓄、减少即期消费，总需求曲线左移；相反，假设股市高涨，人们感觉更富有，总需求曲线右移。

（2）投资引起的变动——政府投资税收优惠政策（比如祖国大陆对于台商的优惠政策）和货币供给增加引起投资增加，总需求曲线右移；反之，则总需求曲线左移。

（3）政府购买引起的变动——政府增加购买武器或者建造更多的高速公路，总需求曲线将右移。

（4）净出口引起的变动——汇率变化可以增加或者减少出口（比如本国货币贬值可以增加出口）；其他国家的购买力增减所带来的净出口变动，比如中国内地经济发展速度放缓对于台湾地区、韩国等对外依赖度高的经济体的经济影响。

（5）财政政策因素——如政府决定通过借债方式增加支出或者实行扩张性财政政策，导致曲线右移；政府减税，总需求曲线右移；政府增税，总需求曲线左移。

（6）货币政策因素——如政府增加货币供给量，会引起利率下降和投资需求上升，进而导致总需求曲线右移。

后面两种影响总需求位移是由管理当局所掌握的因素，实际上是通过货币政策与财政政策调节总需求。这符合凯恩斯在《通论》中的理论。

12.3.2 总供给

总供给（Aggregate Supply，AS）指经济社会在每一个价格水平上所愿意并且能够提供的商品和劳务的数量。总供给是经济社会的总产量，总供给取决于资源利用情况。总供给函数（曲线）表明产品市场、货币市场同时达到均衡时总供给（总产出）与价格水平之间的关系。实际 GDP 的供给量取决于劳动量（L）、资本量（K）和技术状态（T）。

1. *AS* 曲线的一般形状和经济含义

（1）*AS* 曲线（如图 12-8 所示）是一条描述总供给达到宏观均衡时，一个国家总产出水平与价格水平之间关系的曲线。

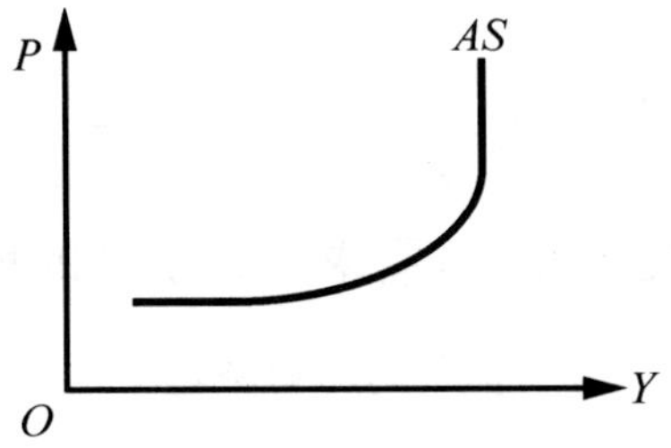

图 12-8 *AS* 曲线

（2）*AS* 曲线表明总产出 Y 与价格工资的关系，即实际工资供给影响就业水平，就业水平影响投资水平，投资水平影响产出水平或收入水平这样一个复杂而迂回的传导机制。

2. 不同性质的总供给曲线

经济学理论把凯恩斯与古典经济学家的分歧视为短期与长期之分（如图 12-9 所示）。

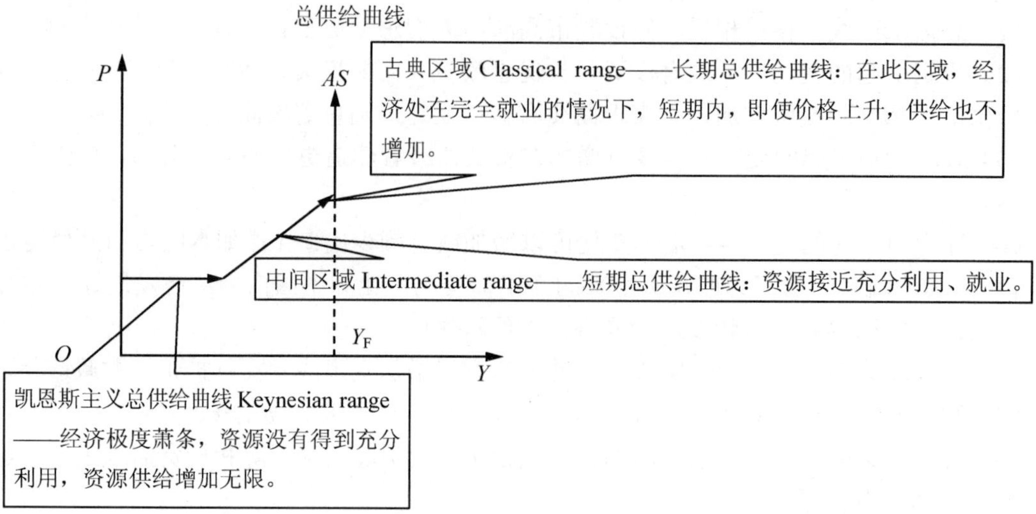

图 12-9 凯恩斯与古典经济学家的分歧

（1）短期总供给曲线：短期总供给曲线具有正斜率，即它是一条向右上方倾斜的曲线。它是在短期中当货币工资率、其他资源价格和潜在 GDP 保持不变的情况下，实际 GDP 供给量和物价水平之间同方向变动的关系。

（2）长期总供给曲线：长期总供给曲线的斜率无穷大，即它是一条与纵轴平行的垂线。长期总供给曲线表示长期中实际 GDP 等于潜在 GDP 时，实际 GDP 供给量和物价水平之间的关系。

向上倾斜的总供给曲线可以用上升的成本来解释。为了增加产出率，生产者必须获得更多的资源（如劳动力），并且更充分地利用现有厂房和设备。生产能力的不断吃紧倾向于提高生产成本，因此生产者必须制定较高的价格来弥补不断上升的成本。

3. *促使总供给曲线向右移动的因素*

促使总供给曲线向右移动的因素包含了进口原料资源降价、科学技术的进步、工资降低、利率降低、更多的资本和适龄劳动力增加等。

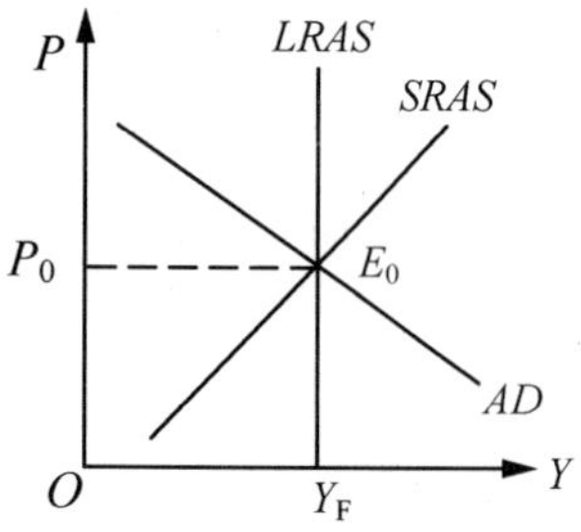

图 12-10 AD-AS 模型

12.3.3 总需求与总供给的均衡：AD-AS 模型

1. *宏观均衡的决定*

把总需求曲线与总供给曲线结合在一起就可以得出 AD-AS 模型。图 12-10 中 E_0 点表示了一个经济社会既处于长期均衡又处于短期均衡状态，它处于 *LRAS*、*SRAS* 以及 *AD* 曲线的交点处，E_0 对应的物价是 P_0，产出是充分就业产出 Y_F。一个经济社会无论最初是什么状态，长期内最终都会趋向于 E_0 点。对此经济学家并无太多的异议，问题在于在短期内的政策分歧。

2. 宏观均衡的变动：经济波动的原因

一个时期由于种种原因，总供给和总需求曲线向不同方向移动。这种移动会造成实际GDP的增减——商业循环或经济周期：左移总需求曲线造成经济衰退，右移总需求曲线经济复苏；左移总供给曲线造成经济低迷，右移总供给曲线经济高涨。

（1）*AD* 曲线的右移与通货膨胀。在经济社会中，有可能出现使总需求增加的正向冲击。由于某些原因使得 *AD* 曲线向右移动（如图 12-11 所示）。在这一过程中物价持续上升，产生通货膨胀，同时产出持续增长。一旦通货膨胀突破工人所能承受的最大限度，工资上涨就是必然的。通货膨胀会产生一个加速过程，同时产出还将下降。如果此时仍不采取任何对策，通货膨胀将持续上升，因为名义工资率上升之后，会进一步刺激总需求，所以当出现通货膨胀时，应采取紧缩政策。

例如，1965 年美国的越南战争造成政府支出增加（军费开支增加），总需求曲线沿着总供给曲线向右移动（总供给不变），造成需求拉动型的通货膨胀。

（2）*AD* 曲线的左移与经济衰退。如果由于一些原因该经济遭受一个负向冲击，使总需求减少，在图 12-12 中显示为 *AD* 曲线左移。试想一下，如果股票市场明天跳水，那么股民会作何反应？眼看积累的财富进一步缩水，他们可能减少消费。凯恩斯主义认为当总需求下降时，由于在短期内名义工资存在刚性，短期内总供给曲线斜率为正，所以物价持续下跌，产出持续下降。凯恩斯同样也反对以任何外在力量降低名义工资率，因为那样会激化社会矛盾。换句话说，不能依靠外在力量使总供给曲线向右移动，那么唯一的选择是刺激总需求，通过扩张的政策使总需求曲线回归，以消除失业，否则经济在短期内将处于就业不足的均衡状态。

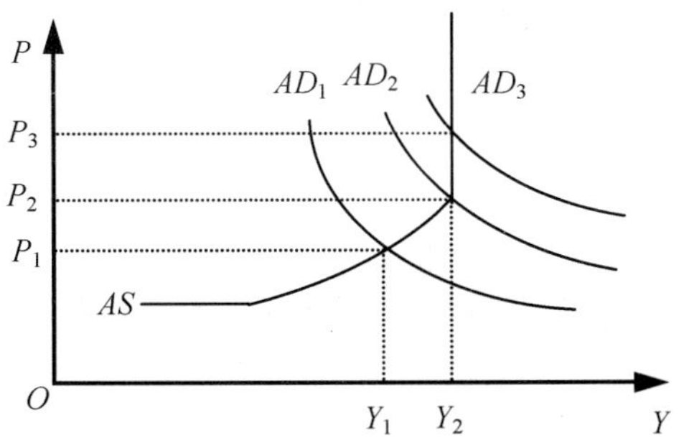

图 12-11　*AD* 曲线右移

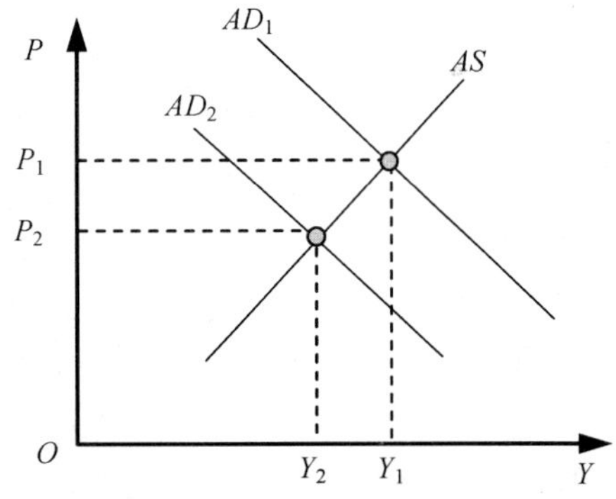

图 12-12　*AD* 曲线左移

（3）*AS* 曲线的右移与技术创新。如果因为产业革命或者信息技术革命等因素，*AS* 曲线受到正向冲击，那么 *AS* 将向右移动，表现为物价下跌、产出增加。20 世纪 90 年代是美国战后维持时间最长的持续经济增长，引起这种增长的根本原因就是技术进步和知识经济引起的 *AS* 曲线向右移动，即美国经济潜力的提高，我们可以用图 12-13 来表示。这一事例告诉我们，经济潜力提高长期总供给曲线向右移动，可以实现更高水平的充分就业均衡而不引起通货膨胀。从长远来看，提高经济潜力，使长期总供给曲线向右移动是至关重要的。除了技术创新，还有如下因素决定了 AS 曲线向右移动：更为廉价的进口原料、更低的税收政策、更低的工资、更多的资本、更低的利率、劳动力人口的增多。

（4）AS 曲线的左移与滞胀。1990 年伊拉克入侵科威特的时候，石油价格飞涨，从而直接促使美国大范围的生产成本提高，此时总供给曲线左移（如图 12-14 所示）。在 20 世纪 70 年代末期和 80 年代早期，美国经济处于“滞胀”（高失业率、高通货膨胀并存），原因就在于 OPEC（石油输出国组织）大幅度提高石油价格造成了进口石油价格上涨导致成本上升。所以成本推进的通货膨胀可以定义为：总需求曲线不变，因总供给曲线左移，使价格上涨，结果导致产出和就业下降。

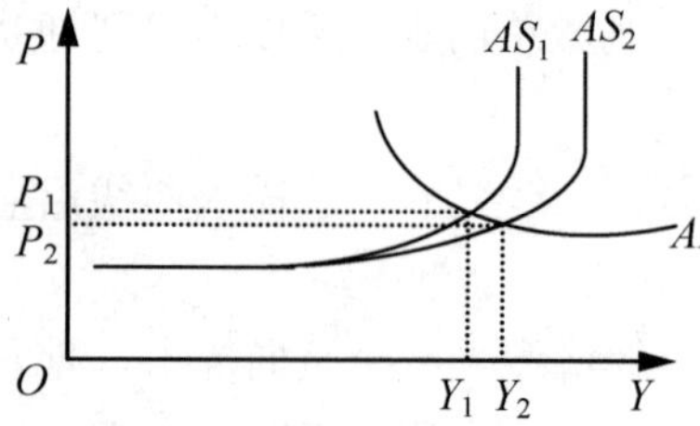

图 12-13 技术进步和知识经济引起 AS 曲线的右移

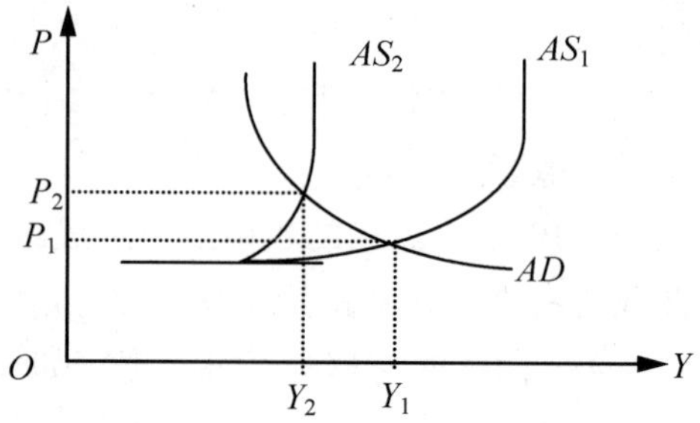

图 12-14 技术进步和知识经济引起 AS 曲线的左移

复习与练习

【关键概念复习】

在 B 栏中寻找与 A 栏中术语相应的解释，并将序号填在术语前边。

A	B
消费函数	1．是指消费增量与收入增量的比率，即随着国民收入的增长，每增加的一元钱收入中多大一部分用于消费。
边际消费倾向	2．消费与收入之间的依存关系（或函数关系）。
恒久性收入	3．表示某一给定时期，在各种可能的价格下，所有的市场参与者愿意并且能够购买到的各种产出的数量之和。
总支出	4．自发总需求的变动所引起的均衡收入变动的倍数或自发总支出的增加所引起的国内生产总值增加的倍数。
乘数	5．用于消费、投资、政府物品和劳务以及净出口支出的总和。
总需求	6．经济社会在每一个价格水平上所愿意并且能够提供的商品和劳务的数量。是经济社会的总产量，它取决于资源利用情况。
总供给	7．剔除临时变化影响后家庭收入水平。

【思考与练习】

（一）填空题

1．消费函数是指消费与收入之间的依存关系。________是指消费增量与收入增量的比率，即随着国民收入的增长，每增加的一元钱收入中有多大一部分用于消费。

2．投资具体包括三大类：

（1）企业的固定投资，即企业用于厂房、机器和设备等的支出，也称为________投资。

（2）________投资，即企业用于购买原材料、半成品的支出或未销售出去的制成品支出。

（3）居民________投资。

3．________是指用于消费、投资、政府物品和劳务以及净出口支出的总和。其曲线表示在一个固定的价格水平时总支出和国民收入之间的关系。

4．________指自发总支出的增加所引起的国内生产总值增加的倍数。

5．________的消费函数理论强调消费对现期可支配收入的依赖。弗里德曼（Milton Friedman）的消费函数理论强调储蓄在稳定家庭高收入年份和低收入年份之间消费的作用。莫迪里安尼（F. Modigliani）的消费函数理论强调家庭为退休后的生活而储蓄的重要性。

（二）单项选择题

1．经济学上的投资是指（　　）。

A．企业增加一笔存货　　B．建造一座住宅

C．企业购买一台计算机　　D．以上都是

2．边际消费倾向和边际储蓄倾向的关系为（　　）。

A．由于某些边际收入必然转化为边际的消费支出，其余部分则转化为储蓄，因而它们之和必定等于1

B．由于可支配收入必定划分为收入和储蓄，它们之和必然表示现期收到的可支配收入的总和

C．它们之间的比例一定表示平均消费倾向

D．它们之和必定为零

3．长期总供给曲线是（　　）的实际GDP水平。

A．总需求总是等于短期总供给时　　B．实现充分就业时

C．高于充分就业时　　D．价格一定上涨时

4．*AD*曲线表明：当物价水平下降时，（　　）。

A．实际GDP的需求量会增加　　B．实际GDP的需求量会减少

C．*AD*曲线会向右移动　　D．*AD*曲线会向左移动

5．下面哪一项可以导致*AD*曲线向右移动？（　　）

A．预期的通货膨胀率上升　　B．税收增加

C．物价水平下降　　D．物价水平上升

6．恒久性收入可以定义为（　　）。

A．家庭储蓄多年并且不能用于支出的钱　　B．在缴纳全部税收之后的收入

C．常年的消费和储蓄之和　　D．剔除临时变化影响后家庭收入水平

7．下面哪一项不是总需求的组成部分？（　　）

A．消费支出　　B．政府支出

C．净出口　　D．政府税收

8．下列何种情况可能会使总需求曲线向左移动？（　　）

A．政府支出增加　　B．净出口减少

C．劳动力减少　　D．采用改进的生产技术

9．下列何种情况可能会使总需求曲线向右移动？（　　）

A．政府支出增加　　B．净出口减少

C．劳动力减少　　D．税收增加

（三）判断题

1．总需求等于消费支出加投资加政府购买加出口再减去进口。（　　）

2．如果 *AD* 曲线和 *AS* 曲线同时向右边移动，则实际 GDP 增加。（　　）

3．如果 *AD* 曲线和 *AS* 曲线同时向右边移动，则物价水平上涨。（　　）

4．总需求和总供给模型表明潜在 GDP 的增长会导致通货膨胀。（　　）

5．购买一幢一年前建造的住房属于投资。（　　）

6．购买一家新建公司的股票不属于投资。（　　）

7．让一个承包商为你建造一座新住房属于投资。（　　）

（四）简答题

1．试用总需求决定原理分析我国政府自 1998 年以来调控国内总需求的一些方法和措施，并说明其成效如何。

2．凯恩斯的消费函数理论和弗里德曼的消费函数理论以及莫迪里安尼的消费函数理论之间存在怎样的差别？

3．1990—1991年，美国经济出现了衰退，当时的总统老布什宣布临时减少个人所得税，即推迟对个人所得税的交纳时间半年。结果这种做法并没有达到刺激经济的作用。试分析其原因。

4．投资的主要形式是什么？投资的主要影响因素是什么？

5．凯恩斯在《通论》中写到："当所得增加时，人们将增加其消费，但消费之增加不如其所得增加之甚。"请问这如何用函数式表示？

6．为什么古典的总供给曲线是垂直的，而凯恩斯主义的总供给曲线是向上平缓地倾斜的？请用图形配合文字具体说明。

7．理论界有一规范性的命题叫做"富人的一元不等于穷人的一元"，如何理解？

8．如何理解"生命周期假说"？如何理解"持久收入假说"？

9．经济学家认为刺激消费的作用相当有限。从消费函数理论来看，这种观点对不对，为什么？

10．什么因素可能导致总需求曲线右移？哪些因素可能导致总供给曲线右移？

11．用总需求和总供给曲线的互动，说明宏观经济中萧条、高涨（或过热）和滞涨的状态。

12．试对微观经济学中的供求模型和宏观经济学中的 AD-AS 模型加以比较和分析，说明两者的异同。

第 13 章

货币与经济：IS—LM 模型

【导学】这是学生感到最难的一章。前面我们讨论了商品市场的均衡条件，尽管我们使用了货币单位去度量消费、投资、政府支出和净出口等，但货币只不过被用做度量单位。本章我们将了解有哪些因素会对货币的供给产生影响；掌握影响货币需求的因素。最后我们将会通过对 IS—LM 模型的介绍一起探讨货币是如何作为纽带将商品市场和货币市场紧密联系在一起，并对国民收入产生怎样的影响的。

万物的生长需要雨水的滋润，人类生命的延续需要血液的循环，同样，一个以信用为基础的经济体的维持发展也需要某种奇妙的润滑剂，它就是货币。

13.1 货币与货币市场

13.1.1 货币概述

在经济学中，**货币**是指在商品劳务贸易中或债务清偿时被广泛接受的交易媒介手段。货币在其发展过程中，出现过两种形式：

（1）**实物货币**，又称为**商品货币**，即货币本身即是商品，具有一定的价值。比如古代社会使用的金银币，金银即使不作为交换流通，也可以用于工业或制作首饰。

（2）**信用货币**，货币本身不是商品，只是一种价值符号。比如古代由某钱庄发行的银票，又如我们手中的纸币。它们除了是纸张之外，若是脱离流通，就别无价值。

一国货币通常是该国的货币当局（中央银行）发行的货币，代表着国家政府的信用，由国家政府以法律形式保证其在市场上流通，故而称之为**法定货币**（fiat money）。“fiat”是一个拉丁单词，意思是法令。例如，我们手中持有的人民币就是由中国人民银行（中央银行）印制发行的法定流通的货币。

一个有趣的例子能便于我们对货币的理解，20 世纪 80 年代末的苏联临近解体之时，出于对政府前景的担忧，在莫斯科，香烟取代卢布成为受欢迎的通货，即使是一个不吸烟的人也乐于在交换中接受香烟，因为，香烟可以用来购买其他的物品和劳务，从某种意义上讲，当时的香烟就是货币。

除了具有充当交换媒介（medium of exchange）这一基本职能外，货币还具有以下职能：

计价单位职能（unit of account），即买卖双方同意表示物品和劳务价格的标准。比如进入超市，我们会看到口香糖 1.5 元/盒，话梅 3 元/袋，方便面 4.5 元/碗，此时“元”充当了计价单位的作用。但是我们从来不会用 1 袋话梅＝2 盒口香糖或 1 碗方便面＝3 盒口香糖进行标价，如果是这样的标价，我们可以一进入超市，就会被铺天盖地的价格标签搞得头昏眼花，因为出现的都是某某物品等于多少其他物品的标价。

价值储藏功能（a store of value）。货币代表着一定的购买力，实际生活中我们会把现期收入的一部分以货币形式存留至下一期使用，即将现期的购买力储存起来用做下期的购买。但需要注意的是，同样数量的货币在不同时期的购买力是不一样的，比如一元钱在 80 年代可以买到很高档的夏日冷饮，但现在只能勉强买到最低档的了。当然货币不是唯一价值储藏的手段，一个人持有的股票、债券、房产、古董等都可以充当价值储藏的手段。当我们听说一个人很富有的时候，并不是指他天天睡在一大堆钞票上，而是指他拥有很多财富，但是这些财富并不单单由货币组成。

如果把货币仅仅定义为钞票，那就会漏掉很大一部分“钱”。因为企业和企业之间的大量交易是通过支票完成的。而在国外发达国家，支票已经进入居民家庭。一般来说，支票可以在自己的住地用来支付房租费、水电费。在美国，支票支付占总交易额的 75%，但是在异地，除非你有非常好的信誉，否则人们很难接受你的支票，因为人家不了解你。经济学家按照流动性的不同，给货币进行了分门别类。所谓**流动性**是指一项资产能够迅速且不受损失地转化为购买力的能力，显然公众所持有的现钞（currency）因为能直接作为商品劳务交换的中介，其流动性最强，视为货币组成的核心，称为 M_0。

尽管支票存款存于银行之中，但从流动性角度看等同于现钞。在经济学中，把现钞、银行支票存款合称为 M_1。M_1 代表的是现实的购买力，具有最强的流动性，对社会生活有着广泛的影响，所以各国都将 M_1 的数量作为政策调控的对象。

除 M_1 外，M_2 也常见于我们的各种宏观统计中。M_2 的构成为：M_1 加定期存款、储蓄存款、外币存款及短期信用工具，又称**准货币**。在发达的金融体系中，由于其能够相对容易地转化为现实货币 M_1，所以在金融体系发达的国家都出现了货币供应的管理从 M_1 向 M_2 转移的趋势。因此，宏观经济学中所说的货币可能是比日常生活的“钱”更为广义的概念。

13.1.2　金融资产、债券与股票

从宏观经济学的角度，我们可以将资产分为实物资产和金融资产两大类。实物资产指机器、厂房、汽车、房屋、存货等有形产品。金融资产则包括货币、债券与股票等不同形式（一般为纸质）的资产。

有价债券（bond）是政府或企业向公众进行借贷的方式。例如，中国中央政府每年发行的国库券就是典型的政府债券。持有国库券的人就是中央政府的债权人。人们购买债券的目的在于让渡暂时的消费，来换取未来的利息收入。利息率是金融市场最主要的变量之一。在成熟的市场经济中，央行正是通过不停地买进卖出一种短期政府债券来调节利息率的。

股票（stock）是联系企业与投资人之间的纽带。企业在市场上出售股票与向公众发行有价债券的目的一样，都是为了筹措资金扩大生产。其区别在于，发行债券的实质在于企业向公众借贷；股票则代表了企业的产权份额，股票持有者实质上就是企业的所有者之一。股票价格受企业的经营状况、宏观经济状态的期望、市场供需和投机心理的变化所支配。因而，股票市场的供需关系很难用一般经济学理论去描述。

虽然金融资产包括货币、债券与股票三大类，但是宏观经济学一般着重讨论货币和与货币密切联系的政府债券，而把股票的分析放到专门的课程里边去讲。所以，金融市场经常被直接称为货币市场，以此突出货币是我们讨论的主要对象。

13.2　货币的供给

在信用货币体系下，货币是如何创造出来的呢？它的供给总量受到哪些因素的影响呢？要了解这些问题，必须从银行体系入手进行分析。一般来讲，一个银行体系的组成分为两个层次：中央银行和商业银行。

13.2.1　中央银行与基础货币

中央银行是一国金融机构的中心，作为非营利性的政府机构，它负责统筹管理全国金融活动，并实施货币政策以维持经济发展和物价水平的稳定。

中央银行在金融体系中的特殊地位源于货币发行权，不管是我们手中所持有的现金，还是商业银行的准备金（以纸币或央行支票的形式存在），追溯其源头，都是由中央银行发行并进入流通，本质为中央银行对外的负债。现金和商业银行准备金合称为基础货币。

假定现有的基础货币总量为1 000亿，如果商业银行不从事任何贷款业务，而仅仅作为转账结算的中间者存在，那么只要中央银行不增加或减少其对外负债，基础货币的总量将始终是1 000亿。因为无论是存款人把现金存入银行或取出，还是资金在不同的存款账户间转换或不同的银行间流转，都无非是基础货币从一个口袋转移到另外一个口袋而已，基础货币的总额不变。

可见影响基础货币量的只能是中央银行的资产负债的变化。比如中央银行在公开市场上买卖证券，或者中央银行向商业银行提供或收回贷款，相应地就要投放或收回一定量的基础货币，此外，财政收支及国际收支的状况也会对基础货币产生影响。总的来说，央行对基础货币有着较强的控制力。

13.2.2 商业银行与货币创造

基础货币量是否就是货币的供给量呢？这个问题的回答取决于我们对商业银行的认识。

尽管目前商业银行的发展呈现多元化趋势，但商业银行是一种特殊的金融机构，与其他金融机构（如证券机构、保险公司）相比，商业银行最主要的特征是它可以吸收客户的存款并以此为基础发放贷款，存贷款的利差为商业银行的营业收入。

在分析商业银行存贷款业务时，我们需要解决两个问题：商业银行是否会将其吸收的存款全部用于发放贷款？商业银行在日常业务中，会不会产生现金的流出？

第一个问题的解决来源于对商业银行准备金制度的认识，第二个问题的解决来源于对银行非现金结算制度的了解。

1. 存款准备金制度

如果你在商业银行存入1万元现钞，银行将其全部贷出，且这些贷款被借款人从银行取出使用，那么若是你向银行要求取出你的1万元存款时，银行肯定没有这么多现钞满足你的需要，我们把银行不能够满足客户提取现金的情况称为**流动性不足**。

事实上，为了防止银行过度放贷而造成的风险，中央银行以法令的形式规定商业银行每吸收一笔存款就必须按照一定比率将其中一部分存入商业银行在中央银行的账户上，并不能作任何其他用途，这个比率称为**法定存款准备金率**，按照央行的要求存入的金额又称为**法定存款准备金**。比如法定存款准备金率是10%，商业银行吸收客户100元存款时，必须将其中10元存于其在中央银行的账户上，这10元称为法定存款准备金，还剩90元可以用于其贷款业务。

中央银行征收存款准备金的最初目的是一旦发生商业银行流动性不足的情况，中央银行可以用法定存款准备金来确保商业银行的清偿能力。后来发现法定存款准备金率的高低可以直接影响商业银行的可利用资金，所以中央银行也可以通过变动法定存款准备金率来控制商业银行的放贷能力，进而达到控制社会货币总量的目的。

除此之外，商业银行从自身营业安全角度考虑也会保留一部分准备金用以提防突发性事件或其他对现金的需要，这部分准备金又称**超额准备金**。它和法定存款准备金合称为**存款准备金**。三者的数量关系如下：

存款准备金＝法定存款准备金＋超额存款准备金＝库存现金＋商业银行在中央银行的存款

法定存款准备金＝法定存款准备金率×存款总额

超额存款准备金＝存款准备金－法定存款准备金

而社会公众的现金与存款准备金就组成了我们之前提到的基础货币。

2. 非现金结算制度

商业银行的非现金结算制度是指商业银行在经营其业务时，很少会出现以现金的形式完成债权债务关系的清偿或其他的经济往来结算，比如银行发放贷款时，会直接在借款人的账户上以记账的方式进行记录，而借款人则往往通过开设支票的方式来进行对外的支付，我们很少看到个人或企业到银行贷款时会准备几个麻袋用于装钱。又比如你想把一个账户上的钱转到另一个账户上去，转移的过程往往并没有现金的流转，而仅仅是相关账户的数额变动而已。

我们不否认现实生活中很多交易会采用现金，但是如果将整个银行体系视为一个整体，就会发现这些现金仍然会不同程度地流入到银行，而未流出整个银行体系之外。比如我们到超市购买物品所支付的现钞大部分会被超市存入银行，我们得到的收入也会有大部分存入银行。

非现金结算制度对商业银行来讲具有实质性的意义和影响，它意味着在绝大多数情况下，现金不会流出银行体系，银行体系的资金来源不会减少，这是银行发放贷款的基础。

3. 存贷款过程

将银行体系视为一个整体，可以假设社会只存在一家银行，该银行存款准备金率为20%，这里的20%是法定准备金率和超额准备金率的总和，除了保有存款准备金外，其余部分全用于向社会公众发放贷款，在贷款过程中，没有现金从银行漏出，即公众不从他们的存款账户上提取现金，或者提取现金用以支付之后，又立即存回，且公众的存款账户为支票存款账户。

我们假定某人在该银行的支票账户上存入1 000元，从而使该银行的准备金资产和支票存款负债都增加1 000元，这是该银行存款额的原始的增加。

根据假设，银行吸收这1 000元存款后，按比例提取200元准备金后，将800元的剩余全部用于发放贷款给A，由于采用的是非现金结算方式，借款人A并没有得到800元的现钞，而是其支票存款账户上多了800元，这是银行支票存款的第一次增加。

A使用这800元用于对B的支付，B收到800元支票后，通过银行体系的结算会使得A的支票存款账户上的800元划入B的支票存款账户上去，这一过程称为转账结算。货币存款只是在不同账户内流转，其总额并无增加。

当银行吸收800元B的支票存款之后，可以以此为基础，按20%的比例保留160元的准备金，其他640元用于发放贷款给C，使得C的支票存款账户上多出640元，这是银行支票存款的第二次增加。

同理，这640元经过一番流转，仍会存入银行，银行提取准备金，发放贷款，形成银行支票存款的第三次增加。这一过程一直继续下去，如表13-1所示。

显然，银行的存款增加额构成一个无穷递缩等比数列，用等比数列的数学公式对该数列求和得支票存款总量为1 000×1/[1－(1－20%)]，即5 000元。

表 13-1　支票存款的创造

单位：元

银　　行	支票存款增加额	贷款增加额	准备金增加额
原始增加额	1 000	800	200
第一次派生额	800	640	160
第二次派生额	640	512	128
第三次派生额	512	409.6	102.4
第四次派生额	409.6	327.68	81.92
…	…	…	…

由此得出结论，当银行准备金率为 r 时，银行每单位支票存款额的增加将派生出总量为 $1/r$ 倍的支票存款，所以 $1/r$ 称为**货币乘数**，即：

$$\text{货币乘数} = 1/\text{法定准备金率}$$

支票存款是 M_1（我们通常指的货币）的一部分，所以这一过程是货币供给增加的过程，也称为**货币创造过程**。

需要说明的是，这一个派生过程只是一个理想的简单模型，实际的派生过程中，会发生诸如现金从银行体系漏出、支票存款向定期或储蓄存款转化的情况，这些情况都会不同程度地降低货币供给的扩张能力。

13.2.3　货币的供给

1. 货币供给公式

基础货币是指公众持有的现金和商业银行准备金的总和。若没有商业银行的贷款业务，货币量就是基础货币量，不会发生变化，但若加入商业银行的贷款过程，则商业银行会以基础货币为基础派生出若干倍的货币供给，刚才假设支票存款在进行支付时不会发生现金从银行体系的漏出，实际上，总会或多或少地从支票存款中取出一部分现金用于平时流通。假设现金与支票存款的比率为 k，那么有以下方程式：

$$B = C + R$$

B 为基础货币，C 为公众持有现金，R 为银行存款准备，包括法定和超额准备金。

$$M_1 = C + D$$

M_1 为货币供给量，C 为现金，D 为支票存款总额，则有

$$R = r \times D \quad C = k \times D \quad (0 < r,\ k < 1)$$

其中 k 为现金与支票存款的比率，r 为准备金率。

则

$$B = k \times D + r \times D = (k + r)D$$

$$M_1 = (k + 1)D$$

得关系式

$$M_1 = B \times (k + 1) / (k + r)$$

一种特殊的情况为如果没有现金外流，即 k 为 0，则 $M_1 = B \times 1/r$。

2. 货币供给因素分析

$1/r$ 就是刚才讨论过的货币乘数，由此看来，货币供给取决于三个因素：B、k 和 r。

B 代表央行的对外负债，央行可以利用公开市场业务以买卖证券的方式，释放或收回等值的基础货币，直接影响货币供给量。

比如央行卖出 1 亿元债券，必然会向外收回 1 亿元的货币，同理央行若是买进 1 亿元债券，必然会向外投放 1 亿元的货币。而 B 的增加或减少将会以乘数的方式去影响整个货币供给量。

同样，央行可以调整银行向央行借款时支付的利率（又称再贴现率），来影响商业银行的准备金，从而影响基础货币和货币供应量。比如再贴现率提高，商业银行向中央银行的借款成本增加，商业银行对外的放贷意图和能力会有所减少；同样，再贴现率降低，商业银行向中央银行的借款成本减少，商业银行对外的放贷意图和能力会有所增加。

另外，r 的大小受到央行法定准备金率的大小的影响，如法定准备金率提高，相当于冻结了商业银行的一部分资金，从而减少其放贷能力，货币的扩张能力下降，货币供应量将减少；法定准备金率降低，相当于商业银行原有冻结资金的释放，从而增加其放贷能力，货币的扩张能力上升，货币供应量将增加。

当然，也不否认货币的供给会受到其他因素的影响，因得出的公式是一个理想状态下的最大货币供给量，而真实的货币供给量会取决于经济运行的实际情况，并远远小于这个最大理想值。

由于央行在货币供给上有着相当强的控制力，所以在下面的讨论中假定货币的供给是外生变量，即央行可以通过公开市场业务、调整法定准备金率或再贴现率来增加或减少货币的供给量。

13.3　货币的需求

经济学里的货币需求需要满足两个条件，即必须有得到或持有货币的愿望和必须有得到或持有货币的能力。也许每个人都希望自己富可敌国，腰缠万贯，然而在实际生活中形成的实际货币需求是有限的。

为什么我们需要货币？货币需求的理论试图从某一个角度或某几个角度进行阐述。大体上分为两个方向，第一个方向是把货币作为一种交易媒介，对货币的需求取决于对交易媒介的需求。第二个方向是认为货币是财富的代表，对货币的需求是对货币作为财富储藏手段的需求，具体储藏多少货币，取决于货币和其他各种储藏资产之间流动性、安全性和盈利性的取舍。下面来回顾一下，西方经济学中比较有影响力的几种货币需求理论。

13.3.1　凯恩斯的货币需求理论

凯恩斯认为，人们之所以需要持有货币，是因为存在流动性偏好，即人们愿意持有流动性最强的货币而不愿意持有其他缺乏流动性资产的欲望。按照流动性偏好，货币需求也被分为三部分：交易性需求、预防性需求、投机性需求。

（1）交易性需求（transaction demand）。

货币的**交易性需求**是指企业或个人为了应付日常支付需要产生的对货币的需要，其需求本质来源于货币的交易媒介职能。

由于收入的获得和支出的发生之间总会有一定的间隔，在这段间隔内，企业或个人固然可以把收入转换成货币以外的资产形式加以保存，但是为支付时的方便起见，仍必须持有一定量的货币。例如当你在月初领到工资之后，不会把它都变成储蓄或定期存款，而总会留出一部分工资以货币（现金或支票存款）的形式保存着，以备日常的开销。凯恩斯认为，虽然货币的交易性需求也受其他一些次要因素（价格上涨、支付频率）的影响，但它主要还是取决于收入的大小。

（2）预防性需求（precautionary demand）。

货币的**预防性需求**是指企业或个人为了应付突然发生的意外的支出。正如凯恩斯所一贯坚持的那样，未来是充满不确定性的，所以必须保留出一部分机动的货币，以备不时之需。就好比有的时候，我们去超市购物明明只打算买一盒肥皂或牙膏，但总会在口袋里多放上一笔钱觉得保险一点，以防止东西涨价不够用或东西降价想多买点。货币的预防性需求实质上也是作为流通手段和支付手段，故其也是同收入成正比的。

（3）投机性需求（speculative demand）。

凯恩斯货币需求理论的真正创新之处在于他跳出了货币仅仅是交易媒介的传统思路，还认为货币是一种储藏财富的手段。**投机动机**（speculative motive）是指由于未来利率的不确定性，人们为避免资产损失或增加资本收益，需及时调整资产结构，因而形成的对货币的需求，也就是人们想利用利率水平或有价证券价格水平的变化进行投机。在实际生活中，债券价格高低以反比率关系表现利率的高低。假定一张债券一年可获利息 10 元，而利率若为10%，则这张债券的市价就为 100 元；若市场利率为 5%，则这张债券的市价就为 200 元，因为 200 元在利率为 5%时，若存放在银行也可以得到 10 元，可见债券价格随利率变动而变动。由于债券市场价格是经常波动的，因此凡是预计债券价格上涨的人，就会用货币买进债券以备日后用更高的价格卖出；反之亦然。这种预计价格下跌而需要将货币保留在手中的情况就是对货币的投机需求。

凯恩斯认为，用于投机动机的货币需求具有如下特征。

（1）货币需求难以预测，它随着人们对未来情况的估计不同而不同。

（2）货币主要充当储藏手段职能。凯恩斯假设经济体系中只有货币和债券两种金融资产，人们在对金融市场做出分析和判断的基础上，权衡这两种资产带来的收益后，才决定以何种方式保存自己的资产。

（3）它是现行利率的递减函数。当现行利率高，即债券价格过低时，人们估计未来利率会下降，债券价格会上升，就会抛出货币，买进债券，变为“多头”，以备日后价格确实上涨时，再高价抛出，此时，货币的投机需求减少。反之，当现行利率低，即债券价格过高时，人们估计未来利率会上升，债券价格会下降，就会抛出债券，持有货币，变为“空头”，此时，货币投机需求增加。

这种投机性货币需求还存在两种形式：一种是利率高到一定程度时，货币的投机需求为零；另一种是当利率降低到某一不可能再低的低点时，货币的投机需求会变得无限大，即人们手边不管有多少货币，都不肯去买债券。因为利息太低，保留货币的机会成本太小，致使公众均愿持有货币而不愿持有债券，货币的需求趋于无限大。此时政府难以通过运用利率政策来调节经济，因为无论增加多大的货币供给量，都会被人们持有，这种现象被称为“流动性陷阱”或“凯恩斯陷阱”。对于这种情形是否真的存在，经济学家们有着广泛的争论。

凯恩斯的货币需求若用公式表达即为：

$$M_d = L_1(Y) + L_2(r)$$

其中 M_d 表示货币需求，Y 表示收入，r 表示利率；

L_1 表示交易性需求和预防性需求，这些需求和收入紧密相关，表达为 Y 的函数；

L_2 表示投机性需求，该需求和利率紧密相关，表达为 r 的函数。

收入的高低与货币需求量的大小是同方向对应的，收入越高 L_1 越大，反之越小。而利率高低与货币需求量的大小是反方向对应的，利率越高 L_2 越低，反之越小。

13.3.2 弗里德曼的货币需求理论

弗里德曼在凯恩斯的基础上继续扩大了财富形式的范围，不仅将货币同债券、股票、耐用消费品、房屋及机器等实物资产或金融资产视为财富，而且还将人力资本也划入到财富的种类中去。对货币的需求取决于财富总量及构成财富总量的各种资产的结构搭配方式。

财富总量，用持久性收入，即人们能在较长时间内取得的平均收入来衡量，这样可以避免短时期的经济波动的影响，稳定了货币需求函数的基本性因素。至于各种资产的搭配结构，则取决于货币、债券、股票、耐用消费品、房屋及机器等各种资产的收益性和流动性的均衡搭配，其分析方法和货币与债券之间的取舍一样。

这里讲述一下人力财富，**人力财富**主要是指个人的谋生能力，人力财富向非人力财富的转化往往因社会制度的转化而局限在很小的范围内，所以人力财富的流动性较低，而不像债券、股票那样随时可以出售。所以人力财富在财富总额中占较大比例的所有者将试图通过持有较多的货币来增加其资产的流动性，因为货币是一种流动性最高的资产。

13.3.3 货币主义者和凯恩斯主义者的区别

凯恩斯主义者将货币视为债券或者其他金融资产的替代物；而货币主义者的替代物品的范围更广泛，他们将货币和实物资本、人力资本等都视为财富形式中的替代品。

费里德曼的货币需求函数与凯恩斯的货币需求函数的区别在于：

（1）二者强调的侧重点不同。前者强调持久性收入对货币需求的重要影响，认为利率对货币需求的影响是微不足道的。费里德曼在《美国货币史》一书中，用一百多年美国的资料证明了，货币需求由收入（实际 GDP）决定，而与利率没什么关系。后者非常重视利率的主导作用，认为利率的变动直接影响就业和国民收入的变动，最终必然影响货币需求量。

（2）二者在货币政策传到变量选择上有分歧。前者是坚持货币供应量，后者认为是利率。最后，后者认为货币需求受未来利率不确定性的影响，因而不稳定，货币政策应“相机行事”；而前者认为货币需求量是稳定的、可以预测的，因而“单一规则”可行。

13.3.4 货币需求的影响因素

从上述的各种理论中，可以得出以下几个结论。

（1）在一定的利率水平下，更高的产出意味着交易数量的上升和货币需求的增加。而产出的减少意味着交易数量的下降和货币需求的减少。

（2）价格水平的上涨将使货币需求增大，价格水平的下降将使需求量减少，尽管交易产品数量不变，但是用于这些交易的货币需求变化了。

（3）利率较高时，人们偏向资产更高的收益性，会选择持有较少的货币。利率较低时，人们偏向资产更高的流动性，会选择持有较多的货币。

（4）预计利率上升，人们会把债券换成货币。预计利率减少，人们会用货币购买债券。

*13.4 货币及商品市场均衡与国民收入的决定

13.4.1 货币市场均衡：*LM* 曲线的由来

LM 曲线是描述货币市场均衡（即 $L=M$）的时候，国内生产总值与利率之间同方向变动关系的曲线。货币市场的均衡是指货币市场上货币需求等于货币供给时的状况。

根据前面的分析我们可得：$M_s=M_d$。M_d 为货币需求，以凯恩斯的 $M_d=L=L_1(Y)+L_2(r)$ 表示；M_s 为货币供给，是可以由中央银行改变的外在变量。货币的供给和需求关系决定了货币市场的均衡状态，同时也决定了货币的价格即利率。

图 13-1 即为简单的 *LM* 曲线，横轴为总产出 Y，纵轴为利率 r。曲线呈自左下方向右上方倾斜表明国民收入与利率之间存在着同方向变化的关系。在货币供给量既定时，货币市场的均衡会确定一个总产出与利率的组合，且二者之间为正比例关系，即产出越大，利率越大，产出越小，利率越小。在 *LM* 曲线上的任何一点都是货币市场均衡时利率与国民收入的组合，在 *LM* 曲线以外任何点上利率与国民收入的组合都是货币市场的失衡，通过货币市场的作用会最终达到均衡。

当货币的供给大于需求时，利率会下降，使得货币的投机性需求增大，继而达到供求平衡；当货币的供给小于需求时，利率会上升，使得货币的投机性需求减少，继而达到供求平衡。总之，利率的变化总会使得货币市场上需求和供给达到平衡。

在货币市场上，利率和国内生产总值同方向变动可以用凯恩斯的 $M_d=L=L_1(Y)+L_2(r)$理论来解释。根据这一理论，货币需求 L 由 L_1（货币的交易性需求和预防性需求）和 L_2（货币的投机性需求）组成。而 L_1 与国内生产总值同方向变动，记为 $L_1=L_1(Y)$；L_2 取决于利率，与利率反方向变动，记为 $L_2=L_2(r)$。当货币供给既定时，如果 L_1 增加，为了保持货币市场均衡，则 L_2 必然减少。L_1 增加是国内生产总值增加的结果，而 L_2 的减少又是利率上升的结果。因此，货币市场上实现了均衡，国内生产总值与利率之间必然同方向变动。

货币供给量（M）变动会使得 *LM* 曲线发生同方向的移动（如图 13-2 所示）。

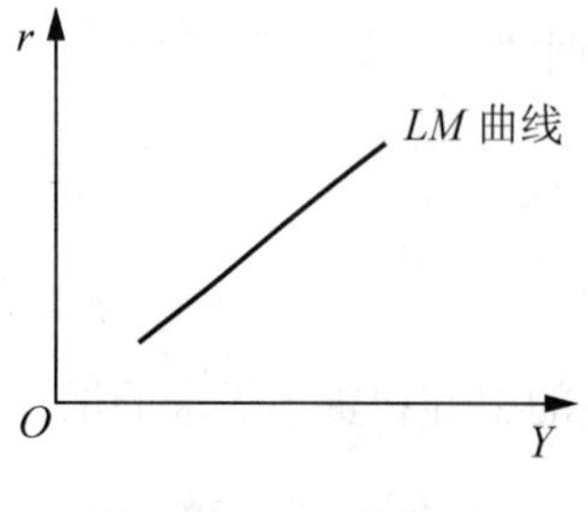

图 13-1 *LM* 曲线

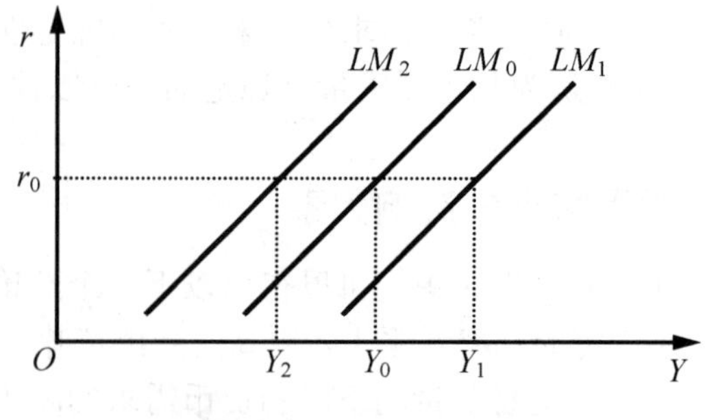

图 13-2 *LM* 曲线的移动

（1）如果利率没有变化，由外生经济变量（货币供给）冲击导致总产出增加，可以视为

原有的 *LM* 曲线在水平方向上向右移动。

（2）如果利率没有变化，由外生经济变量（货币供给）冲击导致总产出减少，可以视为原有的 *LM* 曲线在水平方向上向左移动。

需要注意的是为了简化，本章节中的 *LM* 曲线为一条直线，但实际上经济学家按照不同利率水平下货币的投机需求大小，将 *LM* 曲线划分为凯恩斯区域、中间区域、古典区域三个区域。

13.4.2　商品市场均衡：*IS* 曲线的由来

所谓**商品市场均衡**，是指商品市场中总需求等于总供给时各经济变量的状态。在衡量国民收入时，有两种方法：

（1）**支出法**，即一定时期经济体所有最终的支出即为国民收入。

（2）**收入法**，即一定时期经济体所有最终的收入即为国民收入。

此两种算法最终应该相等。用公式表达即为：

$$Y=C+I+G+(X-M)\quad 支出法$$

$$Y=C+S+T\quad 收入法$$

其中 C 为消费，I 为实物投资，G 为政府支出，$(X-M)$ 为净出口，S 为储蓄，T 为政府税收收入。

现假设政府收支平衡（$T = G$），国际贸易收支平衡（$X-M=0$），则必有 $I=S$。

投资行为取决于投资收益率，当利率较高时，投资的资金成本将会变高，投资收益将会减少，当利率较低时，投资的资金成本将会减少，投资收益将会变高。所以可以假定投资为利率的函数，二者呈反向变化的关系。而储蓄的大小最主要的还是和国民收入有关，收入越高，储蓄越大，反之亦然。那么出现如下的对应关系：

$$\begin{cases} I=S & 均衡条件 \\ I=I(r) & 投资函数 \\ S=S(Y) & 储蓄函数 \end{cases}$$

显然要使商品市场保持均衡，则均衡的国民收入与利率之间存在着反方向变化的关系，如图 13-3 所示。

图 13-3 即为简单的 *IS* 曲线，横轴为总产出，纵轴为利率，曲线呈自左上方向右下方倾斜状，国民收入与利率之间存在着反方向变化的关系。在 *IS* 曲线上的任何一点都是商品市场均衡时利率与国民收入的组合，在 *IS* 曲线以外任何点上利率与国民收入的组合都是商品市场的失衡，通过商品市场的作用会最终达到均衡。

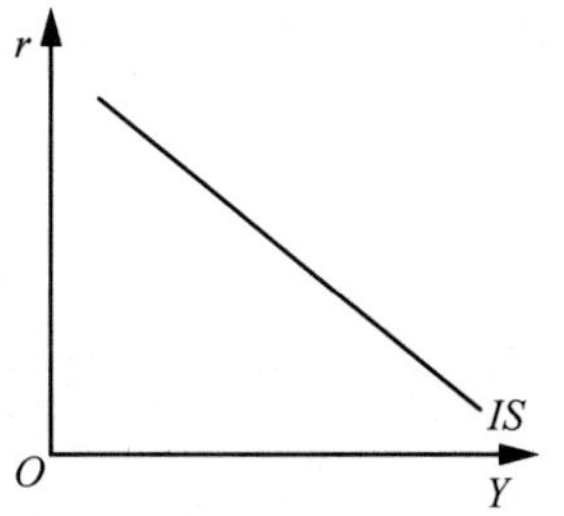

图 13-3　*IS* 曲线

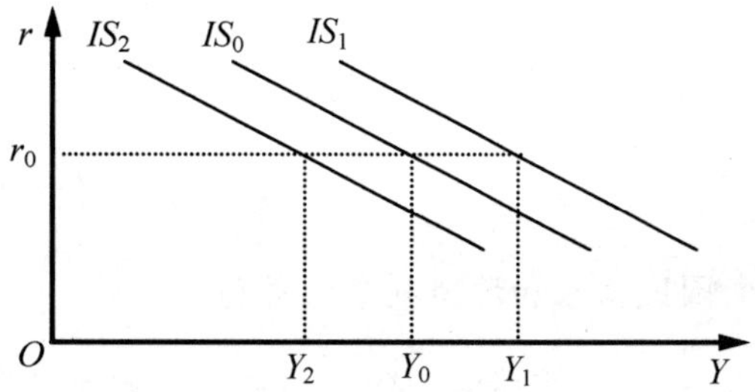

图 13-4　*IS* 曲线的移动

当投资大于储蓄时，高投资会使得总产出变高，总产出变高，总收入也相应变高，使得储蓄变高，满足投资的需求；当投资小于储蓄时，低投资会使得总产出变低，总产出变低，总收入也相应变低，使得储蓄变低，满足投资的需求。

导致 *IS* 曲线位移的因素包括：

（1）如果利率没有变化，由外生经济变量（自主性消费支出、投资支出、政府支出、净出口及税收的变动）冲击导致总产出增加，可以视为原有的 *IS* 曲线在水平方向上向右移动。比如说，增加政府购买支出会使 *IS* 曲线向右上方平行移动，*IS* 曲线移动的幅度等于增加的政府购买支出乘以乘数之积。

（2）如果利率没有变化，由外生经济变量（自主性消费支出、投资支出、政府支出、净出口及税收的变动）冲击导致总产出减少，可以视为原有的 *IS* 曲线在水平方向上向左移动。比如说，政府增加一笔税收，则会使 *IS* 曲线向左移动。

由于增加政府支出和减税都属于增加总需求的扩张性财政政策，而减少政府支出和增税都属于减少总需求的紧缩性财政政策，因此，政府实行扩张性财政政策就表现为 *IS* 曲线向右上方移动，实行紧缩性财政政策就表现 *IS* 曲线向左下方移动。

再比如净出口额变动。在其他条件不变时，如果净出口额增加，其作用相当于增加了自发支出，因此，*IS* 曲线右移。反之，则左移。移动的距离为净出口额的变动量乘以相应的乘数。

13.4.3 产品市场与货币市场同时均衡：IS-LM 模型

1. 均衡收入和均衡利率

我们可把 *IS* 曲线与 *LM* 曲线结合在一起放入同一坐标轴内（如图 13-5 所示）便得到 IS-LM 模型。根据定义，*IS* 曲线满足产品市场均衡，*LM* 曲线满足货币市场均衡。在 IS-LM 模型中，只有 *IS* 曲线和 *LM* 曲线的交点 *E* 才同时满足产品市场与货币市场均衡。那么，*E* 点所对应的国民收入和利率为所确定的均衡国民收入和均衡利率。

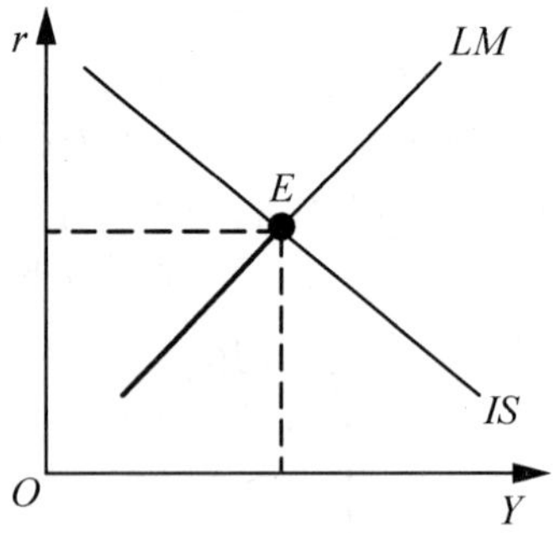

图 13-5 IS-LM 模型

2. 均衡国民收入和均衡利率的变动

正如我们所强调的那样，均衡利率与均衡国民收入的决定是建立在 *IS* 与 *LM* 曲线相关参数不变的基础上的，意指储蓄函数、投资函数、货币供给及货币需求函数不变。一旦这些函数发生了改变，就会影响到市场均衡利率与均衡国民收入。

（1）*LM* 曲线不变，*IS* 曲线移动。如前文所述，影响 *IS* 曲线移动的因素有自发性的消费支出、自发性的投资支出、政府购买以及税收等。在这些因素中，管理当局能控制的只有政府购买以及税收，这也是我们所应关注的。现假定政府采取了扩张性的财政政策，即增加政府购买或者减税，如图 13-6 所示。

在图 13-6 中，IS_0 与 LM 曲线的交点 E_1 代表原来的均衡点，其对应的均衡利率与国民收入分别为 r_1 与 Y_1。现政府购买增加，这将推动 IS_0 向右平行移动至 IS_1。IS_1 与 LM 曲线的交点为 E_2。与 E_1 相比，E_2 的均衡利率与均衡国民收入增加了，分别为 r_2 与 Y_2。显然，这不是由失衡趋向于均衡，而是由一种均衡趋向于另一种均衡。均衡国民收入增加是由于政府购买增加所引起的，均衡利率上升则是因为国民收入增加引发了交易性动机和预防性动机的货币需求增加，而此时货币供给量并没有提高（假设 *LM* 曲线不变），那么公众只能抛售所持有的国债，从而国债价格下跌，只要公众的预期不变，那么利率将上升。

同样，如果政府购买减少势必会导致 *IS* 曲线向左平行移动，当 *LM* 曲线保持不变时，均衡利率和均衡国民收入将随之下降。

（2）*IS* 曲线不变，*LM* 曲线移动。影响 *LM* 曲线移动的因素是货币供给量和货币需求函数。在这些因素中，管理当局能控制的只有货币供给量。现假定管理当局采取了扩张性的货币政策，即增加货币供给量，如图 13-7 所示。

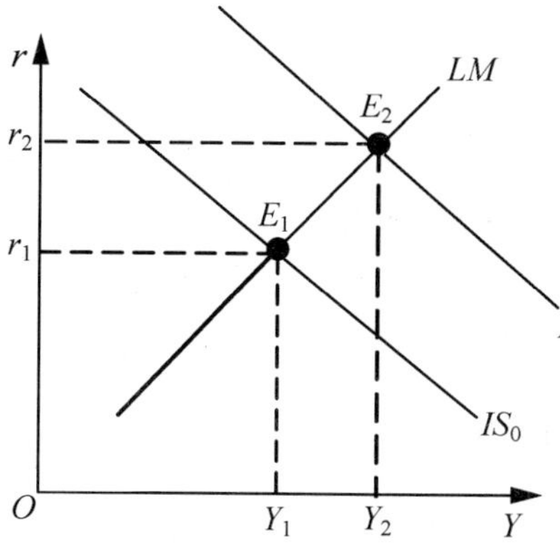

图 13-6 扩张性的财政政策

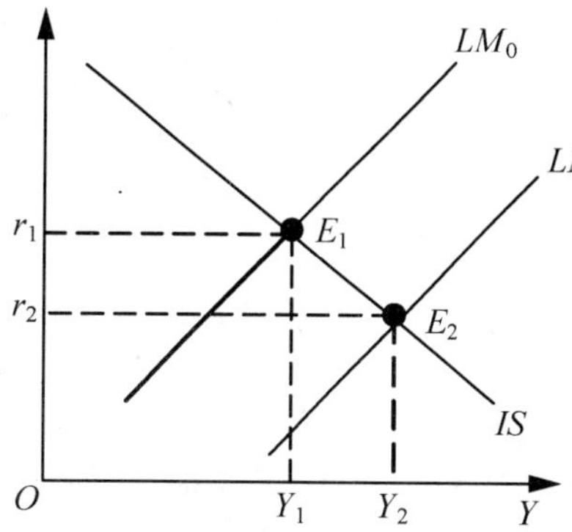

图 13-7 扩张性的货币政策

在图 13-7 中，IS 与 LM_0 曲线的交点 E_1 代表原来的均衡点，其对应的均衡利率与国民收入分别为 r_1 与 Y_1。现货币供给增加，这将推动 LM_0 向右平行移动至 LM_1。IS 与 LM_1 曲线的交点为 E_2。均衡利率将下降，而均衡国民收入上升，分别为 r_2 与 Y_2。均衡利率下降则是因为货币供给量增加，使公众有了多余的投机动机货币需求，那么公众会购买国债，从而国债价格上升，只要公众的预期不变，那么利率将下降，这又将推动投资上升，进而增加了国民收入。

如果货币供给量减少势必会导致 *LM* 曲线向左平行移动，当 *IS* 曲线保持不变时，均衡利率将上升，均衡国民收入则会下降。

总之，IS-LM 模型分析了储蓄、投资、货币需求与货币供给如何影响国内生产总值和利率。这一模型不仅精炼地概括了总需求分析，而且可以用来分析财政政策和货币政策。因此，这一模型被称为凯恩斯主义宏观经济学的核心。

案例讨论

战争与利率

1959年美国卷入了越南战争。越南人民英勇奋战，使美国士兵陷入热带丛林之中不能自拔，美国政府不得不增加兵力。从1965年初到1966年末，美国驻越南军队由不足2.5万急剧增到35万以上。军队人数增加使得军费开支扶摇直上，从1965—1966年间，美国政府支出增加了550亿美元（按1987年美元计算）。与此同时，美国的货币供给量（M_1）几乎没有变动：1965年为5 910亿美元，1966年为5 850亿美元（均按1987年美元计算）。

我们可以利用*IS-LM*曲线分析越南战争对美国经济的影响，以图13-8为例。该图表明，政府增加军费开支将使*IS*曲线由IS_1右移至IS_2，如果货币供应（M_1）没有变动，那么通过IS-LM模型，可以预测经济由点E_1移至点E_2，结果GDP增加，利率上升。

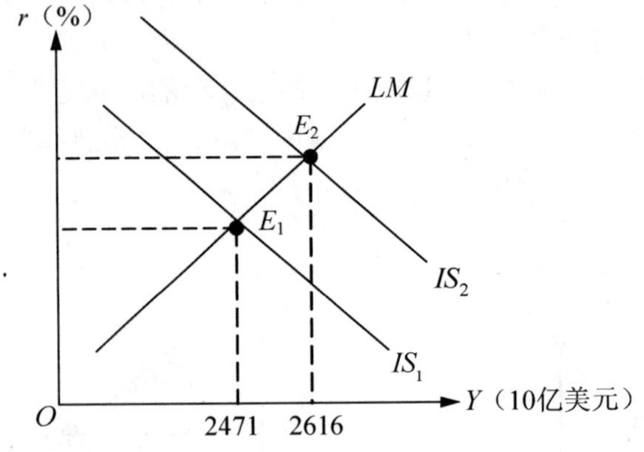

图13-8 越南战争对美国利率的影响

这也正是1965—1966年的真实写照：GDP从24 710亿美元增至26 160美元，增加了1 450亿美元，三个月期国库券利率从3.95%升至4.88%。

当时经济学家们都认为，应提高税收以免经济过热，并使*IS*曲线重新向左移以降低利率。但是1963年上任的约翰逊总统（Lyndon B. Johnson）认为通过提高税收来支付越来越不受人们欢迎的战争，在政治上是行不通的。因此直到1968年仍未提高税收。最终，过热经济造成了通货膨胀和前所未有的高利率。

复习与练习

【关键概念复习】

在B栏中寻找与A栏中术语相应的解释，并将序号填在术语前边。

A	B
货币	1．原始存款衍生出更多存款的过程。
基础货币	2．银行为保证客户提取存款和资金清算需要而准备的资金。
存款准备金	3．对货币支付能力的需求。

A	B
货币乘数	4．在交易中被广泛接受的支付手段。
存款创造	5．将货币数量的变动与经济的变动结合起来的货币理论。
货币供给量	6．以流动性划分的社会支付手段总量。
货币需求	7．基础货币和货币供应量之间存在的倍数关系。
现代货币需求数量论	8．货币当局投放并为货币当局所能直接控制的那部分货币。
IS 曲线	9．使货币需求量等于货币供给量，国民收入和利息率必须具备关系的图表表示。
LM 曲线	10．投资等于储蓄，国民收入和利息率必须具备关系的图表表示。

【思考与练习】

（一）填空题

1．货币是________。
2．货币有下述功能________、________和________。
3．流动偏好是指_______。
4．货币的需求可以分为_______、_______、________。
5．交易余额和预防余额主要取决于________，投资余额主要取决于________。
6．货币本位是指________。
7．________指经济中的货币存量。
8．流通中的货币即通货包括________和________。
9．存款货币是指________。
10．M_1 包括________和________，M_2 包括________、________和________。
11．利息是由________和________决定的。
12．流动偏好曲线是一条向________倾斜的曲线。
13．货币供给量是由中央银行决定的，它不受利息率的影响，因而货币供给曲线是一条线。
14．流动偏好曲线和货币供给曲线的交点，决定了均衡的________水平。
15．在流动偏好不变的情况下，货币供给的增加在图像上表现为货币供给曲线________移动，均衡利息率趋于________。

（二）单项选择题

1．通货是指（　　）。
A．铸币、纸币　　B．储蓄存款
C．活期存款　　D．定期存款
2．下列哪种情况是 M_2 的一部分而不是 M_1 的一部分（　　）。
A．活期存款　　B．储蓄存款
C．旅行支票　　D．其他支票存款

3．如果人们收入增加，则增加的将是（　　）。

A．货币的交易需求　　B．货币的谨慎需求

C．货币的投机需求　　D．以上任何一种

4．当利率降得很低时，人们购买债券的风险将会（　　）。

A．变得很小　　B．变得很大

C．不发生变化　　D．难以确定

5．人们在（　　）情况下倾向于减少手持现金。

A．债券价格趋于下降　　B．债券价格趋于上升

C．债券价格不变　　D．债券收益率不变

6．如果流动性偏好接近水平状，这意味着（　　）。

A．利率稍有变动，货币需求就会大幅度变动

B．利率变动很大时，货币需求也不会有很多变动

C．货币需求不受利率变动影响

D．以上三种情况均可能存在

7．货币乘数的大小与多个变量有关，这些变量是（　　）。

A．法定准备金率　　B．现金存款准备金率

C．超额准备金率　　D．以上都是

8．按照凯恩斯货币理论，货币供给增加将（　　）。

A．降低利率，从而减少投资

B．减低利率，从而增加投资

C．提高利率，从而减少投资

D．提高利率，从而增加投资

9．当法定准备金率为20%，商业银行最初所吸收的存款为3 000货币单位时，银行所能创造的货币总量为（　　）。

A．20 000货币单位　　B．80 000货币单位

C．15 000货币单位　　D．60 000货币单位

10．利率变动反映最敏感的是（　　）。

A．货币的交易需求　　B．货币谨慎需求

C．货币的投机需求　　D．三种需求反应相同

11．*IS*曲线上的每一点都表示使（　　）。

A．投资等于储蓄的收入和利率的组合

B．投资等于储蓄的均衡的货币量

C．货币需求等于货币供给的均衡货币量

D．产品市场和货币市场同时均衡的收入

12．*IS*曲线表示（　　）。

A．收入增加使利率下降　　B．收入增加使利率上升

C．利率下降使收入增加　　D．利率下降使收入减少

13．一般来说，位于*IS*曲线右方的收入和利率组合，都是（　　）。

A．投资小于储蓄的非均衡组合

B．投资大于储蓄的非均衡组合

C．投资等于储蓄的均衡组合

D．货币供给大于货币需求的非均衡组合

14．政府支出的增加使 *IS* 曲线（　　）。

A．向左移动　　B．向右移动　　C．保持不动　　D．斜率增大

15．*IS* 曲线左边的点，代表着产品市场的（　　）。

A．过剩　　B．短缺　　C．均衡　　D．过剩或短缺

（三）判断题

1．法定货币是指所有的准货币。（　　）

2．其他条件不变，利息率越低，为满足交易需要的货币需求量越小。（　　）

3．为持有金融资产的货币需求量与名义 GDP 呈负相关关系。（　　）

4．家庭与企业在商业银行和其他金融机构提供的活期存款是货币供给 M_1 的组成部分。（　　）

5．债券价格和利息率之间是正方向变动关系。（　　）

6．由银行持有的通货和硬币是货币供给 M_1 的组成部分。（　　）

7．在准货币中，活期存款比定期存款的流动性更高。（　　）

8．多余准备金是指法定准备金超过实际准备金的金额。（　　）

9．当公众从中央银行手中购买政府证券时，货币供给增加。（　　）

10．商业银行的准备金是商业银行的资产，也是保存该准备金的联邦储备银行的负债。（　　）

11．当商业银行收回已发放的贷款时，货币供给增加。（　　）

12．实际准备金等于法定准备金加上多余准备金。（　　）

13．整个银行系统可以提供数倍于其余额准备金的贷款是因为提供贷款对于整个银行系统来说不会引致准备金减少。（　　）

14．法定准备金率的改变既会影响银行系统多余准备金的数量，也会影响银行系统运用多余准备金提供贷款的货币乘数值。（　　）

15．如果货币供给量超过货币需求量，利息率会下降。（　　）

（四）简答题

1．中央银行的三种主要货币政策工具是什么？

2．中央银行的两项主要负债是什么？

3．持有货币的三种主要动机是什么？

4．为什么当利率上升时，货币需求量减少？

5．简述 *IS* 曲线和 *LM* 曲线所描述的宏观经济含义。

6．简述 IS-LM 模型。

7．扩张财政对萧条经济会产生怎样的影响？

8．为什么在凯恩斯陷阱区扩张性财政的产出效应最大？

9．影响货币需求量的因素有哪些？

附 录

IS-LM 曲线的应用和局限

凯恩斯创立的宏观经济学有两个重大的创新：

（1）他认为宏观经济学存在失业等非均衡病态，需政府干预。

（2）他研究了货币经济的基本特征，认为货币、利率和就业之间存在紧密的关系，从而为财政与货币政策干预经济波动奠定了理论基础。

凯恩斯本人并未提出具体的数学模型。凯恩斯思想的通俗化与图解化是由希克斯（Hicks）于 1937 年提出来的 IS-LM 曲线，并为萨谬尔逊称为新古典综合的基础。IS-LM 曲线的长处是可以简单地比较古典经济学与凯恩斯经济学的政策主张，缺点是在思想上比凯恩斯后退。新古典综合把均衡理论作为一般框架，而把非均衡的"流动性陷阱"作为特例，大大减弱了凯恩斯对古典经济学挑战的革命性。

凯恩斯的基本思想可以用 IS-LM 曲线来描述货币经济中三个基本变量(利率 i,产出 Y 与货币发行量 M）之间的关系。

货币理论通常区分两种不同的货币需求：交易需求的货币流通量（又称流动性偏好）与总产出 Y 成正比。在货币供应总量不变的条件下，Y 越大，对货币流通的需求越大，利率 r 就会增加。由此得到 *LM* 曲线。投机需求的货币量和利率水平有关。利率越低，人们越不愿意持有货币，越愿意投资，从而增加产出 Y，由此得到 *IS* 曲线。*IS* 曲线反映了储蓄、投资与产出的关系。

另一种看法认为 *LM* 曲线描写的是金融市场的运动，均衡交点描写的是金融市场与商品市场相互作用的结果。

IS-LM 曲线可以方便地描写封闭经济（外贸和外资作用不大的国家）下的财政政策与货币政策的作用。例如政府扩大开支或减税，*IS* 曲线将向右移动，从而使产出增加，政府也可以扩大货币发行，使 *LM* 曲线向右移动，从而使产出增加。

在固定汇率下的开放经济，假如资本可以完全流动，则国内利率必须等于国外（例如美国）的利率。在浮动汇率下的开放经济，扩大政府开支使 *IS* 曲线右移，产出增加，利率增加，本国货币将升值，会减少对外出口。反之，政府紧缩货币会使 *LM* 曲线向左移动，使利率上升，生产下降，货币也将升值，使出口下降。

IS-LM 曲线的重要应用之一是描述古典经济学与凯恩斯经济学的两种极端情形。

在 *LM* 曲线的右端，*LM* 曲线几乎垂直，移动 *IS* 曲线几乎不能增加产出，也即政府财政政策几乎不起作用，只有货币政策有些作用。这是古典经济学描述的情形。

在 *LM* 曲线的左端，利率下降到几乎为零。*LM* 曲线几乎水平，*IS* 曲线几乎垂直。此时称为流动陷阱或萧条后，货币政策几乎不起作用。萧条后又是凯恩斯经济学起作用的主要领域。

IS-LM 曲线的缺点有如下几点：

（1）静态曲线难以描写动态效应。例如 *IS* 曲线预言，降低利率会增加投资，从而增加产出。但未说明产出增加的时间延迟，通常是 1—2 年。所以经济衰落时期，中央银行降低利率可能会使股市下跌而非上升，因为市场预期萧条还会持续，利率还有下降空间。所以 IS-LM 曲线上均衡点的移动，不会导致经济周期波动的消失，而很可能是持续波动，从而要求政府政策不断调整。

（2）IS-LM 曲线反映了凯恩斯的观点，即失业或经济萧条主要是宏观总需求不足造成的。用扩大政府开支或多发货币的办法可以刺激民间消费，从而增加产出与就业。这反映在 *IS* 曲线的斜率为负，利率减少会增加社会的投资。这里凯恩斯低估了宏观供给方的金融风险。在萧条期银行通常坏账增加，信用紧缩。利率下降进一步使银行的利润下降，造成惜贷，所以投资可能减少而非增加。动态*IS*曲线可能是复杂的螺旋运动而非简单曲线。可见宏观经济学的各派冲突，往往忽略了金融市场上借贷方的利益冲突，也就低估了宏观经济运动的复杂性。

（3）IS-LM 曲线忽略了技术革新速度的影响。在 20 世纪 90 年代末期，美国的电信与互联网产业迅速发展。经济增长率的提高，并未导致通货膨胀率的显著增加，因而美国联邦储备银行没有提高利率来抑制通胀。在 2001 年股市市值蒸发了三分之一，导致严重经济衰退。与此相反，在 2002 年后美国经济衰退时美联储不断降低利率，虽然投资有所恢复，美国失业率却下降缓慢。原因是美国各大企业加快技术革新来替代工人，制造业和服务业都加速移往工资较低的中国与印度。因此单纯的财政政策与货币政策只能缓解经济波动的阵痛，但是无力改变国家的国际竞争力。

第14章 宏观经济学流派与政策目标

【导学】宏观经济学的使命是要说明国家为什么必须干预经济，以及应该如何干预经济，即为国家干预经济提供理论基础。正如美国著名经济学家、诺贝尔经济学奖获得者托宾所言：“宏观经济学的重要任务之一就是表明如何能够运用中央政府的财政工具和货币工具来稳定经济。”

政府诸多宏观经济管理职能并非与生俱来。在很长一段时间内，政府的职能只是维护社会稳定与国家安全，并在此基础上实现收支平衡。那时，政府更像一个“守夜人”。由于市场经济本身固有许多缺陷，因此在经济运行的进程中时常出现“市场失灵”，包括微观与宏观两方面，特别是在产业革命以后，市场波动更是频繁不断。以1923年起的世界范围的“大萧条”最为剧烈，其最显著的特征是大批银行与企业纷纷破产，失业率居高不下，而且持续时间长。高失业率引起了社会乃至世界的动荡，市场机制对此似乎已无能为力了。接着，美国开始了著名的“罗斯福新政”。罗斯福总统决定大量增加政府开支，旨在消灭社会头号“公敌”——失业。从此，市场经济国家拉开了国家干预的“序幕”。

14.1　宏观经济政策概况

14.1.1　宏观经济学流派

现代宏观经济学是混合的，它既包含古典经济学和凯恩斯主义经济学的分析方法，又吸收了一些来自经济学其他领域的独特观点。

1. 需求方面的理论

（1）凯恩斯主义失灵和新古典主义的复兴。

凯恩斯理论是需求方面的理论当中影响最为深远的，它对战后西方各国经济的恢复、增长和稳定起到了积极的作用。然而，进入 20 世纪 70 年代，尤其是两次石油危机后，凯恩斯倡导的国家干预经济的政策开始显现其弊端。由于政府过度使用“反周期”政策，形成了过高的财政赤字，通货膨胀持续高涨，并且出现了失业和通胀并发的“滞胀”（stagflation）。正如传统经济理论无法解释 30 年代的经济大萧条一样，凯恩斯经济学也无法对 70 年代以后的滞胀现象作出满意的解释。在这种情形下，许多经济学家对凯恩斯主义理论的内在合理性表示怀疑，并涌现了众多的经济学流派，其中以货币学派（monetarists）、理性预期（rational expectation）和供应学派的影响为最大。他们的一个共同主张是回到古典学派，因而被称为新古典主义复兴。但与此同时，那些仍信奉凯恩斯主义的经济学家，则在吸纳古典理论中某些论点的同时，对凯恩斯理论进行改造和发展，形成了“新凯恩斯主义”（new Keynesian economic）。总的来说，现代宏观经济学仍然是以凯恩斯理论为基础的。

（2）货币主义。

另一种需求方面的理论强调了货币在总需求调节中的作用。货币主义以美国经济学家弗里德曼（Milton Friedman）为代表，他提出了既区别于凯恩斯货币理论又与传统货币数量论不同的“现代货币数量论”。他认为，财政政策由于存在挤出效应是无效的，而货币政策，尤其是货币供应量的变化正是造成短期经济波动的原因。但从长期看，实际国民收入和就业水平是由实际变量决定的，与货币因素同样无关。因此，货币主义提倡“单一规则”的货币政策，因为利率、汇率和物价水平等因素是不可控制的，要实现经济稳定，只要保证货币供给量增长率与经济增长率相一致就可以了。可见，政策主张的基调是经济自由，反对凯恩斯主义的反周期政策，认为扩张和收缩性的财政与货币政策是导致经济频繁波动和恶性通货膨胀的根源。

2. 供应方面的理论：供应学派

20 世纪 70 年代中期兴起的供应学派也叫供给经济学，其代表人物是欧根和拉弗。与凯恩斯的需求管理相反，他们主张供给管理，通过调节总供给来使之与总需求相适应，主要的政策手段是税收杠杆。供应学派的主要理论有“税收楔子模型”和“拉弗曲线”。税收楔子模型指出，对工资收入征税，其实质是减少劳动者的实际工资收入或提高厂商雇用工人的成本，因而会导致劳动供给和劳动需求的同步减少；同样，对利润、利息征税会使资本的需求和供给减少。结果，增税政策会使劳动、资本等要素投入减少，总供给下降；减税政策则可使要素投入增加，总供给上升。拉弗曲线描述了税率与税收、税率与国民收入增长之间的函数关系，要使税收增加、国民收入增长，税率不是越高越好，也不是越低越好，而是分别有一个恰当的比率。而且，能导致国民收入增长最大化的税率往往要小于能带来政府收入最大化的税率，因此，政府要在两者之间作出选择。

3. 理性预期

理性预期学派，也称为新古典宏观经济学，其代表人物是卢卡斯（R. Lucas）。所谓**理性预期**，就是各经济主体在掌握能够获得的有用信息的基础上，按理性原则处理它们所形成的预期。他们认为，凯恩斯主义政策会引起物价变动，但只有当价格水平的上涨率超过人们预期的价格上涨率时，就业和实际产出才会增加，即只有未被预期到的价格水平才对总供给有影响。但人们会从过去的经历中吸取经验，形成准确的预期，因此，宏观政策反复使用的结果是，政府的政策及其后果事先被人们预料到，人们会作出相应的对策从而使政策失效。如果说，货币主义尚且主张政府的任务是保持货币供应量的稳定，理性预期学派则进一步认为，任何形式的政府干预都是没有意义的。

目前，宏观经济学的争论主要集中在新古典学派和新凯恩斯学派两大学派之间，这实际上就是过去古典学派与凯恩斯学派之争的延续，争论的内容主要集中在以下两个方面：

（1）市场机制的有效性。

市场机制是否有效的核心是价格、工资是否具备充分伸缩性。如果价格、工资具有完全伸缩性，市场就会通过自我调节达到出清状态；如果工资和价格缺乏伸缩性，情况就会相反。

新古典学派从理性预期出发，认为人们的预期不是被动地重复过去，而是主动的、有理性的，人们能够利用现有的一切信息形成理性预期并指导自己的行动。由于理性预期的存在，价格、工资就具备完全伸缩性，市场是能够出清的。新古典学派用实际商业周期模型解释经济波动，该模型认为，造成经济波动的原因在于技术进步。当技术进步发生时，生产力提高进而提高工资，高工资吸引人们工作更长时间从而带动产量和就业的增加；而当技术进步停滞时，经济衰退的情况就会出现。

新凯恩斯主义者提出，即使理性预期存在，市场有时候也不会出清，因为信息问题和改变价格的成本这两者使得某些价格具有刚性，这就促成了宏观经济中产出和就业的波动。

（2）政府干预的必要性。

新古典学派认为价格工资具有充分伸缩性，市场能够自动出清，因此政府干预经济是没有必要的。具体地讲，货币主义的基本观点是，在长期，实际总产量和就业水平是由实际变量决定的，与货币因素无关；而在短期，货币决定着总产量与就业水平的波动。因此，稳定货币是稳定经济的关键，政府的财政政策是无效的。而理性预期学派相信，由于理性预期的存在，政府的政策有可能事先被人们预料到，人们会作出相应的对策从而使政策失效。因此货币主义和理性预期学派都不主张政府对经济进行干预。不过，货币主义主张政府的任务就是保持货币供应量的稳定，而理性预期学派则认为任何形式的政府干预都是没有意义的。新古典学派还认为，最好的政策工具不是“最优控制”，而是一种博弈。在博弈的情况下，政府要保持政策的连贯性，否则，良好的愿望可能导致灾难性的后果。

新凯恩斯学派则认为，由于市场机制本身存在缺陷，市场出清只是一种理想状态，因此，政府要担负起市场出清的任务，政府对经济进行干预是必要的。

由货币主义、理性预期和供应学派等涓流汇合而成的新古典宏观经济学，对20世纪70年代以后的宏观经济理论和政策产生了很大的影响，这些理论观点纠正了对凯恩斯主义政策的滥用，提醒人们不能忽视市场机制的基础性作用。但这些流派都没能形成像凯恩斯经济学那样完整的理论体系。因此，在解决经济的周期性波动和萧条问题上，凯恩斯主义至今依然是最核心的理论武器。

14.1.2 宏观经济政策目标

宏观经济政策实行的主要目的是让经济能够稳定地运行，进而减少经济波动带来的阵痛。在西方经济学体系中，这一目的是否达成可以从四个方面衡量：充分就业、物价稳定、减少经济波动和实现经济增长，如果考虑到开放经济，那么还应该包括国际收支平衡与汇率稳定。

1. 充分就业

充分就业不是失业率为零。失业率只能设法降低，但不能消除，因为有些失业是在任何情况下都会存在的，如摩擦性失业，而且适度的失业率对经济是有益的。例如，没有失业的压力，就业者工作的效率会降低，相反，保持一定失业率无异于是一种激励。那么，失业率应该为多少才与充分就业不矛盾？一般认为，只要一个经济社会失业率仅为自然失业率时，就可以被认为已达到充分就业。然而，确定自然失业率并非易事，如在20世纪60年代，美国经济学家认为合理目标应为4%，而这一水平太低，因为它引起了加速的通货膨胀。近来，对自然失业率估计值为6%，而20世纪90年代以来的事实表明，当失业率低于6%时，仍有可能保持物价稳定。

2. 物价稳定

国内的物价稳定是否指通货膨胀率为零，这也是一个有争议的问题。如弗里德曼认为最佳通货膨胀率是负数，而多数经济学家认为最佳的通货膨胀率应为正值，当然这一数值有一定的限制，如果为2%—3%，对经济发展有利，一旦突破这一数值达到10%以上，政府就必须介入加以干预。

3. 经济增长

经济增长可以促进国民收入的提高。国民收入的稳定增长并不意味着增长的速度越高越好，当然也不是越低越好。增长多少是合适的呢？一个基本的判断是，国民经济是否处于均衡状态，即总需求与总供给相一致。但国民经济均衡时，并不一定是充分就业的，而充分就业时也许又会出现通货膨胀，三者难以求全，怎么办？一个合适的方法是力求使实际增长率与潜在增长率相一致。潜在增长率也称为自然增长率，在理论上被定义为充分就业时的增长率，但在实际测算一国的潜在增长率时，往往用一个相当长时期的平均增长率来衡量。当经济增长率超过潜在增长率时，经济有过热之嫌，反之，则是经济衰退。不同国家、同一国家的不同发展阶段，其潜在增长率是不同的。因而，经济增长目标要视具体情况而定。

4. 国际收支基本平衡

在开放经济中，货物、资金和劳务在国际间流动，这种流动的价值表现就是国际收支。若一国在国际交往中一直处于入超状态，则意味着最终需求的输出，本国货币就会贬值；反之，一国在国际交往中一直处于出超状态，则意味着最终需求的输入，本国货币就会升值。为维持币值的稳定和国民经济的自主性，应该保持国际收支的基本平衡。

政策调控的理想状态是：较低的失业、较低的通胀和汇率相对稳定下的经济高增长。但是，上述四大政策目标的充分实现往往是矛盾的。

这些目标的优先次序在不同国家和不同的历史时期各有不同。在二十世纪五六十年代，欧美国家的第一优先目标是充分就业与物价稳定；而在七八十年代，则偏重于稳定物价和四个目标的兼顾。至此，我们可以基本给出宏观经济政策的主要目标——充分就业且物价稳定。

案例讨论

如何刺激经济的增长：宏观经济政策的发展与演变

总供给和总需求曲线提供了政府三种可供选择的政策取向。而且从历史上来看，这三种政策都使用过。

1. 移动总需求曲线

总需求分析在短期中对宏观经济状况有着重要的影响，所以要找出并运用能刺激或紧缩总需求的政策工具。财政政策是20世纪60年代的主流，当时的经济由于减税和政府增加开支的刺激而异常繁荣。即使在今天，如果想增加内需，政府也要刺激企业的投资。

财政政策因为20世纪60年代末期未能有效地控制通货膨胀而黯然失色。70年代通货膨胀和失业共存——这一宏观失灵的现象（滞涨），使财政政策无能为力。

货币政策是20世纪70年代的主角。70年代末期，美联储是美国宏观政策的主角。人们希望货币供给量的适度变化有助于宏观经济更加稳定。自1996年5月1日到2004年10月29日这段时期，我国连续8次降息，利率是越降越低，按理说，政府是希望通过这种方式把民众的储蓄赶出来消费，但适得其反，个人储蓄却不断地增加。根据前面的分析，我们知道，影响消费的主要因素是家庭的实际可支配收入，所以如果要刺激消费应想办法提高家庭的实际可支配收入，而不是一味地降低利率。

2. 移动总供给曲线

找出并执行能降低生产成本或者在每一个价格水平上刺激更多产出的政策杠杆。20世纪80年代，供应学派的政策变得重要起来。在1980年的美国总统竞选中，里根声称，以减税为核心的供给方面的政策将降低通货膨胀和减少失业。尽管后来，里根当局采取的是财政、货币和供给学派的折中政策，但它最初对供给政策的强调却是与众不同的。

3. 什么也不做：自由放任的政策

自由放任思潮主张减少国家干预，加强市场机制的调节。20世纪90年代，美国总统布什实行的是减少干预的政策。当美国经济1990年滑向衰退的时候，布什总统仍然坚持其不干预政策。与古典经济学家一样，总统布什一直想让公众相信，经济会自动恢复到原来状态。直到1992年大选，他才想到更积极的干预措施，但是为时已晚。选民被克林顿用财政政策来创造“工作，工作，工作”的许诺打动。1992年美国总统克林顿上台后，又强调了国家干预，希望依靠国家的力量振兴美国经济。

14.2 财政政策

14.2.1 财政政策概念

财政政策是指政府为了达到既定的经济目标对财政收入和财政支出，以及公债的发行、偿还所作出的决策。

财政政策可以调节国民经济中的总收入和总支出，抑制和刺激国民经济发展，调控宏观经济、调整经济结构、平衡地区经济、调节社会产品合理分配、防治环境污染等作用，是国家实现经济目标的工具之一。

财政政策包括财政支出政策与财政收入政策。

1. 财政支出

政府的支出又被称为公共支出，它可分为四类。

（1）政府消费，以 G 表示，包括政府支付给公共部门雇员的工资以及购买供经常性消费用的商品所作的支付。

（2）政府投资（I_g），包括各种不同形式的资本支出，如道路、港口建设等。

（3）对私人部门的转移（R），包括退休养老金、失业保险金以及其他福利支出。

（4）公债利息。有时为了简化也可以把政府支出分为两大类：一是政府购买，包括政府消费与政府投资；二是转移支付，包括政府对私人部门的转移与公债利息。

2. 财政收入

财政收入最主要的来源是经济中征收的各种税收，大致可分为三类。

（1）所得税，包括个人与企业所得税。所得税大多为累进税，收入越高，税率可累进地提高。通常情况下，所得税的纳税人无法把税收负担转嫁给他人，所以所得税又可称为直接税。

（2）财产税，包括房产税、遗产税等。同样，财产税通常也无法转嫁，因而它也是直接税。

（3）货物税，即对生产流通和消费等各个环节的货物征税，包括增值税、营业税、消费税、关税等。货物税可以由厂商转嫁给消费者，所以货物税是一种间接税。各国税收收入结构极为不同，发达国家的直接税比重较大，而发展中国家间接税的比重大，从而发达国家所得税政策的变动对国民经济的影响要比发展中国家大。

政府收入的另一个来源是政府所有的企业出售商品和劳务所得的利润，这一收入的比重在各个国家中相差较大。如在美国几乎不具有数量上的重要性，但它们在一些欧洲国家却比较显著，而在发展中国家，则常常十分显著。

行政性规费，也是政府收入的一项来源。尽管在政府收入中的份额较小，但在一些发展中国家，由于具体执行中的随意性，对于地方政府来说往往是不可或缺的。

一旦政府的财政收入不足以弥补财政支出，就可以发行公债。发行公债一方面可以增加财政收入，属于财政政策；另一方面影响金融市场的扩张与收缩，进而影响货币供给与总需求，所以它也是一种货币政策。

14.2.2 财政政策的分类

按照财政政策是否有人为的因素存在，可以将财政政策分为：自动稳定的财政政策和相机抉择的财政政策。

1. 自动稳定的财政政策

某些财政政策由于其本身的特点，能随着经济周期性的变化而变化，使得政府的支出和税收自动随经济的变化发生增减，从而对经济的波动有一种反方向的自动抵消作用，由于这种过程是一种非人为的自动调节，所以我们也称其为经济的“内在稳定器”。

具有内在稳定器作用的财政政策，主要是个人所得税、公司所得税及各种转移支付。

从税收角度考虑，若是所得税采用的是累进税，则当经济衰退时，由于收入减少，税收也会自动减少，从而抑制了消费和投资的减少，有助于减轻萧条的程度。当经济繁荣时，由于收入增加，税收也会自动增加，从而也就抑制了消费和投资的增加，有助于减轻由于需求过大而引起的通货膨胀。

同样，从失业补助与其他福利支出考虑，由于经济衰退时，失业人数和需要其他补助的人数增加，该类转移支出会自动增加，从而抑制了消费与投资的减少，有助于减轻萧条的程度。当经济繁荣时，失业人数和需要其他补助的人数减少，该类转移支出会自动减少，从而抑制了消费与投资的增加，有助于减轻由于需求过大而导致的通货膨胀。

“内在稳定器”一旦确立便会自动发挥调节经济的作用，具有时效短的特点。但是这种内在稳定器调节经济的作用是十分有限的，它只能在一定的程度上减轻萧条或通货膨胀，但并不能改变萧条或通货膨胀的总趋势。其作用就好比一个弹簧，能够承受的压力或拉力只能是一定的，一旦超过其承受范围，弹簧要么被压扁，要么被拉成线，失去自身的效用，所以当经济的波动比较剧烈时，仅仅靠“内在稳定器”来调节经济是远远不够的，这时需要政府有意识地运用财政政策来调节经济。

2. 相机抉择的财政政策

该财政政策是指政府根据不同时期的经济形势，相应地采取变动政府支出和税收的政策，是一种主动的人为政策调节。相机抉择的财政政策对经济的作用，就好比驾驶汽车，汽车速度太快，就踩几下刹车，速度太慢，就加大油门，故而又常被称为“逆经济风向行事”。

根据对需求影响的方向不同，形成了两种不同的财政政策。

（1）扩张性财政政策（reflationary fiscal policy），在我国称为积极财政政策，主要做法是扩大财政支出（改变 G），降低税率（改变 T），减少税种以增加总需求。这类政策适用于总需求不足、经济不景气、失业增加的经济运行状态。

我国在 1998 年金融危机过后，经济运行状况特征为有效需求的不足，表现为个人和企业消费投资的疲软。为了扩大内需，我国在 1998 年发行了 1 000 亿元长期建设国债投资，定向用于加快农林水利、交通、城市基础设施和环保、城乡电网建设与改造、中央直属储备粮库、经济适用房六个方面的建设。1999 年、2000 年又分别发行 1 100 亿元和 1 500 亿元的长期建设国债，在继续安排在建国债项目的同时，增加安排了重点行业技术改造、重大项目装备国产化和高技术产业化、环保与生态建设、教育基础设施等方面的建设。有数据表明，

1998 年国债项目投资带动经济增长 1.5 个百分点，1999 年带动 2 个百分点，2000 年带动了 1.7 个百分点左右。

（2）紧缩的财政政策（deflationary fiscal policy），即减少财政支出，提高税率，以控制总需求。这种政策适用于总需求过剩、通货膨胀较为严重时的经济运行状态。

20 世纪 50 年代，法国为控制物价过快增长，需求过旺，提高了税率，如电力、煤气、运输的税率提高了 15%。1993 年后，美国在较高的经济增长率条件下，实行了适度从紧的财政政策，加之失业率下降，失业救济支出也加速减少（内在稳定器作用），政府财政赤字也大大下降，美国出现了较长时期的高增长、低通胀的良好局面。澳大利亚运用紧缩的财政政策缓解“滞胀”困境。1975 年澳大利亚经济陷入严重滞胀局面，财政赤字也迅速增加。为此，政府以治理通货膨胀为首要目标，采取紧缩性财政政策，取得了一定成效。

相机抉择财政政策的主要内容是税收政策和政府支出的变化。税收政策和政府支出的作用相比：税收政策作为一个间接的手段，能够迅速地刺激投资而作用于供给曲线，但是无法准确预期消费者的反应而效果间接；政府支出变化能够明确特定行业和地区的目标，能够直接作用于总需求并发挥乘数作用，但是在民主决策机制下有所谓认识和决策的“时滞”（time lag）。

14.2.3　财政政策的效果

作为主要的宏观经济政策之一，财政政策对调节经济运行的效果主要有如下几点。

1. 乘数效应

我们把财政支出的增减带来国民收入的倍数变化的事实称为财政支出的**乘数效应**。其原理如下：

（1）假设政府为了扩大需求，决定加大基础设施建设的力度，在基础设施建设上的支出增加了 100 亿元，那么很明显，这 100 亿元直接形成了当期的社会总需求。

（2）这 100 亿元政府的支出又转化为和政府投资购买的相关企业和个人的收入，比如基础设施建设单位和个人的收入，由于政府支出的增加，这些相关企业和个人的收入也随之增加，显然，收入的增加必然会带来企业投资和个人消费的增加，社会总需求又一次得以增加。

（3）同理，这些企业投资和个人消费的增加作为支出又转化为其他企业和个人的收入，进而带动其他企业投资和个人的消费增加，使得社会总需求进一步增加，由此循环下去，导致社会总需求的倍数扩张。

显然这种扩张的过程和效果主要取决于企业的投资意愿和公众的收入消费偏好，可以假定一个极端的情况，即在第（2）步骤中个人和企业将新增的收入全部存起，不用做任何消费和投资，那么社会总需求的增加就是政府投入的增加，没有乘数效应。但是如果社会公众将新增的收入全部消费，那么这个乘数效应将是无穷大。当政府支出减少时，则是一个相反的总需求呈乘数缩小的过程。

2. 挤出效应

影响财政政策效果的另外一个因素是“挤出效应”（crowding-out effect）。

这是因为政府增加购买之后，引发利率上升，私人投资将会减少，相当于政府的购买“挤走”了私人的投资，所以称为**挤出效应**。政府支出的增加带来的是对商品和劳务需求量的增加，比如基础建设需要筹措资金、购买原材料、雇用工人，但在一定情况下，这些资源是有限的，当社会本来没有多余的供给或者供给不能满足政府需求增长时，政府对这些资源的需求必将造成资源价格的上涨，表现为原材料价格的上升、工人的紧缺，这些都使得企业的生产成本增加，预期收益减少，在一定程度上会降低企业的生产和投资的欲望。同样，物价的上升，也会在一定程度上减少消费者的购买行为，从而个人消费会相应减少。

所以财政政策对需求的影响取决于财政政策的乘数效应和财政政策的挤出效应的力量对比，若是乘数效应高于挤出效应，则财政政策是有效的，反之，则无效。

此外，政府若是通过发行债券为财政支出筹资，那么其影响有两种情况：

（1）把债券卖给中央银行，称为**货币筹资**。这种方法的好处是政府不必还本付息，从而减轻了政府的债务负担，但缺点是会增加货币供给量引起通货膨胀。

（2）把债券卖给社会公众，称为**债务筹资**。这种筹资方法相当于向公众借钱，不会增加货币量，也不会直接引发通货膨胀，但政府必须还本付息，这就背上了沉重的债务负担。

3. “时滞”和不确定性

所谓**时滞**，是指财政政策从制定到发挥作用需要的时间。首先，变动税率与决定预算方案应提交相关机构作集体讨论，所花费的时间称为**内部时滞**；其次，财政政策从实施到发挥作用也有时滞，称为**外部时滞**。前者是由各国政体决定的，后者取决于市场交易的周转速度。财政政策的时滞将对其效果产生深刻的影响，譬如有A、B两个经济社会的政府购买乘数同为5，A国在一年内即可使增加的国民收入达到5倍，B国则需要5年时间，显然，即使A、B两国财政支出相同，效果却迥然不同。

所谓不确定性（uncertainty），是政府干预力度的效果因认识和执行的差距可能造成调整过度（overshoot）或调整不足（undershoot）。因为“时滞”、“信息不完全”造成的不确定性，会造成总需求忽高忽低，反而使经济不稳定。

14.3 货币政策

14.3.1 货币政策的概念及内容

货币政策主要是指一国的货币当局，通常是中央银行通过对货币总量或利率进行调节，进而影响社会总需求的一种方法。

在不同的经济形势下，中央银行要运用不同的货币政策来调节经济。我们把中央银行为实现货币政策目标所采用的政策手段称为货币政策工具，可分为一般性政策工具和选择性政策工具。

1. 一般性货币政策工具

一般性货币政策工具是指各国中央银行普遍运用的、对整体宏观经济产生影响的货币政策工具，包括法定存款准备金率、再贴现和公开市场业务。

（1）法定存款准备金率。法定存款准备金是商业银行按照其吸收存款的一定比例向中央银行缴存的准备金，这个比例通常由中央银行决定，具有强制性，故被称为法定存款准备金率。提高法定存款准备金率时，商业银行可运用的资金减少，贷款能力下降，货币乘数变小，市场货币流通量便会相应减少。所以在通货膨胀时，中央银行可提高法定存款准备金率；反之，则降低法定存款准备金率。由于通过货币乘数的作用，法定存款准备金率的作用效果十分明显，人们通常认为这一政策工具效果过于猛烈，它的调整会在很大程度上影响整个经济和社会心理预期，因此，中央银行对法定存款准备金率的调整都持谨慎态度。

（2）再贴现。**再贴现**是指中央银行通过将商业银行由于办理贴现业务而持有的未到期票据再次贴现，继而为商业银行提供融资的行为。当中央银行希望收缩信用量，减少货币市场供应量时，会提高对商业银行的再贴现率，增加商业银行借入资金的成本，进而影响商业银行对社会的信用量，从而达到收缩货币供给总量的目的。反之，则进行相反操作。

（3）公开市场业务。**公开市场业务**是指中央银行在金融市场上公开买卖有价证券（主要是政府债券），以此来调节市场货币供应量的政策行为。当中央银行认为应该增加货币供应量时，就在金融市场上买进有价证券，释放出货币；反之就出售所持有的有价证券，回笼货币。

2. 选择性货币政策工具

选择性货币政策工具是指中央银行针对个别部门、个别企业或某些特定用途的信贷所采用的货币政策工具。主要分为两类：直接信用控制和间接信用指导。

（1）直接信用控制。它是指中央银行以行政命令或其他方式，直接对金融机构尤其是商业银行的信用活动进行控制。其具体手段包括：规定利率限额与信用配额、信用条件限制，规定金融机构流动性比率和直接干预等。

（2）间接信用指导。它是指中央银行通过道义劝告、窗口指导等办法来间接影响商业银行等金融机构的行为。

14.3.2 货币政策理论

这三种政策工具对货币量及利率的影响在第 13 章中已经阐述过，本节主要分析的是货币量如何对总需求产生影响。根据对货币传导机制的不同解释，可以将货币政策理论分为两类：凯恩斯主义和货币主义的货币政策。

1. 凯恩斯主义的货币政策

凯恩斯主义认为货币供给量变动影响利率，利率变动影响投资和总需求，从而影响社会总产量。

（1）凯恩斯主义货币政策的机制。

这是通过对货币供给量的调节来调节利率，再通过利率的变动来影响总需求的货币政策。凯恩斯主义货币政策的机制就是：

货币量→利率→投资→总需求

在这种货币政策中，政策的直接目标是利率，利率的变动通过货币量调节来实现，所以调节货币量是手段，调节利率是中间目的，通过利率的变动影响投资，进而影响总需求，总需求变动是政策的最终目标。

（2）政策主张及应用。

凯恩斯主义货币政策在实践中，根据不同的需要也分为扩张性的货币政策和紧缩性的货币政策。政府根据宏观经济形势的变化，相机调整货币政策。

在萧条时期，总需求小于总供给，为了刺激总需求，就要运用扩张性货币政策，其中包括在公开市场上买进有价证券、降低贴现率并放松贴现条件、降低准备金率等。这些政策可以增加货币供给量，降低利率，刺激总需求。

20 世纪 80 年代后，美国主要用货币政策干预经济。1990 年 7 月—1991 年 3 月美国经济陷入衰退，美联储 7 次调低贴现率，由原来的 7%调减至 1992 年的 3%，促进了美国经济的复苏。在经历了 90 年代长达 108 个月的高增长、低通胀局面后，美国经济于 2001 年初陷入了衰退状态，为此，美联储主席格林斯潘在一年之内 11 次采取降息行动，联邦基金利率从年初的 6.5%降至年末的 1.75%。在货币政策的调节下，加之其他政策的配合，2002 年初美国经济出现了复苏势头，经济增长加快。

在繁荣时期，总需求大于总供给，为了抑制总需求，就要运用紧缩性货币政策，其中包括在公开市场上卖出有价证券、提高贴现率并严格贴现条件、提高准备等。这些政策可以减少货币供给量，提高利率，抑制总需求。

美国克林顿政府时期，经济出现了多年的高增长、低通胀局面，其重要原因是运用了适当的货币政策。美联储根据经济形势的变化，灵活地多次小幅度地提高再贴现率，防止了经济过热。法国广泛使用贴现政策，在不同时期采取提高或降低贴现率的措施。20 世纪 70 年代初，为抑制通货膨胀，法国央行多次提高贴现率，由 1972 年的 5.75%提高到 1973 年的 11%，再提高到 1974 年的 13%，稳定了物价。

（3）凯恩斯的货币政策的分析。

在凯恩斯的货币传导机制过程中，货币量的变化能不能对最终需求产生影响，取决于两个因素：货币供给量变化对利率的影响和利率的变化对投资的影响。

当利率已经很低时，不管增加多少货币供给，人们都会选择持有货币，所以利率不会被有效地降低，这种情况即称为**流动性陷阱**。显然在这种情况下，凯恩斯的货币政策无效。

即使利率变化了，但是企业的投资对该利率的变化并不是很敏感或者不在乎，凯恩斯的货币政策同样无效。比如当经济处于飞速扩张时期，由于对未来的良好预期，即使货币供给减少，利率变高，企业的投资欲望依然强烈。而当经济处于长久衰退时期，由于对未来的悲观失望，即使货币供给增加，利率变低，企业的投资欲望依然处于低潮。

另外，即使这种传导机制有效，但是从货币的总量变动到利率变动，再到投资和消费的变动，其作用的过程也是比较长的，有一定的时滞。

2. 货币主义的货币政策

（1）主要思想。

货币主义者的理论基础是现代货币数量论，现代货币数量论重点分析货币的需求，其代表人物是弗里德曼。

货币需求函数是一个多元函数，货币需求取决于个人财产及各种形式资产（债券、股票等）的收益率，其中最重要的是个人财产。个人财产用个人的收入来代表，并用持久收入假说来解释个人收入的稳定性，从而证明了货币需求函数是一个稳定的函数。

在货币需求函数稳定的情况下，决定经济的就是货币供给，即货币量在短期中，货币量的变动既影响价格又影响产量，即影响名义国民收入。但在长期中，货币量只影响物价水平而不影响产量，货币在短期中对财产量的影响不是通过对利率的影响来实现的，而是通过对不动产、债券、股票等众多形式的资产价格的影响来实现的。

货币主义者认为货币量增加会引起支出增加，支出增加使各种资产价格上升，从而刺激了投资和收入增加，不过由于这种影响的机制很复杂，货币量变化是如何具体地影响总需求的很难表述清楚，所以货币主义者的货币政策理论又被戏称为黑箱理论，就好比变魔术一样，一边货币量发生变化，另外一边需求量也对应变化，但至于为什么会这样，就像一个黑箱一样充满了问号。

（2）政策主张。

货币主义者认为利用货币政策刺激经济在短期内可能是有效的，但长期中会埋下通货膨胀的隐患，从长久上看货币量的增加只对物价水平而不会对实际产出产生影响，故而货币主义认为，货币政策不应该是一项刺激总需求的政策，而应该是稳定物价，为经济运行创造一个良好的环境，因为只有物价稳定才会有经济的长期繁荣。所以货币主义者的政策主张是无论经济处于繁荣还是衰退，货币量都按一个固定的比率增加，不能为了刺激或抑制经济活动而改变货币量增加的比例，而应该以控制货币供给量为中心，根据经济增长的需要，按一定的比率增加货币供给量，这也被称为**简单规则的货币政策**，又称为**单一规则**。

由于货币主义者认为货币量和物价之间存在着很强的相关关系，所以货币主义者的货币政策的主要内容即是通过控制货币量来稳定物价。

（3）实际应用。

这种政策在 20 世纪 80 年代受到各国重视并被采用，最早采用这种政策的是英国。20 世纪 70 年代末，撒切尔夫人上台后面临着通货膨胀和经济衰退的双重压力，撒切尔夫人信奉自由市场经济，大刀阔斧地实行私有化政策。同时，公开宣布采用货币主义的货币政策，严格控制货币发行量，以降低通货膨胀。因此，英国被称为现代货币主义的“实验室”，结果是英国实现了物价稳定和经济复兴。

同样，1980 年美国里根总统上台后，也采用了这种政策。当时的美联储主席沃尔克顶住了来自各方的压力，实行严格的货币紧缩政策，使美国短期内通货膨胀率由两位数下降到3%左右，为当时美国经济的振兴创造了条件。

近年来，越来越多的国家采用了中性货币政策。这种政策与货币主义的货币政策相类似，目的不是刺激或抑制经济，而是把稳定物价作为货币政策的唯一目标。中性化就是使货币政策不直接影响经济活动，它与弗里德曼主张的货币政策单一规则的不同之处在于，不是规定一个固定的货币增长比率保持不变，而是根据稳定物价的需要来调节货币量。这种政策不把通过利率来影响经济作为货币政策的目标，只是为市场机制正常发挥作用创造一个物价稳定的良好环境。

第二次世界大战后的德国一直把物价稳定作为货币政策目标，同时又实现了经济繁荣，现在的欧盟更偏重于这种稳定物价的货币政策，采用这种政策的澳大利亚、新西兰等国经济状况也一直良好。

14.4 宏观经济政策选择

14.4.1 财政政策与货币政策的特点

财政政策与货币政策的运用是互为条件和相互补充的。

（1）两者的政策目标一致，即防止通货膨胀、促进经济增长、充分就业和保持国际收支平衡。

（2）政策的实现手段具有交叉性，财政政策能否顺利实施并取得成效与货币政策的配合密不可分，反之亦然。

（3）作用机制上都是通过调节社会资金而影响国民经济运行。

但两者各有特点，财政政策更具控制性和时滞性，而货币政策更具灵活性。财政政策与货币政策需要协调配合。财政政策实施作用大、速度快和预测性强，但决策时间比较长，必须经过立法和国会审批等程序，有时候其决策的时滞会使政策实施赶不上经济形势的变化；而货币政策决策快、独立性强，受政治干扰小。财政政策作用的主要对象是消费支出，特别是税收政策主要影响消费；而货币政策作用的主要对象则是资本支出，影响主要体现在投资方面。

14.4.2 财政政策与货币政策的配合

财政政策与货币政策互相搭配、协调配合，能取长补短，实现预期的宏观调控目标。

组合也存在一个问题——在于财政政策与货币政策的目标并不总是保持一致。虽然这两者的长期目标相似，但是在短期内可能会不同。譬如，当政府采取扩张的财政政策时，经济开始上升且失业率下降，但会伴随着通货膨胀与利率上升，而且越接近于充分就业，通货膨胀越明显。此时，央行的目标是应该保持货币供给稳定、利率不变，还是收入稳定，其目标不同会产生不同的结果。

1. 扩张性的财政政策与紧缩性的货币政策

以图 14-1 为例，假定目前一个经济社会处于 E_1 点，在 LM_0 与 IS_0 的交点处。政府认为此时失业率太高，采取扩张性的财政政策推动 *IS* 曲线向右移动至 IS_1。如果央行以货币供给量不变为目标，则 *LM* 曲线不变，均衡点将由 E_1 点移动至 E_2 点，结果经济中利率上升，国民收入增加，但是伴随着经济增长，时常会出现通货膨胀。如果央行以控制通货膨胀为目标，就必须维持收入稳定。对此，它可采用紧缩性的货币政策，使 *LM* 曲线向左移动至 LM_1，均衡点在 E_3。从图 14-1 中，可以明显地看出 E_3 点的利率高于 E_1，说明扩张性的财政政策与紧缩性的货币组合必定会导致利率上升。E_3 与 E_1 相比，国民收入则相当接近，这是因为一方面扩张的财政政策增加了支出，刺激了总需求，另一方面央行降低货币供给量进一步提高利率，抑制了私人投资。这两方面的作用正好抵消，使国民收入保持稳定，从而也控制了通货膨胀。

在美国卡特政府（1977—1981 年）所处的时代中就曾出现这种政策组合，卡特政府使用的财政政策一直是扩张的。在它的作用下，1979 年美国的失业率降至 6%，接近于充分就业率。伴随着失业率下降，通货膨胀开始抬头，加之第二次石油危机进一步加剧了通货膨胀。于是美国联邦储备委员会采取紧缩性的货币政策，大幅削减实际货币供给量，结果是美国国债利率开始节节攀升，实际利率从 1980 年的 2%上升至 1984 年的 5.2%。这一政策组合成功地降低了通货膨胀率，但是也带来了经济衰退。产生衰退不难理解，从 E_1 至 E_2 是由扩张的财政政策引起的经济增长，而从 E_2 至 E_3 是由紧缩的货币政策引起的经济衰退。

2. 扩张的财政政策与扩张的货币政策

如果央行的目标是保持利率稳定，那么可能会出现不同的结果。以图 14-2 为例，政府采取扩张的财政政策，推动 *IS* 曲线右移，均衡点将由 E_1 移动至 E_2。如果经济到了 E_2 点，经济仍未走出衰退，而政府的财政政策又受到了赤字的约束，已无力进一步扩张，那么此时经济复苏的任务便由央行承担。它可以采取扩张的货币推动 *LM* 曲线向右移动，均衡点将由 E_2 移动至 E_3。从图 14-2 中可以看出，国民收入将增加。从最终的结果来看，利率保持相对稳定。

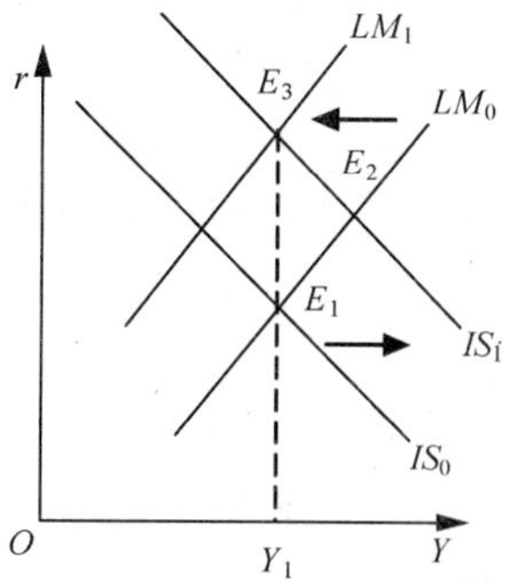

图 14-1　扩张的财政政策和紧缩的货币政策

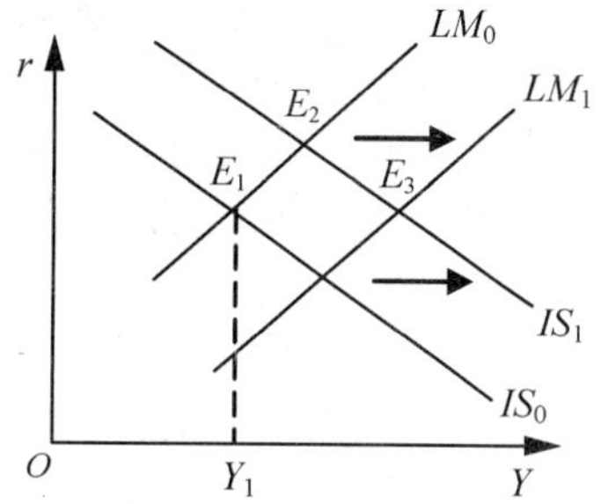

图 14-2　扩张的财政政策和扩张的货币政策

需要指出的是扩张的财政政策与扩张的货币政策组合只有在深度衰退时才可使用，否则会引发剧烈的通货膨胀。类似于大萧条的深度衰退在当前社会中已不常见了，所以使用这一组合须十分小心。更多情况下，央行会采取介于紧缩与扩张中间的一种政策，让利率从 E_2 点缓慢下降至 E_3 点。1990 年，美国联邦储备委员会采取了这一策略，一开始让利率缓慢下降。当预计由石油价格上升引起的通货膨胀是短期的时候，才开始大幅度削减利率，采取扩张的货币政策。事实表明，这一策略是成功的。

3. 紧缩的财政政策与扩张的货币政策

这一政策组合以图 14-3 为例，经济社会原处于 E_1，在 LM_0 与 IS_0 交点处。假定政府开始增加所得税，实行紧缩的财政政策，由此推动 IS_0 左移至 IS_1，如果央行货币供给不变，均衡点将由 E_1 移动至 E_2，国民收入减少且利率下降。不过，一旦央行以稳定国民收入为目标，它就会采取扩张的货币政策，推动 LM_1 向右移动，均衡点则由 E_2 移动至 E_3。一方面较高的税收抑制了消费，另一方面利率下降刺激了私人投资，两方面作用相互抵消，使国民收入得以稳定。尽管收入变化不大，但是资源配置发生了变化，公众对消费品的需求降低了，但对投资品的需求增加了。

4. 紧缩的财政政策与紧缩的货币政策

这一政策组合以图 14-4 为例，政府增税与前述情况一样，首先利率下降且国民收入减少，均衡由 E_1 移动至 E_2。如果央行以稳定利率为目标，它会同样采取紧缩的货币政策，推动 LM 曲线向左移动至 LM_1，均衡点由 E_2 移动至 E_3 使利率稳定。

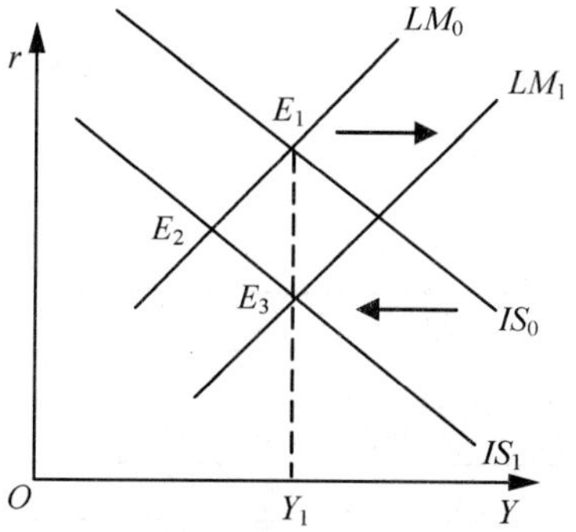

图 14-3　紧缩的财政政策和扩张的货币政策

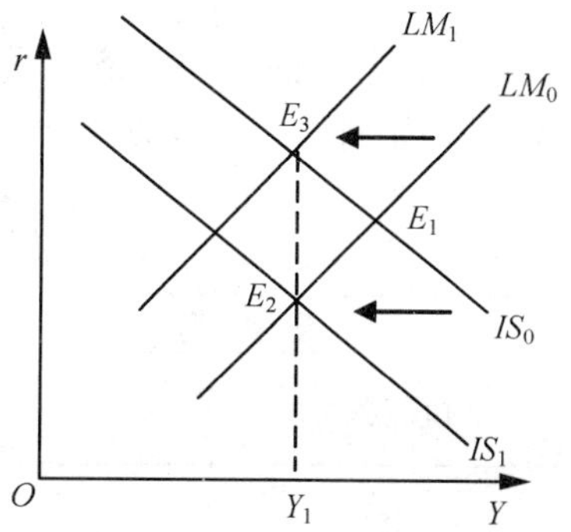

图 14-4　紧缩的财政政策和紧缩的货币政策

从前面的分析中，我们可以得知财政政策与货币政策会相互影响，因此，当分析一种政策的变动时，我们必须作出它对其他政策影响的假设。至此，也许会产生两个疑问：

（1）为何央行不能始终与政府保持一致？这是因为在一些国家中，央行相当独立。对此，有人反对，也有人赞同。赞同的人认为政府的束缚较之央行多，政府的行为更为短期化，央行的独立可以使央行有更长远的计划。有资料显示，央行的独立性越强，一国通货膨胀率越低。

（2）如果央行独立，那么它究竟应保有何种目标，是利率稳定、货币供给稳定，还是保持物价稳定？“这取决于当时的情况，以及背后的政治考虑”。从某种程度上来说，我们前面所分析的只是简单技术，相比之下，实际经济情况要复杂得多。目标的选择，以及政策制定更像艺术。我们可以讲述技术，但无法传授艺术。

14.4.3 财政政策和货币政策的相对效果

如果是以 IS-LM 模型对财政政策和货币政策的效果进行分析，那么我们可以将各种政策效果的分析全部汇总到表 14-1 中。

表 14-1 财政政策和货币政策的效果分析

政策效果		财政政策（*IS* 移动）		货币政策（*LM* 移动）	
		一般情况	挤出效应	一般情况	利率
IS 的斜率	垂直	完全	无挤出	无效	大
	↑	越明显	越来越小	越不明显	↑
	水平	小	大	完全	小
LM 的斜率	垂直	无效	完全挤出	完全	大
	↓	越明显	越来越小	越不明显	↓
	水平	完全	无挤出	无效	小

从表 14-1 中可以看到，财政政策变动，即 *IS* 变动时：*IS* 本身的斜率越大，财政政策效果越显著；*LM* 的斜率越小，财政政策效果越显著。货币政策变动，即 *LM* 变动时：*LM* 本身的斜率越大，货币政策效果越显著；*IS* 的斜率越小，货币政策效果越显著。

14.4.4 各种政策杠杆

表 14-2 对各种各样的宏观经济工具作了简要的总结。其中每一种政策手段都能明显地改变“生产什么、如何生产和为谁生产”这样的基本经济问题的答案。

表 14-2 各种政策杠杆

政 策 类 型	政 策 工 具
财政政策	减税和增税
	改变政府支出
货币政策	公开市场操作
	法定准备金
	贴现率

（续　表）

政 策 类 型	政 策 工 具
供给学派的政策	投资和储蓄的税收激励
	解除管制
	教育和培训
	移民政策
	贸易政策

案例讨论

美国经济政策的演变

"凯恩斯革命"之后，财政政策和货币政策已成为西方发达国家调控宏观经济不可或缺的基本工具。他们有成功的经验也有失败的教训。特别是 20 世纪 90 年代以来，西方国家在执行财政政策和货币政策的实践中遇到的问题，对我们有很好的参考价值。

美国在经历了 1929—1933 年经济大危机之后，开始放弃自由放任经济，转而实行政府干预，注重财政政策与货币政策的使用。20 世纪 30 年代至 60 年代，美国经济政策以财政政策为主，货币政策从属于财政政策，这种政策搭配效果是好的，达到了促进经济增长和维持物价相对稳定的目的。

20 世纪 60 年代末，越南战争的爆发成为美国经济的转折点。财政赤字日益增加，通货膨胀不断加剧，经济出现滞胀的局面。滞胀使凯恩斯主义陷入尴尬境地，而以弗里德曼为代表的货币主义兴起。

在这种背景下，二十世纪七八十年代以控制货币供应量为中介目标的货币政策得到加强。20 世纪 80 年代，美国联邦政府为了解决经济滞胀问题，将控制通货膨胀作为首要经济目标，实行了紧货币、松财政的政策。这种政策搭配有效地控制了通货膨胀，降低了失业率，但同时也种下了高利率、高赤字和高负债的恶果。

1993 年克林顿上台后，调整了财政货币政策，转而实行了适度从紧的财政政策，并配合偏松的货币政策。通过税收政策来增加财政收入，并适当压缩财政支出，调整政府支出结构。与此同时，美联储连续调低贴现率，为紧缩性财政政策的实施创造了条件。20 世纪 90 年代中后期美国的财政货币政策是成功的，它对经济稳定增长起到积极的促进作用。反过来，经济的长期稳定增长又改善了财政状况，维护了良好的金融秩序。

2001 年小布什上台后，美国经济开始出现衰退，消费物价指数创 45 年来最大的跌幅，固定资本投资受阻，库存积压，企业支出疲软。为应对这一局面，小布什政府采取了积极的财政政策与扩张的货币政策的组合。美国联邦政府从 2001 年开始采取减税政策；美联储连续 11 次降息，特别是"9 · 11"事件后，放松银根 125 个基本点，减轻了债务负担，降低了融资成本。同时，住房抵押贷款利率降至 30 年来的最低水平，使住房供给资金攀升。今年[①]以来，美国经济出现好转。一、二季度环比增长速度分别为 1.4%和 3.1%。同比增长速度分别为 2.0%和 2.3%，这其中有减税降息的效果，也有伊拉克战争后军火工业的带动，以及小布什为明年大选造势的因素。

复习与练习

【关键概念复习】

在 B 栏中寻找与 A 栏中术语相应的解释，并将序号填在术语前边。

① 编者注：指 2005 年。

A	B
政策目标	1．经济当事人对价格、利率、利润或收入等经济变量未来的变动作出符合理性的估计。
政策工具	2．为促进就业水平提高，减轻经济波动，防止通货膨胀，实现稳定增长而对政府支出、税收和借债水平所进行的选择。
财政政策	3．70 年代中期和 80 年代初期流行的学派，主要从供给的角度来分析问题。
内在稳定器	4．中央银行通过控制货币供给量，进而调节利率，以便影响投资和整个经济，以达到经济目标的行为。
挤出效应	5．按单一的规则控制货币供给量，其货币增长速度等于经济增长率加上通胀率。
货币政策	6．指财政制度本身存在的一种会降低经济波动幅度的机制。
单一原则	7．扩张的财政政策带来个人消费和私人投资减少。
政策时滞	8．实施经济政策的目的。
理性预期假设	9．通过调节宏观经济的总需求来达到一定政策目标的宏观调控的方式。
需求管理	10．实施经济政策的手段。
供给学派	11．从政策在客观上需要实行到政策实行产生实际效果的时间。

【思考与练习】

（一）填空题

1．政府制定宏观财政政策的目的是________。

2．宏观财政政策包括________政策和________政策。

3．财政支出政策是指________。

4．________政策是指通过改变税率来影响经济的政策。

5．按照社会保险制度，福利支出在萧条时期趋于_______，从而对国民收入起着_______作用。另外，它在繁荣时期趋于________，从而对国民收入起着________作用。

6．如果政府只增加支出而没相应地增加税收，或者只减少税收而没相应地减少支出，政府的预算将出现________。

7．按照凯恩斯货币理论，货币供给增加将使得利率________，投资________。

8．在凯恩斯区域内，________政策有效。

9．在古典区域内，________政策有效。

10．按照凯恩斯的货币理论，如果利率上升，货币需求将________。

11．中央银行在公开的证券市场上买入政府债券会使货币供给量________。

12．紧缩货币的政策有________、________、________。

13．提高法定准备金率，货币供给将________。

14．通过借债来支持政府支出增加会导致利息率上升从而使投资支出下降，称为______。

15．利用税收、支出和债务管理等政策来实现国民收入的预期水平，称为________。

（二）单项选择题

1．观经济政策的目标有（　　）。

A．充分就业和物价稳定

B．物价稳定和经济增长

C．充分就业、物价稳定、经济增长和国际收支平衡

D．充分就业和公平

2．属于“内在稳定器”的是（　　）。

A．政府购买　　B．税收

C．政府转移支付　　D．政府公共工程支出

3．“内在稳定器”的作用效果是有限的，因为（　　）。

A．在经济衰退时内在稳定器会导致财政盈余出现

B．在通货膨胀时转移支付和补贴会增加，在经济衰退时会减少

C．其抵消经济波动的功能没有直接改变政府支出那么强

D．无论处于经济周期的任何阶段都会使价格水平上升

4．属于紧缩性财政工具的是（　　）。

A．减少政府支出和减少税收　　B．减少政府支出和增加税收

C．增加政府支出和减少税收　　D．增加政府支出和增加税收

5．如果存在通货膨胀缺口，应采取的财政政策是（　　）。

A．增加税收　　B．减少税收

C．增加政府支付　　D．增加转移支付

6．在经济处于严重衰退时，恰当的货币政策应当是（　　）。

A．减少政府支出　　B．降低利息率

C．使本国货币升值　　D．提高利息率

7．经济中存在失业时，应采取的财政政策工具是（　　）。

A．增加政府支出　　B．提高个人所得税

C．提高公司所得税　　D．增加货币发行量

8．经济过热时，政府应该采取（　　）的货币政策。

A．减少政府财政支出　　B．增加财政支出

C．扩大财政赤字　　D．减少税收

9．财政政策（　　）。

A．涉及政策支出和税收水平

B．包括创造工作岗位计划

C．包括最低工资安排，所有的工人至少可以得到一个公平的工资

D．包括失业保险计划

10．如果经济陷于严重衰退，正确的货币和财政政策应该是（　　）。

A．卖出政府证券，提高准备金率，降低贴现率，出现财政盈余

B．购买政府证券，降低准备金率，降低贴现率，出现财政赤字

C．购买政府证券，降低准备金率，提高贴现率，出现财政盈余

D．购买政府证券，提高准备金率，提高贴现率，出现财政盈余

11．如果经济中发生了严重的需求拉动型通货膨胀，正确的政府政策应包括（　　）。

A．在公开市场上购买证券，提高贴现率，提高准备金率，发生财政赤字

B．在公开市场上购买证券，降低贴现率，降低准备金率，发生财政盈余

C．在公开市场上卖出证券，提高贴现率，降低准备金率，发生财政赤字

D．在公开市场上卖出证券，提高贴现率，提高准备金率，发生财政盈余

12．通常认为，紧缩货币的政策是（　　）。

A．提高贴现率　　B．增加货币供给

C．降低法定准备金率　　D．中央银行买入政府债券

13．紧缩性货币政策的运用会导致（　　）。

A．减少货币供给量，降低利率　　B．增加货币供给量，提高利率

C．减少货币供给量，提高利率　　D．增加货币供给量，提高利率

14．“双松政策”使国民收入（　　）。

A．增加较多　　B．增加较少

C．减少较多　　D．减少较少

15．“双紧政策”使利息率（　　）。

A．提高　　B．下降　　C．不变　　D．不确定

（三）判断题

1．扩张性财政政策的扩张性主要体现在会使货币供给增加。（　　）

2．如果某经济的 *MPC* 为 0.75，政府通过减税 100 亿元即可使总需求曲线向右移动 300 亿元。（　　）

3．紧缩性财政政策使总需求曲线向左移动，可能使实际 GDP 减少，也可能实际 GDP 不变。（　　）

4．当政府通过向公众借债而不是增发货币来弥补财政赤字时，减税的扩张作用最大。（　　）

5．需求拉动型通货膨胀可以通过增加政府支出和减税来加以抑制。（　　）

6．内在稳定器与自主决定的财政政策的作用效果是相同的。（　　）

7．当充分就业预算盈余时实际预算可能存在赤字。（　　）

8．周期性赤字的增加会自动增加结构性或充分就业预算赤字。（　　）

9．挤出效应是指政府实施赤字财政以增加支出时可能使人们预期将来承担更高的税收负担而增加储蓄。（　　）

10．如果财政政策导致利息率提高，本国货币可能升值，并导致净出口下降。（　　）

11．如果在总供给曲线的水平阶段上总需求增加，一部分扩张性财政政策的效果将转化为通货膨胀。（　　）

12．货币主义者认为，长期里货币流通速度是不稳定的，并且货币供给量与经济活动水平之间不存在紧密的联系。（　　）

13．凯恩斯学派认为，通过政府举债来弥补赤字会提高利息率，从而减少私人投资支出。（　　）

14．货币主义者认为，尽管货币政策是一种显著的稳定经济措施，但作为经济的稳定器，它远不及财政政策有效。（　　）

15. 凯恩斯学派认为货币供给的变化将导致货币流通速度反方向变动。(　　)

(四) 简答题

1. 宏观经济政策的目标是什么？为达到这些目标可采用的政策工具有哪些？
2. 财政政策与货币政策有何区别？
3. 扩张财政对萧条经济会产生怎样的影响？
4. 政府采取扩张性财政政策和货币政策对利率的影响有何不同？
5. 中央政府自主决定的财政政策包括哪些内容？
6. 中央政府自主决定的财政政策会带来哪些后果？
7. 财政政策在实施过程中会遇到哪些困难？
8. 货币政策的内容包括哪些？
9. 货币政策的效果受哪些因素的影响？
10. 与财政政策相比较，货币政策有哪些优势和劣势？

附　录

供给管理与供给理论

供给管理是要通过对总供给的调节，来达到一定的政策目标的宏观经济政策工具。供给管理包括控制工资与物价的收入政策、指数化政策、改善劳动力市场状况的人力政策，以及促进经济增长的增长政策。

和当年的罗斯福与凯恩斯经济思想相比，里根和供给学派的关系恰恰与前者相反。就罗斯福与凯恩斯主义而言，是先有罗斯福的经济政策实践，后有凯恩斯的经济思想，而里根从竞选开始，在其竞选班子和竞选纲领中，就深深地打上了供给学派的烙印。也可以说，供给学派一开始就是作为一种经济政策主张而出现的。在这里先探讨供给学派的理论，再按照其逻辑顺序介绍供给管理的实践和政策。

在一般人的印象中，美国把供给学派的理论变成政府的政策，是在里根当政的年代。其实，早在1962年，蒙德尔就把针对美国政府出现的国际收支逆差，提出了减税的政策主张。他说："唯一正确的做法是减税，然后通过收紧银根来保护国际收支平衡。"当时美国政府也认为蒙德尔的理论是有道理的，但未将其变为政府的政策。20世纪70年代，蒙德尔在财政部关于如何走出"滞胀"的咨询会上，再一次提出提高利率以保护美元、减少税收以刺激经济的政策主张。然而，这一政策建议依然遇到了大多数人的反对，他们担心减税会加重财政赤字。

后来的情况大致如此：先是拉弗在蒙德尔的帮助下，发展了供给学派的观点。后来，"拉弗把他的观点介绍给《华尔街日报》主笔祖德·万尼斯基，后者成了拉弗观点的热情支持者。万尼斯基把供给学派的理论兜售给了华尔街日报的编辑，后者把这个观点当成了该报社论中讨论的固定主题。万尼斯基还撰写了一本题为《世界发展之路》的小册子，解释和支持拉弗的观点。拉弗的观点一旦流入共和党国会议员的血液中，便迅速地扩散开来。这就是说，供给学派的理论和政策主张，由蒙德尔开始，经过曲折的道路到拉弗那里，才引起了普遍的关注和政府的采纳。"

拉弗介绍供给学派理论的杰作是"拉弗曲线"。这是拉弗先生在一次早餐时在餐巾上画出的。这条曲线描述了一个无可辩驳的真理，即超过某一点以后，提高税率将会强烈地抑制纳税者的经济活动，以致税收收入会减少。说白了，就是税率太高，纳税者觉得不划算，因而不愿意生产，税收反而减少了；税率低到某一点，人们认为值得干，税收反倒更多。据此，供应学派试图通过减税给人们以更大的税后刺激，促使人们更努力地工作，更多地投资，更好地发明创造，更勇于承担风险。他们认为，人们的这些行为，会提高生产率，增强经济实力，降低通货膨胀。

可以说，供给理论从一开始就是一个着重于政策方面的经济学，这也就是里根竞选纲领的核心理论。因此，1981 年里根当选为总统时就着重于需求管理的政策，大体内容如下：大幅度减税个人所得税，每年削减 10%，共削减了 3 年。此外，大幅度降低企业投资所得税；大力压缩计划中的非国防开支；减缓和稳住货币增长速度，促使通货膨胀下降；大大减少政府管制；大力扩充国防开支；在几年内，使联邦预算达到平衡。

当然，这些经济政策实行起来是相当复杂的，比如减税以后继续增加国防开支的经费问题。于是在后来预算中，就包括了在降税的基础上小幅度增税，略微收缩联邦开支，把联邦收入稍稍高估一点和把联邦开支稍稍低估一些的变通做法。

现在看来，靠供给学派理论支持的供给管理，虽然没有取得他们在竞选时所承诺的美好结果，但在提高竞争力、促进美国经济健康发展方面却有明显成效。从长远来看，则如同国内外不少学者指出的那样，正是这种政策效应支持了美国自 20 世纪 90 年代以来所保持的经济长期繁荣。供给学派的先驱蒙德尔获得诺贝尔经济学奖，也可以作为支持这一判断的证明。

复习与练习参考答案①

第 1 章　导论：经济学基本知识

【关键概念复习】

4、1、5、6、3、2

【思考与练习】

（一）填空题

1. 有限性
2. 资源稀缺和人类欲望无限
3. 机会成本
4. 资源配置
5. 生产什么　如何生产　为谁生产
6. 资源配置　资源利用
7. 市场经济制度　计划经济制度　混合经济制度
8. 混合经济或现代市场经济
9. 市场经济
10. 单个经济单位的经济行为　价格理论或均衡价格理论　个量分析
11. 效用最大化　利润最大化
12. 整个国民经济　国民收入决定理论　总量分析
13. 宏观经济学　微观经济学　规范经济学　实证经济学
14. “是什么”　“应该是什么”
15. 定义　假设　假说　预测

（二）单项选择题

1. C	2. C	3. A	4. A	5. D
6. A	7. B	8. A	9. B	10. D
11. B	12. B	13. A	14. C	15. B
16. C	17. C	18. A	19. B	20. C
21. D	22. C	23. A	24. D	25. D

---

① 问答题只给部分题的参考答案，编者注。

（三）判断题

1. √
2. √
3. ×
提示：资源的稀缺性表明资源相对于人的欲望来说是有限的，所以要节约资源。
4. ×
提示：在生产的投入除了资源外，还有技术、制度等，技术的进步、制度的改善都可以增加产量。
5. ×
提示：“生产什么”、“如何生产”和“为谁生产”这三个问题被称为资源配置问题。
6. √
7. ×
提示：以市场调节为基础、又有政府适当干预的经济制度被经济学家称为混合经济。
8. √
9. ×
提示：微观经济学要解决的问题是资源配置，宏观经济学要解决的问题是资源利用。
10. √
11. √
12. √
13. √
14. ×
提示：实证方法要解决“是什么”的问题，规范方法要解决“应该是什么”的问题。
15. ×
提示：实证方法是研究“是什么”，对于收入差距大一点是好还是不好，取决于人们的价值判断，属于规范分析的方法。
16. √
17. √
18. ×
提示：国内生产总值是一个流量概念（见教材第 8 章）。
19. ×
提示：2001 年 12 月 31 日是一个时点，所以外汇储备是一个存量。
20. √

（四）问答题

4. 参考答案：
（1）实证分析 （2）规范分析 （3）实证分析 （4）规范分析 （5）规范分析（6）实证分析 （7）规范分析 （8）规范分析 （9）规范分析 （10）规范分析
7. 参考答案：
（1）宏观经济问题（2）微观经济问题（3）宏观经济问题（4）微观经济问题（5）宏观经济问题

第2章 供需法则与市场均衡

【关键概念复习】

6、9、8、1、7、2、4、5、3、10

【思考与练习】

（一）填空题

1. 购买欲望（愿望） 购买能力
2. 价格 需求量
3. 右下方 反方向
4. 商品本身的价格 相关商品价格 收入 偏好 预期
5. 反 同
6. 需求量
7. 实际收入不变 货币收入不变
8. 需求曲线的移动 同一条需求曲线上的点移动
9. 替代 收入
10. 需求量的变动 需求的变动
11. 减少 增加
12. 供给能力 供给愿望
13. 右上方 同方向
14. 商品本身的价格 生产要素的价格 相关商品的价格 生产技术 预期
15. 同一条供给曲线上的移动 供给曲线的移动
16. 减少 增加
17. 减少 增加
18. 供给量 供给
19. 需求量 供给量
20. 同 同

（二）单项选择题

1. A	2. C	3. C	4. B	5. C
6. A	7. A	8. A	9. C	10. B
11. C	12. B	13. D	14. B	15. D
16. D	17. A	18. B	19. B	20. A
21. B	22. A	23. B	24. A	25. A

（三）判断题

1. √

2．×

提示：需求包括两个方面，一是愿意购买，二是能够购买，仅仅是愿意购买不能构成需求。

3．×

4．√

5．√

6．√

7．√

8．√

9．√

10．×

提示：需求规律指的是一般的情况，有些商品不是按这样的规律，比如吉芬商品。

11．×

提示：虽然商品价格上升一般情况下会导致需求量减少，但是收入增加了，如果是正常商品，则对这种商品的需求量增加。只有需求的增加量小于需求的减少时，总的需求量才减少。

12．×

提示：需求曲线一般是向右下倾斜的。

13．×

提示：当一种商品的价格上升时，人们会选择这种商品的替代品，使得对这种商品的需求量减少，这是替代效应的内容。

14．×

提示：当一种商品的价格上升时，人们的实际收入减少，从而一般会减少对商品的需求。

15．√

16．×

提示：由于除了商品自身价格外的其他因素造成的供给量的减少，叫供给的减少。

17．√

18．×

提示：供给量是一个时期概念，是流量。

19．√

20．√

（四）问答题

1．参考答案：

因为旅游业的产品与旅馆、餐饮、交通、娱乐等行业的产品是互补品，我们去旅游时，必然要行路、住宿、吃饭和娱乐；如果不行路、住宿、吃饭和娱乐，旅游就无法进行。所以旅游业的发展可以带动旅馆、餐饮、交通、娱乐等行业的相应发展。

2．参考答案：

工人人数的增加，使劳动力供应大量增加，因此，供给曲线发生了移动，所以供给曲线平移，使均衡工资减少，均衡就业量增加，如图 1 所示。

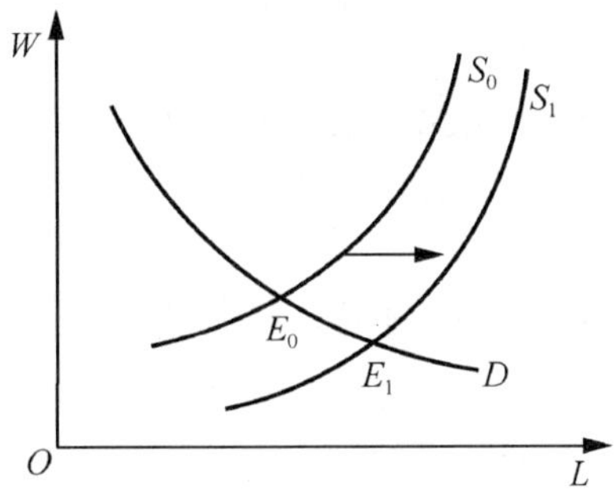

图 1

在图 1 中，劳动供给的变动使供给曲线从 S_0 移动到 S_1，使得均衡点从 E_0 移到 E_1，相对于 E_0 点，均衡工资减少了，而均衡就业量增加了。

3．参考答案：

依据凡勃伦效应，消费者购买高档商品大多是为了满足炫耀的需求。当高档名牌服装在超市打折后，消费者对这种商品的偏好发生了变化，使得需求曲线左移。所以，一方面，根据需求规律，打折后该商品的需求量有所上升，另一方面，偏好的变化使得需求减少了，如果需求的减少超过了需求量的增加，该商品打折后反而卖不出去。

4．参考答案：

收入增加使对空调机的需求增加，需求曲线发生右移，从而使得均衡产量（销售量）增加；价格下降导致生产空调机的厂商的需求量增加了。

5．参考答案：

今年夏天比往年热，对冰激凌的需求就会比往年大，如果其他条件不变，那么需求的增加会提高价格和销售量，如图 2 所示；今年因供电不足造成几家冰激凌工厂停工，使得冰激凌市场的供给减少，即供给曲线左移，如果其他条件不变，将会导致价格提高，销售量减少，如图 3 所示；当上面两种情况同时发生时，结果是价格大幅度提高，销售量则不确定，可能增加也可能减少，如图 4 所示。

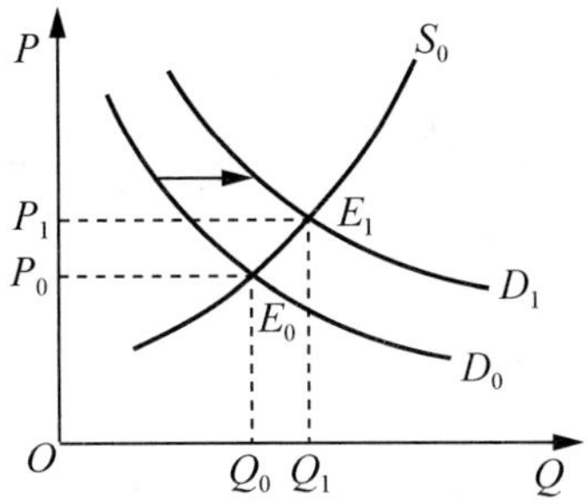

图 2

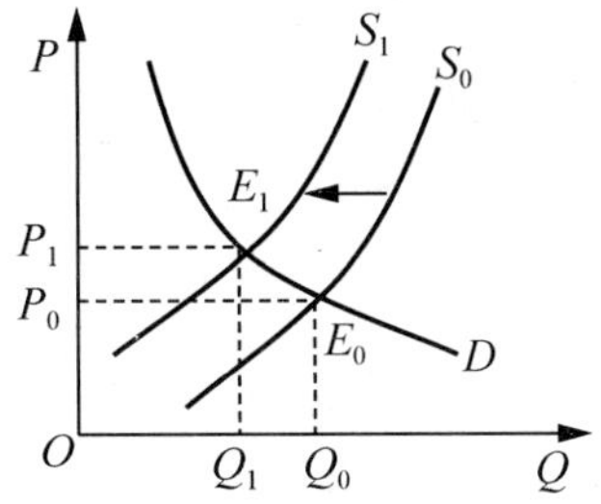

图 3

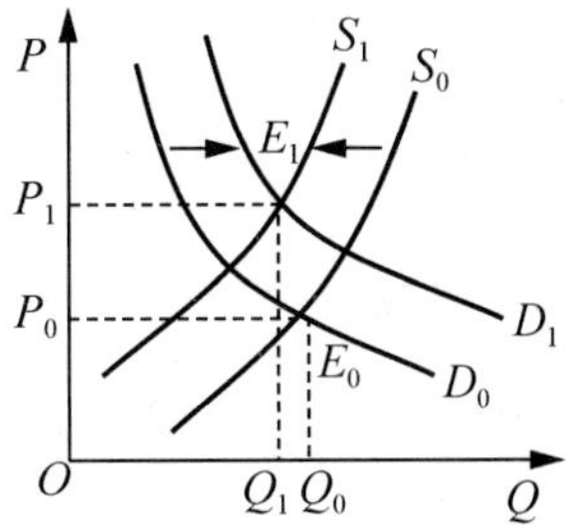

图 4

6．参考答案：

A．需求减少，因为到电影院看电影与在家看 VCD 是替代品，两种替代品之间价格与需求成反方向变动。

B．需求减少，因为盗版影碟与 VCD 是互补品，两种互补品之间价格与需求成反方向变动。

C．需求量减少，因为供给减少引起价格上升，也会使需求量减少。

D．需求量增加，因为供给增加引起价格下降，使需求量增加。

7．参考答案：

A．左移 B．左移 C．右移 D．不变

8．参考答案：

大学管理者的说法不准确。石油和天然气是替代品，石油价格上涨会影响到天然气的价格，虽然伊拉克入侵科威特没有影响到天然气的供给，但是石油价格的上涨使得许多消费者改用天然气，美国东部的这些大学就是一个例子，结果造成对天然气需求的增加，这样同样会造成天然气价格的上涨。如果天然气价格上涨是由这种原因造成的话，大学管理者控告公用事业公司就是不正确的。

第 3 章 弹性理论

【关键概念复习】

5、8、1、4、10、9、2、6、7、3

【思考与练习】

（一）填空题

1．需求量变动幅度 价格变动幅度

2．收入 需求量

3．正常 低档

4．增加

5．食物

6．小 大

7．平行于横轴

8．价格 需求量

9．供给量 价格

10．消费者

11．需求价格弹性 需求量变化的百分比/价格变化的百分比

12．需求收入弹性

13．减少 正

14．增加 负

15．正

16．低劣

17．大于

18．等于

19．时间

20．增加

（二）单项选择题

1．B	2．B	3．D	4．B	5．B
6．B	7．B	8．D	9．A	10．C
11．D	12．A	13．A	14．B	15．A
16．D	17．A	18．A	19．B	20．A
21．B	22．A	23．D	24．C	25．C

（三）判断题

1．×

提示：需求的价格弹性是指需求量的变动对价格变动的反应程度。

2．×

提示：需求的弹性系数是需求量变动的百分比与价格变动的百分比的比率。

3．√

4．√

5．×

提示：这种产品的需求价格弹性的绝对值为 7% / 8%＝7/8 < 1，是缺乏弹性的。

6．×

提示：如果商品越容易被替代，则当价格上涨时，其需求量就会减少很多，其需求就越富有弹性。

7．√

8．×

提示：药品有不同的种类，有的容易被替代，有的不容易，其需求弹性是不同的。

9．×

提示：恩格尔系数是食物支出占总支出的比例。

10．×

提示：收入弹性为正值的是正常商品。

11．√

12．×

提示：汉堡包和热狗是替代品，一种商品价格的上升会引起另一种商品需求的增加，需求交叉弹性为正值。

13．×

提示：如题所述，B 商品对 A 商品的需求交叉弹性为正值，它们是替代关系。

14．×

提示：这种商品的供给价格弹性为 12% / 5%＝12/5 > 1，所以是富有弹性的。

15．√

16．×

提示：如果商品是缺乏弹性，提高价格能够增加总收益；如果是富有弹性，那么降低价格能增加总收益。

17．√

18．√

19．√

20．×

提示：需求富有弹性的商品可以薄利多销。

（四）问答题

3．参考答案：

因为玫瑰的供给缺乏弹性，受自然条件和生产技术的限制，即使玫瑰价格上涨了，也不可能使玫瑰供给大量增加。当情人节到了的时候，对于玫瑰的需求大量增加，这时对玫瑰的需求必然推动着价格猛涨。而巧克力、贺卡的供给弹性跟玫瑰不同，它们的供给弹性很大，在短时间内生产厂商可以生产出大量的巧克力和贺卡，当情人节到来的时候，对巧克力和贺卡的需求增加，这时厂商可以生产更多的巧克力和贺卡，所以价格涨幅甚微。

4．参考答案：

只有需求富有弹性的商品才能“薄利多销”。因为对于需求富有弹性的商品来说，当该商品的价格下降时，需求（从而销售量）增加的幅度大于价格下降的幅度，所以总收益会增加。总收益的增加不一定等于利润的增加。在“薄利多销”的情况下，企业应使价格的降低不仅能增加总收益，而且还能增加利润。“薄利多销”策略原理图解和谷贱伤农——需求缺乏弹性的产品分析分别如图5和图6所示。

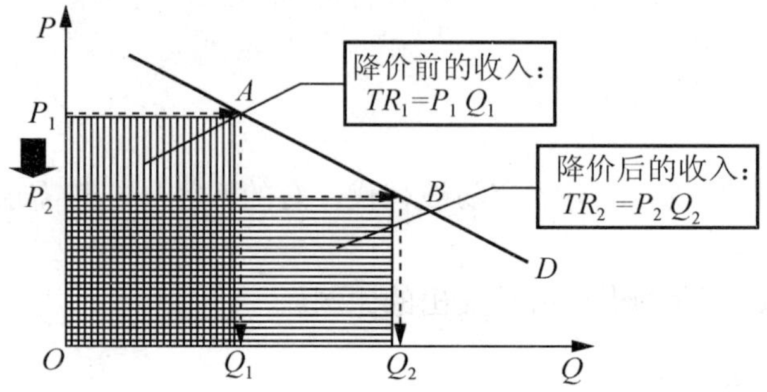

图　5

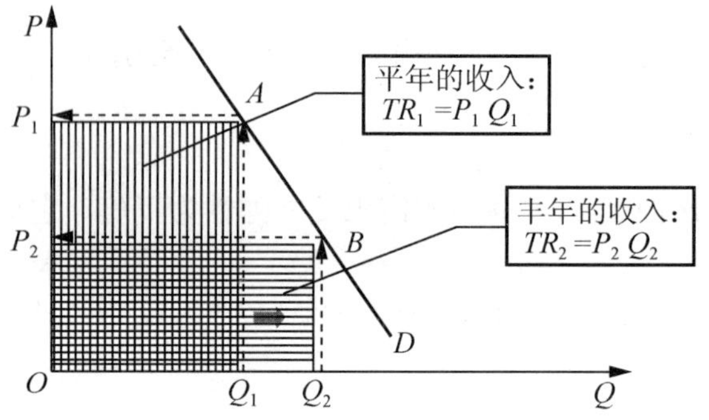

图　6

如果某种商品是需求缺乏弹性的商品，那么，当商品的价格下降时，需求量（从而销售量）增加的幅度小于价格下降的幅度，所以，总收益减少了。“谷贱伤农”的意思是指丰收了，由于粮价下跌，农民的收入减少了。其原因就在于粮食是生活必需品，需求缺乏弹性。由于丰收而造成粮价下跌，并不会使需求量同比例增加，从而总收益减少了，农民受损失（增产不增收）。

5．参考答案：

如果说经济学家对价格较敏感，那么我觉得 R. Clower 教授更像经济学家。因为 R. Clower 教授对古巴牌雪茄的需求比 A. Leijonhvud 教授富有价格弹性。假设古巴牌雪茄现在是50美元一盒，当价格上涨到100美元一盒，则 R. Clower 教授的需求是1盒，弧弹性是1，即需求下降的百分比与价格上涨的百分比一样；而 A. Leijonhvud 教授对古巴牌雪茄的需求缺乏弹性，当价格上涨时，A. Leijonhvud 教授的需求仍然是两盒，需求价格弹性为0。因此，如果认为经济学家对价格较敏感，那么 R. Clower 教授更像经济学家。

9．参考答案：

小麦是一种生活必需品，弹性小，价格下降会使农业的利益受损。一旦今年小麦的平均产量增加 20%，小麦价格将会下降，影响我的收入。为了减少粮价下降给我带来的不利影响，我也应该采用新的杂交品种。如果《国际商报》报道，今年粮价预计将上涨 5%左右，我将会增加粮食生产以提高收益。

10．参考答案：

25 元属于价格上限，10 元属于价格下限。当影片好时，25 元价格会引起观众人数太多；当影片不好时，10 元价格会使观众太少。不利于电影业的发展。

第 4 章　消费者行为理论

【关键概念复习】

3、4、1、7、6、2、5

【思考与练习】

（一）填空题

1．生理或心理的原因　物品本身用途的多样性

2．消费者剩余

3．满足感　相对性　主观性

4．偏好

5．上升　达到最大　下降

6．满足感的增量

7．消费者剩余

8．增加　减少

9．利率

10．未来收益率

（二）单项选择题

1．C	2．C	3．A	4．B
5．C	6．C	7．B	8．B
9．D	10．C	11．D	12．B
13．C	14．D	15．A	16．D

（三）判断题

1．×

提示：正是因为物品用途有多样性，所以在消费物品的时候，总是先把物品用在效用最大的用途上，所以边际效用是递减的。

2．√

3．√

4．×

提示：正是因为偏好具有规律性，消费者偏好才会得到一定程度的显示。

5. √

6. ×

提示：替代效应对劳动供给是正效应，收入效应是负效应。

7. √

8. √

9. ×

提示：自我实现的需要是人类最高层次的欲望。

10. √

11. ×

提示：消费者剩余只是消费者的一种心理感觉，感觉得到预料之外的实惠，但不是真正得到这笔钱。

12. ×

提示：它也体现了效用的主观性。

13. ×

提示：是车子产生效用而不是轮子产生效用。

14. ×

提示：消费者要获得最大的效用，就应该把某种商品按用途重要的顺序依次分配。

15. ×

提示：消费者剩余是消费者愿意对某物品所支付的价格与他实际支付的价格的差额。

16. ×

提示：偏好是不取决于消费收入者和物品的价格的，只是在做选择的时候才会考虑到收入和价格。

（四）问答题

1. 参考答案：

（Ⅰ）0　（Ⅱ）18　（Ⅲ）7　（Ⅳ）5　（Ⅴ）33　（Ⅵ）1

（1）B

（2）不同意这种说法。根据边际效用递减规律，消费者消费的第一个商品的边际效用是最大的，但是消费者并不只会购买一个单位的这种产品，因为一个理性的消费者追求的不是边际效用最大，而是总效用最大。因此，这种说法是不对的。

3. 参考答案

根据消费者均衡条件

$$\begin{cases} P_1 \cdot Q_1 + P_2 \cdot Q_2 + P_3 \cdot Q_3 + \cdots\cdots + P_n \cdot Q_n = M \\ \dfrac{MU_1}{P_1} = \dfrac{MU_2}{P_2} = \dfrac{MU_3}{P_3} = \cdots\cdots = \dfrac{MU_n}{P_n} \end{cases}$$

重新构制图表为如表 1 所示

表 1

物品单位数	MU_A	每 1 元的 MU_A	MU_B	每 1 元的 MU_B
1	10	0.5	8	0.8
2	8	0.4	7	0.7
3	6	0.3	6	0.6
4	4	0.2	5	0.5
5	3	0.15	4	0.4
6	1	0.05	3	0.3
7	−1	−0.05	1	0.1

从表 1 可知 2 单位 A 和 5 单位 B 的组合满足这些条件：

$$\begin{cases} 20\text{元}\times 2+10\text{元}\times 5=90\text{元} \\ \dfrac{8}{20}=\dfrac{4}{10} \end{cases}$$

符合以上条件，所以此人购买 2 单位 A 和 5 单位 B，总效用最大，为 48。

4．参考答案：

（1）中间差价剩余的 3 000 元不是消费者剩余。

（2）消费者在购物时，往往会出现宁愿付出而不愿得不到此物的心理价格，远远超过他实际付出的价格，超出的部分就是消费者剩余。小王所产生的剩余是购买两种不同型号的吉他所产生的价格差价，所以不能算作是产生了消费者剩余。

（3）如果小王准备花 9 000 元买一把 Ibanez RG3120F 电吉他，到琴行后发现这种电吉他打折优惠，他只需花 6 000 元便购买到了此种吉他，这样心理价格超过实际价格的 3 000 元就是小王所产生的消费者剩余。

5．参考答案：

（1）水对人类的重要性的确大于钻石，人们从水的消费中所得到的总效用是大于钻石的，但是，商品的价格或价值不是由其总效用而是由边际效用决定的。

（2）同理，水的价格也不是由水的总效用而是由最后一单位水的边际效用来决定的。由于水资源是相对充足的，人们从最后一单位水得到的边际效用很小，人们只愿意付非常低的价格。相反，钻石是相对稀缺的，供给量少，从而影响到其边际效用很高，因此价格昂贵。

7．参考答案：

（1）根据消费者行为理论，企业在决定生产什么时首先要考虑商品能给消费者带来多大效用。效用是一种心理感觉，取决于消费者的偏好。因此，企业要想把商品卖出去，而且能卖高价，就要分析消费者的心理，满足消费者的偏好。消费者偏好需要企业能够合理运用传播策略、运用广告等手段引导消费时尚，培养并形成消费者的偏好。

（2）消费者行为理论还告诉我们，一种产品的边际效用是递减的。因此，企业要不断创新，产品要多样化，才不会引起边际效用递减。

8．参考答案：

（1）替代效应指工资增加引起的工作对闲暇的替代。因此，随着工资的增加，替代效应使劳动供给增加。另外，随着工资的增加，人们的收入增加，收入增加引起人们对闲暇的需求增加。增加闲暇必定减少劳动时间，这就是工资增加引起的收入效应，收入效应使劳动供给随工资增加而减少。

（2）工资增加引起的替代效应和收入效应对劳动供给起着相反的作用。如果替代效应大于收入效应，则随着工资增加，劳动供给增加。如果收入效应大于替代效应，则随着工资增加，劳动供给减少。

第5章　生产与成本理论

【关键概念复习】

3、8、1、5、4、7、6、2、10、9

【思考与练习】

（一）填空题

1．生产要素　　2．企业　　3．规模经济
4．内隐成本　　5．生产函数　　6．变动成本
7．固定成本　　8．学习　　9．范围
10．业主制　合伙制　公司制
11．劳动　资本　土地　企业家才能
12．生产技术没有发生重大变化
13．平均产量
14．边际产量递减
15．大于　小于　平均产量
16．固定　可变
17．最低　关门

（二）单项选择题

1．C　　2．B　　3．D　　4．A　　5．C
6．A　　7．A　　8．B　　9．D　　10．A
11．B　　12．D　　13．B　　14．C　　15．A
16．A　　17．D

（三）判断题

1．×
提示：这部分资金被视为隐含成本。

2. ×

提示：经济学中短期和长期不是指一个具体的时间跨度，而是指能否使厂商来得及调整生产规模所需要的时间长度。

3. ×

提示：在长期中，所有生产要素都可以调整，不存在固定成本。

4. √

5. ×

提示：不随产量变动而变动的成本称为固定成本。

6. √

7. ×

提示：随着产量的增加，平均固定成本是一直下降的。

8. ×

提示：边际成本高于平均成本时平均成本上升，边际成本低于平均成本时平均成本下降。

9. ×

提示：短期边际成本曲线和平均可变成本曲线的交点是平均可变成本曲线的最低点，是企业的关门点，在这时不能实现收支相抵，因为固定成本得不到补偿。

10. √

11. ×

提示：只有边际产量小于平均产量，平均产量才是递减的；如果边际产量大于平均产量，则即使边际产量递减，平均产量也是递增的。

12. √

13. ×

提示：两条等产量曲线相交在理论上是不可能的，因为两条等产量曲线相交，就表示这两条等产量曲线所代表的要素组合生产同一种产量，而等产量曲线的含义是厂商选择要素最少的要素组合，也即是一条等产量曲线，所以两条等产量曲线相交在理论上是不可能的。

14. ×

提示：长期总成本曲线是各种产量总成本变动的轨迹。

15. ×

提示：长期边际成本曲线呈 U 型的原因是随着产量的增加，先出现规模经济，平均成本慢慢减少，到一定程度之后，出现规模不经济，平均成本又慢慢增加。

16. √

17. ×

提示：平均固定成本随着产量的增加而减少。

18. ×

提示：规模收益递减意味着长期平均成本上升。

19. √

20. √

（四）问答题

2．参考答案：

如果短期内生产要素的价格不随着厂商的产量变动而变动，则从总产量曲线得到总成本曲线只要把总产量曲线的纵轴作为总成本曲线的横轴，总产量曲线的横轴上的刻度乘以生产要素的价格作为总成本曲线的纵轴，总产量曲线得到相应的变换就成了总成本曲线，短期总产量曲线和短期总成本曲线的关系如图 7 所示。

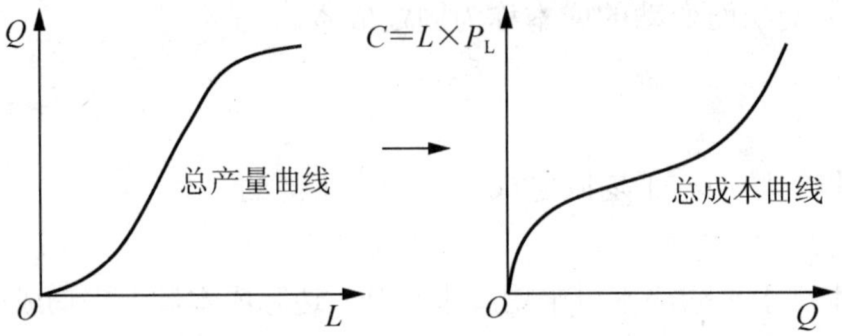

图 7

从图 7 中我们可以看出，当总产量曲线以递增的速度增加时，总成本曲线以递减的速度增加；当总产量曲线以递减的速度增加时，总成本曲线以递增的速度增加。

3．参考答案：

各成本曲线的关系如图 8 所示。

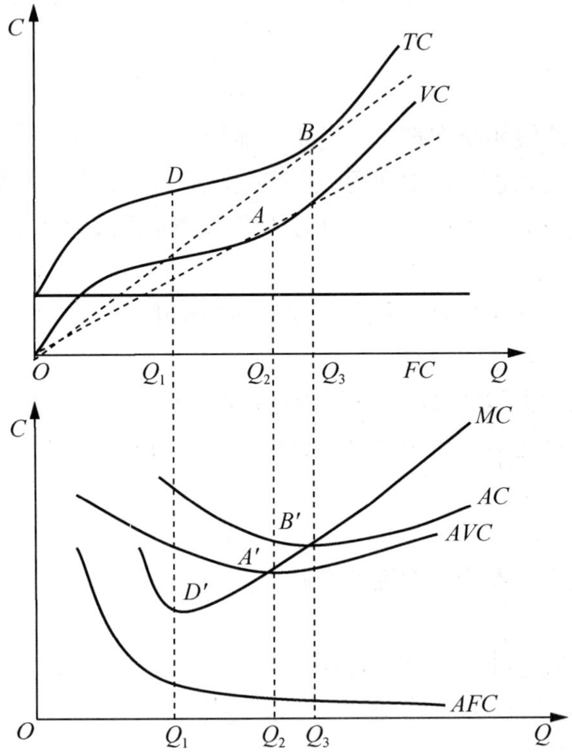

图 8

从图 8 我们可以看出：

（1）总成本曲线是总变动成本曲线加上一个固定成本，其形状与总变动成本一样。

（2）总成本曲线上点与原点的连线的斜率是平均成本。

（3）总成本曲线上点切线的斜率是边际成本，当边际成本大于 0 且递减时，总成本曲线以递减的速度上升；当边际成本曲线大于 0 且递增时，总成本曲线以递增的速度上升；当边际成本小于 0 时，总成本曲线下降。

（4）当边际成本位于平均成本曲线（平均变动成本曲线）下方时，平均成本曲线（平均变动成本曲线）随着产量的增加而下降；当边际成本位于平均成本曲线（平均变动成本曲线）上方时，平均成本曲线（平均变动成本曲线）随着产量的增加而上升。

5．参考答案：

长期平均成本曲线的形状是先下降，达到最低点后再上升。经济学对这一现象的解释一般涉及规模经济和规模不经济。具体而言，就是以规模经济来解释 *LAC* 曲线下降的原因，以规模不经济来解释 *LAC* 曲线上升的原因。

6．参考答案：

企业在做出是否经营的决策时，企业老板要注意固定和可变成本的区分。企业中的许多成本——厂房、机器设备、租金等都是固定成本。企业停止生产并不能减少这些固定成本，相反，唯有继续生产才能减少一点亏损。当老板决定是否生产时，只有当生产的盈利小到无法弥补可变成本（*AVC*）时，才会决定停止生产。

7．参考答案：

不对。

机会成本是做出一种选择时所放弃的其他若干种可能的选择中的最好的一种，而不是全部。所以小王做小生意的机会成本应该是 300 元，而不是 480 元。

8．参考答案：

（1）会计利润＝1000×100－（20000＋50000×10%）＝75000（元）

（2）经济利润＝1000×100－（20000＋100000×10%＋40000）＝30000（元）

9．参考答案：

（1）总收益＝10×2.5＝25（万元）

（2）显性成本＝15＋20×10%＝17（万元）

（3）机会成本＝15＋40×10%＋7＝26（万元）

（4）会计利润＝25－17＝8（万元）

（5）经济利润＝25－26＝－1（万元）

10．参考答案：

（1）不会。

（2）不可能。

根据边际收益递减规律，当把一种可变生产要素投入到几种固定的生产要素上时，一开始总产量会增加，边际产量也是递增的。但当达到一点时，边际产量开始递减，到最后甚至出现负值，从而使得总产量也减少。所以当朋友把帮手翻一番时，他的产量不会翻一番。

第6章 厂商行为理论

【关键概念复习】

2、1、4、3、6、5

【思考与练习】

（一）填空题

1．完全竞争 垄断竞争 寡头垄断 完全垄断

2．不存在 没有	3．一	4．很少
5．存在竞争	6．重合	7．向右下
8．MC ＝ P	9．完全竞争	10．MR ＝ MC

（二）单项选择题

1．B	2．A	3．A	4．B	5．C
6．C	7．B	8．C	9．B	10．B

（三）判断题

1．×

提示：收益减去成本才是利润。

2．√

3．√

4．√

5．×

提示：在完全竞争市场上，短期内可能处于亏损状态，因为在短期，企业无法改变固定成本，固定成本就是一种沉淀成本，这时候厂商只考虑平均可变成本和平均收益，即价格的比较，当价格大于可变成本时，厂商继续生产是有利可图的。但是，如果把固定成本也考虑进去，就可能是处于亏损状态。

6．√

7．×

提示：在完全竞争市场上，因为厂商数目很多，单个厂商无法改变价格，只是价格的接受者。

8．√

9．√

10．√

（四）问答题

1．参考答案：

由于不同市场的垄断性不同，不同的市场结构有不同的经济效率，完全竞争市场的经济效率最高，垄断竞争市场次之，寡头垄断市场经济效率又仅次于垄断竞争市场，完全垄断市场经济效率最差。

2．参考答案：

$CR_4=10\%+9\%+8\%+7\%=34\%$

HHI 指数的计算方法为$(10\%)^2+(9\%)^2+(8\%)^2+(7\%)^2+(6\%)^2+(5\%)^2+(4\%)^2+(3\%)^2+(2\%)^2+(1\%)^2$。

3．参考答案：

B \ A	做 广 告	不做广告
做 广 告	（30，30）	（20，50）
不做广告	（50，20）	（40，40）

因为当 B 做广告时，A 的最优策略是做广告（30＞20）；当 B 不做广告时，A 的最优策略同样是做广告（50＞40）。所以无论 B 的策略是做还是不做广告，“做广告”都是 A 的最优策略，同理无论 A 做不做广告，B 都会选择“做广告”。因此，博弈的结果是 A 和 B 都做广告。

5．参考答案：

（1）因为鸡是同质的，是无差别的，而包子是有差别的，所以养鸡场是完全竞争的，而包子铺是垄断竞争的。

（2）如果我是一个包子铺的老板，首先要认清包子属于餐饮业，关键是要看味道、食材，再就是卫生，比如说要货真价实、馅大皮薄，味道上精益求精，还可以在包子的外形上做文章，可以做出不同的形状，或应顾客的要求做，做出自己的品牌。人不可能永远立于不败之地，除了上述的方面外，还要在服务质量上做文章，增加外卖口，或送货上门等，要想体现自己的差异性，这些都应该做到。

6．参考答案：

认为它是垄断者，所以应该解体，主要是从完全垄断市场经济效率低，不利于资源有效配置的方面来考虑的；认为它是垄断者，但不应该解体，主要是从它形成垄断的原因来考虑的。从审判的结果来看，微软最后没被拆分，我也认为如果对微软进行拆分，将对美国的经济乃至政界都产生很大的影响，还会使互联网企业股价狂跌，波及整个世界经济。再从消费者的角度来看，消费者是获得了好处的，鉴于此，我认为微软不应该解体。

第 7 章　微观经济政策

【关键概念复习】

3、2、8、6、7、1、5

【思考与练习】

（一）填空题

1．非排他性　非竞争性
2．排他性　竞争性
3．非排他性
4．外部性
5．正外部性　外部经济
6．负外部性　外部不经济
7．纯公共物品
8．准公共物品
9．政府管制　收费和补贴
10．信息不对称
11．提价
12．价格　产量　社会福利
13．价格管制　实施反垄断法　国有化
14．国有化
15．垄断、公共物品或外部性、不对称信息任意两个答案即可
16．竞争性

（二）单项选择题

1．D	2．C	3．B	4．B	5．A
6．C	7．D	8．A	9．D	10．D
11．A	12．A	13．C	14．A	15．B
16．C	17．B	18．D	19．C	20．B

（三）判断题

1．√
2．×
提示：公共物品的两个特性是非排他性和非竞争性。
3．√
4．√
5．×
提示：之所以叫市场失灵，正是因为无法通过市场自动的调节使之正常。
6．√
7．×
提示：搭便车是因为公共物品具有非排他性的特征产生的。
8．×
提示：纯公共物品只能由政府提供，准公共物品可由政府和市场共同提供。

9. ×

提示：非公共物品很显然就不是公共物品，公共物品可以分为纯公共物品和准公共物品。

10. ×

提示：外部性可以由政府征税或收费、管制、补贴和减免税等政府行为来解决。

11. √

12. ×

提示：搭便车之所以产生，是因为公共物品的非排他性，也就是不能阻止别人去消费该物品，既然不能阻止，也就不能收费。

13. ×

14. √

15. √

16. √

17. ×

提示：信息不对称在现实中是到处存在的，比如二手车市场中。

18. ×

提示：垄断导致了较高的价格、较低的产量，因而降低了社会福利。

19. ×

提示：只要存在垄断，就会导致市场存在一定程度的失灵，不管这种垄断是卖方垄断还是买方垄断。垄断导致了较高的价格、较低的产量；买方垄断导致了原材料较低的价格和较低的产量。

20. √

（四）简答题

1. 参考答案：

消防队、免费公园。

公共物品不同于私人物品，它在消费上不具有竞争性和排他性，即具有非竞争性和非排他性的特征。比如看焰火时，别人绝不会因你在看而不能看，这就是非排他性，即物品不能排除人们同时使用的特性。而且焰火也不会因你看了，使得别人看得少或效果不好了，这就是非竞争性，即物品具有当一个人享用时并不能减少另一个使用的特性。某些社会成员正是利用了公共物品的这两个特性，只愿意享用公共物品消费带来的效用，而不愿意为公共物品的生产付出代价，总是希望别的社会成员为公共物品的生产付出成本。

搭便车问题的存在，使得公共物品在私人经营的情况下，收费成为不可能。

我们知道，在市场交换的条件下，一种商品或服务的价格，不是取决于它的平均成本，而是取决于它的边际成本。看焰火时，多一个人观看，并不会使焰火的成本有任何增加，也就是说边际成本为零。这样按照边际成本的等价原则，看焰火的每个人或家庭根本不该付费，免费消费成为应该，市场在这里会失灵。因此，国防等各类公共物品就不能通过市场供给。

4. 参考答案：

科斯认为，在财产权利存在只涉及少数参与者，而且交易费用低的情况下，个人之间的交易是有效率的。这时不存在外部性，因为交易各方会考虑所有的成本和收益，而且谁拥有产权是不重要的。

邻居家的狗整夜吵闹影响了我的睡眠，而我有权利要求邻居为他的狗负责，那就是为影响我的睡眠做出补偿。邻居为了能继续养狗，只能愿意为我做出经济上的补偿。这样，邻居为他的行为给别人造成的影响支付了费用，而我也得到了补偿。双方通过协商，满意地解决了这件事。

如果邻居养狗的收益是 500 元，而我因狗叫的损害（成本）是 800 元，那么有效的解决办法应该是我向邻居支付 500 元以上 800 元以下的费用，让邻居放弃养狗。如果邻居接受，那么这是在承认私人产权的前提下有市场效率的解决方法。

如果邻居养狗的收益是 800 元，我维持安静生活的成本是 500 元，那么维持现状是有市场效率的。

7．参考答案：

约翰的狗整天吵闹，影响了邻居休息，如果邻居所受的伤害得不到补偿，约翰也不会因此付出赔偿，那么约翰的狗对邻居形成了有害的外部性影响。而现在约翰支付了 1 000 美元给邻居，这里有两种可能的情况，第一种情况是邻居的休息受到影响相当于 1 000 美元以内的损失时，邻居所受的伤害就得到了补偿，则有害的外部性影响得到了消除；而如果邻居的休息受到影响相当于 1 000 美元以上时，邻居的伤害只得到部分补偿，约翰的狗仍然对邻居形成了有害的外部性影响。

第 8 章　宏观经济学概览

【关键概念复习】

5、4、7、6、2、3、1

【思考与练习】

（一）填空题

1．《就业、利息和货币通论》
2．总量分析　总量经济学
3．整体的经济行为
4．国民经济总过程的活动　国民收入　就业水平　价格水平
5．经济增长率　失业率　通货膨胀率
6．居民消费物价指数　零售物价指数　生产者价格指数
7．价格理论　就业理论
8．通货膨胀率
9．没有工作　可以工作　正在寻找工作
10．企业家信心指数　消费者信心指数
11．通货膨胀率　失业率
12．内需
13．外需

14．痛苦指数
15．流量
16．存量
17．注入
18．漏出
19．均衡国民收入
20．潜在国民收入

（二）单项选择题

1．C	2．C	3．D	4．B
5．B	6．A	7．A	8．C
9．C	10．D	11．A	

（三）判断题

1．×
提示：宏观经济学的中心理论是国民收入决定理论。
2．×
提示：存量是一个时点概念，是指某一时点上某一变量的发生值。
3．√
4．√
5．√
6．×
提示：在凯恩斯看来，造成资本主义经济萧条的根源是总需求不足。
7．√
8．√
9．×
提示：投资是某一时期的资本的投入，是一个流量概念。
10．√

（四）问答题

2．参考答案：

在一个比较长的历史时间来考察经济的运行状态，一般都沿着向上的路径增长，实际GDP 的趋势是增加的，即经济的长期增长。经济在增长的过程中是不稳定的，有时增长得很迅速，有时很缓慢，甚至出现衰退的现象叫经济的短期波动。

经济长期增长的决定因素：制度、资源、科学技术和对外开放。经济短期波动的决定因素：总供给和总需求。

3．参考答案：

主要指标有经济增长率、通货膨胀率、失业率和国际收支经常账户平衡。

次要指标有企业存货投资变化、信心指数和遗憾指数。

经济增长率越高，通货膨胀率和失业率越低，国际收支经常账户保持平衡，就说明经济越繁荣。反之，则说明经济越衰退。

5．参考答案：

判断一国经济形势的关键指标是经济增长率、通货膨胀率、失业率和国际收支经常账户平衡。政府的经济目的是要实现经济增长、充分就业和物价稳定，即低失业、低通胀下的高增长。美国的失业率、经常项目收支低于其他三个国家，通货膨胀率却高于其他三个国家，经济增长低于英国高于日本和德国。

第9章　长期经济增长

【关键概念复习】

6、11、9、12、13、10、7、1、3、5、8、2、4

【思考与练习】

（一）填空题

1．GDP或人均GDP
2．制度　资源　科学技术
3．制度　资源　技术进步
4．市场　产权　货币交换
5．价格波动
6．识字率　预期寿命　婴儿死亡率
7．最终产品　市场价值
8．最终产品
9．国土原则　流量
10．支出法　收入法
11．名义指标　产出指标　市场交易指标
12．成本法　消费支出　私人投资　政府购买
13．国民原则
14．个人可支配收入
15．可持续发展

（二）单项选择题

1．B	2．A	3．D	4．D	5．D
6．C	7．D	8．B	9．D	10．B
11．C	12．D	13．C	14．B	15．C
16．A	17．A	18．C	19．D	20．D

（三）判断题

1．×

提示：经济增长最简单的定义是 GDP 或人均 GDP 的增长。

2．×

提示：经济增长是明确的产出（总产出或人均产出）增加，具体表现为 GDP 增加；经济发展是指社会从落后状态进入先进状态的过程，它不仅包括经济增长，还应该包括国民的生活质量、教育水平、健康卫生质量以及整个社会经济结构和制度结构的总体进步。

3．×

提示：科学技术进步能使人类更有效地利用资源，但并不能完全解决资源对经济持续发展的制约作用。

4．×

提示：在完全的市场经济下难以避免经济的无序发展，可能会导致经济危机的爆发，经济持续增长还必须有政府的干预。

5．√

提示：GDP 是一个经济体范围内在一定时期生产的所有最终产品的市场价值总和。

6．×

提示：支出法计算的 GDP 是所有花在最终消费品上的货币价值之和。

7．×

提示：长期的高速发展有可能是资源掠夺性的外延扩张性的发展，这种高速度是不可能会长久的。

8．√

提示：GDP 是市场交易指标，地下交易难以统计，不通过市场的地下交易不包含在 GDP 中。

9．×

提示：人力资本包括专门技能和专门知识，是经济增长最基本的源泉，也是提高生产率和技术进步的源泉。

10．√

提示：经济增长需要扩大再生产的规模，扩大再生产所需要的资源来自于现实消费的节余。

11．√

提示：市场、产权、货币交换制度是激励人们创造的主要制度。

12．×

提示：HDI 是个加权平均数，是综合考查一国或地区至少三个方面情况的指标。HDI 低不一定扫盲率也低。

13．×

提示：外商投资企业的产出应该计入 GDP，但不计入 GNP，因为外商投资企业非我国国民。

14．×

提示：将外债优先发展教育事业对于未来的偿债能力比较有利，但对于短期偿债能力的提高不利。

15．×

提示：美国经济快速增长、生产率大幅提高的主要原因在于其生产技术的提高和应用。

（四）简答题

4．参考答案：

人口多给自然资源的压力更大，但并一定 GDP 的增长就慢，经济增长关键在于技术变革和制度激励，依靠教育培养使劳动者的技能提高，从而增加一个国家的人力资本的总量和水平，为经济快速增长提供革命性的资源。

5．参考答案：

（1）否；（2）是；（3）否；（4）否；（5）否；（6）否。

10．提示：

利用 IE 进入国家统计局网站，查阅上一季度 GDP 资料，将数据复制到电子表格软件 Excel 中，使用其插入表格功能为所查阅的数据制作合适的曲线图。

第 10 章　短期经济波动

【关键概念复习】

3、8、7、1、2、4、5、6、10、9

【思考与练习】

（一）填空题

1．繁荣　衰退　萧条　复苏

2．失业率　失业人数　劳动力总数　30%

3．季节性失业　摩擦性失业　结构性失业　周期性失业

4．摩擦性失业　结构性失业

5．需求不足的失业　有效需求　充分就业　自然失业率

6．反方向

7．物价指数

8．爬行通货膨胀　加速的通货膨胀　恶性通货膨胀

9．总需求　总供给

10．工资推动型通货膨胀　利润推动型通货膨胀　进口成本推动型通货膨胀

11．生产过剩　需求不振　对外依赖程度高

12．货币工资增长率　失业率

（二）单项选择题

1．C	2．A	3．B	4．C	5．B
6．B	7．A	8．C	9．B	10．B
11．C	12．A	13．C	14．D	

（三）判断题

1. ×

提示：失业是一种状态，是有劳动能力并且愿意工作的人找不到工作的情况，即指劳动的完全闲置状态。

2. ×

提示：一个国家失业情况的指标除了失业率这个相对指标外，还必须使用失业人数这个绝对指标。尽管最常用的失业衡量指标是失业率，但往往还会用到就业增长率、离职率、失业持续时间等指标来反映失业和就业状况。

3. ×

提示：充分就业是指在给定工资率的情况下，想要工作并能工作的劳动者都有工作的状态。充分就业并不是百分之百的就业，而是没有周期性失业的状态。

4. ×

提示：自然失业率即使是在一个国家范围内，也会由于经济发展的水平不同而变化。

5. ×

提示：如果你对公司所给予的工资不满意而选择另谋高就，在未找到工作之前你就是失业者，此时肯定有的公司也和你一样在物色合适的员工。

6. ×

提示： 奥肯法则是个经验统计规律，失业率与实际国民收入增长率之间呈反方向变动的关系。但必须明白各个国家的具体情况都不一样，这一规律并不一定都适用。

7. ×

提示：一般而言，根据消费物价指数、批发物价指数或国民生产总值折算数来计算通货膨胀率，其结果应该不一致。

8. ×

提示：在计划经济条件下，由于行政命令的原因，即使存在通货膨胀的压力，可能物价水平也依然保持不变，而改用计划消费的方式来满足人们的需要。

9. √

提示：通货膨胀相当稳定且能够完全预期，人们和企业在做出决策时，会考虑预期通货膨胀率，完全没有不确定性，对经济的稳定发展比较有利。

10. √

提示：通货膨胀不能预期，不确定性增加使长期计划变得困难重重。通货膨胀率变动性很大，使得很多决策者将放弃资本投资和其他涉及长期承诺的交易，结果失去交易带来的有利于双方的收益，市场效率降低，因而人们把视线集中在短期上。

（四）问答题

3. 参考答案：

不同意。首先，劳动（或者说劳动力）是一种稀缺资源。劳动是一种与土地和资金一样具有稀缺性的资源，否则劳动就可以像空气一样随手可取，也就无所谓劳动的价格（工资）了。资源的闲置（劳动力失业）和资源的稀缺性并不矛盾。闲置的资源也并不是可以无偿使用的。由于劳动力的价格具有刚性，而且工资的刚性比其他资源的刚性更强，因此对于理性的生产商来说，追求利润最大化原则决定其产量时，企业的劳动需求也就同时被决定了。在现有的工资率水平下，并不是想工作就一定能找到工作。其次，劳动者也是理性的行为人，是劳动力市场上的供给者。一个劳动者通过劳动获取收入，但同时必须享受闲暇，也就是说，一个劳动者总是通过选择劳动和闲暇的组合来最大化他的效用。一个劳动者（或者家庭）的劳动供给数量就是劳动者进行理性决策的结果，从而生产商也并不是在需要劳动力的情况下，就一定能招聘到足够数量的劳动力。

5．参考答案：

需求拉上的通货膨胀。加薪方案的公布，意味着人们的消费信心将增强，未来人们的消费支出会相应地增加，在当前供给水平不变的情况下，引起物价水平的普遍上涨属于需求拉上的通货膨胀。

9．参考答案：

“成本推动”理论认为：带垄断性的公司和工会提高产品价格和工资是造成通货膨胀与滞胀的主要原因。在利益集团的影响下，某些产品的价格或某些行业的工资上涨、某些收入的税率下降，这些变化都会带来资源分配的扭曲，影响市场的效率，甚至造成物价和工资的循环上涨，导致高通货膨胀率和高失业率。

第11章　开 放 经 济

【关键概念复习】

4、1、2、3、7、5、10、6、9、8

【思考与练习】

（一）填空题

1．净出口　贸易余额　贸易盈余　贸易赤字
2．对国内产品及劳务的总需求
3．净出口
4．右上方　增加　恶化
5．增加　改善
6．收支总额
7．贷
8．经常项目　资本和金融项目　误差与遗漏项目
9．商品和服务　收益　经常转移
10．一切对外资产和负债的交易活动
11．经常　资本和金融
12．国际收支顺差　国际收支逆差
13．官方储备

14．直接标价　间接标价

15．本币表示的外国货币价格上升　本币表示的外国货币价格下跌

（二）单项选择题

1．C	2．D	3．B	4．B	5．B
6．A	7．D	8．A	9．A	10．C
11．A	12．D	13．C		

（三）判断题

1．√

提示：利率上升，投资收益增加，资本流入。

2．×

提示：资源的组织、生产及分配在全球进行即为开放经济，与政府干预与否无关。

3．√

提示：国际收支平衡表记账原则。

4．×

提示：按无形和有形，商品和服务项目被分为商品项目和服务项目。

5．×

提示：由于官方储备的存在，国际收支平衡表最终是平衡的。

6．×

提示：直接标价称为应付标价法，间接标价称为应收标价法。

7．×

提示：直接标价法被大多数国家采用。

8．√

提示：间接标价为用外币来表示一定数量的本币，故汇率上升表示本币升值。

9．×

提示：固定汇率并非是一成不变，在经济环境发生重大变化时，也可以改变。

10．√

提示：国民收入高，则总的需求水平高，有效需求包含对国外商品和劳务的需求，故进口额度大。

11．√

提示：国际收支平衡表采用复式记账原则，有借必有贷，借贷必相等。

12．√

提示：开放经济的均衡是经常项目和资本与金融项目的总体均衡。

13．×

提示：严格来说，不存在着政府从不干预汇率的浮动汇率制度。

14．√

提示：按照国际收支定义，本题正确。

15．×

提示：各国的经济结构不同，故开放经济对各国的影响也不同。

*第 12 章　国民收入的决定

【关键概念复习】

2、1、7、5、4、3、6

【思考与练习】

（一）填空题

1．边际消费倾向
2．企业　存货　住房
3．总支出
4．乘数
5．凯恩斯

（二）单项选择题

1．D	2．A	3．B	4．A	5．A
6．D	7．D	8．B	9．A	

（三）判断题

1．√
2．√
3．×

提示：*AD* 曲线和 *AS* 曲线同时向右边移动，国民收入会增长，但物价水平可能上涨，也可能下降。

4．×

提示：潜在 GDP 增长代表着长期总供给曲线向右移动，从总需求—总供给模型中我们可以看到，供给曲线向右移动，价格水平是下降的。

5．×

提示：投资和国民收入一样是个时期概念，1 年前的住房是其他人 1 年前的投资，在国民收入中不能计为投资。

6．×

提示：和上题不同的是这家公司是本期建造的，所以计入国民收入的投资中。

7．√

（四）简答题

2．参考答案：

凯恩斯的消费函数主要强调了当期可支配收入对当期消费的影响，但在实际生活中，家庭的消费不仅受现在收入的影响，还会受其他很多因素的影响。弗里德曼的持久收入假说将人的收入分成持久性收入和暂时性收入两个部分，认为人们的消费行为主要决定于持久性收入，即剔除临时变化影响后家庭的收入水平，而非暂时性收入；莫迪里安尼的生命周期学说则认为人一生的收入决定他的消费，长期中收入和消费的比例是稳定的，个人可支配收入和财富的边际消费倾向取决于该消费者的年龄。

3．参考答案：

依据凯恩斯消费理论，一个暂时性减税会增加人们当前收入，增加人们的消费，刺激经济增长。老布什采取“减少个人所得税，即推迟对个人所得税的交纳时间半年”这个措施的初衷是为了刺激经济增长，但对于个人而言，虽然个人收入在推迟交纳个人所得税的这半年时间内有所增加，但是从长期来看，个人可支配收入实际上并没有增加，半年后仍要补交个人所得税，个人可用于消费和储蓄的收入并没有变化；对于政府而言，在这半年时间里政府税收明显减少了，但政府支出却并不减少，这样政府收支平衡就得不到保证，更谈不上通过财政政策增加投资以刺激经济增长了。而且通过推迟对个人所得税的交纳来刺激经济增长的措施能否奏效还要取决于许多相关因素。例如：美国经济衰退是不是因为居民手中无钱，还是因为股市下跌、公司丑闻及失业率上升所造成的信心危机等。

5．参考答案：

这句话描述的即是凯恩斯的消费函数。如果我们以 a 代表自发性消费，b 代表边际消费倾向，bY 为引致性消费（Y 为现期可支配收入），则消费函数可写为：

$$C=a+bY \qquad （a\text{为常数}，0<b<1）$$

概括起来，凯恩斯的绝对消费函数理论包括两点：

（1）消费支出是现期可支配收入的函数。

（2）边际消费倾向是指消费增量与收入增量的比率，即随着国民收入的增长，每增加的一元钱收入中多大一部分用于消费。边际消费倾向是一个大于 0 小于 1 的数。随着收入的增加，边际消费倾向（MPC）是下降的。这就是说，随着人们收入的增加，人们的消费随之增长，但是消费支出在收入中所占的比重是不断减少的，这就是所谓的边际消费倾向递减规律。

6．参考答案：

（1）古典总供给曲线建立的前提条件是：货币工资具有完全的伸缩性，货币工资随劳动供求关系变动而变化。当劳动市场存在超额劳动供给时，货币工资率就会降低。反之，存在超额劳动需求时，货币工资率就会提高。凯恩斯主义供给曲线建立的前提是工资和价格具有刚性。当劳动市场供求关系变化时，货币工资率不会立即发生变化，要经过一段时间才能反映劳动供求关系。因此，凯恩斯主义总供给曲线是一种短期总供给曲线，古典总供给曲线是一种长期总供给曲线。

（2）图 9（古典总供给曲线和凯恩斯主义总供给曲线的推导）描述了在这个前提下，古典总供给曲线为什么会是垂直的，凯恩斯主义总供给曲线为什么是向上倾斜的。图 9（a）表示劳动市场，横轴为就业量 N，纵轴为名义货币工资率；图 9（b）表示生产函数 $Y=f（N）$；图 9（c）为一把纵轴数字转化为横轴数字的45°线，其纵轴均为产出量 Y；图 9（d）为古典长期总供给曲线。

在图 9（a）上，原来的名义工资和价格水平为 W_1 和 P_1，从而实际工资为 W_1/P_1，劳动需求曲线为 $N_d（W_1/P_1）$。假定价格水平 P_1 上升为 P_2，货币工资率仍为 W，则实际工资将为 W_1/P_2，从而劳动需求增加，使 $N_d（W_1/P_1）$ 右上移到 $N_d（W_1/P_2）$。在短期内，劳动工资不易变动，故 $N_s（W_1/P_1）$ 不变，社会就业水平会从 N_1 增至 N_2。在图 9（b）中，把图 9（a）上的就业量 N_1 和 N_2 代入生产函数 $Y=f（N）$，可以得到两个相应的均衡国民收入

Y_1和 Y_2。通过图 9（c）上的45°线，把 Y_1和 Y_2转换到图 9（d）上，再结合相应的价格水平 P_1、P_2。我们就得到了一条向上倾斜的总供给曲线 AS_K，即凯恩斯主义的总供给曲线。

但是在长期条件下，货币工资具有完全的伸缩性。在价格由 P_1 上升为 P_2 的过程中，工人会要求增加名义工资率，从而导致 N_s 曲线向左上方移动，由 $N_s(W_1/P_1)$移至 $N_s(W_2/P_2)$。货币工资率由 W_1 上升至 W_2，正好抵消价格上升所造成的实际工资下降的幅度，在新的均衡点 E' 点，厂商所能雇用的工人数仍旧是原来 E 点时的就业水平 N_1。货币工资上升的比例与市场实际价格上升的比例正好相同。所以，在长期条件下，社会存在着一个自然就业量 N_1。经过图 9（b）和图 9（c）的转换，得到了一条垂直的总供给曲线 AS_C，即古典总供给曲线。

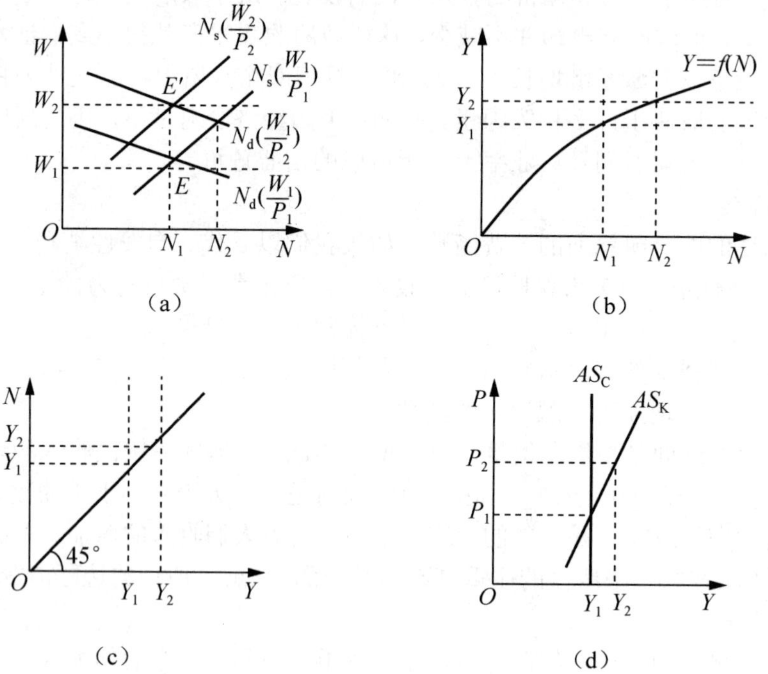

图 9

7．参考答案：

由政府操作的社会再分配重点在追求公平。政府与企业不同，政府追求的目标是最大化的稳定。要保持稳定，就得调节收入差距。从经济学角度看，政府追求公平还有一层原因，即追求社会福利最大化。英国经济学家庇古曾证明，一元钱分别给富人与穷人，效用是不同的。由于边际效用递减，一元钱对穷人的效用往往要高过富人。区区一元钱，富人或许不屑一顾，而穷人有了这一元，却可免受饥饿之苦。于是庇古推论说，社会福利的最大化就是收入的均等化。适当调节贫富差距，富人不会因此变穷，而穷人却可以增益。无论如何，这也是个改进公平的可取之法。不过，调节贫富差距不等于劫富济贫，政府要调控有度。

9．参考答案：

对。消费取决于收入和边际消费倾向，边际消费倾向是稳定的，因此，增加消费的关键是增加收入。如果一种政策不能增加收入，就无法刺激消费。收入的增加关键在于经济的增长潜力。就刺激总需求的政策而言，刺激消费是困难的，以繁荣为目的的总需求政策不应以刺激消费为中心，而应以刺激投资为中心。

11．参考答案：

（1）当实际国民收入小于潜在国民收入时，经济处于萧条状态；当实际国民收入高于潜在国民收入时，经济处于高涨状态。萧条和高涨状态可由图 10（萧条和高涨）进行解释。

当短期总供给曲线处于 AS 的位置、总需求曲线处于 AD_1 的位置，即总需求不足时，短期均衡国民收入 Y_1 小于潜在国民收入 Y^*，经济处于萧条时期；当总需求曲线处于 AD_2 位置，即总需求旺盛时，短期均衡国民收入 Y_2 大于潜在国民收入 Y^*，经济处于高涨时期。

（2）对于滞胀现象有多种解释，其中之一是总供给的变动引起的滞胀现象，如图 11（滞胀现象的一种解释）所示。

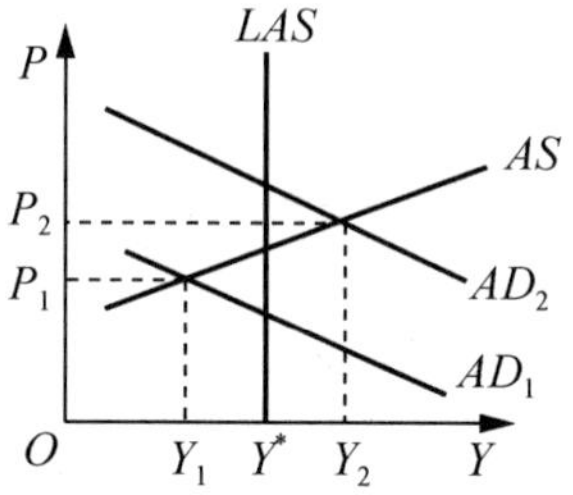

图　10

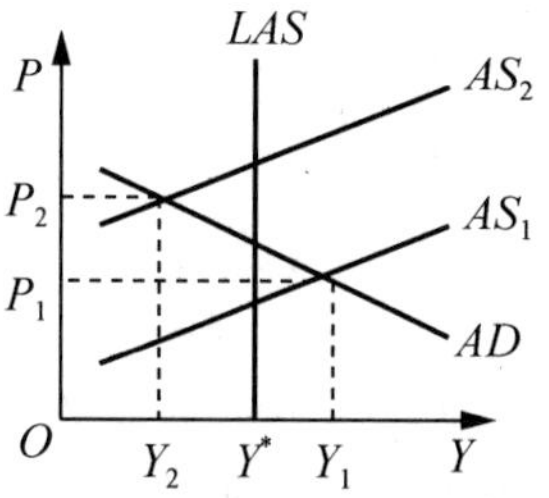

图　11

当总供给受到冲击，比如原材料价格上涨、工人罢工等时，总供给曲线从 AS_1 的位置移动到 AS_2 的位置，实际国民收入 Y_2 小于潜在国民收入 Y^*，而且价格水平从 P_1 上升到 P_2，出现了通货膨胀，这就形成了经济萧条和通货膨胀同时并存的现象，也就是"滞胀"。

"滞胀"现象还有其他的解释，比如在 20 世纪 70 年代的滞胀，有的经济学家认为是政府过度地使用总需求管理的宏观经济政策。

12．参考答案：

两者的相同之处：① 在图形上，微观经济学供求模型中的供给曲线与宏观经济中的 AD-AS 模型的 AS 曲线均是向右上方倾斜的；微观经济学供求模型中的需求曲线与宏观经济中的 AD-AS 模型的 AD 曲线均是向右下方倾斜的。② 两个模型的供给曲线的自变量与因变量之间是同向变动；需求曲线自变量与因变量之间是反向变动。

两者的不同之处：宏观经济中的 AD-AS 模型不是微观经济学供求模型的扩展式，实际上这两个模型是完全不同的。① 研究的经济变量是不同的。微观经济学供求模型研究的是某种商品的价格引起的对该种商品供给量或需求量的变化；而宏观经济中的 AD-AS 模型研究的是物价水平对于社会物品及劳务供给与需求的影响。② 前者是研究分析个别市场，而后者分析的是整个经济的波动。

第 13 章　货币与经济：IS-LM 模型

【关键概念复习】

4、8、2、7、1、6、3、5、10、9

【思考与练习】

（一）填空题

1．人们普遍接受的支付手段
2．交换媒介 计算单位 价值储蓄
3．货币留在手中的偏好
4．交易性需求 预防性需求 投机性需求
5．国民收入 利率
6．货币单位的基础的商品
7．货币供给量
8．实物货币 信用货币
9．商业银行的活期存款
10．通货 活期存款 定期存款 储蓄存款 外币存款及短期信用工具
11．货币需求 货币供给
12．右下方
13．垂直
14．利率
15．向右 下降

（二）单项选择题

1．A	2．B	3．A	4．B	5．B
6．C	7．D	8．B	9．C	10．C
11．A	12．C	13．A	14．B	15．B

（三）判断题

1．×	2．×	3．×	4．√	5．×
6．×	7．√	8．×	9．×	10．√
11．×	12．√	13．√	14．√	15．√

（四）简答题

5．参考答案：

IS 曲线：

（1）*IS* 曲线表示产品市场达到均衡时，即 $S = I$ 时，国民收入（Y）与利率（r）的组合轨迹。

（2）*IS* 曲线的斜率为负值，表示利息率与国民收入呈反方向变动。投资对利息率的反应越敏感，*IS* 曲线越平缓；相反，投资对利息率的反应越不敏感，*IS* 曲线越陡峭。

（3）*IS* 曲线左边的点表示产品市场短缺型的失衡。因为，在同一利息率的水平上，这些点所代表的产出水平低于产品市场均衡时的产出水平；相反的道理，*IS* 曲线右边的点表示过剩型的失衡。

（4）自主性支出的变动会引起 *IS* 曲线的平行移动。自主性支出增加，如消费增加、投资增加或政府支出增加等会使 *IS* 曲线向右移动，表示在同等利息率水平上收入增加了。相反，自主性支出的减少会使 *IS* 曲线向左移动，表示在同等利息率水平上收入减少了。

LM 曲线：

（1）*LM* 曲线表示在货币市场中货币需求和货币供给达到均衡，即 $L=M$ 时，国民收入（Y）与利息率（r）的组合轨迹。*LM* 曲线中的 L 是流动性偏好货币需求 $L(Y, r)$，M 是货币供给量。

（2）*LM* 曲线向右上方延伸，表明在货币市场达到均衡时，收入与利息率呈同方向变动。其原因是：在货币供给不变时，收入增加要求交易货币需求量增加，这样导致货币需求大于货币供给，从而使利息率提高。

（3）位于 *LM* 曲线右方的收入和利息率的组合，都是货币需求大于货币供给的非均衡组合；位于 *LM* 曲线左方的收入和利息率的组合，都是货币需求小于货币供给的非均衡组合。

（4）*LM* 曲线的形成是由货币的交易需求、投资需求和货币供给共同决定的，因此，*LM* 曲线位置的移动，主要取决于这三因素的变化。在货币需求较稳定的情况下，*LM* 曲线的移动主要由货币供给变动引起。货币供给增加使 *LM* 曲线向右平行移动，货币供给减少使 *LM* 曲线向左平行移动。

8．参考答案：

因为在凯恩斯陷阱区时，人们在既定的利率时愿意持有任何数量的货币，所以，*LM* 曲线为一条水平线，扩张性财政政策使 *IS* 曲线向右方移动，实际国民生产总值增加而利率不变。由于财政政策所引起的支出增加不会引起利率上升，所以也就没有挤出效应，扩张性财政政策的产出效应最大。

第 14 章　宏观经济学流派与政策目标

【关键概念复习】

8、10、2、6、7、4、5、11、1、9、3

【思考与练习】

（一）填空题

1．需求水平及结构
2．财政支出　财政收入
3．政府通过改变支出来影响国民收入水平
4．税收的水平及结构
5．增加　扩张　减少　收缩
6．赤字
7．减低　增加
8．财政

9．货币
10．下降
11．增加
12．提高贴现率　提高法定准备金率　中央银行卖出政府债券
13．减少
14．财政政策的挤出效应
15．财政政策

（二）单项选择题

1．C	2．C	3．C	4．B	5．A
6．B	7．A	8．A	9．A	10．B
11．D	12．A	13．C	14．A	15．D

（三）判断题

1．×	2．√	3．√	4．×	5．×
6．×	7．×	8．×	9．×	10．√
11．×	12．×	13．√	14．×	15．√

（四）简答题

10．参考答案：

优势：在政策的决策、管理及运作等方面的时滞相对要小或不存在；远离政治、党派利益之争，更中性化；货币政策不会存在财政政策所带来的“进出口效应”问题，反而通过进出口会进一步强化政策效果。

劣势：金融市场上不断创新的金融衍生工具、交易手法和不断扩大的交易规模将使政府（或中央银行）通过货币政策调节本国流通中的货币量时遇到更多的困难；松的货币政策的效果取决于商业银行及公众的反应，政策实际效果的不可预见性较高；货币流通速度与货币供给之间可能存在的反方向变动关系会在一定程度上抵消货币政策的预期效果；货币需求曲线和投资需求曲线的陡直程度以及人们对未来的预期不同都将影响货币政策的效果；在同一货币政策导致的利息率改变的条件下，总需求的构成部分存在着相互抵消的变动，这也将在一定程度上削弱货币政策的效果；运用货币政策解决国际贸易收支不平衡问题的效果有限。

参考文献

[1]〔美〕斯蒂格利茨．经济学[M]．第二版．北京：中国人民大学出版社，2001．
[2]〔美〕曼昆．经济学原理[M]．第二版．北京：机械工业出版社，2001．
[3]〔美〕平狄克，鲁宾费尔德．微观经济学[M]．第三版．北京：中国人民大学出版社，2003．
[4]〔美〕保罗.萨缪尔逊，威廉·诺德豪斯．经济学[M]．北京：华夏出版社，1993．
[5]〔美〕H.范里安．微观经济学——现代观点[M]．上海：上海三联书店，1992．
[6]〔美〕David Begg．Economics for Business[M]．New York: the McGraw-Hill companies, 2003．
[7]〔美〕詹姆斯·D. 格瓦特尼．经济学：私人与公共选择[M]．北京：中信出版社，2004．
[8]〔美〕麦克南·布鲁伊．经济学：原理问题与政策[M]．北京：中国财政经济出版社，2004．
[9]〔美〕迈克尔•帕金．宏观经济学[M]．北京：人民邮电出版社，2003．
[10]〔美〕迈克尔•帕金．微观经济学[M]．北京：人民邮电出版社，2003．
[11]〔英〕约翰·斯罗曼．经济学[M]．北京：经济科学出版社，2005．
[12]〔加〕罗宾·巴德，迈克尔·帕金．经济学精要[M]．北京：中国人民大学出版社，2004．
[13] 高鸿业．西方经济学[M]．北京：中国经济出版社，1996．
[14] 梁小民．西方经济学基础教程[M]．北京：北京大学出版社，1991．
[15] 尹伯成．西方经济学简明教程[M]．第三版．上海：上海人民出版社，2003．
[16] 周惠中．微观经济学[M]．上海：上海人民出版社，1997．
[17] 平新乔．微观经济学十八讲[M]．北京：北京大学出版社，2001．
[18] 谢识予．经济博弈论[M]．上海：复旦大学出版社，2002．
[19] 张维迎．博弈论与信息经济学[M]．上海：上海人民出版社，1996．
[20] 欧阳明，袁志刚．宏观经济学[M]．上海：上海人民出版社，2003．
[21] 顾建平，陈瑛．宏观经济学[M]．北京：中国财政经济出版社，2004．
[22] 刘厚俊．现代西方经济学[M]．南京：南京大学出版社，1996．